Wege deutscher Teilung

Studien zu Demografie, Migration und Wirtschaft
zwischen Kriegsende und Mauerbau

Düsseldorfer Historische Studien

Band 2

Herausgegeben von

Beate Fieseler, Irmtraud Götz von Olenhusen,
Achim Landwehr und Eva Schlotheuber

Wege deutscher Teilung

Studien zu Demografie, Migration und Wirtschaft
zwischen Kriegsende und Mauerbau

Kai Schwertner

d|u|p

Bibliografische Information der Deutschen Nationalbibliothek
Die Deutsche Nationalbibliothek verzeichnet diese Publikation in der
Deutschen Nationalbibliografie; detaillierte bibliografsche Daten sind
im Internet über http://dnb.dnb.de abrufbar.

D 61
Zugleich: Düsseldorf, Heinrich-Heine-Univ. Düsseldorf, Diss. unter
dem Titel: *Das geteilte Deutschland zwischen Kriegsende und Mauerbau.
Exemplarische Studien zum Prozess der Teilung in Demografie und
Wirtschaft.*

© düsseldorf university press, Düsseldorf 2018
http://www.dupress.de
Buchsatz: Justyna Krzyzanowska
Titelbild: Visum und Einreisestempel der DDR (fotolia/vulkanismus)

Herstellung: docupoint GmbH, Barleben
Gesetzt aus der Linux Libertine und der URW Classico
ISBN 978-3-95758-062-7

Inhaltsverzeichnis

1. Einleitung   9

2. Forschungsstand   25

3. Die Wanderungs- und Fluchtbewegung aus der SBZ/DDR nach Westdeutschland vom Kriegsende bis zum Mauerbau   39

   3.1 Flüchtling oder Vertriebener: zur Begriffsbestimmung und Abgrenzung des Personenkreises vom Kriegsende bis zum Bundesvertriebenengesetz   39
      3.1.1 Zur Definition der einzelnen „Flüchtlingsgruppierungen" 40
      3.1.2 Die Anerkennungsfrage der Zuwanderer in der Ländergesetzgebung 45
      3.1.3 Die Benennung der Zuwanderer bis zum Bundesvertriebenengesetz 51
      3.1.4 Zum Problemfall der „Illegalen"............................ 55
      3.1.5 Die Bürokratisierung der Zuwanderer. Länderübergreifende ... Regelungen zur Kontrolle des Zuzugs 59

      Exkurs I: Zum kleinen Grenzverkehr bis 1952 64

   3.2 Problemfeld Statistik: Methodik, Fehlerquellen und Ergebnisse der offiziellen staatlichen Statistiken   67
      3.2.1 Die gesamtdeutsche Volkszählung vom 29. Oktober 1946....... 69
      3.2.2 Die bundesrepublikanische Volks- und Berufszählung vom 13. September 1950 84
      3.2.3 Die Statistik des Bundesnotaufnahmeverfahrens............. 96
      3.2.4 Die wohnungsstatistische Feststellung vom 25. September 1956   104
      3.2.5 Die Mikrozensuserhebung vom Oktober 1957................ 108
      3.2.6 Die Statistiken der Wanderungen und die Bevölkerungsfortschreibung in beiden deutschen Staaten 114
      3.2.7 Die bundesdeutsche Volks- und Berufszählung vom 6. Juni 1961   124

3.3 Wanderungsmotive: Krieg – Ökonomie – Ideologie –
politische Rahmenbedingungen 135
   3.3.1 Wanderungsmotive bis zum Kriegsende 137
   3.3.2 Kriegsbedingte Wanderungsmotive 137
   3.3.3 Berufs- und bevölkerungsspezifische Wanderungsmotive 138
      3.3.3.1 Fluchtgrund Entnazifizierung 138
      3.3.3.2 Die Wanderungsmotive der Vertriebenen 140
      3.3.3.3 Die Wanderungsmotive der Bauern und Landwirte 143
      3.3.3.4 Die Wanderungsmotive der Handwerker und Selbstständigen .. 144
      3.3.3.5 Die Wanderungsmotive der Arbeiter 145
      3.3.3.6 Die Wanderungsmotive der Akademiker 146
      3.3.3.7 Die Wanderungsmotive der politischen Klasse 148
      3.3.3.8 Zwangsverpflichtet: die Wismut AG 150
      3.3.3.9 Zwangsverpflichtet: Volkspolizei und Nationale Volksarmee ... 151
   3.3.4 Bevölkerungsübergreifende Wanderungsmotive 153
      3.3.4.1 Private und ökonomische Wanderungsmotive 153
      3.3.4.2 Politische Wanderungs- und Fluchtmotive 156
   3.3.5 Der Einfluss der nationalen und internationalen politischen
Rahmenbedingungen auf die Wanderungsmotive 160

Exkurs II: Der 17. Juni 1953. Von der 2. Parteikonferenz bis zum
Aufstand 182

4. Beiderseits des Eisernen Vorhangs: Carl Zeiss – ein Unternehmen im Spannungsfeld der Nachkriegspolitik   187

4.1 Die Entstehung eines Mythos: Carl Zeiss in Jena   187
   4.1.1 Die Anfänge unter Ernst Abbe und Carl Zeiss 187
   4.1.2 Neue Wege: die Errichtung der Stiftung 190
   4.1.3 Die Entwicklung der Stiftungsunternehmen bis
zum Ende des Zweiten Weltkriegs 193

4.2 Der große Einschnitt: Kriegsende in Thüringen   199
   4.2.1 Die Stiftungsunternehmen unter US-amerikanischer Kontrolle   199
   4.2.2 „We take the brain" – Deportation in die Westzone 203
   4.2.3 Der Einmarsch der Roten Armee in Jena 206

4.3　1945 bis 1948: eine Zeit der Wirren und Neuorientierung ... 209
    4.3.1　Deportation, Demontage, Verstaatlichung – der Weg der Stiftungsunternehmen in der SBZ bis 1948 209
    4.3.2　Der Aufbau des Unternehmens in der US-amerikanischen Besatzungszone 219
    4.3.3　Kooperation und Konkurrenz: zur Zusammenarbeit beider Unternehmen über die Zonengrenze 223
    4.3.4　Tagesgeschäft unter schwierigen Bedingungen. Handel, Materialbeschaffung und Administratives im geteilten Deutschland 229

4.4　1948 bis 1953: „Wendezeit": die Konsolidierung der Systeme und ihre Auswirkung auf Zeiss ... 235
    4.4.1　Schwierige Geschäfte: Interzonenhandel, Konkurrenz und Zusammenarbeit über die Grenze hinweg 235
    4.4.2　Zur Frage der Stiftungskontrolle. Emanzipationsbestrebungen in Oberkochen nehmen Gestalt an 238
    4.4.3　Der Druck nimmt zu – die Spielräume werden geringer 249

4.5　Das Tischtuch ist zerschnitten. Die Entwicklung der Beziehungen nach 1953 ... 257
    4.5.1　Auftakt: die einstweilige Verfügung gegen die Firma Jähnert u. a. 257
    4.5.2　Die Stuttgarter Prozesse 259
    4.5.3　Die ersten Düsseldorfer Prozesse 263
    4.5.4　Die zweiten Düsseldorfer Prozesse 266
    4.5.5　Die Rechtsprechung in der DDR 267
    4.5.6　Die Prozesse im Ausland 269
    4.5.6.1　Der New Yorker Zeiss-Prozess 271
    4.5.6.2　Der Londoner Zeiss-Prozess 272
    4.5.7　Der Kampf abseits der Gerichte 276
    4.5.8　Und die Wahrheit? Versuch einer unabhängigen Analyse 279

Exkurs III:　Stiftungsvermögen West: ein Überblick 286

Exkurs IV:　Scheidungskinder: die schwierige Beziehung zwischen Müttern und Töchtern 296

4.6 Heimatfront: Der VEB Zeiss im System DDR ... 301
    4.6.1 Das Ringen um Einfluss – Schrade im Blickpunkt. ... 301
    4.6.2 Das Abbe-Bild in der SBZ/DDR und der Kampf gegen „Jenaer Geist" und „Zeiss-Legende". ... 308

4.7 Mitarbeiterfluktuation über die Zonengrenze ... 315
    4.7.1 Die quantitative Abwanderung ... 315
    4.7.2 Die Zeiss-spezifischen Motive für die Abwanderung und Umgang mit derselben ... 320

    Exkurs V: Goethe-Gesellschaft und EKD – Gesamtdeutsche Alternativen? ... 333

5. Zusammenfassung und Resümee ... **339**

A. Abkürzungsverzeichnis ... **351**

B. Verzeichnis der Abbildungen ... **352**

C. Quellen und Literaturverzeichnis ... **355**
    C.1 Monografien und Sammelbände ... 355
    C.2 Zeitschriften und Aufsätze ... 364
    C.3 Quellen ... 367
    C.4 Archivalien ... 370
    C.4.1 Bundesarchiv Standorte Koblenz/Berlin ... 370
    C.4.2 Betriebsarchiv Carl Zeiss Ost ... 371
    C.4.3 Betriebsarchiv Carl Zeiss West ... 371
    C.4.4 Thüringisches Staatsarchiv Rudolstadt ... 373
    C.4.5 Internetquellen ... 373

1. Einleitung

In der Nacht vom 8. auf den 9. Mai 1945 wurde der Zweite Weltkrieg in Europa durch die bedingungslose Kapitulation der deutschen Wehrmacht beendet. Von diesem Moment an war Deutschland durch eine Grenze geteilt ...

Nein, so einfach war es mit der deutschen Teilung selbstverständlich nicht. Auch wenn sich die Anzeichen einer Aufteilung des ehemaligen Nazi-Deutschlands durch die alliierten Mächte schon bald verdichteten, so war am Anfang dieses Prozesses doch unklar, in welcher Form das zukünftige Deutschland im Nachkriegseuropa seinen Platz finden würde.

Die unmittelbar nach dem Kriegsende im Potsdamer Abkommen festgehaltene alliierte Übereinkunft, das nach Territorialverlusten geschrumpfte Deutschland zwar in Besatzungszonen aufzuteilen, allerdings als wirtschaftliche und politische Einheit unter Hoheit des Alliierten-Kontrollrats zu erhalten, wurde aufgrund der Systemkonkurrenz zwischen den westlichen Verbündeten und der Sowjetunion schon bald obsolet.

Während in der sowjetischen Besatzungszone erste Schritte zur politischen und wirtschaftlichen Umformung zu einer sozialistischen Gesellschaftsform vollzogen wurden, legten Briten und Amerikaner mit dem Zusammenschluss zur Bizone die Grundlage für die wirtschaftliche und administrative Einheit der späteren Bundesrepublik Deutschland.

Mit der Truman-Doktrin im Jahr 1947, die den Kommunismus überall auf der Welt eindämmen sollte und damit faktisch die Aufkündigung der Alliierten-Koalition bedeutete, sowie mit dem Rückzug der Sowjetunion aus dem Alliierten-Kontrollrat aufgrund der Beschlüsse der Londoner Sechsmächtekonferenz 1948, die die Westbindung und Demokratisierung eines zukünftigen deutschen Teilstaates einleitete, war abzusehen, dass die Einheit Deutschlands zugunsten einer Zweistaatenlösung aufgegeben werden würde. Diese Entwicklung vertiefte sich u. a. mit der wirtschaftlichen Trennung, die durch die Währungsreformen in allen Zonen forciert wurde, sowie auf politischer Ebene mit der ersten Berlin-Blockade, um schließlich im Laufe des Jahres 1949 in die Gründung zweier deutscher Staaten zu münden.

Zwar gab es auch im Verlaufe der 1950er Jahre mehr oder weniger ernsthafte Initiativen, eine baldige Einheit wiederherzustellen, doch auch diese änderten nichts mehr am vorgezeichneten Weg der Trennung. Mit der fortschreitenden Einbindung beider Staaten in die jeweiligen politischen Blöcke im Verlauf der 1950er Jahre war ein Prozess angestoßen worden, der für Jahrzehnte den Status quo des geteilten Deutschlands zementieren sollte.

Dennoch war dieser durch das Kriegsende angestoßene Prozess weder im Vorfeld in seinem Ergebnis absehbar, noch konnte den Zeitgenossen bewusst gewesen sein, wohin sie die einzelnen Schritte letztendlich führen würden.

Betrachtet man diesen Entwicklungsprozess im Nachgang in der Bewertung durch Wissenschaft und Öffentlichkeit, so sind es vor allem die Entscheidungen, die auf der „großen" politischen Bühne – sei es auf nationaler oder internationaler Ebene – getroffen wurden, die schließlich zur jahrzehntelangen Teilung und deren Festigung führten. Die Gründung der Bizone, die doppelte Staatsgründung, Adenauers Westintegration sowie die Einbindung beider Staaten in konträre militärische Bündnisse seien hier nur beispielhaft genannt.

Dies negiert aber die Offenheit des Prozesses, der in seinem Verlauf und Ergebnis in seiner endgültigen Form nicht absehbar war, nicht absehbar sein konnte. Zäsuren, die im Nachhinein von der Historiografie gesetzt werden, sind für die Zeitgenossen selbst in vielen Fällen nicht eindeutig erkennbar, geschweige denn in Bezug auf die Zukunft in ihren Auswirkungen angemessen zu bewerten.

Dies trifft umso mehr auf Menschen und zivilgesellschaftliche Bereiche zu, die unterhalb der politischen Ebene von aktiven Entscheidungsprozessen ausgeschlossen sind. Sie müssen Entwicklungen, die auf der politischen Ebene getroffen und angestoßen wurden, als gegeben hinnehmen. Lediglich in ihrem ureigenen privaten Bereich verfügen sie in den meisten Fällen über eingegrenzte Handlungsspielräume innerhalb der vorgegebenen Rahmenbedingungen.

Die politische Entwicklung auf höchster Ebene bildet somit lediglich das Korsett im Umgang des Einzelnen mit der oktroyierten Situation. Für diese Arbeit sind aber vielmehr die Handlungsspielräume von Interesse, die sich Individuen oder Institutionen boten, innerhalb der politischen Rahmenbedingungen gemäß ihrer spezifischen Interessen zu agieren. Dabei ist die allgemeinpolitische Entwicklung, die zu einer jahrzehntelangen Zweistaatenlösung führte, insofern zu berücksichtigen, als dass diese Entwicklung subjektive Entscheidungen beeinflusste, bestimmte Handlungen begünstigte und wiederum andere verhinderte.

Für dieses Forschungsvorhaben bieten sich die unterschiedlichsten gesellschaftlichen Bereiche an. So scheint beispielsweise die Goethe-Gesellschaft, die sich formal immer als gesamtdeutsch verstanden hat, prädestiniert für diese Untersuchung zu sein. Auch die evangelische Kirche in Deutschland würde aufgrund ihres grenzübergreifenden Selbstverständnisses in dieses Schema passen. Letztlich fiel die Wahl des Untersuchungsgegenstandes aber auf zwei andere Bereiche: die Ost-West-Wanderungsbewegung und die Firmengeschichte des Unternehmens Carl Zeiss beiderseits der Grenze.

Die Auswahl dieser beiden Schwerpunkte erfolgte aus der Überlegung heraus, dass es sich um exemplarische Studien handelt, die – im Gegensatz zu den beiden erstgenannten Beispielen – sehr wohl die Entwicklung zu einer Trennung hin beschreiben. Bei Carl Zeiss konnte und wollte man die politische Entwicklung mit zunehmender Dauer eben nicht mehr negieren. Ob, und falls ja, in welcher Weise aber politische Entscheidungen oder nachträglich definierte Zäsuren tatsächlich hauptsächlich für bestimmte Handlungen und Verhaltensmuster waren, ist zu untersuchen.

Dies gilt ebenso für die Analyse der Migrationsbewegung aus der SBZ/DDR in die Westzonen/BRD. Hier vollzog sich die Entscheidungsfindung des Individuums zur Abwanderung in den meisten Fällen individuell-subjektiv, nicht kollektiv-objektiv. Die Abwanderung aus der DDR stellte dabei in den meisten Fällen eine endgültige Entscheidung dar, die die Teilung gerade für den Einzelnen unterstrich. Inwieweit politische Entwicklungen, die ihre Auswirkungen zumeist erst in der Zukunft zeigen konnten, dies beeinflussten, muss vor diesem Hintergrund analysiert werden.

Der Bearbeitungszeitraum erstreckt sich dabei von der unmittelbaren Nachkriegszeit bis zum Beginn der 1960er Jahre. Vor allem der Zeitraum bis zur doppelten Staatsgründung ist dabei exemplarisch für den Untersuchungsgegenstand, da gerade hier Entwicklungen angestoßen wurden, die in ihrem Ergebnis – im Gegensatz zur Phase nach dem Mauerbau, als entscheidende Weichenstellungen längst zu politischen Realitäten geführt hatten – kaum vorauszusehen waren. Dies galt in besonderem Maße für die Bevölkerung, die aufgrund der alliierten Nachkriegspolitik in einer passiven Rolle verharren musste und kaum eigene Handlungsspielräume hatte.

Der erste Hauptteil dieser Arbeit untersucht die Wanderungs- und Fluchtbewegung aus dem Gebiet der SBZ/DDR in die Westzonen/BRD vom Kriegsende bis zum Mauerbau. Denn wie in kaum einem anderen Themenfeld werden hier die Systemkonkurrenz und der Teilungsprozess in der Wahrnehmung des öffentlichen Bewusstseins in Deutschland nach dem Zweiten Weltkrieg verdeutlicht.

Bei der Analyse dieses Themenkomplexes wurde sehr schnell deutlich, dass es erhebliche Defizite bei der Bestimmung des betroffenen Personenkreises gab und gibt. Dies ließ bis dato eine seriöse Aufarbeitung der qualitativen und quantitativen statistischen Angaben nicht zu. Deswegen gliedert sich dieses Kapitel in drei übergeordnete Fragestellungen. Dies ist zum einen die Abgrenzung des relevanten Personenkreises. Darauf baut die Analyse der einschlägigen Statistiken auf, um die

Größenordnung der Wanderungsbewegung quantitativ einzuschätzen. Schließlich folgt die Untersuchung der kollektiven und individuellen Wanderungsmotive, die Aufschluss darüber gibt, inwieweit politische Entscheidungen und Rahmenbedingungen Einfluss auf den Entschluss zur Abwanderung hatten.

Da die Wanderungsbewegung als Symbol der vermeintlichen moralischen Überlegenheit des Westens gegenüber dem kommunistischen System galt und entsprechend propagandistisch instrumentalisiert wurde, mündet dieser Abschnitt schließlich in die Fragestellung, inwieweit der Kampfbegriff „Abstimmung mit den Füßen", der gleichsam auch immer einen systembedingten, politisch motivierten Fluchtgrund implizierte, in dieser Form haltbar ist oder ob es diesbezüglich nicht besser zu differenzieren gilt.

Jedem Interessierten, der sich mit der Flucht- oder Wanderungsbewegung dieser Region und dieses Zeitraums beschäftigt, wird zunächst aber auffallen, wie unklar die Begriffsbestimmung des betreffenden Personenkreises in den ersten Nachkriegsjahren war. Gerade die zeitgenössischen Forschungen und Quellen differenzieren hier nur unzulänglich oder gar nicht und sammeln die unterschiedlichen Gruppierungen der Ost-West-Bevölkerungsbewegung dieser Zeit zumeist unter dem Oberbegriff „Flüchtling". Dabei ist die eindeutige Begriffsbestimmung und die damit einhergehende Abgrenzung des betroffenen Personenkreises die Voraussetzungen für die seriöse Analyse der Wanderungs- und Fluchtbewegung aus der SBZ/DDR in die Westzonen/BRD. Die unklaren Verhältnisse in der Abgrenzung des Personenkreises bis zu diesem Zeitpunkt haben nämlich dazu geführt, dass sich ungenaue und falsche Angaben zur quantitativen und qualitativen Wanderungsbewegung bis heute in den Köpfen festsetzten.

Bei genauerer Betrachtung wird sehr schnell deutlich, dass es sich um eine äußerst heterogene Bevölkerungsgruppe handelte, die keinesfalls in ihrer Gesamtheit der spezifischen SBZ/DDR-Wanderungsbewegung zugeordnet werden darf. So gilt es zunächst, die einzelnen Gruppen zu bestimmen, die in der ersten Nachkriegszeit dieser Wanderungsbewegung zugeordnet wurden. Die genauere Differenzierung des relevanten Personenkreises dient zum einen der Untersuchung selbst und bietet zudem einen umfangreichen Überblick über die Problematik.

Als Zäsur bietet sich hier die Verabschiedung des Bundesvertriebenengesetzes (BVFG) im Jahr 1953 an, das die einzelnen Personengruppen – wenigstens formal – klar voneinander abgrenzte. Da aber mit den Regelungen des BVFGs keine rückwirkende Korrektur angebracht worden war, wurden die bis dato vorhandenen Fehlerquellen bis in die Gegenwart transportiert. Da diese Thematik bisher nicht von der Wissenschaft in der nötigen Tiefe erschlossen worden ist, können sich auch künftige Forschungsvorhaben auf diese Grundlagen stützen.

Der Umgang des aufnehmenden Staates ist eines der wesentlichen Kriterien für die Akzeptanz von Migrationsbewegungen im Zielland. Durch Heben oder Senken von Zuwanderungsschranken und Vergabe oder Entzug von Leistungszuteilungen können diese Wanderungsbewegungen beeinflusst werden.

Vor diesem Grundgedanken wird weiterführend die Entwicklung der Flüchtlingsdefinition und -gesetzgebung in den Westzonen bzw. in der Bundesrepublik Deutschland sowie die der Länder – die anfangs in Ermangelung einer Zentralregierung den Wanderungsstrom koordinieren und verwalten mussten – vertiefend untersucht. Konzentriert sich die Untersuchung zunächst auf die spezifische Flüchtlingsgesetzgebung der Länder, behandelt das nächste Kapitel den politisch motivierten Sprachwandel, dem die einzelnen Migrationsgruppen unterworfen wurden. Beides ist wichtig, um sich im weiteren Verlauf ein genaueres Bild der Migration anhand der verschiedenen statistischen Erhebungen machen zu können. Nur mit dem Verständnis der Begriffs- und Definitionswandlung ist es möglich, die Statistiken in angemessener Weise zu bewerten. Denn letztlich unterscheiden politisch motivierte Definitionen über den Status eines Zugewanderten und somit auch über seine Einordnung in die offiziellen Statistiken und im Übrigen auch über die Zuteilung von Leistungen im Allgemeinen.

In diesem Kontext lassen sich auch Entwicklungslinien politisch motivierter Sprachwandlung erkennen, die aufzeigen, wie sehr sich das Bild vom „Zonenflüchtling" innerhalb weniger Jahre in der Wahrnehmung von Politik und Öffentlichkeit gewandelt hat. Hier verdeutlicht sich der ergebnisoffene Prozess, dem die Zeitgenossen unterworfen waren.

In diesem Zusammenhang lohnt es sich auch, den Blick detaillierter auf eine relevante Gruppe innerhalb der SBZ/DDR-Abwanderer zu richten: die Gruppe der illegalen Zuwanderer.

Auch hier lassen sich nämlich Entwicklungsmuster erkennen, die im Umgang mit der Migrationsbewegung aus der SBZ/DDR seitens Behörden und öffentlicher Meinung symptomatisch waren.

Ebenfalls wesentlich für die Analyse der statistischen Erfassung der Zielgruppe ist die Untersuchung der im weiteren Verlauf der westdeutschen Nachkriegsgeschichte notwendig gewordenen länderübergreifenden Regelungen zur Organisation, Registrierung und Versorgung der Zuwanderer – kurzum zur Bürokratisierung der Ankommenden.

Als entscheidende Zäsuren werden in diesem Komplex die Braunschweiger- und Uelzener-Richtlinien, das Notaufnahmegesetz sowie das Bundesvertriebenengesetz aus dem Jahr 1953 untersucht. Da einzelne

1. Einleitung

Regelungen dieser Gesetzespakete durchaus kritisch zu betrachten sind, lohnt diesbezüglich auch der Blick auf die Motive der politischen Akteure.

Auch die rechtliche Würdigung des Bundesverfassungsgerichtes zum Thema – vor dem Hintergrund des Alleinvertretungsanspruchs der Bundesrepublik – ist hier von Bedeutung.

Zum Abschluss des ersten Abschnitts rücken – im Rahmen eines Exkurses – die Auswirkungen der Grenzziehung selber in den Vordergrund. Wie gingen die grenznahen Bewohner mit der erzwungenen Situation um? Schließlich waren sie es, die zuerst unmittelbar mit der deutschen Teilung konfrontiert wurden.

Anhand von Aktenmaterial der Zollinspektionen wird die Größenordnung verdeutlicht und eingeordnet, in der diese Pendlerbewegungen bis zur Errichtung des Grenzregimes durch die DDR im Mai 1952 vonstattengingen und damit Teil des deutsch-deutschen Alltags in der Frühphase der Nachkriegsgeschichte waren.

Mit den Ergebnissen der Untersuchungen aus dem ersten Kapitel dieser Arbeit sind so die Grundlagen gelegt, um sich kritisch mit den offiziellen Zahlen, die im Rahmen der Migrationsbewegung aus der SBZ/DDR nach Westdeutschland erhoben wurden, auseinanderzusetzen.

Denn gerade für den Zeitraum von 1945 bis 1949 sind kaum verlässliche Informationen über den quantitativen Umfang der Migration vorhanden. Dies liegt zum einen an den im ersten Kapitel angesprochenen Problemen der genauen Abgrenzung des Personenkreises und der Heterogenität der Wanderungsbewegung, zum anderen an der unklaren rechtlichen Einordnung der Betroffenen und der mangelhaften Quellenlage. Auch der Umstand, dass wesentliche Behörden, denen die statistische Erfassung von Bevölkerungsbewegungen oblag, in beiden deutschen Staaten erst mit der Staatsgründung eingerichtet wurden, führte aufgrund von rückwirkenden Berechnungen schon bald zu einer Häufung an fehlerhaften Ergebnissen, die sich teilweise bis in die Gegenwart auswirken.

Dementsprechend sind auch die Ergebnisse, die in der Zeit nach den Staatsgründungen ermittelt wurden, größtenteils unbefriedigend. Hier muss man konstatieren, dass die offiziellen Statistiken lückenhaft und fehlerbehaftet sind, da sie weitestgehend auf den ungenauen Berechnungen der Nachkriegszeit basierten.

Zu den handwerklichen Fehlern fügte sich aber zusätzlich eine politisch-propagandistische Komponente an, die den tatsächlichen Begebenheiten in keiner Weise entsprach. Von westdeutscher Seite war es ab einem bestimmten Zeitpunkt gewollt, die Wanderungsbewegung als durchgängig politische Fluchtbewegung zu klassifizieren. Wurden die Zahlen zudem noch künstlich in die Höhe getrieben ... umso besser als Argument, das DDR-Regime zu diskreditieren.

Um diese Missstände zu beheben, werden im folgenden Kapitel die relevanten staatlichen Statistiken der Westzonen/Bundesrepublik Deutschland und der SBZ/DDR auf ihre Methodik, Fehlerquellen und Ergebnisse untersucht. Auf den gewonnenen Erkenntnissen aufbauend, erfolgt mithilfe eigener Berechnungen eine wirklichkeitsnahe Analyse der Struktur und des Umfangs dieser Migrationsbewegung. Gerade die These, bei den Ost-West-Wanderungen handele es sich ausschließlich um eine politische Fluchtbewegung, wird mithilfe der Datenbasis widerlegt. Historische Fehler werden so bereinigt und die Basis für künftige Forschungsvorhaben gelegt.

Im Zuge der Analyse werden die folgenden staatlichen Erhebungen und Statistiken untersucht:

- Die einzige gesamtdeutsche Volkszählung vom 29. Oktober 1946.
  Hier ist vor allem die Separierung der allgemeinen Kriegsfolgewanderungen von der eigentlichen Migrationsbewegung aus der SBZ relevant.
- Die erste bundesrepublikanische Volkszählung vom 13. September 1950.
  Unter Zuhilfenahme von Datenmaterial der britischen Militäradministration wird die Struktur der erfassten Personen weiter spezifiziert. Zudem steht die Frage nach dem tatsächlichen Zuwachs von SBZ/DDR-Bürgern in Westdeutschland zwischen den beiden bisher besprochenen Volkszählungen im Zentrum, um letztendlich eine Personenanzahl zu ermitteln, die potenziell über das Attribut „politischer Flüchtling" verfügen konnte.
- Die Statistik des Bundesnotaufnahmeverfahrens (NAV).
  Hier ist vor allem die Entwicklung der Antragsbewilligungsquote im Verlauf der 1950er Jahre von Interesse. Sie bietet eine gute Illustration der sich veränderten Wahrnehmung der Wanderungsbewegung und der damit einhergehenden Instrumentalisierung der Notaufnahme vor dem Hintergrund der veränderten politischen Rahmenbedingungen.
- Die bundesdeutsche wohnungsstatistische Feststellung vom 25. September 1956.
  Ihre Bearbeitung ist lediglich dem Anspruch nach Vollständigkeit der Untersuchung geschuldet. Aufgrund der fehlerhaften Methodik hat diese Erhebung selbst nur geringen Wert für die Fragestellung dieser Arbeit.
- Die bundesdeutsche Mikrozensuserhebung vom Oktober 1957.
  Hier bietet es sich vor allem an, die Ergebnisse der Zählung mit den Daten der letzten bundesrepublikanischen Volks- und Berufszählung aus dem Jahr 1950 zu vergleichen, um so den genauen Zuzug zwischen beiden Erhebungen zu ermitteln.

- Die Wanderungsstatistiken und Bevölkerungsfortschreibungen beider deutscher Staaten.
Hier können erstmals in dieser Arbeit Erhebungen aus beiden deutschen Staaten miteinander und untereinander verglichen werden.
- Die bundesdeutsche Volks- und Berufszählung vom 6. Juni 1961. Diese Erhebung ist besonders geeignet, um die Ergebnisse der vorherigen Zählungen zu überprüfen und ggf. zu ergänzen, da im Rahmen der Volks- und Berufszählung – wenn auch nicht zur Gänze – doch einige Fehlerquellen vorheriger Erhebungen ausgeschlossen werden können.

Die Analyse endet wenige Wochen vor dem Mauerbau. Denn mit der totalen Grenzabschottung der DDR im Jahr 1961 bot sich den Statistikern der zweifelhafte Vorteil, dass die Zuwanderung von nun an kontrolliert und zuverlässig erfasst werden konnte.

Der Aufbau des Kapitels erfolgt in weiten Teilen chronologisch, da – wie bereits angesprochen – Statistiken zu Bevölkerungsbewegungen oftmals aufeinander aufbauen.

Nach der quantitativen Auswertung der Wanderungs- und Fluchtbewegung aus der SBZ/DDR in die Westzonen/BRD untersucht der nächste Teil dieser Arbeit die Flucht- und Wanderungsmotive innerhalb der Ost-West-Wanderung.

Ziel des Abschnitts ist es, aufgrund der individuellen oder kollektiven Abwanderungsantriebe innerhalb der Migrationsbewegung zwischen Flucht und Wanderung zu unterscheiden.

Häufig wird in der Literatur vor allem der Zeitraum zwischen Kriegsende und Staatsgründungen nur recht knapp beschrieben, während für die Zeit danach teilweise umfangreiche Untersuchungen über die Fluchtmotivation einzelner Personen- oder Berufsgruppen vorliegt. Der Anspruch dieses Kapitels aber ist es, den gesamten Untersuchungszeitraum – Kriegsende bis Mauerbau – zu erfassen und ein möglichst umfangreiches Bild der einzelnen betroffenen Personengruppen abzubilden.

Zu diesem Zweck werden relevante Berufs- und Bevölkerungsgruppen auf ihre spezifischen Abwanderungsmotive hin untersucht. Die wesentliche Voraussetzung für eine Bewertung der Fluchtmotivation ist die Analyse der politischen und gesellschaftlichen Rahmenbedingungen, denen sich die einzelnen Gruppen in der SBZ/DDR ausgesetzt sahen. Dementsprechend werden die individuellen Motive einzelner Bevölkerungsteile besonders vor diesem Hintergrund beleuchtet.

Im weiteren Kontext werden kriegsbedingte und kriegsfolgebedingte sowie spezifische Wanderungsmotive der verschiedenen Berufs- und Bevölkerungsgruppen besprochen. Eine chronologische Abfolge einzuhalten, verbietet sich hier, da die Abwanderungsentscheidungen einzelner

Bevölkerungsgruppen teilweise auf mehrjährig andauernden gesellschaftspolitischen Entwicklungen beruhten.

Neben diesen individuellen Wanderungsmotiven einzelner Berufs- und Bevölkerungsgruppen befasst sich das folgende Kapitel mit den bevölkerungsübergreifenden Wanderungsmotiven.

Schwerpunkt der Untersuchung sind Migrationsgründe, die in den spezifischen Charakteristika des ostdeutschen Staatswesens zu suchen sind. Zu nennen wären hier in erster Linie der totale Herrschaftsanspruch der SED und die Umwandlung der Gesellschaft sowie die Konsequenzen daraus für das Individuum. Zusammenfassend kann man von systembedingten Wanderungsmotiven sprechen.

Bevölkerungsübergreifende Wanderungsmotive können dabei von unterschiedlicher Natur sein. Sie können privat und/oder ökonomisch bedingt sein. Es stellt sich die Frage, inwieweit diese Motive eine politisch motivierte Wanderungs- oder Fluchtbewegung ausschließen oder ob es angebracht ist, hier zu differenzieren?

Auch explizit politisch bedingte Abwanderungstendenzen, die sich aus einer generellen oder spezifischen Opposition zum System ergaben, werden vertiefend untersucht.

Diesbezüglich bietet es sich methodisch an, politische Ereignisse den Ergebnissen der Abwanderungsstatistik des Bundesnotaufnahmeverfahrens gegenüberzustellen. Da diese Notaufnahmestatistik als einzige Erhebung monatlich aktualisiert wurde, ist sie bei allen Unzulänglichkeiten dazu geeignet, unmittelbare und mittelbare Reaktionen auf politische Aktionen über einen längeren Zeitraum zu erkennen.

Am Ende der Analyse steht der Versuch, die Migrationsbewegung anhand der individuellen Motive nach Flucht oder Wanderung einzuordnen, wo dies möglich und sinnvoll erscheint. Damit wird ein differenzierter Umgang fernab einer bloßen Größenangabe erreicht.

Im zweiten Teil dieser Arbeit veranschaulicht eine mikrohistorische Fallstudie aus dem Themengebiet der deutsch-deutschen Wirtschaftsgeschichte den Teilungsprozess und den exemplarischen Umgang beiderseits der Grenze damit.

Dafür wurde die Firma Carl Zeiss ausgewählt, anhand deren Nachkriegsgeschichte die verschiedenen Phasen, Herausforderungen und Probleme der Teilungsgeschichte in besonderem Maße verdeutlicht werden können.

Das Besondere an diesem Unternehmen war der Umstand, dass nach Kriegsende in beiden Teilen Deutschlands Firmen entstanden, die sich auf die Tradition des ursprünglich vom Unternehmer Carl Zeiß in Jena gegründeten Konzerns beriefen und dessen Rechtsnachfolge für sich beanspruchten.

1. Einleitung

Auch hier stellt sich die Frage, inwieweit das Handeln der entscheidenden Protagonisten durch die politischen Rahmenbedingungen und historischen Zäsuren geprägt wurde, oder ob spezifische Entwicklungen vielleicht besser losgelöst von solchen übergeordneten Ereignissen zu bewerten sind.

Im Mittelpunkt der Untersuchung wird demnach auch die Beziehungsentwicklung zwischen dem ostdeutschen VEB und der westdeutschen Zeiss-Gruppe vor dem Hintergrund der sich verschärfenden Trennung zwischen beiden deutschen Staaten stehen. Beide Unternehmen standen sowohl im engen kooperativen Verhältnis als auch in starker Konkurrenz zueinander. Eben diese Korrelation aus Kooperation und Konkurrenz wird im Untersuchungszeitraum vom Kriegsende bis zum Beginn der 1960er Jahre, als der Mauerbau für eine Zäsur sorgte, anhand verschiedener Aspekte untersucht.

Die eigentliche Untersuchung beginnt mit einem Prolog, der die wesentlichen Eckpunkte der Firmengeschichte bis zum Ende des Zweiten Weltkriegs skizziert. Dies ist essenziell, um zum einen ein Verständnis für die Firmengeschichte zu entwickeln; zum anderen sind wegweisende Entscheidungen, die das Forschungsthema dieser Arbeit sowohl in rechtlicher, wirtschaftlicher und auch mentalitätshistorischer Hinsicht zentral berühren, in diesem Zeitraum getroffen worden.

So beginnt das erste Kapitel mit den Kurzbiografien des Firmengründers Carl Zeiss (1816–1888) und seines Kompagnons Ernst Abbe (1840–1905), da der Aufstieg der Firma zu weltweitem Renommee, der im Folgenden beschrieben wird, eng mit diesen beiden Protagonisten verbunden ist.

Mit der Gründung der Carl-Zeiss-Stiftung am 19. Mai 1889 wurde ein neues Firmenkapitel aufgeschlagen. Die angeschlossenen Unternehmen erhielten so eine neue Konzernstruktur, die für die weitere Entwicklung eine wichtige Rolle einnehmen sollte. Die Kontrolle der Stiftung, die über 100 % der Unternehmensanteile verfügte, sollte im späteren deutschdeutschen Dissens nämlich einen der zentralen Streitpunkte darstellen. Aus diesem Grund ist es notwendig, die Gründungsgeschichte sowie die mit ihr einhergehenden Regelungen und Bestimmungen des Stiftungsstatuts eingehend zu besprechen. Diese Kernpunkte sind sowohl für die grenzübergreifende Entwicklung von wesentlicher Bedeutung als auch für die systembedingten Auswirkungen der Wirtschaftsumgestaltung zuungunsten der Arbeitnehmerschaft in der SBZ/DDR.

Um das Bild des Unternehmens Carl Zeiss zu vervollständigen, werden die Aktivitäten der Firma in der ersten Hälfte des 20. Jahrhunderts bis zum Ende des Zweiten Weltkriegs beschrieben. Gerade die Rolle der damaligen Führungskräfte in der Zeit der nationalsozialistischen Herrschaft ist kritisch zu beleuchten, blieben sie doch teilweise auch nach Kriegsende in verantwortungsvollen Positionen und waren wesentliche Protagonisten bei der Entwicklung der westdeutschen Gruppe.

Nach Kriegsende stehen zunächst die Ereignisse der unmittelbaren Nachkriegszeit bis Ende 1945 im Blickpunkt, einschließlich der wissenschaftlichen und technischen Ausbeutung des Werkes während der wenigen Monate unter US-amerikanischer Kontrolle.

Aufgrund des Abzugs der amerikanischen Truppen aus Thüringen fiel in diesem Zeitraum auch die Entscheidung zur Deportation von Zeiss-Betriebsangehörigen, einschließlich der Führungsspitze, nach Oberkochen in Württemberg-Baden. Dies bedeutete eine tiefgreifende Zäsur und muss als Ausgangspunkt für die kontroverse deutsch-deutsche Nachkriegsgeschichte des Unternehmens gelten.

Die unterschiedlichen Interessen der einzelnen Protagonisten im Vorfeld der Deportation verdienen deshalb ebenso verstärkte Aufmerksamkeit wie auch die kontroverse Lösungsfindung bzgl. einer Nachfolgeregelung in der Geschäftsleitung am Standort Jena. Der Abschnitt schließt mit dem Einzug der Roten Armee in Jena und der Übernahme des Werkes durch die sowjetische Besatzungsmacht.

Nach den Ereignissen der unmittelbaren Nachkriegszeit behandelt das nächste Kapitel die Entwicklung von Zeiss in Ost- und Westdeutschland bis zum Jahr 1948. In diesem Zeitraum wurden auf nationaler Ebene entscheidende Weichen für die deutsche Teilung gestellt. So war es auch für die Stiftungsunternehmen eine Zeit des Umbruchs und des Neubeginns.

In der SBZ stand in dieser Phase die Reparationspolitik der sowjetischen Administration im Vordergrund. Teil davon war die Demontage der Stiftungsunternehmen. Hier ist der Kampf der Belegschaft und der Betriebsführung gegen die Volldemontage ein einschneidendes Firmenkapitel, das es genauer zu untersuchen gilt. In diesem Zusammenhang werden auch die unterschiedlichen Interessen innerhalb des sowjetischen Besatzungsapparates ausgeleuchtet.

Aber auch das Schicksal und die Lebensbedingungen deportierter Werksangehöriger als „Humanreparationen" in der UdSSR müssen in diesem Themenkomplex behandelt werden.

Im Anschluss wird die Wirtschaftsumformung nach kommunistischem Vorbild und deren Einfluss auf die Carl-Zeiss-Stiftung und ihre Unternehmen untersucht. Mit der Enteignung der Stiftung und der Verstaatlichung ihres industriellen Vermögens – den Stiftungsfirmen – am 1. Juni 1948 waren hier Tatsachen geschaffen worden, die für die Beziehungen nach Westdeutschland – aber auch innerhalb der SBZ/DDR – irreparable Veränderungen bewirkt haben.

Zur gleichen Zeit versuchte sich auf der anderen Seite der Demarkationslinie, in der US-Zone, ebenfalls ein Unternehmen mit Zeiss-Wurzeln zu etablieren. Hier wird zunächst der Fokus auf die Vorbereitung und die Ankunft in Westdeutschland sowie auf die Lebens- und Arbeitsbedingungen in der ersten Zeit nach der Deportation gelegt.

Zwar sah man sich grenzübergreifend in diesem Zeitraum noch als Firmen-Einheit an, dennoch führte die erzwungene Situation auch zu Kontroversen innerhalb der Zeiss-Familie. Konkurrenz- und Kooperationsphasen zwischen beiden Geschäftsleitungen werden analysiert, wie z. B. der erste Machtkampf um den Führungsanspruch innerhalb der gesamtdeutschen Zeiss-Gruppe oder die Frage nach der Vertretung der Stiftungsinteressen in den Westzonen, was von erheblichem Einfluss für die Kontrolle der westdeutschen Vermögenswerte war. In dieser Phase bilden sich die Charakteristika des späteren Konflikts heraus.

Dementsprechend behandelt das nächste Unterkapitel dieses Abschnitts vertiefend die ganz eigene Korrelation zwischen Kooperation und Konkurrenz zwischen ost- und westdeutscher Zeiss-Gruppe bis zum Ende des Jahres 1948.

Nach der Beschreibung der Aufbauhilfen durch das Jenaer Mutterhaus für den westdeutschen Ableger und der Einstellung der jeweiligen Besatzungsmächte dazu, liegt der Schwerpunkt der weiteren Untersuchung auf den Emanzipationsbestrebungen der Oberkochener Gruppe. Von besonderer Bedeutung für die Untersuchung ist die Entdeckung eines geheimen Positionspapieres – aufgefunden in den westdeutschen Akten des Zeiss-Werksarchives –, das die diesbezügliche Planung der westdeutschen Führungsspitze vor dem Hintergrund von Demontage und Verstaatlichung in der SBZ verdeutlicht und die strategische Planung der westdeutschen Gruppe zur Abspaltung vom Mutterhaus in Jena beschreibt.

Zum Abschluss der Untersuchung des Zeitraums bis 1948 stehen die Auswirkungen der geografischen Teilung Deutschlands im Mittelpunkt. Die neugeschaffenen Zonengrenzen kappten schließlich traditionelle Handelsbeziehungen und Warenwege. So stellt sich die Frage, wie sich der Vollzug der politischen Teilung durch die Alliierten in der Praxis für das Jenaer Unternehmen auswirkte. Die Schwierigkeiten im Interzonenhandel, die Materialbeschaffung und die Handelstätigkeit über die Zonengrenzen hinweg werden deswegen vor dem Hintergrund der politischen Rahmenbedingungen untersucht.

Diese Fragen werden auch zu Beginn des nächsten Kapitels, das den Zeitraum 1948 bis 1953 behandelt, untersucht. Der Fokus liegt aber verstärkt auf der Vereinnahmung der Wirtschaft in das politische Modell der SBZ/DDR und die daraus resultierenden Spannungen zwischen ost- und westdeutschem Zeiss-Unternehmen. Der sich anbahnende Wirtschaftskampf und der gegenseitige Versuch, die eigenen Märkte unter Einbeziehung von Politik und Besatzungsmächten abzuschotten, werden dabei ebenso untersucht wie gelegentliche Momente der Übereinkunft und die Widrigkeiten, unter denen speziell die Jenaer-Gruppe aufgrund des eigenen politischen Systems in dieser Phase zu leiden hatte.

Innerhalb dieses Zeitraums entwickelte sich aber auch der wesentliche Konfliktpunkt zwischen beiden Unternehmen: die Kontrolle über die Carl-Zeiss-Stiftung und damit auch über das westdeutsche Stiftungsvermögen. Die zentrale Frage ist hier, ob in der SBZ/DDR eine arbeitsfähige Stiftung existent war, die Ansprüche auf Vermögen in der Bundesrepublik stellen konnte. Im Folgenden wird dementsprechend der Versuch der westdeutschen Unternehmensführung analysiert, die Stiftung zu übernehmen. Dabei lohnt auch der Blick auf die Rolle der politischen Ebene – im Speziellen auf die des Kultusministeriums von Württemberg-Baden.

Die mühsame Suche nach einem Kompromiss ist hier ebenso von Bedeutung wie die Vorbereitungen und Winkelzüge beider Seiten im Zuge der sich anbahnenden rechtlichen Auseinandersetzung. Dieser Abschnitt illustriert dabei in besonderem Maße den Einfluss, den die Konsolidierung der jeweiligen politischen Systeme auf das Miteinander der beiden deutschen Unternehmen hatte.

Zum Abschluss dieses Untersuchungszeitraums wird die Frage behandelt, wie der innenpolitische Druck, dem sich die Protagonisten des Jenaer Werkes ausgesetzt sahen, auf die Beziehungen zwischen beiden Unternehmen auswirkte. Dazu werden die Schritte des Staates, jegliche Opposition gegen die Wirtschafts- und Gesellschaftspolitik der SED im Werk zu brechen, dargelegt. Im Mittelpunkt stehen Drangsalierungen, Verhaftungen und der Kampf gegen die Westkontakte Zeiss Jenas. Maßnahmen, die schließlich in die „Operation Lupe" mündeten und den Widerstand gegen das Regime im ostdeutschen Zeiss-Werk schließlich größtenteils brachen.

Mit der endgültigen Übernahme der Kontrolle durch die Staatsmacht im Jenaer Werk traten auch die Beziehungen nach Oberkochen in eine Phase ein, die einen Konsens unmöglich machte. Somit begannen im Februar 1954 die juristischen Auseinandersetzungen um die Rechtsnachfolge von Stiftung und Markennamen. Dies war der Ausgangspunkt für die negative Ausgestaltung der Beziehungen zwischen Zeiss-Ost und Zeiss-West für die kommenden Jahrzehnte.

Da sich die einzelnen Gerichtsverfahren aufgrund von Berufungen und Revisionen größtenteils jahrelang hinzogen und sich zudem zeitlich noch überschnitten, ist dieses Kapitel nicht rein chronologisch angelegt. Hier ist eine thematische Einteilung anhand der Gerichtsorte sinnvoller.

Besprochen werden zunächst die bundesdeutschen Prozesse sowie die Entscheidung des Obersten Gerichts der DDR zum Thema. Auch die ausländische Rechtsprechung wird in die Untersuchung einbezogen. Da sich Zeiss und Zeiss wechselseitig in über 60 Staaten verklagten, werden hier exemplarisch die beiden wichtigsten Gerichtsverfahren im Ausland vertiefend skizziert. Dies ist zum einen der Prozess in New York, der aufgrund seines Standortes eine erhebliche Signalwirkung für die westlich orientierte Welt hatte, zum anderen der Londoner Prozess, der vor allem aufgrund seines überraschenden Verlaufs von Bedeutung ist.

Um die besprochenen Entscheidungen der Gerichte einordnen zu können, folgt auf diesen Teil der Arbeit ein Versuch der unabhängigen Analyse, da man diese im Rahmen der vom Blockdenken geprägten einzelnen Verfahren zumeist nicht erwarten konnte.

Auch der von beiden Seiten geführte Kampf abseits der Gerichtshöfe – die Instrumentalisierung von Medien, Politik und Öffentlichkeit – um die Deutungshoheit ist ein wesentlicher Bestandteil dieses Konflikts und wird im Rahmen dieses Kapitels besprochen.

Das Anschlusskapitel bietet einen Überblick über den eigentlichen Zankapfel der Rechtsstreitigkeiten: das westdeutsche Stiftungsvermögen. Ein Überblick über die inzwischen wieder stark gewachsene westdeutsche Konzernstruktur mit ihren angeschlossenen Stiftungs- und Tochterunternehmen verdeutlicht, wie groß die Werte waren, die bei einer juristischen Niederlage an Ostdeutschland gefallen wären. Die einzelnen Konzernunternehmen werden dazu nach ihrer historischen Entwicklung und ihrer Stellung bzw. ihren Aufgaben innerhalb des Konglomerats beschrieben.

Schließlich stellt sich auch die Frage nach dem Rechtsverhältnis dieser Tochterunternehmen zu Jena und Oberkochen. Zwar gab es nun eine geografische Grenze, diese konnte jedoch nicht grundsätzliche rechtliche Verpflichtungen und Abhängigkeiten gegenüber Jena ungültig werden lassen. Aus diesem Grund wird die Beziehungsentwicklung zwischen den Töchtern und ihrem ostdeutschen Mutterhaus sowie das daraus resultierende Konfliktpotenzial innerhalb der westdeutschen Zeiss-Gruppe im Verlauf der 1950er Jahre im Anschluss untersucht.

Im folgenden Kapitel richtet sich der Blick wieder nach Jena. Für die Gesamtbetrachtung sind die politischen Strömungen und die Machtverhältnisse im VEB wichtig, haben sie doch auch einen direkten Einfluss auf die Beziehung zur westdeutschen Gruppe und verdeutlichen den Wandel durch die Systemumformung innerhalb der SBZ/DDR.

Besondere Beachtung muss hier der Rolle der Betriebsparteiorganisation im Werk entgegengebracht werden. Aber auch die Interessen anderer Akteure der verschiedenen politischen Organisationen verbunden mit dem latenten Druck, dem sich der Werksleiter Schrade ausgesetzt sah, werden ausführlich behandelt. Dabei liegt der Fokus sowohl auf der Personalpolitik – im Besonderen auf den Versuchen, Schrade abzulösen – als auch auf dem kontroversen Verhältnis zur Stiftung innerhalb des Staatsapparates und im Jenaer Milieu.

Dieser Themenkomplex wird mit dem Versuch der Umtradierung des Abbe-Bildes durch den Staat weitergeführt. Es handelte sich dabei um eine ideologische Auseinandersetzung, die die zweite Hälfte der 1950er Jahre in Jena prägte und von verschiedenen Interessensgruppen ausgefochten wurde. Dies sind, neben Schrade und der Werkleitung auf der einen und Teile des Staatsapparates auf der anderen Seite, vor allem auch die Jenaer Universität.

Zum Abschluss schließt sich noch einmal der Kreis zum ersten Teil dieser Arbeit. Die Analyse der deutsch-deutschen Wanderungs- und Fluchtbewegung wird hier noch einmal fokussiert auf den Mikrokosmos der Zeiss-Ebene übertragen.

Zunächst wird der quantitative Anteil der Abwanderung im Untersuchungszeitraum – Kriegsende bis Mauerbau – nach Gesamtzahl und zeitlicher Abfolge möglichst genau bestimmt. Anhand dieser Ergebnisse kann dann der Frage nachgegangen werden, ob es eine Zeiss-spezifische Migrationsbewegung gab, und falls ja, wodurch diese motiviert war. Dafür werden Zeiss-eigene Kriterien, wie unternehmensgeschichtlich relevante Ereignisse oder die ökonomische Entwicklung, den Abwanderungszahlen ebenso gegenübergestellt wie auch allgemeine gesellschaftliche und politische Entwicklungen in beiden Teilen Deutschlands.

Zudem stellt sich die Frage des Umgangs beiderseits der Grenze mit dieser besonderen Migrationsbewegung: Wie standen beide Unternehmen zu dieser Entwicklung? Gab es kooperative Momente, wurde darüber kommuniziert oder wurde das Thema totgeschwiegen? Welche Maßnahmen wurden getroffen, um die jeweiligen Interessen durchzusetzen? Zur Beantwortung dieser Fragen wird u. a. die Anwerbung und Aufnahmepraxis für Zuwanderer in Westdeutschland, der Umgang mit Rückwanderung in Jena sowie die Folgen der Abwanderung für das Jenaer Werk analysiert.

Abschließend wird im Rahmen eines Exkurses noch einmal das Augenmerk auf zwei zivilgesellschaftliche Institutionen gelegt – die Goethe-Gesellschaft und die Evangelischen Kirche in Deutschland –, die sich trotz der Zweistaatlichkeit als gesamtdeutsch verstanden und dies auch strukturell praktizierten. Hier stellt sich vor allem die Frage, ob und inwieweit dieses Verständnis mit den politischen Rahmenbedingungen überhaupt kompatibel und praktikabel war.

2. Forschungsstand

Die Forschungsergebnisse zur deutsch-deutschen Geschichte haben seit der Wiedervereinigung an Qualität und Quantität deutlich zugenommen. Dies ist in erster Linie der Öffnung der DDR-Archive geschuldet.

Einen guten und umfassenden Überblick über die allgemeinen politischen und gesellschaftlichen Rahmenbedingungen sowie deren Wechselwirkungen in dieser Zeit bieten das Werk von Heinrich August Winkler, der vor allem den Werdegang der westdeutschen Republik beschreibt, und die Arbeit von Hermann Weber, der wohl der profundeste Kenner des SED-Staates in der Bundesrepublik war.[1] Taucht man jedoch tiefer in die Analyse ein und untersucht den Bereich der deutsch-deutschen Wanderungsbewegung, wird deutlich, dass nur wenige Arbeiten relevante Erkenntnisse innerhalb dieser Thematik bieten können. Vor allem der Zeitraum bis zur doppelten Staatsgründung stellt in vielfacher Hinsicht noch ein Forschungsdesiderat dar.

Während in der SBZ/DDR die Thematik in der Öffentlichkeit abseits von staatsgetragener Propaganda gegen die Republikflucht nicht in die Öffentlichkeit dringen sollte, zeigten sich zeitgenössische Veröffentlichungen in der jungen Bundesrepublik oftmals einseitig ideologisch verbrämt bzw. allzu staatsnah.

Die ersten wissenschaftlichen Arbeiten zu dem Phänomen des Zuzugs aus der sowjetischen Besatzungszone in den Westzonen erschienen ab dem Ende der 1940er Jahre in Zeitschriften, die von verschiedenen Ministerien herausgegeben wurden. Mittlerweile besitzen diese Schriftenreihen Quellenwert, da sie vielfach mehr die Anschauung der Zeit widerspiegeln, als dass man aus heutiger Sicht von dezidierten Forschungsleistungen sprechen kann. So befassten sich die ersten Aufsätze auch primär mit den Zuwanderern als neu aufkommendes Problem, das zunächst wissenschaftlich klassifiziert werden musste.[2] Das Verdienst dieser Veröffentlichungen ist aber zweifellos, dass sie die Zuwanderer als Erste in den Fokus der westdeutschen Öffentlichkeit rückten.

---

[1] Winkler, Heinrich August: Der lange Weg nach Westen II. Deutsche Geschichte 1933–1990. Lizenzausgabe für die Bundeszentrale für die politische Bildung. Bonn 2005. Weber, Hermann: Die DDR 1945–1990. 4. Aufl., München 2006.

[2] Bertram, Kurt: Der Flüchtlingsbegriff in Schleswig-Holstein und den Ländern der Bizone. In: Der Flüchtlingsberater: Zeitschrift für das Flüchtlingswesen. Bad Godesberg u. a. 1948, S. 8–17.
Siebke, Otto: Bedenkliche Ost-West-Wanderung. In: Der Flüchtlingsberater (Lübeck) 2/1949, S. 41–46.

Bis zur Mitte der 1950er Jahre waren die Ankommenden soweit akzeptiert, dass weitere Schriftenreihen primär die Eingliederung in die Aufnahmegesellschaft zum Thema hatten. Der Fokus lag nun auf Hilfestellung im Bürokratiedschungel und auf der Besprechung der einschlägigen Gesetzgebung zum Nutzen der Zielgruppe.[3]

Nach dem Bau der Mauer änderte sich die Tonlage in diesen Veröffentlichungen abermals. Entsprechend den Richtlinien der bundesrepublikanischen Deutschlandpolitik galt es nun vor allem, die DDR als Staat zu diskreditieren.[4]

Einige jüngere Veröffentlichungen bereichern den Diskurs, da sie sich umfangreich mit der Problematik der Zuwanderung aus der SBZ/DDR auseinandersetzen.

Zuallererst sind hier die Arbeiten von Helge Heidemeyer zu nennen. In seinem Hauptwerk[5] setzt er sich intensiv mit Begriffsbestimmung und Sprachgebrauch sowie mit der bundesdeutschen Gesetzgebung in Bezug auf die Zuwanderer und deren politischer und gesellschaftlicher Bedeutung für die Bundesrepublik auseinander. Über die alliierte Flüchtlingspolitik vor der Staatsgründung schlägt er den Bogen zu der westdeutschen Politik zur Steuerung der Zuwanderung, zu Aufnahme- und Integrationsmaßnahmen. Dementsprechend nimmt auch der Komplex Notaufnahme einen breiten Raum in seiner Arbeit ein. Vertiefend untersucht er die Interessen der beteiligten politischen Akteure, wie das Bundesministerium für gesamtdeutsche Fragen oder das Bundesministerium für Vertriebene bis hin zur Regierung selbst. Auch die Abwanderungsmotivation der Ankommenden behandelt er, beschränkt sich dabei aber hauptsächlich auf die Motive und den Umfang der Abwanderung aus dem Umsiedlermilieu und in der Landwirtschaft. Übergreifend unterteilt er die Zuwanderer in sieben Gruppen und kommt zu dem (geschätzten) Ergebnis, dass allenfalls 20 % der

---

[3] Doms, Julius: Die Vertriebenen in der neuen Gesetzgebung. Einführung in das Bundesvertriebenengesetz. In: Der Wegweiser 1953, S. 12–27.
Granicky, Günther: Verpflichtung des Westens. In: Der Wegweiser: Flucht in die Freiheit. Troisdorf 1953, S. 14–25.
Landsberg, Ludwig: Das Problem der SBZ-Flüchtlinge. Ein Beitrag zur Lösung sozialer Probleme in unserer Zeit. In: Der Wegweiser 1953, S. 28–40.

[4] So beispielsweise in: Kratzer, Joseph: Zustrom von Deutschen aus der SBZ in das Bundesgebiet. In: Der Fachberater für Vertriebene, Flüchtlinge, Kriegsgeschädigte. Herausgegeben vom Bundesminister für Vertriebene. Bad Godesberg Heft 19/1966, S. 285–294.
Bundesministerium für Vertriebene, Flüchtlinge und Kriegsgeschädigte (Hrsg.): Flucht aus der Sowjetzone. Ursachen und Verlauf. 6. Aufl., Bonn 1964.

[5] Heidemeyer, Helge: Flucht und Zuwanderung aus der SBZ/DDR 1945/1949–1961. Die Flüchtlingspolitik der Bundesrepublik Deutschland bis zum Bau der Berliner Mauer. Düsseldorf 1994.

Betroffenen aus politischen Gründen in die Bundesrepublik abwanderten.

Auch die Arbeit von Damian van Melis ist in der Reihe jüngerer Veröffentlichungen zu nennen, die differenziert mit der Thematik umgehen und sich von den meisten übrigen Arbeiten wohltuend hervorheben.[6] Seine mit Henrik Bispinck herausgegebene Untersuchung fragt in erster Linie nach den Abwanderungsmotiven zwischen 1945 und 1961. Er blickt dabei primär auf die Interpretation und Reaktion der DDR-Staatsführung zu dem Phänomen, widmet sich aber auch der Problematik der irreführenden Begrifflichkeiten und Benennungen der Migranten in Westdeutschland. Abgerundet wird sein Buch mit einem umfangreichen, allerdings unkommentierten, Dokumententeil und einigen Statistiken.

Volker Ackermann schließlich widmet einen Großteil seiner Untersuchung den jugendlichen Abwanderern aus der SBZ/DDR.[7] Dennoch finden sich in seiner Arbeit auch wesentliche, für die gesamte Migrationsbewegung allgemeingültige Inhalte. Er untersucht den wechselhaften Flüchtlingsbegriff in der Nachkriegszeit und im Verlauf der 1950er Jahre aus der Perspektive von Wissenschaft, bundesdeutscher Politik und ausländischer Wahrnehmung. Auch die Flüchtlingsgesetzgebung der westdeutschen Länder und der Bundesrepublik nimmt einen breiten Rahmen in seiner Untersuchung ein. Sein Hauptthema ist aber die Frage nach dem „echten" Flüchtling, d. h., er versucht, zwischen Wirtschafts- und Konsumabwanderern oder politisch Verfolgten zu differenzieren.

Neben diesen drei Hauptwerken sind auch einige Regionalstudien hilfreich, um ein differenzierteres Bild über die Zuwanderungspolitik und Gesetzgebung der einzelnen Länder und der Bundesrepublik zu erhalten.[8] Den meisten der Autoren dieser Arbeiten ist gemein, dass sie sich der unklaren Begriffsbestimmung des zuwandernden Personenkreises bewusst sind. Umfassend dazu äußert sich Mathias Beer, der den

---

[6] Melis, Damian van: „Republikflucht". Flucht und Auswanderung aus der SBZ/DDR 1945 bis 1961. München 2006.

[7] Ackermann, Volker: Der „echte" Flüchtling. Deutsche Vertriebene und Flüchtlinge aus der DDR 1945–1961. Osnabrück 1995.

[8] Brosius, Dieter/Hohenstein, Angelika: Flüchtlinge im nordöstlichen Niedersachsen 1945–1948. Hildesheim 1985.
Wennemann, Adolf: Zwischen Emanzipation und Konformitätsdruck: Zuwanderer aus SBZ und DDR in Niedersachsen. In: Bade, Klaus J. (Hrsg.): Fremde im Land. Zuwanderung und Eingliederung im Raum Niedersachsen seit dem Zweiten Weltkrieg. Osnabrück 1997, S. 125–166
Weiher, Uwe: Die Eingliederung der Flüchtlinge und Vertriebenen in Bremerhaven 1945–1960. Bremerhaven 1992.

Flüchtlingsbegriff begriffsgeschichtlich untersucht.[9] Auch die Arbeit von Kathrin Böke, die vor allem den politisch motivierten Sprachwandel auf Basis der Anerkennungskriterien der Flüchtlingsgesetze untersucht, widmet sich dieser Thematik.[10]

Zu den terminologischen Problemen und deren Auswirkungen auf die diversen statistischen Erhebungen hat sich Gerhard Reichling geäußert.[11] Bethlehem bespricht dieses Problem ebenfalls und weist zudem noch einmal explizit auf die Uneinheitlichkeit des Flüchtlingsbegriffs in der Ländergesetzgebung hin.[12]

Auch die ungenaue bundesdeutsche Statistik zur Frage der Zuwanderung aus der SBZ/DDR ist Thema einiger Veröffentlichungen. Eine Lösung bzw. Ergebnisse fernab von bloßen Schätzungen konnte jedoch keiner der Autoren präsentieren. Reinhard Koch fasst die Problematik in einem kurzen Beitrag aus dem Jahr 1986 zusammen.[13] Er beruft sich im Wesentlichen auf Köllmann.[14] Seit dieser Zeit hat sich der Forschungsstand quasi nicht verändert, sodass auch Helge Heidemeyer diese Datensätze als Basis seiner Forschung nutzt.[15]

Hardin muss man ebenfalls zu dem Kanon von Wissenschaftlern zählen, der die westdeutsche Statistik zu Recht kritisiert, jedoch keinen eigenen Lösungsansatz anbieten kann.[16] Einzig zur Statistik des

---

[9] Beer, Mathias: Flüchtlinge – Ausgewiesene – Heimatvertriebene. Flüchtlingspolitik und Flüchtlingsintegration in Deutschland nach 1945, begriffsgeschichtlich betrachtet. In: Beer, Mathias/Kintzinger, Martin/Krauss, Marita (Hrsg.): Migration und Integration. Aufnahme und Eingliederung im historischen Wandel. Stuttgart 1997, S. 145–167.

[10] Böke, Karin: Flüchtlinge und Vertriebene zwischen dem Recht auf alte Heimat und der Eingliederung in die neue Heimat. Leitvokabeln der Flüchtlingspolitik. In: Böke, Karin/Liedtke, Frank/Wengeler, Martin (Hrsg.): Politische Leitvorhaben in der Adenauer-Ära. Berlin/New York 1996, S. 131–210.

[11] Reichling, Gerhard: Flucht und Vertreibung der Deutschen – statistische Grundlage und terminologische Probleme. In: Schulze, Rainer/von der Brelie-Lewien, Doris/Grebing, Helga (Hrsg.): Flüchtlinge und Vertriebene in der westdeutschen Nachkriegsgeschichte. Bilanzierung der Forschung und Perspektiven für die künftige Forschungsarbeit. Hildesheim 1987, S. 46–56.

[12] Bethlehem, Siegfried: Heimatvertreibung, DDR-Flucht, Gastarbeiterzuwanderung. Wanderungsströme und Wanderungspolitik in der Bundesrepublik Deutschland. Stuttgart 1982.

[13] Koch, H. Reinhard: Flucht und Ausreise aus der DDR. Ein Beitrag zum „Wohlbekannten". In: Deutschland Archiv 19 (1986) 1, S. 47–52.

[14] Köllmann, Wolfgang: Die Bevölkerungsstruktur der Bundesrepublik. In: Conze, Werner/Lepsius, Rainer (Hrsg.): Sozialgeschichte der Bundesrepublik Deutschland. Stuttgart 1983, S. 66–114.

[15] Heidemeyer (1994).

[16] Hardin, William Russel: Emigration, Occupational Mobility and Institutionalization. The German Democratic Republic. Ph. D. Dissertation. Cambridge, Mass., MIT 1971.

Notaufnahmeverfahrens gibt es Studien, die sich statistisch und inhaltlich im gebotenen Maße mit dessen Analyse befassen. Zu den Autoren dieser Arbeiten zählen in erster Linie wiederum Bethlehem, (sehr früh) Grenzer und eben Heidemeyer.[17]

Für die Analyse der Statistiken und für die Suche nach einem Lösungsansatz zur Behebung der Ungereimtheiten waren deshalb im Wesentlichen eigene Recherchen und Berechnungen nötig. Als Quelle für die Beantwortung terminologischer und methodischer Fragen sowie zur kritischen Analyse der Ergebnisse selbst dienten in erster Linie die jeweiligen Statistischen Jahrbücher des Bundes und ausgewählter Länder.[18] Auch veröffentlichte das Statistische Bundesamt immer wieder Sonderbände über spezifische Zählungen und Bevölkerungsgruppen, die für die Analyse hilfreich sind, bieten diese Schriften doch Zahlenmaterial in komprimierter Form zur Zielgruppe.[19]

Zudem bietet die vom Statistischen Bundesamt herausgegebene Zeitschrift „Wirtschaft und Statistik" weitere wertvolle Informationen, da die zuvor im Rahmen der einzelnen Erhebungen gewonnenen Erkenntnisse anhand der verwendeten Methodik noch einmal kritisch hinterfragt

---

[17] Bethlehem; Heidemeyer (1994); Grenzer, Rudolf: Die Flucht aus der sowjetischen Besatzungszone. Ergebnisse des Notaufnahmeverfahrens. In: Institut für Raumordnung (Hrsg.): Raumforschung und Raumordnung. Berlin/Heidelberg 1953, Heft 3/4, S. 172–178.

[18] Statistisches Amt des Saarlands (Hrsg.): Statistisches Handbuch für das Saarland. Saarbrücken. Jahrgänge 1952/1955/1958. Statistisches Landesamt Berlin (Hrsg.): Statistisches Jahrbuch. Berlin 1950–1956. Statistisches Bundesamt (Hrsg.): Statistik der Bundesrepublik Deutschland, Band 73. Die Wanderungen im Jahr 1951. Stuttgart/Köln 1953. Ebenda: Statistik der Bundesrepublik Deutschland, Band 171. Die Wanderungen im Jahr 1955. Stuttgart/Köln 1957. Ebenda: Statistik der Bundesrepublik Deutschland, Band 218. Die Wanderungen im Jahr 1957. Stuttgart/Köln 1958. Ebenda: Statistik der Bundesrepublik Deutschland, Band 201. Wohnungsstatistik 1956/57. Heft 1: Wohnungen und Wohnparteien nach der allgemeinen Erhebung vom 25.9.1956.
Ebenda: Statistik der Bundesrepublik Deutschland, Band 239. Die Wanderungen im Jahr 1958. Stuttgart/Köln 1960.

[19] Statistisches Bundesamt (Hrsg.): Statistik der Bundesrepublik Deutschland, Band 114. Die Vertriebenen und Flüchtlinge in der Bundesrepublik Deutschland in den Jahren 1946 bis 1953. Stuttgart u. a. 1955. Ebenda: Fachserie A – Bevölkerung und Kultur – Reihe 4. Vertriebene und Flüchtlinge. Bevölkerungs-, kultur- und wirtschaftsstatistische Ergebnisse 1954 bis 1966. Ohne Orts- und Jahresangabe.
Ebenda: Fachserie A: Bevölkerung und Kultur. Volks- und Berufszählung vom 6. Juni 1961, Heft 6. Vertriebene und Deutsche aus der SBZ – Verteilung und Struktur. Stuttgart/Mainz 1961. Ebenda: Bevölkerung und Kultur. Reihe 3 – Wanderungen: Wanderungen innerhalb und über die Grenzen des Bundesgebietes. 4. Vierteljahr 1961. Stuttgart/Mainz, Jg. 1961/4.

werden.[20] Dies gilt ebenso für die Veröffentlichungen des Ausschusses Deutscher Statistiker.[21]

Schließlich erwies sich darüber hinaus Aktenmaterial aus dem Bundesarchiv Berlin als nützlich, da sich der dortige Bestand der Staatlichen Zentralverwaltung für Statistik der DDR auch mit der Analyse der Methodik der bundesdeutschen Zählungen und deren Fehleranfälligkeit befasst.[22]

Für die Analyse der kriegsfolgebedingten Rückwanderung am Beispiel der Evakuierten war die Untersuchung der Statistisch Soziologischen Arbeitsgruppe der Landesflüchtlingsverwaltung vom 1. April 1947 eine wertvolle Quelle. Deren Ergebnisse finden sich bei Krause wieder, der sich ausführlich mit der Evakuierten-Thematik auseinandergesetzt hat.[23]

Des Weiteren war Quellenmaterial aus dem Bestand der britischen Besatzungsbehörden elementar als Basis für die Berechnung der allgemeinen Rückwanderung aus der britischen und amerikanischen Besatzungszone in die SBZ in der Zeit vor der Staatsgründung.[24]

In geringerem Maße wurde auch Archivmaterial herangezogen. Die Untersuchung der Akten des Bundesministeriums des Innern (BRD) – Bundesarchiv Standort Berlin – konnte aber nur eingeschränkte ergänzende Informationen zur Rückwanderung vor der Staatsgründung bieten.[25]

Informativeres Zahlenmaterial konnte allerdings im Bundesarchiv Koblenz gefunden werden. Die dort eingelagerten Akten der westdeutschen Zollgrenzdirektion bieten wertvolle Informationen zum Umfang des

---

[20] Statistisches Bundesamt (Hrsg.): Wirtschaft und Statistik. Jg.1954/Heft 4.
Ebenda, Jg.1957/Heft 9.
Ebenda, Jg.1960/Heft 7.
Ebenda, Jg.1963/Heft 9.
Ebenda, Jg.1966/Heft 1.

[21] Ausschuss der deutschen Statistiker für die Volks- und Berufszählung 1946 (Hrsg.): Volks und Berufszählung vom 29. Oktober 1946 in den vier Besatzungszonen und Groß-Berlin – Volkszählung Tabellenteil. Berlin (West) 1951.
Ausschuss der deutschen Statistiker für die Volks- und Berufszählung 1946 (Hrsg.): Volks und Berufszählung vom 29. Oktober 1946 in den vier Besatzungszonen und Groß-Berlin – Volkszählung Textteil. Berlin (West) 1951.

[22] BArch Berlin DE2 (Staatliche Zentralverwaltung für Statistik)/1727.
Ebenda, 22422.

[23] Krause, Michael: Flucht vor dem Bombenkrieg. Umquartierung im Zweiten Weltkrieg und die Wiedereingliederung der Evakuierten in Deutschland 1943–1963. Düsseldorf 1997. Die Ergebnisse der angesprochenen Untersuchung finden sich auf Seite 186.

[24] Angaben für die britische Zone: Statistisches Monatsheft für die Britische Zone. Hamburg 1947–1949. Heft 2, August 1947.
Angaben für die amerikanische Zone: Monthly Statistical Bulletin of the Control Commission for Germany (British Element). Berlin, Vol. IV No.1, Januar 1949.

[25] BArch B 106 (Bundesministerium des Innern)/22320.

legalen und illegalen Grenzübertritts zu Beginn der 1950er Jahre.[26]

Mit Antrieb und Motivation der Abwanderer aus der SBZ/DDR haben sich bereits in den 1950er Jahren erste Studien beschäftigt. Frühe Klassifikationen in Untergruppen finden sich bei Külz.[27] Verfeinert wurde dessen Analyse nur wenige Jahre später von Johannes Kurt Klein.[28] Er stellt die Zahlen aus der Notaufnahmestatistik den politischen Ereignissen in der DDR gegenüber. Vom Blockdenken durchdrungen, kommen beide westdeutschen Autoren zu der Einschätzung, die übergroße Mehrheit der Zuwanderer setze sich aus politischen Flüchtlingen zusammen. Diese Bewertung ist insgesamt zu pauschal und nicht mehr haltbar. Dennoch muss man diesen frühen Arbeiten wiederum zugutehalten, dass sie auf das Problem der Zuwanderer in der Aufnahmegesellschaft aufmerksam machten, sodass wichtige regulatorische Veränderungen in der Bundesrepublik zugunsten der Betroffenen angeschoben wurden.

In den 1960er Jahren stellten sich erste Forscher die Frage, inwieweit der Begriff Flucht tatsächlich auf den Exodus aus der SBZ/DDR anwendbar war oder ob es sich nicht vielmehr mehrheitlich um eine Wanderungsbewegung handelte. Hier ist vor allem Dietrich Storbeck zu nennen, der insofern sinnvoll argumentiert, dass Abwanderung aus wirtschaftlichen Gründen nicht pauschal als Flucht klassifiziert werden kann, jedoch aufgrund der vorherrschenden gesellschaftspolitischen Verhältnisse durchaus auch einen politischen Charakter haben könne.[29] Er bezieht sich in erster Linie zu Recht auf die politische Kontrolle der wirtschaftlichen Chancen im restriktiven System der DDR.

In jüngerer Zeit negierte Jörg Roesler die Tatsache, dass Abwanderung aus wirtschaftlichen Gründen und aufgrund politischen Drucks durchaus konkomitant sein konnte. Seine Einschätzung der Abwanderungsmotivation bis zum Mauerbau richtet sich zu einseitig an wirtschafts- und konsumorientierten Motiven aus.[30] Diesbezüglich erhielt er auch scharfen

---

[26] BArch Z33/13 (Chefinspektion des Zollgrenzschutzes britischhe Zone/Zollgrenzdirektion Nord und Zollgrenzdirektion Süd/Sonderbeauftragter für die Zonengrenze (Südteil) und Sonderbeauftragter für die Zonengrenze (Nordteil) ZGD Nord/Süd.

[27] Külz, Helmut: Die Flüchtlinge aus der sowjetischen Besatzungszone. Frankfurt a. M. 1950.

[28] Klein, Johannes Kurt: Ursachen und Motive der Abwanderung aus der Sowjetzone Deutschlands. In: Aus Politik und Zeitgeschichte. B XXIV/1955, S. 361–383.

[29] Storbeck, Dietrich: Flucht oder Wanderung? Eine Rückschau auf Motive, Folgen und Beurteilung der Bevölkerungsabwanderung aus Mitteldeutschland seit dem Kriege. In: Soziale Welt 14 (1963), S. 153–171.

[30] Roesler, Jörg: „Abgehauen". Innerdeutsche Wanderungen in den fünfziger und neunziger Jahre und deren Motive. In: Deutschland Archiv 4/2003, S. 562–573.

Widerspruch seitens Heidemeyer und Bernd Eisenfeld.[31]

Zu der spezifischen Abwanderungs- und Fluchtmotivation einzelner Berufs- und Bevölkerungsgruppen sowie herausgehobenen Ereignissen haben diverse Autoren Untersuchungen vorgelegt.[32] Bezüglich der Ereignisse des 17. Juni 1953 und deren Vorgeschichte und Folgen bieten insbesondere die Veröffentlichungen von Ilko-Sacha Kowalczuk umfangreiche Informationen zur Thematik.[33]

Schließlich sei noch auf zwei Studien verwiesen, in denen die Abwanderungsmotive anhand expliziter Ereignisse im Zuge der Gesellschaftsumformung in der SBZ/DDR untersucht werden. Zum einen ist hier die Arbeit

---

[31] Heidemeyer, Helge: „Abgehauen" – zugeschlagen. Anmerkungen zum Beitrag von Jörg Roesler (DA 4/2003). In: Deutschland Archiv 6/2003, S. 1011–1013.
Eisenfeld, Bernd: Gründe und Motive von Flüchtlingen und Ausreiseantragstellern aus der DDR. In: Deutschland Archiv 37/2004, S. 89–105.

[32] Opposition und politische Parteien beispielsweise: Neubert, Ehrhart: Geschichte der Opposition in der DDR. 2. Aufl., Bonn 2000; sowie: Henkel, Rüdiger: Im Dienst der Staatspartei. Über Parteien und Organisationen der DDR. Baden-Baden 1994; und: Suckut, Siegfried: Parteien in der SBZ/DDR 1945–1952. Bonn 2000.
Wismut AG: Karlsch, Rainer: Uran für Moskau. Die Wismut – Eine populäre Geschichte. Bonn 2007.
NVA: Wenzke, Rüdiger: Die Fahnenflucht in den Streitkräften der DDR. In: Bröckling, Ulrich/Sikora, Michael (Hrsg.): Armeen und ihre Deserteure. Vernachlässigte Kapitel einer Militärgeschichte der Neuzeit. Göttingen 1998, S. 252–287.
Entnazifizierung: Vollnhals, Clemens (Hrsg.): Entnazifizierung. Politische Säuberung und Rehabilitierung in den vier Besatzungszonen 1945–1949. München 1991.
Landwirtschaft: Osmond, Jonathan: Kontinuität und Konflikt in der Landwirtschaft der SBZ/DDR zur Zeit der Bodenreform und der Vergenossenschaftlichung. In: Bessel, Richard/Jessen, Ralph (Hrsg.): Die Grenzen der Diktatur. Staat und Gesellschaft in der DDR. Göttingen 1996, S. 137–169.
Hochschulen: Krönig, Waldemar/Müller, Klaus-Dieter: Anpassung – Wiederstand – Verfolgung. Hochschule und Studenten in der SBZ und DDR 1945–1961. Köln 1994; und: Köllner, Lutz: Umfang und Gründe der Flucht der akademischen Jugend aus Mitteldeutschland. In: Ostbrief. Monatsschrift der ostdeutschen Akademie 7 (1961), S. 428–436.
Lehrer: Hohmann, Joachim S.: „Wenn Sie dies lesen, bin ich schon auf dem Weg in den Westen": „Republikflüchtige" DDR-Lehrer in den Jahren 1949–1961. In: ZfG 45 (1997), S. 311–330. Sowie: Hohmann, Joachim S.: „Wie viel lieber würde ich mich richtig verabschieden...": „Republikflüchtige" DDR-Lehrer in den Jahren 1949–1961. In: Historical Social Research 22 (1997) 1, S. 107–131.
Ärzte: Ernst, Anna-Sabine: Von der bürgerlichen zur sozialistischen Profession? Ärzte in der DDR 1945–1961. In: Bessel, Richard/Jessen, Ralph (Hrsg.): Die Grenzen der Diktatur. Staat und Gesellschaft in der DDR. Göttingen 1996, S. 25–48. Auch: Meyer, Bernhard: Ärzte von Deutschland nach Deutschland. Zur „Republikflucht" der Mediziner 1949–1961. In: Berlinische Monatsschrift 10 (2001) 3, S. 62–68

[33] Exemplarisch: Kowalczuk, Ilko-Sacha: 17.06.1953: Volksaufstand in der DDR. Ursachen – Abläufe – Folgen. Bremen 2003.

von Frank Hoffmann zu nennen, der u. a. die Motive zwischen Kriegsende und Staatsgründung untersucht,[34] zum anderen der Aufsatz von Patrick Major, der die Frage stellt, inwieweit die zweite Berlinkrise zwischen 1958 und 1961 die Abwanderung in die Höhe getrieben hat und welchen Einfluss der gleichzeitige Versorgungsengpass darauf hatte.[35]

Wer sich mit der Geschichte des Hauses Zeiss beschäftigt, der ist gut beraten, sich zunächst an das dreibändige Werk zur Geschichte des Unternehmens zu halten. Vor allem der erste und dritte Band der Reihe, verfasst vom Autorenduo Mühlfriedel und Hellmuth, bieten eine Fülle an nützlichen Informationen von der Unternehmensgründung bis zur Wiedervereinigung.[36] Naturgemäß nimmt die Entwicklungs- und Technikgeschichte der optischen Erzeugnisse einen gewissen Raum ein. Kritisch ist anzumerken, dass die Autoren die deutsch-deutsche Geschichte des Unternehmens als allzu harmonisch darstellen. In diesem Sinne fällt auch ihr Urteil über die Protagonisten häufig zu unkritisch aus. Dennoch handelt es sich hier zweifellos um die beste Gesamtdarstellung zur Unternehmensgeschichte, die auch die gesellschaftlichen und politischen Komponenten umfassend berücksichtigt.

Armin Herrmann hat weitere Gesamtdarstellungen zur Geschichte des Unternehmens verfasst.[37] Sein Fokus liegt vor allem auf der Beziehung des ost- und westdeutschen Unternehmens. Im Wesentlichen sieht er beide Firmenteile als Opfer der Welt- und Deutschlandpolitik, denen die ungewollte Teilung des Unternehmens aufgezwungen wurde.

Hervorzuheben ist auch eine Darstellung aus der jüngeren Vergangenheit. Unter der Herausgeberschaft von Werner Plumpe entstand ein Buch, das zum 125-jährigen Jubiläum der Carl-Zeiss-Stiftung entstanden ist.[38] Der

---

[34] Hoffmann, Frank: Aus Illegalen werden Freiheitssucher. In: Wahl, Stefanie/Wagner, Paul Werner (Hrsg.): Der Bitterfelder Aufstand. Der 17. Juni 1953 und die Deutschlandpolitik: Ereignisse – Zeitzeugen – Analysen. Leipzig 2003, S. 128–147.

[35] Major, Patrick: Torschlußpanik und Mauerbau. „Republikflucht" als Symptom der zweiten Berlinkrise. In: Ciesla, Burghard/Lemke, Michael/Lindenberger, Thomas (Hrsg.): Sterben für Berlin? Die Berliner Krisen 1948 : 1958. Berlin 2000, S. 221–243.

[36] Mühlfriedel, Wolfgang/Hellmuth, Edith: Carl Zeiss. Die Geschichte eines Unternehmens, Band 1. Carl Zeiss 1846–1905. Vom Atelier für Mechanik zum führenden Unternehmen des optischen Gerätebaus. Weimar u. a. 1996.
Mühlfriedel, Wolfgang/Hellmuth, Edith: Carl Zeiss. Die Geschichte eines Unternehmens, Band 3. Carl Zeiss in Jena 1945–1990. Köln/Weimar/Wien 2004.

[37] Hermann, Armin: Und trotzdem Brüder. Die deutsch-deutsche Geschichte der Firma Carl Zeiss. München 2002.
Hermann, Armin: Nur der Name war geblieben. Die abenteuerliche Geschichte der Firma Zeiss. Stuttgart 1989.

[38] Plumpe, Werner (Hrsg.): Eine Vision – zwei Unternehmen: 125 Jahre Carl-Zeiss-Stiftung. München 2014.

Fokus liegt naturgemäß auf der Stiftungsgeschichte, jedoch bieten die einzelnen Beiträge auch eine Fülle an Informationen zur deutsch-deutschen Geschichte des Hauses Zeiss. Für die Entstehung dieser Arbeit waren vor allem die Beiträge von Rainer Karlsch und Dieter Ziegler wertvoll.[39]

Neben den genannten Arbeiten, die die gesamte Unternehmensgeschichte bzw. Nachkriegsgeschichte aufarbeiten, haben sich weitere Autoren mit Zeiss-spezifischen Spezialthemen auseinandergesetzt. Bezüglich der Verstrickungen des Unternehmens in das Geschäft mit Rüstungsgütern hat Bernd Florath einen lesenswerten Beitrag verfasst.[40]

Die Demontagepolitik der Sowjetunion im Nachkriegsdeutschland am Beispiel Carl Zeiss fasst Matthias Uhl in einem Aufsatz kompetent zusammen.[41] Ebenfalls Zeiss-spezifisch bereichert Heinemann-Grüder, zusammen mit Arend Wellmann, den Forschungsstand mit Beiträgen zu den sogenannten intellektuellen Reparationsleistungen, also in die UdSSR deportierte Naturwissenschaftler des Unternehmens.[42] Gute übergreifende Arbeiten zu dem Themengebiet Reparationen bieten Rainer Karlsch[43] und Burghard Ciesla[44] an. Letzterer richtet seinen Schwerpunkt wiederum auf die Humanreparationen. Diesbezüglich empfiehlt sich auch eine Sonderausgabe des

---

[39] Karlsch, Rainer: Die Carl Zeiss Stiftung in Jena 1945–1989. In: Plumpe, S. 195–238; und: Ziegler, Dieter: Die Carl-Zeiss-Stiftung Heidenheim 1948 bis 1989. In: Plumpe, S. 239–292.

[40] Florath, Bernd: Immer wenn Krieg war. Die Bedeutung der Rüstungsproduktion für die wirtschaftliche Entwicklung der Carl-Zeiss-Werke. In: Markowski, Frank (Hrsg.): Der letzte Schliff. 150 Jahre Arbeit und Alltag bei Carl Zeiss. Berlin 1997, S. 34–53.

[41] Uhl, Matthias: Das Ministerium für Bewaffnung der UdSSR und die Demontage der Carl-Zeiss Werke in Jena – eine Fallstudie. In: Karlsch, Rainer/Laufer, Jochen (Hrsg.): Sowjetische Demontagen in Deutschland 1944–1949: Hintergründe, Ziele und Wirkungen. Berlin 2002, S. 113–145.

[42] Heinemann-Grüder, Andreas: Reparationsdienste durch Spezialisten. In: Albrecht, Ulrich/Heinemann-Grüder, Andreas/Wellmann, Arend (Hrsg.): Die Spezialisten. Deutsche Naturwissenschaftler und Techniker in der Sowjetunion nach 1945. Berlin 1992, S. 25–47.
Heinemann-Grüder, Andreas/Wellmann, Arend: Grenzgebiete und Wirkung des Know-how-Transfers. In: Albrecht, Ulrich/Heinemann-Grüder, Andreas/Wellmann, Arend (Hrsg.): Die Spezialisten. Deutsche Naturwissenschaftler und Techniker in der Sowjetunion nach 1945. Berlin 1992, S. 154–187.

[43] Karlsch, Rainer: Umfang und Struktur der Reparationsentnahmen aus der SBZ/DDR 1945–1953. Stand und Probleme der Forschung. In: Buchheim, Christoph (Hrsg.): Wirtschaftliche Folgelasten des Krieges in der SBZ/DDR. Baden-Baden 1995, S. 45–78.
Karlsch, Rainer: Allein bezahlt? Die Reparationsleistungen der SBZ/DDR 1945–53. Berlin 1993.

[44] Ciesla, Burghard: „Intellektuelle Reparationen" der SBZ an die alliierten Siegermächte? Begriffsgeschichte, Diskussionsaspekte und ein Fallbeispiel – Die deutsche Flugzeugindustrie 1945–1946. In: Buchheim, Christoph (Hrsg.): Wirtschaftliche Folgelasten des Krieges in der SBZ/DDR. Baden-Baden 1995, S. 79–110.

„Glasmachers".[45] Die Betriebszeitschrift der Firma Schott behandelt die unmittelbare Nachkriegsgeschichte des Unternehmens. Die Themenkomplexe Reparationen, Demontage und Deportationen in der SBZ nehmen dabei einen breiten Raum ein. Es handelt sich hier um eine der wenigen Quellen, die sich ausführlich diesem Stiftungsunternehmen widmen.

In jedem Fall für die Phase zwischen Kriegsende und Verstaatlichung heranzuziehen sind die Arbeiten von Jens Fügener.[46] Sein Fazit zum viel beschworenen „Brüder-Mythos" zwischen ost- und westdeutschem Unternehmen fällt erfreulich kritisch aus. Auch erkennt er zutreffend, dass die Autarkiebemühungen der West-Gruppe bereits spätestens mit der Verstaatlichung des Unternehmens in der SBZ vorangetrieben wurden. Zudem beschreibt er ausführlich die vorausgegangene Deportation von Werksangehörigen nach Württemberg-Baden durch die US-Army und die Position der Geschäftsleitung von Zeiss zu den Deportationsmaßnahmen.

Einen gesammelten Überblick über jeden einzelnen der diversen Rechtsstreitigkeiten zwischen Zeiss Jena und Zeiss Oberkochen gibt es nicht. Das Werk würde wahrscheinlich auch aufgrund seines Umfangs jeden Rahmen sprengen. Dennoch wurden die wichtigsten Entscheidungen aufgearbeitet, so bei Heintzeler, der sich intensiv mit der in- und ausländischen Rechtsprechung befasst.[47] In diesem Kontext ist auch die Dissertation von Peterke zu nennen.[48] Er legt den Fokus seiner Ausarbeitung auf den Londoner-Prozess, bietet aber auch eine gute Übersicht zu anderen Verfahren.

Interessant ist der direkte Vergleich der (äußerst subjektiven) Einschätzungen der beiden Kontrahenten zum Thema. Hier empfiehlt sich die Gegenüberstellung der Arbeiten von Walter David und Hugo Schrade. David, als Justiziar der westdeutschen Firma, bietet neben der rechtlichen Würdigung der Auseinandersetzung auch lesenswerte Original-Korrespondenz und zudem weitere reichhaltige Informationen zur Unternehmens- und

---

[45] Der Glasmacher. Betriebszeitung der Jenaer Glaswerke: Deportation – Demontage – Wiederaufbau. Ein schmerzhaftes Kapitel unserer Firmengeschichte. Sonderausgabe 10/1996.

[46] Fügener, Jens: Von Alliierten und anderen Widrigkeiten. Carl Zeiss Jena zwischen Kriegsende und Verstaatlichung. In: Markowski, Frank (Hrsg.): Der letzte Schliff. 150 Jahre Arbeit und Alltag bei Carl Zeiss. Berlin 1997, S. 148–169.
Fügener, Jens: Amerikanisches Intermezzo. Jena zwischen Drittem Reich und Sowjetischer Besatzungszone (April bis Juli 1945). In: Stutz, Rüdiger (Hrsg.): Macht und Milieu. Jena zwischen Kriegsende und Mauerbau. Bausteine zur Jenaer Stadtgeschichte, Band 4. Rudolstadt/Jena 2000, S. 25–52.

[47] Heintzeler, Frank: Der Fall „Zeiss". Die in- und ausländische Rechtsprechung und das Problem der stiftungsrechtlichen Identität. Baden-Baden 1972.

[48] Peterke, Joachim: Der Londoner Zeiss-Prozess. Vorgeschichte und Dilemma eines deutsch-deutschen Rechtsstreites in Großbritannien (1955–1971). Diss, Stuttgart 2002.

Stiftungsgeschichte.[49] Schrades verschriftlichter Vortrag aus dem Jahr 1966 ist ebenso lesenswert. Er bietet eine sehr gute Zusammenfassung zu den Ereignissen aus ostdeutscher Sicht, die schlussendlich zum Rechtsstreit führen.[50]

Die Themenstellung dieses Forschungsprojektes erforderte intensive Archivarbeit. So wurden zu Recherchezwecken das Bundesarchiv Berlin, das Bundesarchiv Koblenz, das Thüringische Staatsarchiv Rudolstadt sowie das Werksarchiv der Carl Zeiss AG besucht. In Letzterem befinden sich seit Kurzem die Akten der ostdeutschen und westdeutschen Unternehmensgruppe wieder am Standort Jena vereint.

In den Beständen des Bundesarchivs Berlin fand sich Zeiss-spezifisches Archivmaterial zum innerdeutschen Handel,[51] zur Mitarbeiterabwanderung vom Standort Jena[52] und zu den gerichtlichen Auseinandersetzungen zwischen beiden Parteien.[53]

Im Thüringischen Staatsarchiv Rudolstadt konnten die Akten der Betriebsparteiorganisation im VEB Carl Zeiss Jena wichtige Informationen zur Arbeit der Partei und zum Kampf um die ideologische Vorherrschaft im Werk bieten. Auch Material zur Stellung der ostdeutschen Stiftung und zum Umgang mit der Mitarbeiterfluktuation findet sich in diesen Beständen.[54]

Die Akten der Kreisleitung der SED Jena Stadt und der Industriekreisleitung enthalten ebenfalls weitere Korrespondenz zur politischen Arbeit im Werk und zum Umgang mit der problematischen Abwanderung.[55]

Für beide Themenkomplexe – ideologische Arbeit und Mitarbeiterfluktuation – müssen an dieser Stelle auch noch die Forschungsarbeiten

---

[49] David, Walter: Die Carl-Zeiss-Stiftung, ihre Vergangenheit und ihre gegenwärtige rechtliche Lage. Heidenheim 1954.

[50] Schrade, Hugo: Der internationale Schutz der Zeiss- Namens- und Warenzeichenrechte. In: Wissenschaftliche Zeitschrift der Friedrich-Schiller-Universität Jena. Gesellschafts- und Sprachwissenschaftliche Reihe. Heft 1, Jahrgang 15, 1966, S. 55–61.

[51] BArch Berlin DC 1/1222: Zentrale Kommission für Staatliche Kontrolle. Außenhandel und Innerdeutscher Handel.

[52] Ebenda.

[53] BArch Berlin DE 1/14219 und 14220: Staatliche Plankommission: Vorgehen im Warenzeichenstreit ab 1958. BArch Berlin DE 1/11662: Staatliche Plankommission (1949–1961/1963), Teil: Querschnittsbereiche -Informationen an und von W. Ulbricht über Warenzeichenstreit mit der Pseudo-Carl-Zeiss-Stiftung in Heidenheim, BRD und Einbeziehung der RGW-Mitgliedsländer in Gegenmaßnahmen.
BArch Berlin DP 2/890: Oberstes Gericht der DDR – Organisation und Arbeitsweise.

[54] LATh-StA Rudolstadt: Grundorganisation der SED VEB Carl Zeiss Jena. Aktennummern 12, 14, 15, 22, 61, 72.

[55] LATh-StA Rudolstadt: Kreisleitung der SED Jena Stadt – Nr.86 und 170.
LATh-StA Rudolstadt: Industriekreisleitung SED IKL 00004 und 205.

von Monika Gibas, die die veränderte Wahrnehmung des Abbe-Bildes in der DDR analysiert,[56] und vom Autorenduo Mühlfriedel/Hellmuth, die wertvolles Zahlenmaterial zur Mitarbeiterfluktuation präsentieren,[57] genannt werden.

In den ostdeutschen Akten des Unternehmensarchivs der Carl Zeiss AG erwiesen sich vor allem die Aktenbestände aus dem Büro des Werkleiters bzw. der Werkleitung als ergiebiges Quellenmaterial. In Schriftwechseln mit ehemaligen (westdeutschen) Konzernbetrieben, übergeordneten Behörden und den sowjetischen Besatzungsorganen finden sich umfangreiche Informationen zur sowjetischen Politik nach der Übernahme im Werk, Korrespondenz mit Zeiss Oberkochen und deren Vorläufern, Allgemeines zum Tagesgeschäft und zum deutsch-deutschen Exportgeschäft im Speziellen unter den erschwerten Bedingungen der Zonengrenzziehung sowie Korrespondenz mit hohen SED-Funktionären zu Stiftungsfragen und dem Rechtsstreit mit dem westdeutschen Unternehmen.[58] Weiterhin beinhalten die Akten Informationen zum Vermögensbestand der ursprünglichen Jenaer Stiftung in der Bundesrepublik bzw. in den Westzonen.[59]

Material zu den westdeutschen Tochtergesellschaften musste in beiden Archivbeständen mühsam zusammengetragen werden. Ergänzende Informationen bot diesbezüglich aber die westdeutsche Werkszeitschrift.[60]

In den westdeutschen Akten des Unternehmens fanden sich ebenfalls wertvolle Informationen zum Beziehungsstand zwischen Jenaer und Oberkochener Unternehmen sowie zu den durch die Zonengrenze und alliierte Besatzung bewirkten Veränderungen. Darüber hinaus nimmt der Zustrom an Arbeitskräften aus Jena in den westdeutschen Akten einen breiteren

---

[56] Gibas, Monika: Das Abbe-Bild in der DDR. Deutungskonkurrenzen und Deutungsvarianten in einer reglementierten Geschichtskultur. In: John, Jürgen/Ulbricht, Justus H. (Hrsg.): Jena. Ein nationaler Erinnerungsort? Köln/Weimar/Wien 2007, S. 517–550.

[57] Mühlfriedel, Wolfgang/Hellmuth, Edith: Carl Zeiss Jena – widerspruchsvoller Weg in die Planwirtschaft. In: Stutz, Rüdiger (Hrsg.): Macht und Milieu. Jena zwischen Kriegsende und Mauerbau. Bausteine zur Jenaer Stadtgeschichte, Band 4. Rudolstadt/Jena 2000, S. 327–370.

[58] Büro des Werkleiters: Schriftwechsel mit ehemaligen Konzernbetrieben. Aktensignaturen BACZ 07952, 07953, 08139, 08156, 08158, 08289, 13209, 14912.
Büro der Werkleitung: Schriftwechsel mit übergeordneten Behörden. Aktensignaturen BACZ 8363 und 19153.
Büro der Werkleitung: Sowjetische Besatzungsorgane. Aktensignaturen BACZ 06475, 06476, 15135, 23281.

[59] VA 1261: Katalog der Wertpapiere der Carl-Zeiss-Stiftung.

[60] Werkzeitschrift Carl Zeiss Oberkochen. Heft 14 vom 15.10.54 und Heft 40 vom 15.04.1961.

Raum ein.[61] Das wichtigste Fundstück ist aber zweifellos das bis dato in der Fachliteratur nicht erwähnte Positionspapier der westdeutschen Geschäftsleitung zur Abspaltung vom Jenaer Mutter-Konzern.[62]

Da ursprünglich auch die Goethe-Gesellschaft einen breiteren Raum in dieser Arbeit einnehmen sollte, erfolgte ebenfalls ein Archivbesuch im Goethe-Schiller-Archiv in Weimar. Letztlich wurde diesbezüglich aber ausschließlich auf Aktenmaterial des Kulturbunds aus dem Bundesarchiv Berlin zurückgegriffen.[63]

Archivbesuche im Landeshauptarchiv Schwerin und im Kreisarchiv Ludwigslust hatten zum Ziel, Quellenmaterial zum kleinen Grenzverkehr und zum alltäglichen Umgang der Bevölkerung mit der Zonengrenze bis zum Beginn der 1950er Jahre zu ermitteln. Leider war dieses Vorhaben ergebnislos. Offenbar waren nachrangige Verwaltungseinheiten nicht mit diesen Bereichen befasst oder wollten sich nicht damit befassen. Als Erkenntnisgewinn kann man lediglich konstatieren, dass auf kommunaler Ebene in der SBZ und frühen DDR eine ausgesprochene selbstbezogene Mentalität gepflegt wurde und der Blick über die Zonengrenze offenbar nicht üblich war.

---

[61] CZO 1002: Unterlagen zu Veröffentlichungen zu Konkurrenzunternehmen und zu innerbetrieblichen Angelegenheiten.
Sowie CZO Aktensignaturen 69, 202, 208, 234, 980, 1415.

[62] CZO 202: Neugründung Zeiss Opton Optische Werke Oberkochen.

[63] BArch Berlin (SAPMO) DY 27/2989 – Kulturbund, Büro des Bundessekretärs Gysi – Zusammenarbeit mit der Goethe Gesellschaft.
BArch Berlin (SAPMO) DY 27/2991 – Kulturbund, Büro des Bundessekretärs Kneschke – Zusammenarbeit mit der Goethe Gesellschaft.
BArch Berlin (SAPMO) DY 27/3309 – Kulturbund, Büro des ersten Bundessekretärs – Zusammenarbeit mit der Goethe Gesellschaft in Weimar.

3. Die Wanderungs- und Fluchtbewegung aus der SBZ/DDR nach Westdeutschland vom Kriegsende bis zum Mauerbau

3.1 Flüchtling oder Vertriebener: zur Begriffsbestimmung und Abgrenzung des Personenkreises vom Kriegsende bis zum Bundesvertriebenengesetz

Die im Jahr 1952 intensivierten Grenzsperrmaßnahmen des DDR-Regimes, und noch viel mehr die Zäsur durch den Bau der Mauer vom 13. August 1961, ließen den Grenzübertritt zu einem gefahrvollen Unternehmen werden. Jedoch bestand auch schon vor den genannten Ereignissen ein nicht zu unterschätzendes Risiko für die Abwanderer.

Unumgänglich für eine intensive Auseinandersetzung mit der Abwanderungsbewegung über die Grenzen der SBZ/DDR in die Westzonen/BRD während der ersten Nachkriegsdekade ist die genaue Differenzierung des betroffenen Personenkreises. Dabei handelte es sich gerade in diesen ersten Jahren um eine äußerst heterogene Gruppe, die in Motivation und Struktur höchst unterschiedlich zusammengesetzt war. Vor allem in den ersten Nachkriegsjahren des Zweiten Weltkrieges war die Person, die die Demarkationslinie bzw. die spätere Grenze von der SBZ/DDR in die Westzonen/BRD überquerte, um sich in Westdeutschland niederzulassen, nicht gleichzusetzen mit dem DDR-Bürger als klassischem Sperrbrecher der späteren Jahre.

Die katastrophalen Umstände, die der verlorene Weltkrieg in allen Lebensbereichen in ganz Deutschland hinterlassen hatte, erschweren die Wiedergabe eines differenzierten Bildes über diese Wanderungs- und Fluchtbewegung der ersten Nachkriegsjahre, da die offiziellen Stellen, sofern sie überhaupt arbeitsfähig waren, von den chaotischen Rahmenbedingungen schlichtweg überfordert waren. Ziel des Kapitels ist es dementsprechend, die verschiedenen Gruppen zu benennen, die in offiziellen bundesdeutschen Veröffentlichungen zumeist unter dem Oberbegriff „Flüchtling" zusammengefasst wurden.

Es handelt sich hier sowohl um den „klassischen" SBZ/DDR-Flüchtling, der aufgrund der gesellschaftlichen und politischen Umwälzungen oder aus Gründen der Familienzusammenführung seine Heimat verließ, als auch um Vertriebene,[1] Evakuierte und ehemalige Soldaten und Kriegsgefangene, die kurz- oder mittelfristig auf dem Gebiet der späteren DDR lebten, sich dann aber entschieden, nach Westdeutschland weiterzuziehen. Dies dient der Vorbereitung des sich anschließenden Kapitels über den SBZ/DDR-Flüchtling in der Statistik und ist unumgänglich, um eine strukturierte quantitative statistische Analyse des betroffenen Personenkreises durchzuführen.

3.1.1 Zur Definition der einzelnen „Flüchtlingsgruppierungen"

Im Folgenden sollen nun die für diese Arbeit relevanten unterschiedlichen Teilgruppen der Nachkriegsfluchtbewegung skizziert werden. Von Interesse sind hier ausschließlich jene Bevölkerungsteile, die die Demarkationslinien bzw. Grenze nach Westdeutschland vom Gebiet der SBZ/DDR aus kommend überqueren.

Der Personenkreis des „gewöhnlichen" SBZ/DDR-Flüchtlings ist relativ klar umschrieben. Hierbei handelt es sich ausnahmslos um Personen, die ihren ständigen Wohnsitz vor und nach dem Kriegsende auf dem Gebiet der späteren SBZ/DDR hatten. Jedoch erfuhr gerade diese Gruppierung im Laufe des Untersuchungszeitraums eine wechselvolle – vielfach politisch motivierte – Benennung. Helmut Külz bemühte sich schon früh um eine weiterführende Differenzierung der Zuwanderer.[2] Er unterteilt schon 1950 die Flüchtlinge aus der Sowjetzone bzw. der DDR in vier Untergruppen.[3]

Die erste Gruppe bezeichnet er als „Vertriebene". Damit sind Personen gemeint, die aus ihrer Heimat gegen ihren Willen und ohne eigenes Zutun gewaltsam aus der sowjetischen Besatzungszone entfernt worden sind und nicht mehr zurückkehren können. Seine kritische Behandlung des Themas ist wertvoll, jedoch trägt der o. a. Vertriebenenbegriff zur Verwirrung bei. Külz wollte mit dieser Wortwahl vermutlich eine Gleichstellung der Sowjetzonenflüchtlinge in Unterstützungsfragen mit Vertriebenen und Heimatvertriebenen erreichen. Die reelle Anzahl derer, auf die diese Attribute zutrafen, dürfte jedoch eher gering gewesen sein.

Des Weiteren ordnet er Personen als „Flüchtlinge" ein, die die SBZ/DDR gegen ihren eigentlichen Willen, aber Kraft eigenen Entschlusses und vor

---

[1] Eine genaue Unterscheidung der Gruppe der Vertriebenen, wie sie das BVFG nach Vertriebenen und Heimatvertriebenen vorgenommen hat, entfällt hier, da dies für den Untersuchungsgegenstand keine weitere Bedeutung hat.
[2] Külz, der bis 1948 Justizminister in Thüringen war, leitete zu dieser Zeit den „Königsteiner Kreis", eine Vereinigung von Juristen und Volkswirten, die aus der SBZ/DDR geflohen waren.
[3] Külz, S. 8.

einer drohenden Gefahr heimlich verlassen haben. Inwieweit eine drohende Gefahr im Einzelfall tatsächlich bestand, sei dahingestellt. Ebenso ist die Frage, ob ein wirtschaftlicher Fluchtgrund die Voraussetzung für ebendiese Gefahr darstellte, diskussionswürdig. Die Antwort wurde aber indirekt durch die dritte Novelle des Bundesvertriebenengesetzes wenige Wochen vor dem Mauerbau und durch die Aufnahmepraxis der späten 1950er Jahre positiv beantwortet. Aus dieser Gruppe dürfte sich der Großteil der Abwanderungswilligen zusammengesetzt haben.

Den Begriff „Zugewanderte" führt er für Personen ein, die die SBZ/DDR kraft eigenen Entschlusses im Zuge einer normalen Übersiedlung verlassen haben.

Schlussendlich nennt er die „Ferngebliebenen", die ihre Heimat zunächst im Laufe der Kriegs- und Nachkriegszeit vorübergehend verlassen hatten, dann aber einstweilen nicht wieder zurückkehren wollten oder konnten. Vor allem die auf dem späteren Gebiet der DDR beheimateten Evakuierten dürften dieser letzten Definition entsprechen; aber auch Betroffene von in Kriegszeiten vollzogenen Betriebsverlagerungen oder entlassene Kriegsgefangene waren Teil dieser Untergruppe.[4]

Demzufolge legt sich Külz auch hier schon fest, dass der Begriff Flüchtling oder Ostflüchtling für die Gruppe der Vertriebenen falsch sei,[5] und ebenso grenzt er die Gruppe der nicht in der späteren SBZ/DDR beheimateten Evakuierten und ehemaligen Soldaten von den ursprünglich dort beheimateten Zuwanderern ab. Er plädierte für den Oberbegriff „Deutsche aus der sowjetischen Besatzungszone", da er alle angesprochenen Untergruppen umfasste.[6]

Ebenfalls differenziert zu betrachten ist der Personenkreis der Vertriebenen, die – geografisch bedingt – größtenteils zunächst in das Gebiet der SBZ/DDR zogen bzw. in organisierten Transporten dorthin verbracht wurden, wo sie sich entweder niederließen, vorübergehend verweilten oder direkt weiter westwärts auf das Gebiet der späteren Bundesrepublik wanderten.

Vertriebene, die ohne längere Zwischenaufenthalte in der späteren SBZ/DDR direkt auf das Gebiet der späteren Bundesrepublik Deutschland gelangt sind, sind hier eindeutig als Vertriebene im eigentlichen Sinne anzusehen.

Die Frage nach der richtigen Bewertung der Vertriebenen-Migration aus der SBZ/DDR bezüglich der objektiven Fluchtgründe dieser Gruppe ist nicht ohne Weiteres zu beantworten. Im Rahmen der Statistik lässt sich

---

[4] Külz, S. 16.
[5] Ebenda, S. 9.
[6] Ebenda, S. 17.

erkennen, dass diese Bewegung ab 1947 auf relativ hohem Ausgangsniveau stark rückläufig war. Sind im Zeitraum 1944/45 genau 523.400 Vertriebene erfasst worden, die neu aus dem Gebiet der SBZ kamen, waren es im Jahr 1946 noch 479.300 Personen, die diesem Kriterium entsprachen. Ab dem Jahr 1947 halbiert sich ihre Anzahl annähernd auf 198.400 Betroffene, um in späteren Jahren weiter zu sinken, bis im Jahr 1953 nur noch 54.800 Neuankömmlinge gezählt wurden.[7]

Helge Heidemeyer sieht diese Wanderungen bis einschließlich des Jahres 1950 als Kriegsfolgewanderungen an.[8] Eine überzeugende Einschätzung, waren doch die organisierten Ausweisungen erst zu diesem Zeitpunkt weitestgehend vollzogen. Es ist jedoch nicht abschließend zu klären, ob es sich bei dieser Bewegung ausschließlich um eine Kriegsfolgewanderung handelte oder ob die Vertriebenen teilweise politische Motive zum Verlassen der SBZ/DDR bewegten.

In der Literatur werden den in der SBZ/DDR ansässigen Vertriebenen bei ihrer Weiterwanderung nach Westdeutschland hauptsächlich wirtschaftliche Beweggründe unterstellt. Oft genannt wird in diesem Zusammenhang der Anreiz, den die Lastenausgleichgesetzgebung darstellte, die aber erst ab der zweiten Jahreshälfte 1952 in Kraft trat.[9] Vor dieser Regelung war ein wirtschaftlicher Fluchtgrund wohl primär auszuschließen, da Westdeutschland in dieser Hinsicht gegenüber der SBZ/DDR keinen eindeutigen Vorteil bot.[10]

Wenn die Betroffenen bis zu sechs Jahre, vom Kriegsende bis zum weitgehenden Abschluss der Vertreibungen, in der SBZ/DDR gelebt hatten, liegt die Annahme nahe, dass die Motive für eine spätere SBZ/DDR-Flucht mit denen der übrigen Sowjetzonenflüchtlinge deckungsgleich waren; eine Einordnung dieser Vertriebenen ab 1951 als Sowjetzonenflüchtling oder Zuwanderer erscheint also gerechtfertigt und sollte entsprechend in der statistischen Berechnung berücksichtigt werden.

Eine weitere zahlenmäßig bedeutende Gruppe, die im Zusammenhang mit den Nachkriegswanderungen berücksichtigt werden muss, fällt

---

[7] In: Koch in Deutschland-Archiv. Hier Tabelle Seite 51. Vgl. diesbezüglich auch: Heidemeyer, S. 55.
[8] Heidemeyer (1994), S. 55.
[9] Ebenda.
[10] Lehmann, Hans-Georg: Der Oder-Neiße-Konflikt. München 1979, S. 63.

unter den Sammelbegriff der Evakuierten.[11] Die zahlenmäßig größte Teilgruppe, die für diese Untersuchung von Interesse ist, sind die Teilnehmer der Kinderlandverschickung (KLV), die etwa die Hälfte der Betroffenen ausmachte.[12]

Zurückgehend auf einen „Führerbefehl" Adolf Hitlers vom 27. November 1940, in welchem die sogenannte „erweiterte Kinderlandverschickung" angeordnet wurde, wurden vor allem ab dem Frühjahr/Sommer 1943 Jugendliche, Kinder und Kleinkinder mit ihren Müttern aus den luftkriegsgefährdeten, zumeist westdeutschen Gebieten auf das Land verschickt. Im Sommer und Herbst 1944 erreichte die erweiterte Kinderlandverschickung ihren Höhepunkt.[13]

Eine Vielzahl von Teilnehmern der Kinderlandverschickung hielten sich folglich während der Endphase des Krieges im Osten des Reiches, in den östlichen eroberten Gebieten oder den Satellitenstaaten auf, die bis dato vom Bombenkrieg relativ verschont geblieben waren.[14] Zwar gelang es teilweise, die von der herannahenden Front Bedrohten in Richtung Westen zurückzuverlegen, jedoch wurden beispielsweise in Pommern diese Rückführungen zu spät angeordnet oder ganz untersagt. Dies hatte zur Folge, dass sich die Evakuierten in der chaotischen End- und Nachkriegsphase selbst nach Westen durchschlagen mussten.

Vielfach zogen – vor allem ältere Jugendliche – auf eigene Faust los, um in ihre Heimat zurückzukehren.[15] Oftmals strandeten diese Heimkehrer nach Kriegsende zunächst auf dem Gebiet der SBZ, bevor sie in ihre Heimatstädte, zumeist im Westen des ehemaligen Reiches gelegen – hauptsächlich dem Ruhrgebiet –, zurückkehren konnten. Auch bestanden viele KLV-Lager in Österreich und dem sogenannten Altreich noch bis weit in das Jahr 1946 hinein, ehe eine organisierte Rückführung in die Heimatorte durchgeführt werden konnte.[16]

Ebenfalls Bedeutung für die Untersuchung hat die Gruppe der Umquartierten. Hierbei handelte es sich um Bewohner von luftkriegsgefährdeten

---

[11] Entgegen der Definition des Bundesevakuiertengesetzes vom 14. Juli 1953, das die umgesiedelten Bewohner von Grenzgebieten bei Kriegsausbruch ebenfalls der Gruppe der Evakuierten zuordnet, haben diese für die vorliegende Untersuchung keine Bedeutung, da sie nicht in die Ostgebiete des Reiches oder nach Osteuropa verschickt wurden und somit auch nicht über das spätere Gebiet der SBZ/DDR zurückkehren mussten.
[12] Krause, Michael: Bombenkrieg, S. 43.
[13] Sollbach, Gerhard E.: Die Erweiterte Kinderlandverschickung im Zweiten Weltkrieg. In: Soester Zeitschrift, Heft 112 (2000), S. 118–122. Hier S. 118 ff.
[14] Ebenda, S. 121 f.
[15] Ebenda, S. 122.
[16] Ebenda.

Gebieten, die für kriegswichtige Wirtschaftszweige nicht vonnöten waren. Neben der Möglichkeit, bei Freunden oder Verwandten unterzukommen,[17] wurden auch organisierte Verschickungen durchgeführt. Festgelegte Entsende- und Aufnahmegauregelungen führten dazu, dass viele Umquartierte aus Westdeutschland in die östlichen Gebiete einzogen.[18] Ihnen stellte sich nach Kriegsende vielfach dieselbe Situation dar, wie den Teilnehmern der Kinderlandverschickung. Da den Alliierten diese Problematik durchaus bewusst war, gab es schon 1945 eine Vereinbarung über den Austausch von Evakuierten. An speziellen Grenzstationen wurde ein Eins-zu-eins-Austausch für diejenigen eingeführt, die in ihre ursprüngliche Heimatzone zurück wollten;[19] wobei es unwahrscheinlich ist, dass der größte Teil der Betroffenen auf diesem Weg in ihre Heimat zurückkehrte. In der Praxis ging diese Bevölkerungsbewegung zu großen Teilen weitaus unorganisierter vonstatten, und die Evakuierten kehrten vor allem in den ersten beiden Nachkriegsjahren selbstständig in ihre Heimat zurück, sofern sie denn willens bzw. fähig dazu waren.[20]

Auch Angehörige der geschlagenen Wehrmacht hatten einen nicht unerheblichen Anteil an der Wanderungsbewegung der Nachkriegszeit. Auch diese wurden oftmals willkürlich zu den verschiedenen Gruppen der Flüchtlinge gezählt und flossen so auch teilweise in die Statistik der Sowjetzonenflüchtlinge ein.

Obwohl sich selbst nach dem 31. Dezember 1948, dem Stichtag zur Entlassung aller deutschen Kriegsgefangene durch die Alliierten,[21] noch eine große Anzahl ehemaliger Soldaten – vor allem in der Sowjetunion und Osteuropa – in Gefangenschaft befand,[22] sind diese für die vorliegende Untersuchung von geringem Interesse, da sie zumeist in ihre Herkunftsgebiete verbracht wurden[23] und westdeutsche ehemalige Soldaten

---

[17] Krause: Bombenkrieg, S. 106 f.
[18] Ebenda, S. 89 f.
[19] Heidemeyer, Helge: The Number of Infiltrees is Substantial. Die Politik der amerikanischen Besatzungsmacht gegenüber den Zuwanderern aus der SBZ 1945–1949, S. 221. In: Grosser, Thomas/Schraut, Sylvia (Hrsg.): Die Flüchtlingsfrage in der deutschen Nachkriegsgesellschaft. Mannheim 1996, S. 215–240.
[20] Krause, Michael: Evakuierung im Bombenkrieg. Staatliche Interventionen zur Steuerung der Flucht aus deutschen Städten 1943–1963, S. 218. In: Oltmer, Jochen (Hrsg.): Migration steuern und verwalten. Göttingen 2003, S. 207–226.
[21] Vgl. Maschke, Erich (Hrsg.): Die deutschen Kriegsgefangenen des Zweiten Weltkrieges. Eine Zusammenfassung. München 1974, S. 191. Dies wurde am 23.04.1947 auf der Moskauer Außenministerkonferenz beschlossen. Jedoch hielten sich vor allem die Regierungen der Sowjetunion und Polens nicht an diese Vereinbarung.
[22] Ebenda.
[23] Das deutsche Flüchtlingsproblem. Sonderheft der Zeitschrift für Raumforschung. Bielefeld 1950, S. 14.

somit normalerweise nicht gegen ihren Willen in die sowjetische Besatzungszone gelangten. Erschwerend kommt der Umstand hinzu, dass diese Gruppierung statistisch nicht mehr zu erfassen ist, da sie in der Bevölkerung aufging.

Ehemalige Soldaten, deren Heimatgebiete vor und während des Krieges in der sowjetisch besetzten Zone lagen und die sich nach Kriegsende in eine der westlichen Besatzungszonen absetzten, sind generell als SBZ/DDR-Flüchtling anzusehen. Demgemäß sind auch Personen mit soldatischem Hintergrund, deren Wohnsitz ursprünglich in einem der östlichen Vertreibungsgebiete lag, der oben verwandten Ordnung bezüglich der Vertriebenen entsprechend zu bezeichnen.

Eine Sonderstellung nehmen in diesem Zusammenhang Kriegsgefangene mit zivilem Wohnsitz auf dem Gebiet der SBZ/DDR ein, die nach ihrer Entlassung aus westlicher Haft entweder freiwillig im Westen blieben oder dort auf Anweisung der Alliierten bleiben mussten. Seitens der Behörden wurde auch diese Gruppe – spätestens mit dem Bundesvertriebenengesetz von 1953 – als Flüchtlinge betrachtet.[24] Dies galt in gleichem Maße für entsprechende Teile der Evakuierten.[25] Beide Personengruppen fallen unter den von Külz beschriebenen Begriff der „Ferngebliebenen".

3.1.2 Die Anerkennungsfrage der Zuwanderer in der Ländergesetzgebung

Da in Ermangelung einer Zentralregierung zunächst die Länder, die zudem noch teilweise unterschiedlichen Besatzungszonen angehörten, mit der Zuwanderungsproblematik konfrontiert waren, entstanden parallel zueinander unterschiedliche Definitionen sowie Ein- und Unterteilungen der Flüchtlingsgruppen.

In Bayern beispielsweise, wo auf Befehl der Militärregierung kurz nach Kriegsende eine Zählung aller nach dem 1. September 1939 zugezogenen Personen durchgeführt wurde, rechnete man die Evakuierten, die zunächst in den frontnahen östlichen Gebieten festgesessen hatten und nach Kriegsende nach Bayern kamen – unabhängig von der geografischen Lage ihres Heimatortes – größtenteils zu der Gruppe der Vertriebenen.[26]

---

[24] Granicky, Günther. In: Koenigswald, Harald von (Hrsg.): Die Flucht in die Freiheit. Gedanken zur inneren und äußeren Not der Flüchtlinge aus der Sowjetzone. Troisdorf 1953, S. 18.
[25] Doms, S. 12–27.
[26] Engel, Fritz: Nachweis der Vertriebenen und aus der DDR zugezogenen Deutschen in der amtlichen Statistik. In: Zeitschrift des bayerischen statistischen Landesamtes 112 (1980), S. 25–38. Hier S. 25.

Auch in der niedersächsischen Verwaltung unterschied man begrifflich zunächst kaum zwischen den einzelnen Flüchtlingsgruppen. Als Flüchtlinge galten sowohl Zuwanderer aus der SBZ/DDR und Vertriebene als auch Evakuierte und Ausgebombte. Damit lehnte sich die Verwaltung an den weit gezogenen Flüchtlingsbegriff der niedersächsischen Rechtsprechung an, der eben diese Gruppen umfasste.[27]

Der Bremer Fachausschuss für das Flüchtlingswesen hingegen legte für Bremen und Bremerhaven im Jahr 1947 eine davon differierende Definition bezüglich des Status der unterschiedlichen Flüchtlingsgruppierungen fest. Als anerkannte Flüchtlinge galten demnach ausschließlich folgende Personen:

> 1) Alle Personen deutscher Staatsangehörigkeit, welche am 01.01.1944 dauernden Wohnsitz außerhalb der Grenzen des Deutschen Reichs nach dem Gebietsstand vom 01.03.1938 hatten und von dort geflüchtet oder ausgewiesen oder aus der Kriegsgefangenschaft entlassen sind, in ihre Heimat nicht zurückkehren können und ihren ständigen Aufenthalt in Bremen genommen haben

> 2) Alle Personen deutscher Staatsangehörigkeit, die am 01.01.1945 in den deutschen Ostprovinzen östlich der Oder und Görlitzer Neiße (Gebietsstand 01.01.1939) beheimatet waren und von dort geflüchtet oder ausgewiesen oder aus der Kriegsgefangenschaft entlassen sind, in ihre Heimat nicht zurückkehren können und ihren ständigen Aufenthalt in Bremen haben[28]

Die Flüchtlingseigenschaft wurde nach dieser Definition also ausschließlich der Gruppe der Vertriebenen und Heimatvertriebenen zuerkannt. In diesem besonderen Fall auch ausschließlich denjenigen mit deutscher Staatszugehörigkeit. Die deutsche Volkszugehörigkeit[29] reichte demnach im Land Bremen nicht aus, um den begehrten Flüchtlingsstatus zu erhalten. Sowohl Evakuierte als auch Kriegsgefangene, die ihren Wohnort zum betreffenden Stichtag westlich der Oder-Neiße-Linie innehatten – und somit auch allen Personen, die in der SBZ/DDR beheimatet waren –, wurde die Flüchtlingseigenschaft abgesprochen.

---

[27] Wennemann, S. 126.
[28] Abgedruckt in: Weiher, S. 37.
[29] Vgl. dazu Bundesvertriebenengesetz § 6 AbS. 1: „Deutscher Volkszugehöriger im Sinne dieses Gesetzes ist, wer sich in seiner Heimat zum deutschen Volkstum bekannt hat, sofern dieses Bekenntnis durch bestimmte Merkmale wie Abstammung, Sprache, Erziehung, Kultur bestätigt wird."

Anhand dieser Beispiele lässt sich bereits ein Schema erkennen, das symptomatisch für den Umgang der Militärregierungen bezüglich der Anerkennungsfrage der Flüchtlingseigenschaft in den unterschiedlichen Besatzungszonen war.

In den Ländern der amerikanischen Zone galten nur die deutschen Staatsangehörigen und Personen mit deutscher Volkszugehörigkeit[30] aus dem Gebiet östlich der Oder-Neiße-Linie, dem Saarland und dem Ausland, die ausgewiesen und/oder vertrieben worden waren, als Flüchtlinge; nicht jedoch Personen aus der SBZ.

Demgegenüber erkannten die Länder der britischen Besatzungszone auch die Personen aus der SBZ und Berlin als Flüchtlinge an, sofern diese glaubhaft machen konnten, ihren Wohnort zur Abwendung einer für Leib und Leben drohenden Gefahr unverschuldet verlassen zu haben.[31]

Dies betraf in gleichem Maße die Evakuierten, die in der amerikanischen und in der französischen Besatzungszone von den jeweiligen Landesflüchtlingsgesetzen ausgeschlossen wurden. In der britischen Besatzungszone jedoch, mit der Ausnahme im nordrhein-westfälischen Flüchtlingsgesetz, wurden sie vollständig oder unter bestimmten Bedingungen eingeschlossen.[32] Dies war insofern wichtig, als dass mit der Anerkennung des Flüchtlingsstatus staatliche Unterstützung verbunden war,[33] worauf im weiteren Verlauf dieser Arbeit noch vertiefend eingegangen wird.

Auch im Land Nordrhein-Westfalen verfuhr man in der Frage bezüglich der Anerkennung der Flüchtlinge aus der SBZ gemäß den Vorgaben der britischen Militärregierung. Am 24. Januar 1947 legte der damalige Sozialminister von NRW, Josef Gockeln, die Definition des anerkannten Flüchtlings, wie das Bundesland ihn verstand, erstmalig fest. Er benannte drei Gruppen, die uneingeschränkt als Flüchtlinge zu gelten hatten:

> 1) Personen deutscher Staats- und Volkszugehörigkeit, die ihren letzten Wohnsitz vor der Ausweisung oder Flucht außerhalb der Grenzen des Deutschen Reiches, nach dem Gebietsstand vom 01.01.1938, hatten und von dort geflüchtet oder ausgewiesen worden waren

---

[30] Wie oben angesprochen, bildete das Land Bremen hier eine Ausnahme. Es ist unwahrscheinlich, dass es sich um ein bloßes Versehen handelte. Vielmehr ist zu vermuten, dass in dem kleinen, städtisch geprägten und somit in erheblichem Maße zerstörten Bremen (annähernd 50 % zerstörter Wohnraum in der Stadt Bremen) die Versorgungslage besonders prekär war und man möglichst wenige Ortsfremde zusätzlich versorgen wollte.
[31] Bertram, S. 10.
[32] Böke, S. 151.
[33] Ebenda.

2) Alle Personen deutscher Staatsangehörigkeit, die ihren letzten ständigen Wohnsitz vor der Ausweisung oder Flucht in den deutschen Ostgebieten „ostwärts Oder-Görlitzer-Neiße", Gebietsstand vom 01.09.1939, hatten und von dort geflüchtet oder ausgewiesen waren

3) Entlassene Kriegsgefangene deutscher Staats- und Volkszugehörigkeit, die ihre Heimat unter den in 1) und 2) genannten Gebieten hatten und dorthin nicht zurückkehren konnten[34]

„Nur bedingt als Flüchtlinge" wurden in diesem Erlass Personen bezeichnet, die in der SBZ beheimatet waren und jetzt in der britischen Zone lebten oder noch in diese Zone einwandern würden. Bezeichnet wurden sie als „Flüchtlinge aus dem Gebiet der jetzigen russischen [sic!] Zone".[35]

Die Präzisierung dieser Bestimmung durch den Regierungspräsidenten des Regierungsbezirks Düsseldorf, Dr. Kurt Necker, vom 12. Februar 1947 in Bezug auf die Emigranten aus der SBZ verdeutlicht aber, dass man die Linie der übrigen Länder der britischen Besatzungszone nicht verließ: Necker verfügte gegenüber den Flüchtlingsbetreuungsstellen seines Regierungsbezirkes, dass diejenigen Personen aus dem Gebiet der sowjetischen Besatzungszone Flüchtlinge seien, die aus Gründen der persönlichen Sicherheit geflohen waren oder fliehen werden und denen eine Rückkehr nicht zugemutet werden könne.[36] Bei einer drohenden Gefahr für Leib und Leben wurde den Zuwanderern aus der SBZ in der britischen Besatzungszone und in NRW also die Anerkennung als Flüchtling zuteil. Die Ablehnung der SBZ-Flüchtlinge, die diese Voraussetzungen nicht erfüllten, beruhte wiederum in erster Linie auf der mangelhaften Versorgungsmöglichkeit mit Arbeit, Nahrung und Wohnraum.[37] Sie hatte also keine rechtlichen Hintergründe, sondern wirtschaftliche.

Noch war man also nicht bereit, die Flüchtlingsdefinition in Bezug auf die Sowjetzonenflüchtlinge dahingehend zu erweitern, wie es den politischen Vorgaben späterer Jahre entsprach. Die spätere Praxis, die Flüchtlinge zur Veranschaulichung der Illegitimität des SBZ/DDR-Regimes zu instrumentalisieren, musste bei diesen Sachzwängen zunächst zurückstehen. Allerdings ließen einige Flüchtlingsgesetze zukünftige Ausnahmen zu, die auch auf den Personenkreis der SBZ-Flüchtlinge zutreffen

---

[34] Ackermann, S. 68.
[35] Ebenda.
[36] Ebenda.
[37] Ebenda.

konnte, ohne diese jedoch explizit zu benennen.[38]

Erst mit dem nordrhein-westfälischen Flüchtlingsgesetz vom 2. Juni 1948 kam es zu einer Definition, die in Bezug auf die Sowjetzonenflüchtlinge auch maßgebend für das spätere Bundesvertriebenengesetz werden sollte.[39] In diesem wurden die Flüchtlinge aus der SBZ indirekt als anerkannte Flüchtlinge in ein Ländergesetz mit einbezogen.

Paragraf 1 B und C bot diesen nämlich eine Hintertür: Hier wurde festgelegt, dass Personen einer anderen Zone als der britischen (also auch der sowjetischen Besatzungszone) eine Betreuung im Sinne des Gesetzes zuteilwerde, sofern sie ihren Wohnsitz aus zwingenden Gründen aufgeben mussten.[40] Als zwingende Gründe im Rahmen dieses Gesetzes wurden die nachgewiesene Verfolgung und Gefährdung aus politischen, rassischen oder religiösen Gründen betrachtet.[41] Diese Regelung konnte man zweifellos auf gewisse Teile der Sowjetzonenflüchtlinge anwenden. Demgegenüber wurde nun aber der Gruppe der Evakuierten die Flüchtlingseigenschaft vorenthalten.[42]

Allen Ländergesetzgebungen war gemeinsam, dass sie die Flüchtlinge nach den Kriterien „echt" und „unecht" einteilten. Wobei man feststellen muss, dass der Begriff des „unechten" Flüchtlings nicht gleichbedeutend mit dem des illegalen Flüchtlings war.[43] Auch die sogenannten „unechten" Flüchtlinge konnten die gesetzlich festgelegten Förder- und Hilfeleistungen, die für die „echten" Flüchtlinge vorgesehen waren, erhalten. Folgende Tabelle veranschaulicht die Aufteilung nach „echten" und „unechten" Flüchtlingen sowie Personen ohne anerkannte Flüchtlingseigenschaft, die keine zusätzliche Betreuung und Förderung erwarten konnten, anhand der Landesflüchtlingsgesetze der Länder der Bizone.

---

[38] Thomas, Fritz: Das Recht der Vertriebenen. Von den Flüchtlingsgesetzen der Länder zum Bundes-Vertriebenengesetz. Dortmund 1950, S. 34. Im Einzelnen: Bayern § 1 Abs. 3; Schleswig-Holstein § 1 Ziff. 3; Niedersachsen 1. Durchführungsverordnung Art. 1, Abs. II; NRW § 1 B.
[39] Böke, S. 152.
[40] Vgl. hierzu: Flüchtlingsgesetz NRW vom 02.06.1948.
[41] Zenke, Wilhelm: Die Flüchtlingsgesetzgebung in Nordrhein-Westfalen mit Erläuterungen zum Flüchtlingsgesetz, den Durchführungsverordnungen, Nebengesetzen und Erlassen. Stuttgart/Köln 1949, S. 8.
[42] Böke, S. 152.
[43] Bertram, S. 9 f. Die Trennung zwischen den Bezeichnungen „legaler" und „illegaler" Flüchtling erscheint zunächst irreführend. „Legale" Flüchtlinge waren solche, deren Flucht durch die Gesetzgebung legitimiert wurde, unabhängig davon, ob sie im Zielland besonders förderungswürdig waren.

3. Die Wanderungs- und Fluchtbewegung

Abbildung 1: Flüchtlingseigenschaften der Kriegsgeschädigten nach den jeweiligen Ländergesetzgebungen (Stand 1948)[44]

	Schlesw. Holstein	Niedersachsen	Bayern	Württ.-Baden	Hessen	NRW
landeseigene Evakuierte	nicht anerkannt	nicht anerkannt*	nicht anerkannt	nicht anerkannt	nicht anerkannt	nicht anerkannt
landesfremde Evakuierte	echt	nicht anerkannt*	nicht anerkannt	nicht anerkannt	nicht anerkannt	nicht anerkannt
landeseigene Bombengeschädigte	unecht	nicht anerkannt*	nicht anerkannt	nicht anerkannt	nicht anerkannt	nicht anerkannt
landesfremde Bombengeschädigte	echt	nicht anerkannt*	nicht anerkannt	nicht anerkannt	nicht anerkannt	nicht anerkannt
Heimatvertriebene	echt	echt	echt	echt	echt	echt
Vertriebene	echt	echt	echt	echt	echt	echt
Flüchtlinge aus der SBZ	echt	echt	nicht anerkannt	nicht anerkannt**	nicht anerkannt	unecht***
Kriegsgefangene aus Vertreibungsgebieten	echt	echt	echt	echt	echt	echt
Kriegsgefangene aus der SBZ	echt	nicht anerkannt	nicht anerkannt	nicht anerkannt	nicht anerkannt	unecht***
Kriegsgefangene aus Westzonen	unecht	nicht anerkannt	nicht anerkannt	nicht anerkannt	nicht anerkannt	nicht anerkannt
familienzusammengeführte Personen	echt	echt	echt	echt	echt	echt

* Bei Verlust von Hab und Gut wurde dieser Personenkreis als „unechte" Flüchtlinge bewertet.
** Falls auf Befehl des US-Kriegsministeriums im Land, als „echte" Flüchtlinge zu bewerten.
*** Soweit aus politischen, rassischen oder religiösen Gründen verfolgt, ansonsten nicht anerkannt.

---

[44] Tabelle entnommen aus Bertram, S. 12 f. sowie eigene Ergänzungen (NRW). Bezüglich NRW vgl. auch Thomas, S. 34.

Im Falle der Vertriebenen wurden zusätzliche Hilfsleistungen auf Basis der Lastenausgleichs-Gesetzgebung (LAG) vergeben, die mit dem Soforthilfegesetz im November 1948 begründet wurde.[45] Die anerkannten Flüchtlinge aus der sowjetischen Besatzungszone konnten ab 1952 Gelder aus dem sogenannten Härtefonds erhalten. Dies war ein im Rahmen der Lastenausgleichs-Gesetzgebung gebildeter Sonderfonds, der vor allem als Eingliederungshilfe dienen sollte. Eine Hausratsentschädigung, die sich nach dem vorherigen Einkommen, dem Familienstand und der im Haushalt lebenden Personen richtete, sollte einen neuen Start erleichtern.[46] Auch wurden Gelder aus dem Lastenausgleichs- und Härtefonds für niedrig verzinste Aufbaudarlehen zur Eingliederung in den Wohn- und Arbeitsmarkt vergeben.[47] Entschädigungszahlungen wurden erst ab dem Jahr 1957 ausbezahlt.[48]

Die offizielle Begründung, warum eine Trennung zwischen LAG und Härtefonds gemacht wurde, war politisch motiviert: Der Gesetzgeber wollte 1952 die Zuwanderer aus der SBZ/DDR nicht in die LAG aufnehmen, da er befürchtete, Entschädigungszahlungen könnten als Anerkennung der Endgültigkeit der deutschen Teilung angesehen werden.[49] Zu vermuten ist aber ebenso, dass man auch noch 1952 keinen übermäßigen Anreiz zur Flucht bieten wollte.

3.1.3 Die Benennung der Zuwanderer bis zum Bundesvertriebenengesetz

Die oben angesprochenen unterschiedlichen Flüchtlingsgruppierungen, die infolge der totalen Niederlage des Hitler-Regimes während der Nachkriegszeit von der SBZ/DDR über die Zonengrenze in die Westzone wanderten, haben in der bundesdeutschen Politik und Öffentlichkeit im Verlaufe der Zeit unterschiedliche Benennungen erhalten, bis sich die bis heute gültigen Definitionen des Bundesvertriebenengesetzes durchsetzten.

---

[45] Das Soforthilfegesetz trat erst im August 1949 in Kraft, nachdem es von den West-Alliierten hinausgezögert worden war. Kernstück war eine monatliche Unterhaltsleistung von 70 DM zusätzlich zu den normalen Sozialleistungen. Vgl. dazu: Schillinger, Reinhold: Der Lastenausgleich, S. 233. In: Benz, Wolfgang (Hrsg.): Die Vertreibung der Deutschen aus dem Osten. Ursachen, Ereignisse, Folgen. Frankfurt a. M. 1985, S. 231–243.

[46] Bundesministerium des Inneren (Hrsg.): Betrifft: Eingliederung der Vertriebenen, Flüchtlinge und Kriegsgeschädigten in der Bundesrepublik Deutschland. Bonn 1982, S. 42.

[47] Ebenda, S. 43.

[48] Ebenda, S. 39.

[49] Ebenda, S. 49.

Unmittelbar nach dem Kriegsende erfolgte eine Differenzierung der einzelnen Gruppen nicht oder nur in unzureichender Weise. Selbst in offiziellen Verlautbarungen ist der Forscher zunächst mit einer nahezu chaotischen Begriffsverwirrung konfrontiert. Erst mit der Einführung des Bundesvertriebenengesetzes im Jahre 1953 kann man von einem Abschluss der Definitions- und Rechtsproblematik sprechen. Dabei ist eine genaue Benennung der unterschiedlichen Flüchtlingsgruppierungen nach ihrer Herkunft und ihrer jeweiligen rechtlichen Flüchtlingseigenschaft von außerordentlicher Wichtigkeit, da sich nur durch eine genaue Definition einigermaßen verlässliche statistische Werte über diese Form der Migration bestimmen lassen.

Zunächst bleibt aber festzuhalten, dass es bisher weder im alltäglichen Sprachgebrauch noch in der entsprechenden Fachliteratur gelungen ist, sich auf einen einheitlichen Begriff zu einigen, der die Sowjetzonenflüchtlinge eindeutig von der Gruppe der Vertriebenen abhebt.[50]

Auch die Evakuierten und die ehemaligen Soldaten wurden allzu oft einfach in den großen Topf der Flüchtlinge geworfen. In den ersten Nachkriegsjahren standen so im allgemeinen Sprachgebrauch, aber auch in den Behörden, Ämtern und auf der politischen Ebene unterschiedliche Bezeichnungen nebeneinander, die nicht eindeutig abgetrennt oder definiert waren.

Anfangs wurde für alle Gruppen übergreifend der Begriff „Kriegsvertriebene" benutzt, der für alle diejenigen stand, die ihre Heimat hatten aufgeben müssen, einschließlich der Ausgebombten und Evakuierten. Lediglich ehemalige Soldaten entsprachen somit nicht der gewählten Definition.

Um die Gruppe der vor der Roten Armee in den Westen Geflohenen oder der aus Osteuropa Ausgewiesenen genauer zu benennen, verwendete die Öffentlichkeit zunächst den Begriff „Flüchtling" oder „Ostflüchtling". Dies wurde bald weiter differenziert. Personen, die ursprünglich östlich der Oder-Neiße-Linie ansässig waren, wurden nun Heimatvertriebene oder Vertriebene genannt.

Als Flüchtlinge hingegen bezeichnete man aber weiterhin auch Personen, die die sowjetische Besatzungszone scheinbar ohne äußeren Zwang verlassen hatten.

Die Gruppe der noch vor Kriegsende Ausgebombten oder Evakuierten wurde demgegenüber mit dem Begriff der „eigentlichen Flüchtlinge" bedacht.[51] Man bemerkt hier eine eindeutige Wertung zu Ungunsten der Flüchtlinge aus der SBZ. Ihr Ansehen in Politik und Öffentlichkeit war offenbar in den ersten Nachkriegsjahren noch schwach ausgeprägt und

---

[50] Heidemeyer (1994), S. 27.
[51] Brosius/Hohenstein, S. 4.

ihnen wurde mehrheitlich unterstellt, dass sie im Gegensatz zu anderen Flüchtlingsgruppen ohne Zwang in die Westzonen übersiedelten. Die Bezeichnung „eigentlicher Flüchtling" für die Gruppe der Ausgebombten und Evakuierten gegenüber dem Begriff „Flüchtling" für Personen aus der SBZ verdeutlicht die Zweifel an der Legitimität der Fluchthandlung. Man suggeriert hier den Ausgebombten und Evakuierten eine exponiertere Stellung gegenüber den SBZ-Flüchtlingen.

Die angesprochenen Begrifflichkeiten dürfen aber nicht darüber hinwegtäuschen, dass es zu diesem Zeitpunkt noch keine allgemeingültigen Regelungen bezüglich der Definition der unterschiedlichen Flüchtlingsgruppierungen gab und im allgemeinen Sprachgebrauch zumeist der Oberbegriff „Flüchtling" für alle Teilgruppen synchron verwendet wurde. Bedauerlicherweise herrscht auch in den meisten wissenschaftlichen Arbeiten der jüngeren Forschungsgeschichte der Trend vor, sich aufgrund der unüberschaubaren terminologischen Situation auf den wenig differenzierten Flüchtlingsbegriff der Nachkriegszeit zu beschränken.

Die Zuwanderer aus der SBZ waren aber im Laufe des Jahres 1947,[52] spätestens ab 1948, nachhaltig auf der politischen Bildfläche erschienen, und es musste jetzt zwangsläufig eine Diskussion zur Differenzierung, auch in Bezug auf die zu verwendenden Begrifflichkeiten, gegenüber den übrigen Gruppen einsetzen.

Während der Beratungen zum Grundgesetz durch den Parlamentarischen Rat wurde diesbezüglich beschlossen, den Begriff des „Flüchtlings" zukünftig nur noch für die Personen aus der SBZ/DDR zu verwenden. Begründet wurde dies damit, dass die Vertriebenen und Heimatvertriebenen gegen ihren Willen zur Ausreise gezwungen worden waren und somit nicht als Flüchtlinge zu bezeichnen waren.[53] Dies war aber eher als Zugeständnis zugunsten der Vertriebenen zu bewerten.

Auch der erste Bundesminister für die Angelegenheiten der Vertriebenen, Hans Lukaschek, der selbst in Breslau geboren worden war, nach dem Zweiten Weltkrieg in die SBZ kam, dort Mitbegründer der thüringischen CDU war und aus politischen Gründen die SBZ verlassen musste, schloss sich diesen Ausführungen an. Gegenüber der Süddeutschen Zeitung erläuterte er am 3. Mai 1950 die, seiner Meinung nach, gültigen Begrifflichkeiten: Demnach seien alle Deutschen aus dem Gebiet östlich der Oder-Neiße-Linie, dem Sudetenland und dem Ausland, die in der Bundesrepublik Zuflucht nahmen, als Vertriebene anzusehen. Flüchtlinge hingegen seien diejenigen, die seit Kriegsende aus der SBZ in den Westen kamen.[54]

---

[52] Heidemeyer (1994), S. 75.
[53] Ebenda, S. 29.
[54] Böke, S. 162.

Lukaschek differenzierte also nicht nach Fluchtgründen. Flüchtling war, wer aufgrund des vorherrschenden Regimes, unabhängig davon, ob aus einer tatsächlichen Bedrohung heraus oder aus Gründen der Existenzangst, floh.[55] Er, der aufgrund seiner eigenen Biografie ein berechtigtes Interesse daran haben musste, auch den Zugezogenen aus der sowjetischen Besatzungszone die offizielle Flüchtlingseigenschaft zuzuerkennen, bekräftigte damit den anzuerkennenden Status der SBZ-Flüchtlinge, wenn auch hinsichtlich der Anerkennungsfrage der Flüchtlingseigenschaft im Bezug zu den Fluchtgründen deutlich liberaler und undifferenzierter als es schlussendlich im Bundesvertriebenengesetz festgelegt werden sollte.

Auch Bundeskanzler Konrad Adenauer schloss sich dieser Sichtweise an. 1951 schrieb er an den Präsidenten des Deutschen Bundestages bezüglich eines Entwurfs zum Bundesvertriebenengesetz, dass die Flüchtlingsgesetzgebung der Länder einen einheitlichen Begriff für den Personenkreis der Flüchtlinge nicht geprägt habe. Es erscheine ihm, Adenauer, daher zweckmäßig, an die Begriffsbestimmung „Vertriebener" für die bundesgesetzliche Regelung anzuknüpfen. In dem Wort „Vertriebener" liege die Feststellung, dass jemand unter Zwang, von hoher Hand veranlasst, seinen Wohnsitz aufgeben musste. Wer dagegen, veranlasst z. B. durch die besonderen Verhältnisse in der sowjetischen Besatzungszone, dieser den Rücken kehre, weil ihm in Falle des Bleibens besondere Gefahren drohten, sei Flüchtling im Sprachsinn des Wortes.[56]

Mit der Einführung des Bundesvertriebenengesetzes wurde dann auch ein Schlussstrich unter die undifferenzierten, sich teilweise überlappenden Begriffszuordnungen der verschiedenen Flüchtlingsgruppierungen gezogen. Der Erste Abschnitt, Erster Titel, §§ 1 und 2 behandelt die bis dato gültige Definition der Vertriebenen und Heimatvertriebenen; §§ 3 und 4 regeln die gültige Begriffsbestimmung bezüglich der anerkannten „Sowjetzonenflüchtlinge" bzw. diesen gleichgestellten Personen.[57]

Im Falle der Zuwanderer aus dem Gebiet der SBZ/DDR und der Vertriebenen lässt sich dabei auch gut eine politisch motivierte Sprachwandlung erkennen. Bezüglich der Vertriebenen wurde aus den allgemeinen Bezeichnungen „Flüchtling" und „Ausgewiesener" die stärker wertenden Vokabeln „Vertriebener" oder „Heimatvertriebener".[58] In Bezug auf die

---

[55] Lukaschek, Hans.: Die deutschen Heimatvertriebenen als zentrales deutsches Problem. Bonn 1951.
[56] Heidemeyer (1994), S. 30.
[57] Abgedruckt in: Gesetz über die Angelegenheiten der Vertriebenen und Flüchtlinge. Bundesvertriebenengesetz vom 19. Mai 1953 (BGBl. I S. 201) und Gesetz zur Änderung und Ergänzung des Einkommensteuergesetzes vom 19. Mai 1953 (BGBl. I S. 222). Erläutert von Leitreiter, Herbert. Neubearbeitete 2. Aufl., Köln/Berlin 1953.
[58] Böke, S. 132.

SBZ/DDR-Flüchtlinge wurden aus eindeutig negativ belegten Begriffen, wie z. B. der Bezeichnung „illegaler Grenzgänger", positiv belegte Vokabeln wie „Sowjetzonenflüchtling".[59] Auch der in der bundesdeutschen Statistik bis Ende der 1950er Jahre benutzte Begriff der Zuwanderung aus der SBZ/DDR, der zunächst einmal eine freiwillige Migration aus wirtschaftlichen oder privaten Gründen implizierte,[60] wurde vor diesem Hintergrund angepasst.

War der Gebrauch des Allgemeinbegriffs „Flüchtling" in der unmittelbaren Nachkriegszeit für die verschiedenen Zuwanderungsgruppen wohl vor allem dem Desinteresse und dem Unwissen seiner Nutzer geschuldet, war die weitere Sprachwandlung der Begrifflichkeiten euphemistischer Natur. Vor dem Hintergrund der besseren Versorgungslage der bundesdeutschen Bevölkerung und der politisch ideologischen Konkurrenzsituation gegenüber der DDR wurden zum einen Zuwanderungsschranken abgebaut (wie z. B. die Anerkennung rein wirtschaftlicher Fluchtgründe als politischer Fluchtgrund),[61] andererseits Wortwandlungen im politischen Interesse verstärkt. Der Begriff „Flüchtling" so zum politischen Kampfbegriff gegen das konträre System.

3.1.4 Zum Problemfall der „Illegalen"

Neben der Fragestellung nach dem Status und der Benennung von Flüchtlinge, die ja alle angesprochenen Gruppen betraf, machte die stetige Zunahme von ehemaligen Bewohnern der sowjetischen Besatzungszone, die ohne Zuzugsgenehmigung über die Grenze kamen, für diese besondere Gruppe weitere Differenzierungen nötig. Hier war vor allem der Unterschied zwischen legalem und illegalem Zuzug für die Behörden von Bedeutung.

Sogenannte „Übersiedler" beantragten bei den Behörden der sowjetischen Besatzungszone eine Ausreisegenehmigung und in einer der Westzonen eine Zuzugsgenehmigung. Damit war ihr Aufenthalt auf dem Gebiet der späteren Bundesrepublik legal.

„Interzonenreisende" besaßen einen Interzonenpass, mit dem sie zwischen den Besatzungszonen reisen konnten. Damit war ihnen der Grenzübertritt gestattet, nicht jedoch der Wohnortwechsel, für den es einer Aufenthaltsgenehmigung bedurfte, die bis 1951 auch durch die Länder bzw. im Rahmen des Notaufnahmeverfahrens (NAV) durch den Bund vergeben

---

[59] Böke, S. 132.
[60] Melis, S. 14.
[61] Bundesministerium für Gesamtdeutsche Fragen: Jeder fünfte verließ die Sowjetzone. Ohne Ortsangabe 1961. Vgl. auch: Bundesvetriebenengesetz, 3. Novelle vom 29.06.1961.

wurde. Wurde trotz abgelehnter Anträge ein Wohnortwechsel vollzogen, lag ein Fall von illegaler Zuwanderung vor.

Aber auch illegale Grenzgänger durften aufgrund der von den Besatzungsmächten vorgegebenen Richtlinien in den Westzonen verbleiben. Sie konnten ebenfalls eine Aufenthaltsgenehmigung beantragen und sich – insofern diese gewährt wurde – legal im Westen aufhalten.

Ab dem Jahr 1946 wurde an Personen, die eine Aufenthaltsgenehmigung erhalten hatten, zunächst in den Ländern der amerikanischen Besatzungszone der „Flüchtlingsausweis B" ausgegeben. Die Länder der britischen Besatzungszone folgten dieser Regelung kurz darauf und die Länder der französischen Besatzungszone im Jahr 1948.[62] Diese Ausweisvergabe war bis zur Einführung des Bundesnotaufnahmeverfahrens im Jahr 1949 gültig. Mit Einführung desselben erhielten die anerkannten Zuwanderer aus der SBZ/DDR den „Flüchtlingsausweis C".

Am Beispiel des Vorgehens der Provinz Hannover wird deutlich, dass es zunächst das Ziel der kommunalen Verwaltung war, den illegalen Einwanderern bestimmte Bürgerrechte zu verwehren; mit der Intention, eine abschreckende Wirkung auf potenzielle Zuziehende auszuüben. Im Einzelnen sollte ihnen das aktive und passive Wahlrecht,[63] die Zulassung zu genehmigungspflichtigen Berufen und eine Anerkennung der Pensions- und Rentenansprüche vorenthalten werden. Diese Pläne scheiterten jedoch am Veto der britischen Militärregierung, die auf Gleichstellung und Gleichbehandlung beharrte.[64] Anderenorts dürfte es ähnliche Überlegungen gegeben haben.[65]

Dies wird vor allem durch die Diskussion um die teilweise auch durchgeführten Rücktransporte von illegalen Flüchtlingen in die sowjetische Besatzungszone deutlich. Die Länder und Kommunen nahmen in Anbetracht der Versorgungslage eine äußerst repressive Haltung gegenüber dieser Personengruppe ein.

Auch in der westdeutschen Bevölkerung herrschte ihnen gegenüber eine negative Stimmung vor. Wurden die Neuankömmlinge aus der SBZ zunächst kaum beachtet, gingen sie vielmehr aufgrund der

---

[62] Reichling in Schulze, S. 50.
[63] Westzonenübergreifend wurde schon 1946 das aktive und passive Wahlrecht auf Druck der Alliierten für die Vertriebenen und Flüchtlinge eingeführt. Da aber die Assimilation der Betroffenen von den Alliierten gewollt war, blieben bis einschließlich zur ersten Bundestagswahl eigene Parteien verboten. Vgl. hierzu: Grosser, Thomas/Schraut, Sylvia: Vertriebene, S. 832 f. In: Weidenfeld, Werner/Korte, Karl Rudolf (Hrsg.): Handbuch zur deutschen Einheit 1949–1989–1999. Aktualisierte und erweiterte Neuausgabe. Bonn 1999, S. 829–838.
[64] Brosius/Hohenstein, S. 4.
[65] Ebenda.

Vertriebenenproblematik in der öffentlichen Wahrnehmung unter, stießen sie ab etwa 1948, als ein Großteil der Vertriebenen im Westen angekommen war, auf Ablehnung der Bevölkerung. Man sah sie als neuerliche soziale Belastung an.[66]

Erschwerend kam hinzu, dass die illegal Zugereisten kaum vom Staat zu kontrollieren waren[67] und somit einen weiteren Unsicherheitsfaktor im Nachkriegsdeutschland darstellten.

Vor allem seitens deutscher Stellen wurde also gegenüber den illegalen Flüchtlingen eine rigorose Haltung vertreten. Nicht zuletzt auch auf deutschen Druck hin schlug die amerikanische Militärregierung ihnen gegenüber ebenfalls einen zeitweise harten Kurs an, was sich durch die organisierten Rücktransporte ebenso zeigte wie durch eine strenge Überwachung der Zonengrenze.[68] Auch die britische Militärregierung sah sich gezwungen, die Überwachungsmaßnahmen zur sowjetischen Zonengrenze ab November 1947 zu verstärken.[69]

Überlegungen, vor allem von US-amerikanischer Seite, die Zonengrenze zur sowjetischen Besatzungszone gänzlich abzuriegeln, wurden jedoch schnell verworfen. Man wollte sich nicht der Gefahr aussetzen, durch solche Maßnahmen eine Massenmigration auszulösen, da die Menschen in diesem Falle befürchten mussten, die SBZ gar nicht mehr verlassen zu können.[70] Die Rücktransporte von illegalen Einwanderern waren zwar moralisch höchst umstritten, rechtlich waren sie allerdings

---

[66] Landsberg, S. 28.
[67] Wiesemann, Falk: Flüchtlingspolitik in Nordrhein-Westfalen, S. 226 f. In: Benz, Wolfgang (Hrsg.): Die Vertreibung der Deutschen aus dem Osten. Ursachen, Ereignisse, Folgen. Frankfurt a. M. 1985, S. 218–230.
[68] Heidemeyer, Helge: Das Notaufnahmeverfahren für die Zuwanderer aus der SBZ/DDR 1945/1949–1961, S. 325. In: Oltmer, Jochen (Hrsg.): Migration steuern und verwalten. Göttingen 2003, S. 323–343.
[69] Flüchtlingsproblem – Sonderheft Raumforschung, S. 21.
[70] Vogel, Walter, Bundesarchiv Koblenz: Akten zur Vorgeschichte der Bundesrepublik Deutschland, Band III. München/Wien 1982, S. 942.

durch die Kontrollratsdirektive Nr. 43 durchaus gedeckt.[71]

Letztlich trugen aber auch die Organe der sowjetischen Militärregierung ihren Teil zur Aufgabe der Rücktransporte bei, da sie ab dem 28. August 1948 Rückführungen aus Bayern verweigerten. Dies ist ein eindeutiger Beleg dafür, dass die Auswanderung zu diesem Zeitpunkt von den dortigen Verantwortlichen nicht negativ gesehen wurde. Vielmehr sah man die Abwanderung seitens der DDR-Führung lange Zeit als normale nationale Binnenmigration an.[72] Sie entspannte die Wohn- und Versorgungssituation der sowjetischen Zone und „reinigte" diese zudem von politisch nicht opportunen Personen.[73]

Anders wahrgenommen wurden die Abwanderungen erstmals Ende 1951, als eine Untersuchungskommission der UN zur deutsch-deutschen Fluchtbewegung in der DDR erwartet wurde. Die DDR-Führung begann die Flucht nun als Untergrabung der erstrebten Anerkennung der Staatlichkeit anzusehen.[74] Und dies gleich in zweifacher Hinsicht: Erstens schien es, als sei die DDR nicht dazu in der Lage, als Staat seine Grenzen zu sichern; zweitens wurde ihr durch die dauerhafte Massenabwanderung die moralische Legitimation genommen. Schließlich wurde die Abwanderung ab Frühjahr/Sommer 1952 aufgrund des Verlustes an qualifizierten Arbeitskräften auch als gesellschaftliche Bedrohung erkannt.[75]

Sperrmaßnahmen an der Zonengrenze und organisierte Rücktransporte ließen sich auch aufgrund des öffentlichen Drucks nicht lange aufrechterhalten, sodass man sich auf westdeutscher Seite dem von den amerikanischen und britischen Militärregierungen verfügtem uneingeschränkten Asylrecht beugte, das auf der Fachministertagung für Flüchtlingswesen

---

[71] Direktive Nr. 43 (29.10.46) (geändert durch Nr. 49): „Interzonenpässe für einmalige Hin- und Rückreise zum Zweck des Interzonenhandels. Geltungsdauer max. 15 Tage (bei dringender Not 15tägige Verlängerung möglich). Pässe können ausgestellt werden von 1) Offizier, Rang nicht unter Oberst, der das Amt eines Militärkommandanten bekleidet 2) Vertreter der Militärregierung einer Provinz, eines Landes oder eines Distriktes. Nur für Personen zulässig, die in Handel, Industrie oder Landwirtschaft zwischen den Zonen tätig sind und im Interesse des Handels reisen müssen. Dazu muss ein Fragebogen ausgefüllt werden. Ein Wohnsitzwechsel ist generell verboten. Betroffene Personen sind zurückzuführen." Direktive Nr. 49 (23.04.47): „Geltungsdauer geändert auf 30 Tage (+15 Verlängerung). Reisen sind nun auch aus dringenden privaten Gründen möglich und zur Förderung kultureller Tätigkeiten." – abgedruckt in: Hemken, Ruth (Hrsg.): Deutschland – Gebiet unter Alliierter Besatzung – Kontrollrat: Sammlung der vom Alliierten Kontrollrat und der Amerikanischen Militärregierung erlassenen Proklamationen, Gesetze, Verordnungen, Befehle. 3. Aufl. Stuttgart 1946–1948.
[72] Melis, S. 20.
[73] Heidemeyer in Grosser/Schraut, S. 231.
[74] Melis, S. 29.
[75] Ebenda, S. 40.

in Bad Segeberg am 24. und 25. Juli 1947 beschlossen worden war.[76] Damit waren die Länder der Bizone zur Aufnahme auch der illegalen Grenzgänger verpflichtet.[77] Selbst wenn die deutsche Seite zunächst immer wieder versuchte, diese Bestimmung zu unterlaufen, wurde sie doch in den nächsten Monaten durchgesetzt und anerkannt.[78]

3.1.5 Die Bürokratisierung der Zuwanderer. Länderübergreifende Regelungen zur Kontrolle des Zuzugs

Aufgrund des andauernden Zustroms von Zuwanderern aus der SBZ/DDR rückte diese Personengruppe nun verstärkt in den Fokus von Politik und Verwaltung. Es mussten länderübergreifende Richtlinien vorgegeben werden, die abseits der Länderflüchtlingsgesetze zum Ziel hatten, den Migrationsstrom zu organisieren, zu registrieren und zu versorgen.

Die Anstöße in diese Richtung gingen primär von den Ländern der britischen Besatzungszone aus, die aufgrund ihrer liberaleren Politik gegenüber den Sowjetzonenflüchtlingen auch die Hauptlast der Zuwanderung zu tragen hatten.[79] Man war sich nun durchaus bewusst – gerade vor dem Hintergrund des aufflammenden Kalten Krieges –, dass jeder Neuankömmling aus der sowjetischen Besatzungszone ein willkommenes ideologisches Argument im Wettstreit der konträren Systeme darstellte; andererseits hatten die Länder der britischen Zone schon Millionen von Vertriebenen aufnehmen müssen, sodass sie sich in dieser Beziehung an den Rand ihrer Möglichkeiten gebracht sahen.

Am 6. Februar 1948 wurden deshalb mit den sogenannten „Braunschweiger-Richtlinien" Kriterien aufgestellt, welche Personen aus der sowjetischen Besatzungszone in Zukunft aufzunehmen seien und welche von diesen gesonderte Unterstützung erhalten sollten.

Die Behörden entwarfen vier Hauptmerkmale für den betreffenden Personenkreis. Demnach sollten Zuwanderer, die im Rahmen der Familienzusammenführung kamen, politisch Verfolgte, Härtefälle sowie wertvolle Arbeitskräfte bedingungslos aufgenommen und unterstützt werden.[80]

Bedacht wurde jedoch nicht, dass die abgelehnten Personen in der überwiegenden Mehrheit nicht in ihre Heimat zurückkehrten und sich

---

[76] Flüchtlingsproblem – Sonderheft Raumforschung, S. 8.
[77] Siebke, S. 45.
[78] Flüchtlingsproblem – Sonderheft Raumforschung, S. 21.
[79] Heidemeyer in Oltmer, S. 326.
[80] Ebenda.

zudem eine Vielzahl an Menschen der Aufnahmeprozedur gar nicht erst unterwarf. Diese blieben zumeist in den Westzonen-Ländern und mussten dort von der kommunalen Fürsorge unterstützt werden.[81]

Man hatte also durch die Braunschweiger-Richtlinien in der britischen Besatzungszone zwar die notwendigen Flüchtlingseigenschaften zur Anerkennung genau definiert, jedoch keine nennenswerten Verbesserungen bezüglich der Versorgungssituation erzielen können. Dies konnte nur durch eine zonenübergreifende Regelung gelingen.

Deshalb verständigten sich die Länder der Bizone am 11. Juni 1949 auf die sogenannten Uelzener-Richtlinien. Die Aufnahmekriterien der Braunschweiger-Richtlinien blieben dabei unverändert; zudem wurde aber nun durch den „Uelzener-Schlüssel" eine Verteilungsquote der Flüchtlinge auf die Länder der Bizone entworfen.

Doch auch durch die zonenübergreifende Regelung war das grundlegende Problem – die Situation der illegalen Flüchtlinge – nicht gelöst worden. Während Aufgenommene Eingliederungshilfen erhielten, blieben die abgelehnten Flüchtlinge weitestgehend sich selbst überlassen. Helge Heidemeyer folgert daraus zu Recht, dass dies in dieser Phase von politischer Seite durchaus gewollt war, da man aufgrund der mangelhaften Versorgungslage immer noch auf eine abschreckende Haltung gegenüber potenziellen Neuankömmlingen setzte.[82]

Auf diesem Prinzip beruhte ebenso das nach der Gründung der Bundesrepublik – jetzt auch unter Einbeziehung der ehemaligen französischen Besatzungszone – erlassene Gesetz über die Notaufnahme von Deutschen in das Bundesgebiet (NAG), das am 22. August 1950 verabschiedet wurde.[83] Die wesentlichen Regelungen der Braunschweiger-Richtlinien und Uelzener-Beschlüsse blieben darin enthalten: Aufgenommen wurden jene, die wegen einer drohenden Gefahr für Leib und Leben, für die persönliche Freiheit oder aus sonstigen zwingenden Gründen (hier sind in dieser Phase hauptsächlich Familienzusammenführungen gemeint) zugewandert waren.[84]

Man lernte aber insofern von den Mängeln der Vorgängerregelungen, als dass man den Aufenthalt der abgelehnten Bewerber in der Bundesrepublik legalisierte. Sie konnten sich frei im Bundesgebiet bewegen, sobald sie polizeilich gemeldet waren und sich selbstständig einen Arbeitsplatz und Wohnraum suchten. Es galt das „Aufenthaltsverbot mit

---

[81] Heidemeyer in Oltmer, S. 326 f.
[82] Ebenda, S. 327
[83] Zum formalen Ablauf der Notaufnahmebeantragung siehe: Ackermann (1995), S. 149 ff.
[84] Ebenda, S. 328.

Erlaubnisvorbehalt".[85] Abgelehnte Bewerber erhielten eine Bescheinigung, dass sie sich ohne Aufenthaltsrecht in der BRD aufhielten. Seitens der Bundesländer erhielten sie eine Zuzugsgenehmigung, wenn sie länger als sechs Monate auf dem Staatsgebiet der Bundesrepublik sesshaft waren. Im Nachhinein wurde ihnen über diesen Umweg auch der Antrag auf Notaufnahme gewährt.[86] Jedoch standen ihnen keine flüchtlingsspezifischen Unterstützungsleistungen zu; lediglich die allgemeinen Fürsorgeleistungen konnten sie im Bedarfsfall beantragen.[87]

Im Vorfeld des Gesetzgebungsverfahrens waren sich Regierung und Opposition zwar über die Notwendigkeit einer Neuregelung einig, jedoch gab es Differenzen bezüglich der Ausführung. Die SPD lehnte eine Unterscheidung nach berechtigter oder unberechtigter Antragstellung ab. Die DDR wurde als Unrechtsstaat angesehen und jedem Antragsteller folglich ein berechtigter Fluchtgrund unterstellt.[88]

Das Anliegen der Regierungskoalition aus CDU und FDP war es hingegen, den Zustrom weiterhin möglichst gering zu halten, weswegen man auf die Anerkennungsfrage bestand.[89] Neben den wirtschaftlichen Schwierigkeiten – 1950 gab es noch eine Arbeitslosenquote von 11 % – herrschte in Teilen der Regierungskoalition die Angst vor der Preisgabe von deutschen Gebieten. Die Befürchtung war, dass eine andauernde Massenabwanderung von Deutschen aus der DDR einen Zustrom von Osteuropäern in die verwaisten Gebiete nach sich ziehen würde und das Gebiet der DDR damit für das deutsche Volk verloren wäre.[90]

Die Aufnahmekriterien der Antragsteller waren dementsprechend zu Beginn der Einführung des Notaufnahmeverfahrens eine ernst zu nehmende Hürde. Wurden im Jahr 1950 noch 62,6 % der Antragsteller abgelehnt, verringerte sich diese Quote im Jahr 1952 auf nunmehr 21,3 %. Im Jahr des Volksaufstandes in der DDR 1953 sollte sie sogar auf 4,5 % sinken. Zwar erhöhte sich diese Quote in den folgenden drei Jahren wieder auf Werte zwischen 12 % und 18,6 %, ab 1957 aber sank sie dauerhaft auf Werte im niedrigen einstelligen Prozentbereich.[91]

---

[85] Bundesministerium des Innern (Hrsg.): Betrifft, S. 84.
[86] Ackermann (1995), S. 102.
[87] Ebenda, S. 328 f.
[88] Effner, Bettina/Heidemeyer, Helge (Hrsg.): Flucht im geteilten Deutschland. Erinnerungsstätte Notaufnahmelager Marienfelde. Berlin 2005, S. 117.
[89] Ebenda, S. 118.
[90] Hoffmann: Freiheitssucher, S. 133.
[91] Bundesministerium für Vertriebene, Flüchtlinge und Kriegsgeschädigte (Hrsg.): Die Betreuung der Vertriebenen, der Flüchtlinge, der Kriegssachgeschädigten, der Evakuierten, der Kriegs- und Zivilgefangenen, der Heimkehrer, der nichtdeutschen Flüchtlinge. Bonn 1962, S. 19.

Neben der Vertiefung der deutschen Spaltung und der Verschärfung des Kalten Krieges lag dies auch an einem vermehrten Arbeitskräftebedarf im Rahmen des westdeutschen Wirtschaftsaufschwungs.[92]

Nicht nur moralisch, sondern auch rechtlich war das Gesetz zur Notaufnahme umstritten. Konkret wurde angezweifelt, ob die Bestimmungen des NAG nicht das im Grundgesetz verankerte Recht auf Freizügigkeit im Bundesgebietes verletzen würden. Dies vor allem vor dem Hintergrund, dass man – auch aufgrund des Alleinvertretungsanspruchs – die DDR-Bürger als Staatsbürger mit gleichen Rechten wahrnahm.[93] Das Bundesverfassungsgericht urteilte diesbezüglich am 7. Mai 1953, dass jeder DDR-Bürger in der Bundesrepublik das Recht auf Freizügigkeit genieße und aufgenommen werden müsse, wenn er eine ausreichende Lebensgrundlage (d. h. Wohnung und Arbeit) nachweisen könne,[94] wie es im Artikel 11 Absatz 2 des Grundgesetzes niedergeschrieben war.

Mit der Einführung des Bundesvertriebenengesetzes vom 19. Mai 1953 hätte die Politik die Möglichkeit schaffen können, einen Abschluss bezüglich der Frage nach dem Personenkreis des anerkannten Sowjetzonenflüchtlings zu erreichen. Das Anerkennungskriterium, Flucht (bzw. § 4: Unmöglichkeit der Rückkehr aus folgenden Gründen) wegen einer nicht zu vertretenden und durch die politischen Verhältnisse bedingten Zwangslage ohne einen Verstoß gegen die Grundsätze der Menschlichkeit oder Rechtsstaatlichkeit begangen zu haben, waren inhaltlich mit denen des Notaufnahmeverfahrens identisch.

Tatsächlich wurden aber die Bestimmung des Bundesvertriebenengesetzes und die Anerkennungsregelung des Notaufnahmegesetzes parallel zueinander praktiziert. So konnte es durchaus vorkommen, dass ein Flüchtling nach dem BVFG die Flüchtlingseigenschaft zuerteilt bekam, im Sinne des NAG jedoch nicht, und umgekehrt.

Trotzdem verloren die Anerkennungsregelungen der Notaufnahmegesetzgebung an Bedeutung, da die Gewährung von besonderen Zuwendungen für die anerkannten Sowjetzonenflüchtlinge, wie die Leistungen des Härtefonds der Lastenausgleichsgesetzgebung und weiterer Kriegsfolgegesetze[95] ausschließlich von der Anerkennung nach dem BVFG abhing.

---

[92] Effner/Heidemeyer (2005), S. 34.
[93] Melis, S. 7.
[94] Ackermann (1995), S. 107.
[95] Beispielsweise das Häftlingshilfegesetz vom 6. August 1955 und das Bundesentschädigungsgesetz vom 18. September 1953. Vgl. dazu: Granicky, Günther: Die Zuwanderung aus der sowjetischen Besatzungszone als konkurrierendes Problem, S. 502. In: Lemberg, Eugen/Edding, Friedrich (Hrsg.): Die Vertriebenen in Westdeutschland. Ihre Eingliederung und ihr Einfluss auf Gesellschaft, Wirtschaft, Politik und Geistesleben, Band III. Kiel 1959, S. 475–510.

Überflüssigerweise durfte allerdings jede für die jeweiligen Spezialgesetze zuständige Behörde den Antrag eines nach dem BVFG anerkannten Sowjetzonenflüchtlings zurückweisen, wenn sie selber der Auffassung war, eine Anerkennung als Sowjetzonenflüchtling sei nicht zu befürworten.

Erst mit einer Novelle zum BVFG vom 27. Juli 1957 wurde diese irreführende Regelung beseitigt und fortan die Anerkennung nach dem Bundesvertriebenengesetz als maßgeblich angesehen.[96] Dies betraf jedoch weiterhin nicht die Anerkennungsfrage nach der Notaufnahmegesetzgebung, die, wohl aus politischen Gründen, in diesem Fall außerhalb der Bundesvertriebenengesetzgebung stand. Schließlich war das Notaufnahmeverfahren weiterhin die wirksamste Möglichkeit, den Zuwanderungsstrom wenigstens teilweise zu beeinflussen und ggf. durch eine Verschärfung der Anerkennungsregelung und einer damit einhergehenden höheren Ablehnungsquote die Zahl der Zuziehenden zu senken. Sollte es solche Überlegungen gegeben haben, waren diese allerdings spätestens durch die Maßnahmen des DDR-Regimes vom 13. August 1961 obsolet.

---

[96] Granicky in Lemberg, Band III, S. 502.

Exkurs I: Zum kleinen Grenzverkehr bis 1952

Eine weitere Gruppe von Personen soll nicht unberücksichtigt bleiben. Es handelt sich um Pendler, die legal oder illegal die Zonengrenze zwischen Ost- und Westdeutschland überschritten, ohne die Absicht gehabt zu haben, ihren Wohnsitz aufzugeben.

Auf dem Papier war Deutschland in Besatzungszonen aufgeteilt worden, und eine Demarkationslinie trennte das Land zudem in zwei unterschiedliche ideologische und wirtschaftliche Systeme. Die Bevölkerung jedoch musste sich an ihrer persönlichen Lebenswirklichkeit orientieren, und dies bedeutete, dass es Freunde und Verwandte, Arbeitsplätze und Erwerbsmöglichkeiten sowie Güter und Waren beiderseits der Grenze gab, die man nicht aufgeben wollte. Kurzum, es wurde gependelt.

Legal war dies mit einem Interzonenpass möglich, jedoch nutzten auch etliche illegal, im Amtsdeutsch als illegale Grenzgänger bezeichnet, die grüne Grenze, um ihren jeweiligen Vorhaben nachzugehen.

Naturgemäß ist die Erfassung von illegalen Grenzübertritten nur schwer möglich und eine hohe Dunkelziffer immer wahrscheinlich. Zahlen liegen diesbezüglich nur wenige vor, diese verdeutlichen aber das Ausmaß der Grenzverletzungen. In einem Bericht zur Inspektionsreise der Zollinspektionen Northeim, Braunschweig und Uelzen vom 3. bis zum 6. Juni 1950 sprach der Finanzpräsident der Zollgrenzdirektion Nord, König, von etwa 100.000 illegalen Grenzübertritten monatlich alleine nach Niedersachsen.[1]

Im Klaren war man sich allerdings auch darüber, dass die Grenzübertritte zumeist Verwandtschaftsbesuchen oder dem Warenhandel dienten und die betreffenden Personen alsdann in die DDR zurückkehrten.[2] Diese Grenzverletzungen waren jedoch kein Phänomen, das sich nur in Ost-West-Richtung vollzog. Auch von der westdeutschen Seite aus wurde eifrig gependelt. Die nachstehende Tabelle verdeutlicht den regen Verkehr – legal und illegal – zwischen beiden deutschen Staaten in deren Gründungsphase.

---

[1] BArch Z33/13, pag. 9.
[2] Ebenda.

Abbildung 2: Personenverkehr über die Zonengrenze vom 1. Januar 1951 bis zum 31. März 1952[3]

	Legaler Grenzübertritt West nach Ost	Legaler Grenzübertritt Ost nach West	Illegaler Grenzübertritt West nach Ost	Illegaler Grenzübertritt Ost nach West
Schl.-Holstein	255.770	252.050	8.187	9.775
Niedersachsen	1.258.097	1.293.577	705.351	811.227
Hessen	244.263	247.222	5.075	19.171
Bayern	376.259	397.490	4.235	12.286

Wie man deutlich erkennen kann, verzeichnete das Land Niedersachsen mit weitem Abstand die größte Anzahl an legalen und illegalen Grenzaktivitäten. Der Grund hierfür dürfte zunächst einmal in der absoluten Länge des Grenzverlaufes zu suchen sein. Etwa 550 der knapp 1.400 km deutsch-deutscher Grenze entfielen auf das Land Niedersachsen, welches somit über den größten Einzugsbereich aller westdeutschen Länder verfügte. Andere Einflussfaktoren, wie etwa historisch gewachsene, nun grenzübergreifende, Siedlungs- und Infrastruktur dürften ebenso zu berücksichtigen sein. Demgegenüber kann die Registrierung der illegalen Grenzübertritte nur durch ein effizienteres System der Grenzsicherung und Erfassung ermöglicht worden sein. Offensichtlich wurde dies nur in Niedersachsen in dieser Form praktiziert.

Ein abruptes Ende fand diese Form des kleinen Grenzverkehrs aufgrund der bereits angesprochenen veränderten Wahrnehmung zu Abwanderung und Grenze innerhalb der DDR ab Mai 1952.[4] Kamen bis dato gefasste Grenzverletzer mit geringen Geldstrafen davon – durchschnittlich 14,50 Mark pro Person –, wurde nun eine mehrstufige Grenzanlage von der Ostsee bis zur ČSSR aufgebaut. Die Durchlässigkeit der Grenze wurde stark eingeschränkt und damit auch ihre politische Gültigkeit betont.

---

[3] Werte entnommen aus: BArch Z33/13 ZGD Nord/Süd, pag. 92 ff.
[4] Siehe auch „Verordnung über Maßnahmen an der Demarkationslinie zwischen der Deutschen Demokratischen Republik und den westlichen Besatzungszonen Deutschlands" vom 26. Mai 1952, abgedruckt in: Gesetzblatt der Deutschen Demokratischen Republik 1952, S. 991. Sowie „Verordnung über weitere Maßnahmen zum Schutz der Deutschen Demokratischen Republik" vom 9. Juni 1952, abgedruckt in: Gesetzblatt der Deutschen Demokratischen Republik 1952, S. 451.

Exkurs I

An der ehemals grünen Grenze befand sich nun ein gerodeter und geharkter 10 m breiter Kontrollstreifen mit freiem Sicht- und Schussfeld. Dahinter ein 500 m breiter Schutzstreifen, in dem alle Häuser, Fabriken und Geschäfte geräumt wurden.

Im Rahmen der sogenannten „Aktion Ungeziefer" wurden aus einer 5 km breiten Sperrzone alle vermeintlich politisch unzuverlässigen Personen entfernt, d. h., sie wurden während einer Nacht-und-Nebel-Aktion zwangsumgesiedelt.

Diese Maßnahmen sollten weniger der illegalen Auswanderung vorbeugen, die über Berlin noch einfach möglich war, als vielmehr der Verhinderung der grenzübergreifenden Kommunikation dienen.[5] Vordergründig wollte man den westlichen Einfluss auf die Bevölkerung eindämmen und gegen das Schmugglerwesen vorgehen.

In erster Linie waren diese Maßnahmen aber auch ein politisches Signal an den Westen, nachdem die Bundesrepublik den Generalvertrag unterzeichnet und die westlichen Siegermächte die Stalin-Note abgelehnt hatten. So hatte Stalin gegenüber einer SED-Delegation unmittelbar zuvor – am 07. April 1952 – gefordert, die Grenze als solide sichtbar zu gestalten. Im Zuge dieser Maßnahmen wurde ab dem 21. Juli 1952 die Grenzpolizei militarisiert und dem Ministerium für Staatssicherheit unterstellt.[6]

---

[5] Melis, S. 36.
[6] Ebenda.

3.2 Problemfeld Statistik: Methodik, Fehlerquellen und Ergebnisse der offiziellen staatlichen Statistiken

Der vorausgegangene Abschnitt verdeutlicht die Heterogenität der Fluchtbewegung, die Definitionsdefizite und die daraus folgende Komplexität des Untersuchungsgegenstandes. Betrachtet man gegenwärtig mit dem Abstand von mehr als einem halben Jahrhundert die damaligen Ereignisse, veranschaulichen sich die Probleme, vor denen die zeitgenössischen Statistiker gestanden haben müssen. Es ist deshalb nur allzu verständlich, dass die Statistiken der unmittelbaren Nachkriegszeit zur Fluchtbewegung über die innerdeutsche Grenze eine erhöhte Fehlerquote aufweisen. Die Berechnungen beruhen auch aufgrund der mangelhaften Abgrenzung innerhalb des betroffenen Personenkreises und der nachkriegsbedingten Lebens- und Arbeitsumstände im Zeitraum von 1945 bis 1949 verstärkt auf Schätzungen, denn auf Fakten.

Die proportionale Fortschreibung dieser Fehler in späteren Statistiken ab 1950 sowie zusätzliche „hausgemachte" Ungenauigkeiten summieren sich jedoch in einer Weise, die einer seriösen Statistik zur Fluchtbewegung kaum gerecht wird.

Zu diesen handwerklichen Fehlern, die heute kaum noch zu korrigieren sind, fügt sich zusätzlich eine politisch-propagandistische Komponente ein, die die Fluchtzahlen zumindest im allgemeinen Bevölkerungsbewusstsein noch zusätzlich verfälscht haben dürfte. Dies ging nicht vonseiten des DDR-Regimes aus, das Zahlen zur Republikflucht naturgemäß erst gar nicht veröffentlichte. Das Interesse auf bundesrepublikanischer Seite aber, spätestens seit dem Beginn der 1950er Jahre die Fluchtzahlen als Mittel im Wettkampf der Systeme zu nutzen, stand einer verlässlichen Berechnung wohl zusätzlich entgegen.

Im Folgenden sollen nun die relevanten Statistiken auf ihre Fehleranfälligkeit und ihr Ergebnis untersucht werden. Mit den Folgerungen aus dieser Untersuchung sollen abschließend möglichst genaue Zahlen zur Fluchtbewegung des Untersuchungszeitraums errechnet werden. Die vorausgegangenen beschriebenen Probleme machen es dabei unmöglich, exakte Zahlen zu berechnen, wohl kann man aber einen realistischen Annäherungswert erhalten und einige Fehlerquellen eliminieren.

Es ist sinnvoll, die offiziellen Statistiken von staatlicher Stelle über einen längeren Zeitraum zu untersuchen. Als Abschlusszählung bietet sich die bundesdeutsche Volkszählung von 1961 – die wenige Wochen vor dem Beginn des Mauerbaus durchgeführt wurde – an, da die Fluchtbewegung durch die totale Abschottung der DDR in den folgenden Jahren sehr viel genauer erfasst werden konnte und somit nicht mehr den Ungenauigkeiten früherer Jahre unterworfen war. Dies tangiert allerdings nicht die Zuwanderungszahlen der Jahre 1945 bis 1961, die weitestgehend als Basis der späteren Zählungen Verwendung fanden.

Für den Untersuchungszeitraum sind im Einzelnen folgende Zählungen relevant: die gesamtdeutsche Volks- und Berufszählung von 1946, die in allen vier Besatzungszonen durchgeführt wurde, sowie die vier bundesrepublikanischen Zählungen bis 1961, nämlich die Volkszählung von 1950, die Wohnstatistische Feststellung von 1956, die Mikrozensus-Erhebung aus dem Oktober 1957 und die besagte Volkszählung von 1961.

In der SBZ/DDR wurde neben der gesamtdeutschen Volks- und Berufszählung von 1946 nur eine relevante Zählung vorgenommen. Die Ergebnisse dieser Volks- und Berufszählung von 1950 wurden zwar nicht veröffentlicht, jedoch sind die entsprechenden Ergebnisse im Bundesarchiv einzusehen.

Neben diesen angesprochenen Erhebungen sollen drei weitere Statistiken nicht unerwähnt bleiben: zum einen die bundesdeutsche Notaufnahmestatistik, die auf der Basis der Anträge des Notaufnahmeverfahrens für Bürger aus der DDR beruht, zum anderen die Wanderungsstatistik nebst der Bevölkerungsfortschreibung beider deutscher Staaten.

Erläuternd sei hinzugefügt, dass der Personenkreis der Menschen, die ursprünglich aus der SBZ/DDR und Berlin kamen, im Rahmen der oben erwähnten Zählungen in den verschiedenen Statistiken der Bundesrepublik Deutschland keine durchweg einheitliche Bezeichnung erhalten hatte. Auch ihre genaue Definition variierte mitunter bei den einzelnen Zählungen.

Während der Zählungen von 1946 und 1950 sowie bei der Bevölkerungsfortschreibung von 1950 bis 1960 wurden sie als „Zugewanderte" bezeichnet. Definiert wurde diese Gruppe als Personen deutscher Staats- oder Volkszugehörigkeit, die am 1. September 1939 ihren ständigen Wohnsitz auf dem Gebiet der sowjetischen Besatzungszone oder in Groß-Berlin hatten und keine Vertriebenen waren, sowie ihre – in Westdeutschland – nachgeborenen Kinder.[1] Mit der Zählung von 1956 änderte sich diese Definition. Es erfolgte eine Trennung zwischen Ost- und West-Berlin, wodurch die West-Berliner nicht mehr in dieser Statistik enthalten waren.[2] Dafür wurde ab diesem Zeitpunkt die Untergruppe der „Sowjetzonenflüchtlinge" erfasst, die bereits im Rahmen der Notaufnahmestatistik in Erscheinung

---

[1] Statistisches Bundesamt Wiesbaden (Hrsg.): Fachserie A: Bevölkerung und Kultur. Volks- und Berufszählung vom 6. Juni 1961, Heft 6. Vertriebene und Deutsche aus der SBZ – Verteilung und Struktur. Stuttgart/Mainz 1961, S. 26.
[2] Ebenda.

getreten war. 1961 erfolgte eine neuerliche begriffliche und definitorische Änderung. Die Bezeichnung „Zuwanderer" wurde geändert in den Begriff „Deutsche aus der SBZ", welche diejenigen Personen und deren nachgeborene Kinder bezeichnete, die nach Kriegsende aus der SBZ oder Ost-Berlin in die Westzonen/BRD oder West-Berlin kamen.[3] Personen, die vor Kriegsende nach Westdeutschland gekommen waren, fehlten somit in der Statistik.

3.2.1 Die gesamtdeutsche Volkszählung vom 29. Oktober 1946

Die Volkszählung am 29. Oktober 1946 wurde auf Befehl des Alliierten Kontrollrats[4] in allen vier Besatzungszonen durchgeführt. Der Antrieb der Alliierten zu einer Volkszählung im besetzten Deutschland bestand vor allem darin, einen Überblick über die Kriegsfolgewanderungen zu erhalten. Dies beinhaltete insbesondere die Vertriebenen sowie die Displaced Persons. Flüchtlinge aus der sowjetischen Besatzungszone wurden hier noch nicht explizit berücksichtigt,[5] da sie zu diesem Zeitpunkt noch nicht als Kriegsfolgeproblem erkannt worden waren. Die Methodik basierte auf vier Fragen, um die oben angesprochenen Bevölkerungsgruppen zu erfassen.

Es wurde gefragt nach:

1) der Muttersprache,
2) der nationalen Abstammung,
3) der gegenwärtigen Staatsangehörigkeit,
4) dem ständigen Wohnort am 1. September 1939.[6]

Da die alleinige Frage nach dem Wohnsitz am 1. September 1939 auch Ausländer und nicht-deutschstämmige Personen miteingeschlossen hätte, wurde zusätzlich nach der Muttersprache der Betroffenen gefragt, da in vielen Fällen auch die Angabe der Nationalität nicht ausreichend war, um genauere Daten zu erheben. Zu unklar waren die Staatsangehörigkeitsverhältnisse zahlreicher Vertriebener bzw. Heimatvertriebener.[7] Zur

---

[3] Statistisches Bundesamt (Hrsg.): Fachserie A, 1954 bis 1966, S. 26.
[4] Kontrollratsbefehl Nr. 33 vom 20. Juli 1946 in: Amtsblatt des Kontrollrats in Deutschland Nr. 9 vom 31. Juli 1946, S. 166.
[5] Ausschuss der deutschen Statistiker: Textteil, S. 22.
[6] Engel, S. 25.
[7] Statistisches Bundesamt (Hrsg.): Statistik der Bundesrepublik Deutschland, Band 114. Die Vertriebenen und Flüchtlinge in der Bundesrepublik Deutschland in den Jahren 1946 bis 1953. Stuttgart u. a. 1955, S. 11.

3. Die Wanderungs- und Fluchtbewegung

Bestimmung von Flüchtlingszahlen aus der sowjetischen Besatzungszone konnte man folglich ausschließlich Rückschlüsse unter Zuhilfenahme der Wohnsitzanalyse ziehen.

Der Vorteil einer Volkszählung für die vorhandene Thematik liegt darin, dass Doppelzählungen nahezu ausgeschlossen sind.[8] Andererseits werden Rückwanderungen ebenfalls nicht berücksichtigt.[9] Jedoch muss man an der Ernsthaftigkeit einer politisch begründeten Flucht zweifeln, wenn die betreffende Person freiwillig wieder in das Ursprungsland ihrer Flucht zurückkehrt.

Wurde nun von einem Befragten in einer der drei westlichen Besatzungszonen (ohne West-Berlin) angegeben, dass er am Stichtag auf dem Gebiet der späteren DDR oder in Berlin dauerhaft ansässig gewesen war, so wurde diese Person als sogenannter Zuwanderer aus der sowjetischen Besatzungszone erfasst.[10] Nach Abschluss der Zählung wurden insgesamt 1.021.074 Personen errechnet, die diesem Kriterium entsprachen.[11]

Man muss beachten, dass es sich bei dieser Anzahl keineswegs ausschließlich um politische Flüchtlinge handeln konnte, wie die weiteren Ausführungen aufzeigen werden. Gleichwohl wurde diese Zahl in späteren Jahren vielfach als Basiswert in politischen Kreisen und in bestimmten Veröffentlichungen – vor allem von bundesdeutschen staatlichen Stellen und diesen nahestehenden Institutionen und Personen – genannt, wenn die Flucht aus politischen Gründen von SBZ/DDR-Bürgern behandelt wurde.[12]

Von den genannten Personen gaben 439.327 Berlin, das noch als ungeteilte Stadt behandelt wurde, als letzten Wohnsitz am Stichtag an.[13] Dies entsprach einem Anteil von 43,03 % der erfassten Personen. Berücksichtigt man, dass aus diesem Personenkreis nur die Bewohner Ost-Berlins als potenzielle politische Flüchtlinge herangezogen werden können, scheidet ein erheblicher Anteil der erfassten Personen aus.

Berlin hatte zum Stichtag der Volkszählung 3.187.470 Einwohner. Von diesen lebten 2.012.888 in den drei westlichen Sektoren und 1.174.582 im

---

[8] Heidemeyer in Grosser/Schraut, S. 217.
[9] Ebenda.
[10] Statistisches Bundesamt, Band 114, S. 11.
[11] Steinberg, Heinz Günter: Die Bevölkerungsentwicklung in Deutschland im Zweiten Weltkrieg. Mit einem Überblick über die Entwicklung von 1945 bis 1990. Bonn 1991, S. 140.
[12] Vgl. beispielsweise: Kratzer, Joseph; Lukaschek (1951).
[13] Steinberg, S. 140.

sowjetischen Sektor.[14] Dies entspricht einem prozentualen Verhältnis von 63,15 % zu 36,85 %. Rein statistisch gesehen konnten somit 277.435 Personen der insgesamt 439.327 erfassten Berliner keine politischen Flüchtlinge sein, da sie bereits in einem unter westalliierter Kontrolle stehenden Gebiet lebten.

Selbstverständlich sind dies nur statistisch berechnete Wahrscheinlichkeiten. Es ist nicht gesagt, dass der Anteil der im Westen lebenden Berliner exakt dem Anteil der Bevölkerungsgrößen der jeweiligen Sektoren entsprochen haben muss. Dennoch bieten diese Zahlen einen Annäherungswert, der in etwa den tatsächlichen Gegebenheiten entsprochen haben wird.

Bei den angesprochenen Bürgern Berlins handelte es sich größtenteils um in den Westen verbrachte Evakuierte. Dies verdeutlicht die wohl wesentliche Fehlerquelle bei der Berechnung der SBZ/DDR-Abwanderung, die der Erfassung nach der Wohnsitzanalyse zugrunde liegt. Durch das gewählte Analyseverfahren wurden neben den Berliner Bürgern schließlich auch alle übrigen Evakuierten den Zuwanderern hinzugerechnet, die nach dem Stichtag 1. September 1939 aus dem Gebiet der sowjetischen Besatzungszone in das spätere Bundesgebiet gezogen waren.[15]

Die einzige umfassende Erhebung über die Anzahl der noch entwurzelten Evakuierten, also derjenigen, die noch nicht in ihre Heimat zurückgekehrt waren, stammt vom 1. April 1947.[16] Sie entstand etwa fünf Monate nach der Volkszählung. Demzufolge hielten sich zum Zeitpunkt der Erhebung 900.000 Evakuierte aus dem Gebiet der SBZ und Berlin in einer der drei westlichen Besatzungszonen auf.

Eine politisch motivierte Flucht war in diesen Fällen zunächst nicht vorauszusetzen. Folgt man der Klassifikation von Helmut Külz, dann dürfte sich diese Gruppe aber zum Teil aus den sogenannten „Ferngebliebenen" zusammengesetzt haben. Also wie oben beschrieben aus Personen, die ihre Heimat zunächst im Laufe der Kriegs- und Nachkriegszeit vorübergehend verlassen hatten, dann aber einstweilen nicht wieder zurückkehren wollten oder konnten.

Wie hoch war nun die Anzahl dieser potenziellen „Ferngebliebenen"? Orientieren wir uns an den vorangegangenen Ergebnissen, dann müssen wir die Einwohner West-Berlins aus dieser Masse herausrechnen. Am

---

[14] Daten aus: Piegsa, Bernhard: Die Binnenwanderung der Heimatvertriebenen und Flüchtlinge in Deutschland von 1945 bis 1969. Forschungsprojekt des Bundesministeriums des Inneren. Abschlußbericht. Bayreuth, 15.02.2001, S. 144 ff.
[15] Engel, S. 25.
[16] Ergebnisse der Statistisch-Soziologischen Arbeitsgruppe der Landesflüchtlingsverwaltungen. In: Krause: Bombenkrieg, S. 186.

einfachsten ist es, deren Anteil anhand der 1.021.074 Personen, die sich am 29. Oktober 1946 in den Westzonen aufhielten, zu berechnen. Damals lag der prozentuale Anteil der Bürger Berlins bei 43,03 %. Umgerechnet auf die 900.000 Evakuierten ergibt dies eine Personenzahl von 387.270. Legt man nun von diesem Ergebnis den statistischen Anteil der West-Berliner wiederum mit 63,15 % fest, so bleiben gerundet 142.709 Personen mit einem Ost-Berliner-Hintergrund. Die Anzahl der potenziell „Ferngebliebenen" verringert sich somit um 244.561 West-Berliner auf 655.439 Personen.

Natürlich birgt der Umstand, dass zwischen der Volkszählung und der Erhebung über die entwurzelte Bevölkerung ein Zeitraum von fünf Monaten liegt, ein gewisses Fehlerpotenzial; jedoch sind diese Ergebnisse hilfreich, um sich einen Überblick über die Größenordnung der Evakuiertenwanderungen in der Nachkriegszeit zu verschaffen. Es ist allerdings anzunehmen, dass die Anzahl der oben angegebenen Bevölkerungsgruppe während der fünf Monate, die zwischen der Volkszählung und der Erhebung über die Evakuiertenzahlen liegen, noch erheblich zurückgegangen ist. Zum Zeitpunkt der Volkszählung dürften sich insgesamt noch mehr evakuierte Personen in den Westzonen aufgehalten haben.

Eine Erhebung in der britischen Besatzungszone verdeutlicht den Umfang der Rückwanderung in die sowjetische Besatzungszone innerhalb der fraglichen fünf Monate. Demnach verließen zwischen dem 29. Oktober 1946 und dem 1. April 1947 insgesamt 30.000 Personen die britische Zone in Richtung SBZ und Berlin.[17] Im gleichen Zeitraum verließen etwa 43.000 Menschen die US-Zone mit demselben Ziel.[18] Größtenteils wird es sich hier um ebendiese zurückkehrenden Evakuierten gehandelt haben.

Interessant ist an dieser Stelle die höhere Anzahl derjenigen, die aus der US-Zone zurückkehrten. In der britischen Besatzungszone war die Anzahl an Personen aus der SBZ zum damaligen Zeitpunkt wesentlich höher als in der US-Zone.[19] Folglich müsste hier der Anteil an Rückwanderern größer sein als derjenige aus der US-Zone. Bezieht man jedoch das Kapitel dieser Arbeit über die Landesflüchtlingsgesetzgebung in die Analyse ein, wird deutlich, dass die Ursache dafür in der restriktiveren Haltung der US-Behörden liegen muss. Weder Evakuierten noch Flüchtlingen

---

[17] Statistisches Monatsheft für die Britische Zone, S. 11.
[18] Monthly Statistical Bulletin, S. 27.
[19] Die genauen Verhältnismäßigkeiten sind nur schlecht wiedergegeben, da in der Literatur vergleichende Daten jeweils zu unterschiedlichen Zeitpunkten in den einzelnen Zonen abgebildet wurden. Vgl. dazu: Heidemeyer in Grosser/Schraut, S. 218 und Heidemeyer (1994), S. 42, der sich jeweils auf Siebke, S. 43, beruft. Teile dieser Ergebnisse finden sich auch wieder in: BArch B 106, 22320, pag. 198. Demnach befanden sich 276.890 Personen in der US-amerikanischen Zone und 526.941 Personen in der britischen Besatzungszone (Stand 01.01.1948).

aus der SBZ wurde in den Ländern der amerikanischen Zone eine offizielle Flüchtlingseigenschaft zuerkannt. Sie erhielten deshalb keine zusätzliche materielle oder finanzielle Unterstützung von den Landesbehörden. Demgegenüber war die Unterstützung in den Ländern der britischen Besatzungszone teilweise gegeben und der Rückkehrwunsch demzufolge schwächer ausgeprägt.

Die vorangestellten Ergebnisse bedürfen jedoch der genaueren Aufarbeitung. Unter der Beibehaltung der bisherigen Methoden muss nun zunächst der statistische Anteil derjenigen abgezogen werden, die in einen der westlichen Sektoren innerhalb Berlins verzogen, da grundlegend anzunehmen ist, dass sie auch größtenteils ursprünglich aus diesem Gebiet stammten. Demzufolge bliebe eine Restsumme von etwa 53.000 Personen.[20]

Zudem ist zu berücksichtigen, dass es sich bei den oben aufgestellten Zahlen um die Gesamtzahl der legal in die SBZ umgesiedelten Bürger handelte. Es würden also ebenso Personen einbezogen, die laut Definition nach der Wohnsitzanalyse als Westdeutsche anzusehen sind. Für den Zeitraum 1952 bis 1964 erfasste die staatliche Zentralverwaltung für Statistik eine Quote von zwei Drittel Rückwanderern für den gesamten Zuzug aus der Bundesrepublik in die DDR.[21] Aufgrund der starken kriegsbedingten Bevölkerungsverschiebungen und dem damit einhergehenden Rückkehrwunsch – der aufgrund der zeitlichen Nähe zur Evakuierung oder Flucht noch stärker ausgeprägt gewesen sein dürfte – in die angestammte Heimat kann man jedoch für den fraglichen Zeitraum eine höhere Rückkehrerquote ansetzen. Einen Wert von drei Viertel für den Anteil der Rückwanderer an der West-Ost-Bewegung festzusetzen erscheint deshalb angemessen. Zur Folge hätte dies eine weitere Verringerung der Gesamtanzahl auf knapp 40.000 Personen.[22]

Da aber der Anteil der West-Berliner Bürger mit etwa 27 % an der Gesamtbewegung[23] (hier gerundet 19.800 Personen)[24] keineswegs irrelevant war, ist anzunehmen, dass dieser das Gros derjenigen ausmachte, die in den Jahren nach der doppelten Staatsgründung von der DDR-Statistik

---

[20] Rechnung wie folgt: 73.000 Abwanderer aus der britischen und amerikanischen Besatzungszone abzüglich 31.411,9 Berliner Bürger (43,03 % von 73.000) ist gleich 41.588,1; Anteil Ost-Berliner ist gleich 11.575 Personen gerundet (36,85 % von 31.411,9); 41.588 (gerundet) addiert mit 11.575 ist gleich 53.163 Personen.
[21] BArch DE2 (Staatliche Zentralverwaltung für Statistik) /22422, pag. 3.
[22] 53.000 multipliziert mit 0,75 ist gleich 39.750.
[23] Anteil Berlin an Gesamtbewegung ist gleich 43,03 %, davon 63,15 % West-Berliner, d. h. Anteil West-Berliner an Gesamtbewegung ist gleich 27,17 %.
[24] 27,17 % von 73.000 ist gleich 19.710.

als Neubürger klassifiziert wurden.²⁵

Ein Abzug von 19.800 West-Berlinern und 13.250 Westdeutschen von der Ausgangszahl 73.000 für den fraglichen Zeitraum wäre folglich viel zu hoch gegriffen. Es erscheint sinnvoll, für die Summe an West-Berlinern und Westdeutschen eine Anzahl von etwa 25.000 Personen festzusetzen.

Für die fünf Monate, die zwischen der Volkszählung von 1946 und der Entwurzelten-Erhebung des Jahres 1947 lagen, ergibt sich aufgrund dieser Berechnungen somit ein Rückwanderungspotenzial von etwa 48.000 Personen, die entsprechend zu den vorangestellten Ergebnissen addiert werden müssen.

Dies würde die oben angegebenen Ergebnisse wie folgt spezifizieren: Unter Beibehaltung der bisherigen Methoden kommt man nun zu einem Ergebnis von 703.439 potenziell „Ferngebliebener" aus der SBZ und Ost-Berlin zum Zeitpunkt der Volkszählung von 1946 in den Westzonen.²⁶

Weitere Fehlerquellen liegen wiederum an der Erfassungsmethode unter Zuhilfenahme der Wohnsitzanalyse. Es wurden schließlich auch alle Bürger der sowjetischen Zone erfasst, die im Rahmen einer normalen Binnenwanderung zwischen dem 2. September 1939 und dem Tag der Volkszählung in eine der westlichen Besatzungszone umzogen. Diese Wanderungen mussten schließlich auch während des Krieges vorhanden gewesen sein, auch wenn genaue statistische Angaben dazu fehlen.²⁷ Einen Hinweis auf die Größenordnung dieser Wanderung bieten aber Daten, die im Rahmen der Volkszählung von 1961 gewonnen wurden. Damals hatten

---

[25] Leider bieten die Statistischen Jahrbücher Berlins keine genauen Informationen über Herkunftsorte oder Status der Zuwanderer im fraglichen Zeitraum. Erschwerend kommt hinzu, dass sich Evakuierte, Kriegsgefangene und Kriegsflüchtlinge normalerweise nicht amtlich abmeldeten. Sie dürften folglich in der Statistik der Berliner Bevölkerungsbewegung nicht als Wanderungsverlust ausgewiesen worden sein. Die Tatsache, dass sich die Berliner Wohnbevölkerung auch trotz Zuzugssperre durch die Alliierten kontinuierlich nach dem Krieg erhöhte, zeigt, dass eine geordnete Registrierung zum damaligen Zeitpunkt nur schwer durchführbar war. Vgl. dazu: Statistisches Landesamt Berlin (Hrsg.): Statistisches Jahrbuch. Berlin 1950–1956.

[26] 655.439 (Anzahl der potenziell „Ferngebliebenen") addiert mit oben errechneten Rückwanderungspotential von 48.000 ist gleich 703.439.

[27] Aufgrund von unvollständigen meldepolizeilichen Unterlagen sind die Ergebnisse der Binnenwanderung für den fraglichen Zeitraum nicht vorhanden, obwohl die Voraussetzung für eine lückenlose Erfassung durch die Reichsmeldeordnung vom 6. Januar 1938 geschaffen worden war. Zahlen sind nur für das Land Preußen vorhanden. Die jüngsten Daten diesbezüglich stammen aus dem Jahr 1938. Insgesamt wanderten in diesem Jahr 1.928.439 Personen über die Bezirksgrenzen hinweg in Preußen ein. Leider ist nicht ersichtlich, aus welchen preußischen Gebieten die Zuwanderer stammten, so dass eine Tendenz der normalen Binnenwanderung für den Untersuchungszeitraum nicht zu erkennen ist. Vgl. dazu Statistisches Jahrbuch für das Deutsche Reich – Zeitschriftenteil 59. Jahrgang. Berlin 1942, S. 98.

die Statistiker das Jahr des Zuzugs von Deutschen aus der SBZ bzw. DDR, einschließlich Ost-Berlins, in das Bundesgebiet berechnet. Als Ergebnis konnte man feststellen, dass 44.300 betroffene Personen vor 1944 in die spätere Bundesrepublik gekommen waren.[28]

Hier sind jedoch drei elementare Fehlerquellen zu berücksichtigen. Zum einen schließt diese Anzahl auch diejenigen Personen mit ein, die keine Angaben zum Jahr ihres Zuzugs in das Bundesgebiet gemacht hatten; zum anderen wurde der Iststand des Jahres 1961 berücksichtigt. Dies bedeutet, dass bereits verstorbene Personen auf diesem Wege nicht erfasst werden konnten.

Berechnet man die Sterblichkeitsrate anhand der zur Verfügung stehen Daten für den Zeitraum 1945 bis einschließlich 1960, so lässt sich ein ungefährer Ausgangswert von etwa 55.000 Personen errechnen, die im Rahmen der Binnenwanderung vor 1943 aus dem Gebiet der SBZ/DDR in die Westzonen/BRD kamen. Der Schwachpunkt dieser Berechnungen bleibt jedoch die unbekannte Personenanzahl, die keine Angaben zum Jahr ihres Zuzugs gemacht hatten.

Schließlich lässt sich noch eine dritte Fehlerquelle ermitteln: West-Berlin wurde zwar während der Zählung von 1946 dem Gebiet der SBZ zugerechnet, bei der hier zugrundeliegenden Zählung von 1961 jedoch als Bestandteil der Bundesrepublik angesehen. Dies bedeutet, dass während der 1946er-Zählung fälschlicherweise wiederum eine Übererfassung dieses Personenkreises erfolgt sein musste. Diese Fehlerquelle wird bei der in dieser Arbeit verwendeten Methode zur Berechnung der Bevölkerungszahlen dadurch kompensiert, dass die Einwohner West-Berlins von vornherein in ihrer Gesamtheit von der Summe der potenziellen Flüchtlinge abgezogen wurden. Folglich scheint ein Wert von etwa 45.000 Binnenwanderern nicht zu hoch gegriffen, sondern eher am unteren Ende des Möglichen zu liegen.

Des Weiteren konnten aufgrund der Wohnsitzanalyse Personen, die erst nach dem Stichtag aus Westdeutschland in das Gebiet der späteren SBZ/DDR verzogen und im weiteren Verlauf des Krieges oder nach Kriegsende wieder in den Westen kamen, nicht erfasst werden, da sie ja nach der Wohnsitzanalyse als Westdeutsche erfasst wurden, selbst wenn sie nach Kriegsende aus politischen Gründen aus der SBZ geflohen waren.[29]

Die folgenden Abbildungen veranschaulichen die zum Zeitpunkt der Volkszählung erhebliche Fluktuation der Bevölkerung.

---

[28] Statistischen Bundesamt (Hrsg.): Wirtschaft und Statistik. Jg.1966/Heft 1, S. 35.
[29] Ausschuss deutscher Statistiker Volkszählung 1946 – Textteil, S. 21.

3. Die Wanderungs- und Fluchtbewegung

Abbildung 3: Westdeutsche und Berliner in der SBZ/Berlin nach dem Wohnsitz am 1. September 1939 zum Zeitpunkt der Volkszählung vom 29. Oktober 1946[30]

Wohnsitz zum Zeitpunkt der Volkszählung	Wohnsitz bis zum 01.09.1939 in westlichen Besatzungszonen	Wohnsitz bis zum 01.09.1939 in Berlin	Kumulierte Werte
Sachsen	43.528	29.638	73.166
Thüringen	78.764	43.186	121.950
Meckl.-Vorpommern	38.876	25.481	64.357
Sachsen-Anhalt	84.563	74.091	158.654
Brandenburg	21.968	134.427	156.395
Berlin	20.338	—	20.338*
Gesamt	288.037	306.823	594.860

* Ausschließlich Bewohner aus den drei westlichen Besatzungszonen.

Interessant sind diese Zahlen auch für den weiteren Verlauf der Wanderungsbewegung. Es ist anzunehmen, dass sich ein Teil der Bewegung der späteren Jahre aus diesem Personenkreis rekrutierte. Zieht man wieder die Statistik zurate, dann wären 63,15 % der Einwohner Berlins, die zum damaligen Zeitpunkt in der sowjetischen Besatzungszone lebten, Einwohner des späteren West-Berlins gewesen. Dies entsprach einer Anzahl von 193.759 Personen. Hinzu kamen 267.699 Personen, die in der sowjetischen Besatzungszone lebten. Insgesamt also eine Anzahl von 461.458 Personen, die ein potenzielles Reservoir an Abwanderern bzw. Rückkehrern ausmachten, da sie sich vermutlich größtenteils aus Evakuierten zusammensetzten, die wenigstens teilweise in ihre angestammte Heimat in den westlichen Besatzungszonen zurückkehren wollten.

Durch die Entwurzelten-Erhebung des Jahres 1947 wissen wir, dass sich zum Stichtag der Zählung nur noch 109.000 Evakuierte aus den westlichen Besatzungszonen auf dem Gebiet der SBZ befanden.[31] Es ist also davon auszugehen, dass sich innerhalb der fünf Monate zwischen beiden relevanten Zählungen erhebliche Rückwanderungsbewegungen vollzogen haben müssen. Statistisch dürften diese Personen allerdings nicht als Flüchtlinge erfasst worden sein, da ja auch während der späteren Zählungen mit dem

---

[30] Zahlen und Daten entnommen aus: Ausschuss deutscher Statistiker: Textteil, S. 30 f.
[31] Krause: Bombenkrieg, S. 186.

Mittel der Wohnsitzanalyse gearbeitet wurde und diese Gruppe nicht den Kriterien der Sowjetzonenflüchtlinge entsprach. Eine Aufnahme als Sowjetzonenflüchtlinge wäre nur möglich gewesen, wenn sie in späteren Jahren das Notaufnahmeverfahren durchlaufen hätten, worauf im weiteren Verlauf dieser Arbeit vertiefend eingegangen werden wird.

Abbildung 4: Ostdeutsche und Berliner in Westdeutschland nach dem Wohnsitz am 1. September 1939 zum Zeitpunkt der Volkszählung vom 29. Oktober 1946[32]

	Wohnsitz bis zum 01.09.1939 auf dem Gebiet der SBZ	Wohnsitz bis zum 01.09.1939 in Berlin	Wohnsitz bis zum 01.09.1939 in SBZ und Berlin
Nordrhein-Westfalen	89.400	63.813	153.213
Bayern	102.609	100.181	202.790
Niedersachsen	176.372	115.093	291.465
Hessen	59.441	39.176	98.617
Württemberg-Baden	29.651	25.340	54.991
Rheinland-Pfalz	9.931	6.529	16.460
Schleswig-Holstein	75.572	51.756	127.328
Hamburg	20.505	15.319	35.824
Baden	5.933	8.813	14.746
Württ.-Hohenzollern	5.787	8.646	14.433
Bremen	6.486	4.661	11.147
Gesamt	581.687	439.327	1.021.014*

* Es ist unklar, wie es zu der Differenz von 60 Personen zwischen diesen Ergebnissen und den offiziellen Statistiken der Volks- und Berufszählung von 1946 kommen kann, da das verwendete Datenmaterial der gleichen Quelle entstammt.[33]

Stellt man nun diese Personenanzahl derjenigen in der sowjetischen Besatzungszone gegenüber, die ihren Wohnsitz bis zum 1. September 1939 auf dem Gebiet der späteren Bundesrepublik hatte, ist ein eindeutiges

---

[32] Zahlen und Daten entnommen aus: Ausschuss deutscher Statistiker: Textteil, S. 30 f.
[33] Ebenda. Jedoch ist die Personenzahl von 1.021.014 auch in folgender Untersuchung abgedruckt: Bundesministerium für Vertriebene (Hrsg.): Vertriebene, Flüchtlinge, Kriegsgefangene, heimatlose Ausländer 1949–1952. Bonn 1953, S. 6.

Ungleichgewicht zu erkennen. Es fällt auf, dass am Stichtag der Volkszählung ein signifikant höherer Anteil im Verhältnis zur Bevölkerungszahl an Bürgern aus dem Gebiet der sowjetischen Besatzungszone in den drei westlichen Besatzungszonen lebte, als es umgekehrt der Fall war. Prozentual gesehen waren zum Zeitpunkt der Volkszählung 7,44 % der Einwohner der sowjetischen Besatzungszone in einer der drei westlichen Zonen ansässig. Lässt man die Bürger Berlins unberücksichtigt, sinkt dieser Wert auf 4,24 %. Demgegenüber liegt der Anteil der in die SBZ verzogenen gebürtigen Westdeutschen an der Gesamtbevölkerung in den westlichen Zonen bei lediglich 1,60 %.[34] Dies mag oberflächlich betrachtet die These von der Massenflucht aus politischen Gründen stützen, dürfte bei genauerer Betrachtung allerdings andere stichhaltige Ursachen haben.

In erster Linie dürfte dieses Ungleichgewicht durch die Flucht vor den Kampfhandlungen an der Ostfront und das folgende Anrücken der Roten Armee bedingt sein; zum anderen verändert sich das Bild, wenn man berücksichtigt, wie hoch der prozentuale Anteil der Fremdbürger gegenüber der Einwohnerzahl der alteingesessenen Bevölkerung war. Zu diesem Zweck ist es sinnvoll, mit den Bevölkerungszahlen am 1. September 1939 zu arbeiten.[35] Durch den Krieg und dessen Folgen bedingte statistische „Verunreinigungen", etwa durch Vertriebene oder Evakuierte, lassen sich so ausschließen. Berücksichtigt man die offiziellen Statistiken, so kommt man zu folgenden Ergebnissen: Während auf dem Gebiet der drei westlichen Besatzungszonen ein Zugewanderter auf 36,33 Einwohner kommt, liegt das Verhältnis in der sowjetischen Besatzungszone bei einem Zuwanderer auf 23,08 Einwohner.[36] Im Verhältnis zur Einwohnerzahl lag die Zunahme an zonenfremden Neubürgern auf dem Gebiet der sowjetischen Besatzungszone also deutlich höher, als es umgekehrt der Fall war. Vertritt man die These, dass ein Großteil der Bevölkerungsbewegungen, die mit der Volkszählung von 1946 erfasst wurde, auf Evakuierungsmaßnahmen zurückzuführen waren, so wird deutlich, dass die Auslastung in der späteren SBZ größer war als in den späteren westlichen Besatzungszonen. Eine gewisse Verhältnismäßigkeit dürfte aber von den zuständigen staatlichen Stellen berücksichtigt worden sein, da die Aufnahme dieser Menschen eine adäquate Infrastruktur voraussetzte. Zudem führte eine zu hohe Anzahl an Evakuierten in einem Gebiet wohl zu Spannungen mit der alteingesessenen Bevölkerung.[37] Eine stärkere

---

[34] Berechnet nach den Daten aus: Ausschuss der deutschen Statistiker: Tabellenteil, S. 150.
[35] Unberücksichtigt bleibt die Stadt Berlin.
[36] Berechnet nach den Daten aus: Ausschuss deutscher Statistiker: Tabellenteil, S. 150.
[37] Krause in Oltmer, S. 214.

Bevölkerungsverschiebung aus den westlichen Gebieten in die spätere SBZ wäre also schon aus diesen Gründen schwer durchführbar gewesen.

Eine weitere Ungenauigkeit der Statistik soll nicht unberücksichtigt bleiben. Dies betrifft den Umgang mit den in den westlichen Zonen nachgeborenen Kindern. Diese wurden pauschal dem letzten Wohnsitz des Vaters am 1. September 1939 zugeordnet, unabhängig von ihrem tatsächlichen Geburtsort; in Ausnahmefällen (wie etwa bei unehelich gezeugten Kindern) dem entsprechenden Wohnort der Mutter.[38] Dies hatte eine weitere künstliche Erhöhung der Fluchtbewegung zur Folge, da die Behörden nun auch Kinder, die in einer der drei westlichen Besatzungszonen geboren wurden, als Flüchtlinge klassifizierten. Aufgrund dessen kann man von einer künstlichen Erhöhung der Abwanderungszahlen von ungefähr 25.000 nachgeborenen Kindern zum Stichtag 29. Oktober 1946 ausgehen.[39]

Problematisch ist der Umgang mit derjenigen Personengruppe, die ihren Wohnsitz am 1. September 1939 auf dem Gebiet der späteren SBZ hatte und während des Krieges in eines der späteren Vertreibungsgebiete östlich der Oder-Neiße-Grenze verzogen war. Aufgrund der unübersichtlichen Situation zum Zeitpunkt der Volkszählung 1946, vor allem aber durch das Mittel der Erfassung unter Zuhilfenahme der Wohnsitzanalyse, mussten diese bei der Zählung zwangsläufig der Gruppe der SBZ-Zuwanderer zugerechnet worden sein, obwohl es sich um Vertriebene im eigentlichen Sinne handelte.

Da es während der 1946er-Volkszählung noch keine Ausweisdefinition gab, die unter Berücksichtigung der Wohnsitzanalyse diese Gruppe zweifelsfrei identifiziert hätte, hilft es, mit den vorhandenen Daten der Zählung von 1950 zu arbeiten. Zwar wurde auch bei dieser Zählung noch nicht mit der Ausweisdefinition gearbeitet, da eine bundeseinheitliche Regelung noch nicht auf den Weg gebracht worden war, jedoch hatten die einzelnen

---

[38] Statistisches Bundesamt, Band 114, S. 11.
[39] Die Anzahl von 25.000 Kindern errechnet sich wie folgt: In den drei westlichen Besatzungszonen lag die Geburtenrate 1946 bei 16,1 lebend geborenen Neubürgern pro 1.000 Einwohnern (vgl. Steinberg, S. 318). Da für das Jahr 1945 keine Zahlen bekannt sind, muss man hier von einer ähnlichen Geburtenrate ausgehen. Für die 1.021.074 durch die Volkszählung erfassten vermeintlichen Bewohner aus der SBZ ergibt dies für die etwa acht Monate von der Kapitulation bis zum Ende des Jahres 1945 genau 10.959 Neugeborene. Für die zehn Monate des Jahres 1946 bis zum Stichtag der Volkszählung lassen sich 13.700 Neugeborene errechnen. Zusammen sind dies, vom Tag der Kapitulation bis zum Stichtag der Volkszählung, 24.659 nachgeborene Kinder. Die tatsächliche Anzahl der betroffenen Neugeborenen liegt wahrscheinlich etwas darunter, da nicht alle erfassten Personen zeitgleich in das spätere Bundesgebiet kamen, sondern sich deren Anzahl erst nach und nach auf 1.021.074 Personen erhöhte. Dies dürfte aber durch die Wanderungen von Flüchtlingen und Evakuierten vor Kriegsende ausgeglichen worden sein.

3. Die Wanderungs- und Fluchtbewegung

Bundesländer bereits Ausweise an Vertriebene ausgehändigt. Diese Landesflüchtlingsausweise wurden nicht nach einheitlichen Bestimmungen vergeben, da jedes Land unterschiedliche Voraussetzungen für ihre Vergabe bestimmte; dennoch wurden sie quasi „halboffiziell" bei der Zählung von 1950 zur Erfassung der Vertriebenen herangezogen.[40] Im Rahmen dieser Zählung wurden 288.011 Personen mit diesen Merkmalen ermittelt. Darunter waren 104.946 Personen aus Groß-Berlin.

Da etwa 60 % der Vertriebenen, die zwischen 1944 und 1950 in das Bundesgebiet kamen, bis 1946 zugewandert waren,[41] bietet es sich an, diesen Wert auch bei der Berechnung des betroffenen Personenkreises als Basis zu verwenden. Für den Zeitraum von 1944 bis 1946 bleibt so eine Summe von etwa 170.000 Personen aus der SBZ/DDR und Berlin, die aufgrund des Wohnsitzmerkmales den SBZ-Flüchtlingen zugeordnet werden können, anhand der über die Länder vergebenen Vertriebenenausweise zu diesem frühen Zeitpunkt nach Kriegsende aber den Vertriebenen zugehörig waren.

Von einer Flucht aus politischen Gründen in 1.021.074 Fällen zu sprechen, wie es in späteren Jahren in großen Teilen der westdeutschen Politik und der Literatur getan wurde, ist folglich völlig unzulässig.[42] Vielmehr handelte es sich wohl um eine kriegsbedingte Wanderung, wobei vor allem die nach Westdeutschland verbrachten Evakuierten den Hauptteil ausmachten. In geringerem Maße sicherlich auch arbeitsbedingt ausgelagerte Personen sowie diejenigen, die während der letzten Kriegstage vor der nahenden Front flohen.

Sicherlich bestanden aufseiten der deutschen Bevölkerung große Ängste gegenüber einer Besetzung durch die Rote Armee, nicht zuletzt hervorgerufen durch die vorangegangene dauerhafte Propaganda des Nazi-Regimes und den Berichten über die Gräueltaten während der letzten Kriegs- und Nachkriegstage. Von einer Massenflucht, aufgrund der bestehenden politischen Verhältnisse in der sowjetisch besetzten Zone hingegen, konnte noch keine Rede sein.

Doch inwiefern hatten die politischen Umwälzungen in der sowjetischen Besatzungszone zu diesem Zeitpunkt bereits in das Leben der Bevölkerung eingegriffen? Inwieweit waren die Ausmaße der Veränderung abzusehen, die im weiteren Verlauf zu dem Gebilde DDR werden sollten?

Die Bodenreform des Jahres 1945 in der SBZ, bei der etwa 7.000

---

[40] Statistisches Bundesamt Wiesbaden (Hrsg.): Fachserie A: Bevölkerung und Kultur. Volks- und Berufszählung vom 6. Juni 1961, S. 25.
[41] Koch, S. 51.
[42] Zur pauschalen Wertung der Abwanderung als politische Flucht in Westdeutschland vgl. den Aufsatz von Storbeck, S. 153.
Vgl. auch Heidemeyer (1994), S. 58.

Großgrundbesitzer enteignet wurden, war keine rein kommunistische Idee, sondern wurde auch von den bürgerlichen Parteien mehr oder minder mitgetragen.[43] In der Bevölkerung war diese Maßnahme zudem höchst populär.[44] Etwa eine halbe Million Menschen profitierten zunächst durch die Umverteilung des Landbesitzes.[45]

Die Industriereform war propagandistisch offenbar ebenso gut vorbereitet und fand ebenfalls ihren Rückhalt in der Bevölkerung. Schließlich hatten noch am 30. Juni 1946 per Volksentscheid 93 % der wahlberechtigten Bürger im Land Sachsen zu 77,6 % für eine Enteignung der Betriebe gestimmt.[46]

Der Lebensstandard und die Versorgungslage waren im damaligen Zeitraum in allen Besatzungszonen auf gleichbleibend erschreckend niedrigem Niveau, sodass eine auf wirtschaftlichen Gründen basierende Flucht auszuschließen ist.

Die negativen Auswirkungen der gesellschaftlichen Veränderungen hatten bis zum Stichtag der Volkszählungen vor allem drei Bevölkerungsgruppen zu tragen. Dies waren zum einen die Mitglieder der sozialdemokratischen Partei, die bei der Vereinigung mit der KPD zur SED nicht mehr entscheidungsfrei war.[47] Eine Massenflucht von SPD-Mitgliedern aus diesem Grund ist allerdings auch nicht erfasst.[48]

Des Weiteren dürften jedoch auch Betroffene der Bodenreform, adelige und bürgerliche Landbesitzer, sowie der Industriereform zu den ersten Flüchtlingen gezählt haben.[49]

Die letzte Gruppe rekrutierte sich aus „Opfern" der Entnazifizierung, die unter der sowjetischen Besatzungsmacht zunächst wesentlich entschlossener vollzogen wurde, als dies in den westlichen Besatzungszonen der Fall war. Dies aber auch mit dem Hintergrund, die Schaltstellen im öffentlichen Bereich mit Kommunisten zu besetzen.[50] Es ist zu vermuten, dass innerhalb dieser Bevölkerungsgruppe (bis zum August 1947 verloren

---

[43] Unstimmigkeiten gab es bei der anzuwendenden Form der Enteignung. So mussten die Vorsitzenden der CDU, Hermes und Schreiber, auf Drängen der SMAD von ihren Ämtern zurücktreten, da sie die entschädigungslose Enteignung der Großgrundbesitzer abgelehnt hatten. Siehe: Bundesministerium für innerdeutsche Beziehungen (Hrsg.): DDR-Handbuch. 3. überarbeitete und erweiterte Auflage. Köln 1985, S. 1560 f.
[44] Winkler, S. 119.
[45] Weber, S. 13.
[46] Ebenda, S. 14.
[47] Winkler, S. 125.
[48] Im März 1946 lag der Mitgliederstand der SPD in der SBZ bei immerhin 680.000 Personen. Vgl. Weber, S. 15.
[49] Hoffmann: Freiheitssucher, S. 131.
[50] Weber, S. 10.

520.000 Personen ihren Arbeitsplatz aufgrund der Entnazifizierung)[51] das größte Potenzial an „politischen Flüchtlingen" lag.

Folgende Abbildung veranschaulicht die bisher gewonnenen Erkenntnisse und bietet eine Übersicht über das errechnete Fehlerpotenzial.

Abbildung 5: Personen mit Wohnort am 1. September 1939 in der SBZ/Berlin in den Westzonen zum Zeitpunkt der Volkszählung vom 29. Okotber 1946

Erfasste Gesamtzahl an Bewohner aus der SBZ und Berlin in den Westzonen am 29.10.1946	1.021.074
abzüglich des statistisch berechneten Anteils an Einwohnern West-Berlins	- 277.435
abzüglich des statistisch berechneten Anteils der in den Westzonen nachgeborenen Kinder	- 24.659
abzüglich des statistisch berechneten Anteils an Evakuierten aus der SBZ und Ost-Berlin	-703.439
abzüglich derjenigen, die ihren Wohnsitz bis zum 01.09.1939 auf dem Gebiet der SBZ und Berlin hatten, zwischenzeitlich aber in die Vertreibungsgebiete verzogen und den Vertriebenen zuzurechnen sind	-170.000
abzüglich der normalen Binnenabwanderung aus dem Gebiet der SBZ und Ost-Berlin zwischen dem 02.09.1939 und dem 29.10.1946 in die späteren Westzonen	-45.000
zuzüglich der Bewohner aus Westdeutschland, die im Rahmen der Binnenwanderung zwischen dem 02.09.1939 und dem 29.10.1946 in die spätere SBZ und Ost-Berlin verzogen und nach Kriegsende aus politischen Gründen in die Westzonen zurücksiedelten	keine Daten verfügbar

Obwohl diese Berechnung aufgrund der teilweise nicht vorhandenen Daten und der statistisch bedingten Ungenauigkeiten zunächst nur eine Hypothese darstellen kann, verdeutlicht dieses Ergebnis, dass die politisch motivierte Flucht zum Zeitpunkt der Volkszählung von 1946 nur einen marginalen Anteil an den Kriegsfolgewanderungen von Bewohnern der sowjetisch besetzten Zone hatte.

---

[51] Weber, S. 10.

Definitiv auszuschließen als Teil der Fluchtbewegung, wie sie später unter dem Begriff „Sowjetzonenflucht" erfasst wurde, waren die Einwohner West-Berlins und die in den Westzonen nachgeborenen Kinder. Dementsprechend verringert sich die Anzahl der infrage kommenden Personen auf 718.980.

Ebenfalls von dieser Summe abzuziehen sind die Binnenwanderer, die bis 1943 in das spätere Bundesgebiet gelangten. Für diese erscheint eine Anzahl von mindestens 45.000 Personen gerechtfertigt zu sein und führt somit zu einer Verringerung auf 673.980 Personen. Eine weitere Abnahme ist durch die statistisch errechnete Anzahl an Vertriebenen bedingt, die ihren Wohnsitz bis zum 1. September 1939 auf dem Gebiet der SBZ und Berlin hatten. Dadurch verringert sich die Anzahl auf 503.980 Personen.

Als gesicherte Annahme kann zudem Folgendes gelten: Die zum Stichtag in den Westzonen anwesenden Evakuierten aus der SBZ waren Teil der Kriegsfolgewanderungen, nicht der politischen Fluchtbewegung. Es muss jedoch berücksichtigt werden, dass sich aus diesem Reservoir großteilig die Gruppe der „Ferngebliebenen" rekrutierte, die im weiteren Verlauf eine Rückkehr in die SBZ/DDR – auch aus politischen Gründen – ablehnte. Es ist anzunehmen, dass dies bereits teilweise zum Stichtag der Volkszählung geschehen war. Die genaue Anzahl der Betroffenen zu benennen, ist jedoch spekulativ, da gesicherte Daten diesbezüglich nicht zur Verfügung stehen.

Fest steht, vorbehaltlich aller statistischen Fehlerpotenziale, dass 703.439 Evakuierte zusätzlich zum Zeitpunkt ihres Abgangs in die westlichen Besatzungszonen keine politisch bedingten Fluchtgründe gehabt haben konnten. Dementsprechend tendiert die Anzahl an Personen, bei der eine politisch motivierte Flucht von Beginn an vorstellbar gewesen wäre, auf unter null.

Hier sind allerdings einige Potenziale zu berücksichtigen, die die Anzahl an politisch motivierten Flüchtlingen wiederum erhöhen könnte. Zunächst einmal ist zu vermuten, dass es zu Überschneidungen innerhalb der einzelnen Flüchtlingsgruppen und damit zu Doppelzählungen innerhalb der errechneten Aufstellung gekommen sein muss. Summiert man die Anzahl der Evakuierten, der Vertriebenen und derjenigen Personen, die vermutlich im Rahmen der normalen Binnenwanderung in die Westzonen kamen, so ergibt dies eine Gesamtzahl von etwa 920.000 Personen. Zusammen mit den Einwohnern West-Berlins und den nachgeborenen Kindern summiert sich die Personenzahl auf ca. 1,22 Millionen, also bereits eine größere Anzahl, als bei der Volkszählung ermittelt wurde.

Vor allem drei Personengruppen scheinen für mögliche Überschneidungen prädestiniert zu sein: die Evakuierten, die Vertriebenen und diejenigen Personen, die im Rahmen der normalen Binnenwanderung in die Westzonen gelangten. Es ist anzunehmen, dass erhebliche Teile der etwa

215.000 Binnenwanderer und Vertriebenen gleichzeitig zur Gruppe der Evakuierten zählten. Wie hoch deren Anteil war, lässt sich jedoch nicht mehr bestimmen.

Des Weiteren muss berücksichtigt werden, dass sich innerhalb der Gruppe der Evakuierten auch ein Anteil an „Ferngebliebenen" befunden haben musste, die bereits zum Zeitpunkt der Volkszählung von 1946 entschieden hatten, dass für sie eine Rückkehr in die SBZ aus politischen Gründen nicht möglich war.

Der dritte Punkt schließlich, der zu einer Erhöhung der Zahlen beigetragen haben dürfte, ist die unbekannte Anzahl an Personen, die im Rahmen der Binnenwanderung zunächst vor Kriegsende auf das Gebiet der späteren SBZ/DDR kamen, laut der Wohnsitzanalyse aber als Westdeutsche erfasst worden waren und nach Kriegsende von dort aus politischen Gründen abwanderten. Aufgrund des nicht vorhandenen Datenmaterials kann deren Anzahl nur geschätzt werden. Vermutlich handelte es sich noch einmal um einige zehntausend Personen.

Die oben angegebene Aufstellung erhebt keinen Anspruch auf Vollständigkeit. Diesbezüglich fehlt zuverlässiges Datenmaterial, sodass vielfach mit ungefähren statistischen Werten gerechnet werden musste. Allerdings verdeutlicht sie, dass nur ein marginaler Teil der sich zum Zeitpunkt der Volkszählung des Jahres 1946 in den Westzonen aufhaltenden Personen Anteil an der politisch motivierten Fluchtbewegung gehabt haben konnte. Zum Zeitpunkt der Zählung handelte es sich bei dieser Wanderung zum überwiegenden Teil um eine Kriegsfolgewanderung.

3.2.2 Die bundesrepublikanische Volks- und Berufszählung vom 13. September 1950

Die erste Volkszählung in der noch jungen Bundesrepublik Deutschland wurde durch ein Bundesgesetz für den 13. September 1950 angeordnet.[52] Zur Identifizierung der in der Bundesrepublik lebenden Personen aus der DDR wurde dasselbe Vorgehen wie bei der Volkszählung des Jahres 1946 gewählt: Wieder fragte man nach dem ständigen Wohnsitz bis zum 1. September 1939.[53] Dies hatte zur Folge, dass auch die Fehler der vorangegangenen Zählung übernommen wurden. Ebenfalls wurde weiterhin Berlin als Gesamtheit behandelt, d. h., eine Trennung zwischen West- und

---

[52] Gesetz über eine Zählung der Bevölkerung, Gebäude, Wohnungen, nichtlandwirtschaftlichen Arbeitsstätten und landwirtschaftlichen Kleinbetrieben im Jahre 1950 vom 27. Juli 1950, BGBl, S. 335.
[53] Engel, S. 27.

Ost-Berlinern erfolgte nicht.[54] In der Bundesrepublik nachgeborene Kinder wurden, wie bei der Zählung 1946, dem Wohnort des Vaters bzw. in Ausnahmefällen dem der Mutter am 1. September 1939 zugeordnet. Zudem blieb weiterhin unklar, welche Ausmaße die normale Binnenwanderung zwischen dem 2. September 1939 und dem 29. Oktober 1946 gehabt hatte.

Auf diese Weise erfasste man in der Bundesrepublik insgesamt 1.555.075 Personen, die ihren Wohnsitz am 1. September 1939 auf dem Staatsgebiet der DDR und in Berlin gehabt haben sollen. Dies entspricht einer quantitativen Steigerung von 534.001 Personen seit der Zählung von 1946.

Abbildung 6: Personen, wohnhaft am 1. September 1939 auf dem Gebiet der DDR/Berlin, zum Zeitpunkt der Volkszählung vom 13. September 1950 in der BRD[55]

Am 01.09.1939 wohnhaft auf dem Gebiet der DDR	1.036.857	davon mit Vertriebenenausweis	183.065
Am 01.09.1939 wohnhaft in Berlin	518.218	davon mit Vertriebenenausweis	104.946
Gesamtanzahl	1.555.075		288.011

Bei den hier angesprochenen Personen, die über einen Vertriebenenausweis verfügten, handelte es sich um solche, die ihren dauerhaften Wohnsitz am 1. September 1939 zwar auf dem Gebiet der späteren DDR hatten, die jedoch im Laufe des Krieges in eines der Vertreibungsgebiete verzogen waren und in der End- und Nachkriegsphase von dort geflohen waren oder vertrieben wurden. Dieser Personenkreis musste folglich den Vertriebenen zugerechnet werden, nicht etwa den DDR-Abwanderern.

Gleichermaßen als politisch motivierte Flüchtlinge auszuschließen sind – analog zu den Berechnungen der auf der Basis der Volkszählung von 1946 ermittelten Daten – die Einwohner West-Berlins, nachgeborene Kinder und die Binnenwanderer, die im Zeitraum vom 2. September 1939 und dem 29. Okotber 1946 in die Westzonen kamen.

Pauschal können nun zunächst einmal die 288.011 Personen mit Landesvertriebenenausweisen von der Gesamtsumme der sich in der BRD befindlichen, als ehemalige DDR-Bürger erfassten Individuen abgezogen werden. Dadurch verringert sich die Anzahl der infrage kommenden Personen auf 1.267.064.

---

[54] Engel, S. 27.
[55] Werte entnommen aus: Statistisches Bundesamt, Band 114, S. 14.

3. Die Wanderungs- und Fluchtbewegung

Zur Berechnung der Anzahl der Einwohner Ost-Berlins, die als potenzielle politische Flüchtlinge in Erscheinung treten könnten, muss nun – bereinigt durch die Vertriebenen –, den o. a. Vorgaben folgend, die statistische Verhältnismäßigkeit zwischen Ost- und West-Berliner Bürgern errechnet werden.[56] Daraus ergibt sich ein Anteil von etwa 265.000 West-Berlinern gegenüber etwa 147.000 Ost-Berlinern. Bereinigt durch die Bürger West-Berlins bleiben somit 1.002.064 potenzielle politische Flüchtlinge.

Es folgt nun die Berechnung der in Westdeutschland nachgeborenen Kinder: Der erfasste Bevölkerungszuwachs ehemaliger DDR-Bürger für das Gebiet der späteren Bundesrepublik Deutschland zwischen den Volkszählungen von 1946 und 1950 betrug, wie oben angegeben, 534.001 Personen, deren Kinder als ehemalige Bürger der DDR angesehen wurden. Im Durchschnitt ergab sich daraus ein ungefährer Bevölkerungszuwachs von 133.500 Personen pro Jahr.[57]

Addiert man diese Zahl bis zur Volkszählung von 1950 mit der Gesamtzahl an zugewanderten Personen Jahr für Jahr und errechnet aus der jährlichen Summe den statistischen Anteil an Lebendgeborenen,[58] so erhält man ein Ergebnis von knapp 90.000 nachgeborenen Kindern.

---

[56] Zwar erhöhte sich die Einwohnerzahl West-Berlins durch Zuzug und/oder Rückkehr im Zeitraum von 1946 bis 1950 gegenüber der Einwohnerzahl Ost-Berlins stärker, jedoch veränderte sich die Verhältnismäßigkeit nur marginal, so dass eine Berechnung mit den Werten von 1946 gerechtfertigt erscheint.

[57] Zwar liegen zwischen den beiden Zählungen nur 46 ½ Monate und nicht volle 48. Dies scheint aber bei der Berechnung eine vernachlässigbare statistische Größenordnung zu sein.

[58] Siehe bezüglich der Geburtenrate in Westdeutschland: Steinberg, S. 318.

Abbildung 7: Nachgeborene Kinder von Zugewanderten aus der SBZ/DDR/Berlin in der BRD[59]

Zeitraum	Gesamtzahl an Zugewanderten	Geburtenrate je 1.000 auf dem Bundesgebiet	Anzahl der nachgeborenen Kinder pro Jahr
Bis 29.10.1946	1.021.074		25.000
1947	1.154.500	16,4	18.934
1948	1.288.000	16,5	21.252
1949	1.421.500	16,8	23.881
1950	1.555.075	16,2	25.191

Zusammen mit den bereits zuvor errechneten 25.000 nachgeborenen Kindern, die bis zur Volkszählung von 1946 erfasst worden waren, verringert sich so die Anzahl an potenziell politischen Flüchtlingen um 115.000 auf 887.064.

Schlussendlich als definitiv von der Gruppe der politisch motivierten Flüchtlinge abzuziehen ist der Anteil derjenigen, die im Zuge der normalen Binnenwanderung zwischen dem 2. September 1939 und dem 29. Oktober 1946 aus dem Gebiet der SBZ und Ost-Berlin in die späteren Westzonen umsiedelten. Der für die Volkszählung von 1946 ermittelte Wert bleibt dabei konstant bei etwa 45.000 Personen. So ergibt sich eine Zwischensumme von 842.064 potenziell politischen Flüchtlingen bis zum 13. September 1950.

Einen bedeutenden Anteil an dieser Summe dürfte weiterhin die für die Volkszählung von 1946 errechnete Anzahl an Evakuierten stellen. Eine weitere zahlenmäßige Erhöhung dieser Gruppe für die Zeit nach der Volkszählung vom 29. Oktober 1946 ist auszuschließen, da auch die durch die alliierten Besatzungsmächte durchgeführten Evakuierungen nach Kriegsende – etwa um Räumlichkeiten für Verwaltung und Militär, aber auch für Arbeiter aus besonders wichtigen Branchen wie der Kohle- und Stahlindustrie zu schaffen – zu diesem Zeitpunkt als abgeschlossen gelten dürften. Der zonenübergreifende Austausch von Bevölkerungsteilen während dieser Phase war in der Regel ebenfalls nicht vorgesehen. Die o. a. errechneten Werte der Entwurzelenerhebung dürften somit als Basis der weiteren Berechnung dienlich sein.

In diesem Zusammenhang ist die Rückwanderungsquote dieses Bevölkerungsteiles von besonderer Bedeutung. Würde man diesen bestimmen

---

[59] Eigene Berechnungen.

können, so ließe sich einerseits der in der Bundesrepublik verbliebene Anteil an „Ferngebliebenen" berechnen, andererseits ließe das Ergebnis Rückschlüsse auf die Anzahl der Neuankömmlinge seit der Volkszählung von 1946 zu.

In der SBZ war die Zentralverwaltung für deutsche Umsiedler dafür zuständig, sich der Rückführung der Masse an Evakuierten anzunehmen. In der SBZ/DDR ging die Gruppe der Evakuierten jedoch in die der Umsiedler auf. Sämtliche Entwurzelten, seien es Vertriebene, Evakuierte oder sonstige Betroffene, wurden im Amtsgebrauch unter dieser Bezeichnung zusammengefasst, sodass eine Differenzierung der einzelnen Gruppierungen im Nachhinein nicht mehr möglich ist.[60] Somit fehlt es an statistisch verwertbarem Material, um die Größenordnung der Rückkehrer einzuschätzen. Folglich ist es notwendig, die vorhandene Fragestellung auf eine andere Weise zu lösen. Diesbezüglich sind die bereits angesprochenen Erhebungen der Behörden der britischen Besatzungszone – zwei der wenigen Quellen, die eingeschränkten Nutzen bieten – hilfreich.[61]

Die britische Behörde erfasste in einer dieser Statistiken den legalen Zonenaustausch zwischen der US-Zone und der SBZ und Berlin im Zeitraum vom Januar 1946 bis zum Oktober 1948. Die Ergebnisse sind in der folgenden Abbildung dargestellt.

---

[60] Krause in Oltmer, S. 224 f.
[61] Monthly Statistical Bulletin, S. 27.

Abbildung 8: Abgänge aus der US-Zone nach SBZ/Berlin[62]

Zeitraum	Abgänge aus US-Zone nach SBZ und Berlin
November 1945 bis Juni 1947	342.774
Januar bis Juni 1946	135.993
Juli bis Dezember 1946	98.341
1. Quartal 1947	10.432
2. Quartal 1947	9.941
3. Quartal 1947	3.598
4. Quartal 1947	3.564
Januar 1948	992
Februar 1948	1.161
März 1948	1.136
April 1948	1.069
Mai 1948	538
Juni 1948	516
Juli 1948	255
August 1948	356
September 1948	579
Oktober 1948	418

---

[62] Daten entnommen aus: Monthly Statistical Bulletin, S. 27.

3. Die Wanderungs- und Fluchtbewegung

Für die britische Besatzungszone liegen Zahlen für den Zeitraum vom 5. Januar 1946 bis zum letzten Samstag im Oktober des Jahres 1947 vor.

Abbildung 9: Abgänge aus der britischen Zone nach SBZ/Berlin[63]

Zeitraum	Abgänge aus britischer Zone in die SBZ und nach Berlin (kumulierte Werte)
5. Januar 1946	253.000
Februar 1946	312.000
März 1946	375.000
April 1946	412.000
Mai 1946	481.000
Juni 1946	532.000
Juli 1946	540.000
August 1946	540.000
September 1946	540.000
Oktober 1946	572.000
November 1946	578.000
Dezember 1946	586.000
Januar 1947	591.000
Februar 1947	596.000
März 1947	602.000
April 1947	608.000
Mai 1947	618.000
Juni 1947	628.000
Juli 1947	634.000
August 1947	644.000
September 1947	650.000
Oktober 1947	657.000

---

[63] Daten entnommen aus: Statistisches Monatsheft für die Britische Zone. Heft 2, August 1947, S. 11 und Heft 3, November 1947, S. 10.

Als Ausgangspunkt für die folgende Überlegung dient nun der Wert, der in dieser Arbeit bereits für den Zeitpunkt der Volkszählung vom 29. Oktober 1946 berechnet wurde. Im damaligen Zeitraum befanden sich 703.439 Evakuierte aus der sowjetischen Besatzungszone und Berlin in den westlichen Besatzungszonen.

Da die gesicherten Werte der britischen Besatzungszone zwölf Monate vor denen der amerikanischen Besatzungszone abbrechen, ist es sinnvoll, die Berechnung zunächst nur bis zum Oktober 1947 durchzuführen. Demzufolge verließen zwischen Ende Oktober 1946 und Ende Oktober 1947 etwa 85.000 Personen die britische Besatzungszone. Im gleichen Zeitraum lässt sich für die amerikanische Besatzungszone ein Wert von etwa 58.000 Personen ermitteln.[64] Summiert ergibt dies eine Anzahl von 143.000 Personen.

Für die folgenden Berechnungen stehen nur die Zahlen aus der amerikanischen Besatzungszone zur Verfügung, und auch diese nur bis einschließlich Oktober 1948. Für den Zeitraum von November 1947 bis einschließlich April 1948 erweisen sich die Abwanderungszahlen als relativ konstant. Die errechnete Gesamtzahl von 6.734 Personen ergibt einen monatlichen Durchschnittswert von 1.122 Auswanderern.

Was bedeutet dies nun für die Auswanderungszahlen der britischen Besatzungszone? Während des Jahres 1946 lag das anteilige Verhältnis der Auswanderung zwischen britischer und amerikanischer Zone in dieser Hinsicht bei 58,7 % zu 41,3 %. Doch schon in den ersten zehn Monaten des Jahres 1947 verschob es sich auf 73,8 % zu 26,2 %. Dies bedeutet einen Mittelwert von 66,25 % zu 33,75 %. Da hier aber eine eindeutige Tendenz zugunsten der britischen Zone festzustellen ist, werden die folgenden Berechnungen im geschätzten Verhältnis von 70 % zu 30 % durchgeführt. Zwischen November 1947 bis einschließlich April 1948 verließen dementsprechend 11.448 Personen die britische Besatzungszone mit dem Ziel SBZ oder Berlin.

Ab Mai 1948 halbierten sich die Auswanderungszahlen bei leicht abnehmender Tendenz in der amerikanischen Besatzungszone. Von diesem Zeitpunkt an bis einschließlich Oktober 1948 verließen 2.662 Personen die amerikanische Besatzungszone, was einem monatlichen Durchschnitt

---

[64] Da die Tabelle der Wanderungsstatistik der US-Zone zum fraglichen Zeitraum in Halbjahres- oder Quartalsrhytmen arbeitet, während in der Statistik der britischen Zone die Auswanderungswerte monatlich aufgeführt sind, müssten hier einige US-zonenrelevante Werte hochgerechnet werden. Für den Zeitraum November/ Dezember 1946 wurde der vorhandene Halbjahreswert durch 6 dividiert, um eine monatliche Rate zu erhalten, und anschließend für die fraglichen Monate mit 2 multipliziert. Als Ergebnis standen 32.780 Personen fest. Für den Oktober 1947 wurde der Wert des 4. Quartals 1947 durch 3 dividiert, um so wiederum eine monatliche Durchschnittsrate zu erhalten. Das Ergebnis betrug hier 1.188 Personen.

von 444 Auswanderern entspricht. Umgerechnet auf die britische Besatzungszone ergibt dies eine Summe von 4.525 Personen.

Für den folgenden Zeitraum bis zur Volkszählung vom 13. September 1950, also für 22 ½ Monate, liegen keine statistischen Daten mehr vor. Jedoch lassen die vorhandenen Daten erkennen, dass die überwiegende Mehrheit der rückkehrwilligen Evakuierten bereits in den vorangegangenen Jahren in ihre Heimatorte zurückgekehrt war. Da sich die Werte der letzten erfassten sechs Monate auf relativ konstantem Niveau bei marginal abnehmbarer Tendenz einpendeln, erscheint eine monatliche Durchschnittsrate von etwa 400 ausgewanderten Personen gerechtfertigt zu sein. Für die amerikanische Besatzungszone ergibt dies 9.000 Personen und für die britische Besatzungszone 15.300. Daraus ergibt sich das folgende Gesamtbild.

Abbildung 10: Abgänge aus US- und britischer Besatzungszone nach SBZ/DDR/Berlin[65]

Zeitraum	US-amerikanische Zone	Britische Zone
29.10.1946–Oktober 1947	58.000	85.000
November 1947–April 1948	6.734	11.448
Mai 1948–Oktober 1948	2.662	4.525
November 1948–13.09.1950	9.000	15.300
Summe	76.396	116.313

Zusammen verließen somit 192.669 Personen die beiden westlichen Zonen zwischen den Volkszählungen von 1946 und 1950. Nicht alle davon waren jedoch zurückkehrende Evakuierte aus der sowjetischen Besatzungszone und Ost-Berlin. Da bereits in vorangegangenen Rechnungen festgestellt wurde, dass der Anteil der West-Berliner an dieser Personengruppe den Großteil der „westdeutschen Auswanderung" ausgemacht haben musste, empfiehlt es sich, pauschal einen Satz von 30 % abzuziehen, der einen westdeutschen Hintergrund hatte.[66] Somit ergibt sich eine Summe an Evakuierten aus der SBZ und Ost-Berlin sowie sonstiger Rückkehrwilliger aus diesem Gebiet von etwa 135.000 Personen.

Dieses Ergebnis ist in zweierlei Hinsicht hilfreich. Zum einen erlaubt es eine Einschätzung über die Größenordnung der Gruppe der sogenannten

---

[65] Eigene Berechnungen.
[66] Zusammengesetzt aus ⅔ West-Berlinern und ⅓ westdeutschen Zuwanderern.

„Ferngebliebenen"; zum anderen sollte sich unter Berücksichtigung eben dieser Gruppe der Zuzug an Bürgern der SBZ/DDR in die Westzonen/BRD zwischen den beiden Volkszählungen ermitteln lassen.

Für den Stichtag der Volkszählung von 1946 ließen sich 703.000 in den Westzonen verbliebene Evakuierte aus der sowjetischen Besatzungszone ermitteln. Abzüglich der nun erfassten 135.000 Rückkehrer verringert sich dieser Wert auf 568.000 ehemals Evakuierte zum Stichtag der Volkszählung von 1950.

Da zwischen dem Zeitpunkt der Evakuierung und dem angesprochenen Stichtag eine mehrjährige Zeitspanne lag, ist davon auszugehen, dass es sich hier um Menschen handelte, die ihren Lebensmittelpunkt mittlerweile in der Bundesrepublik Deutschland sahen. Die kriegsbedingten Wanderungen dieser Gruppe waren 1950 abgeschlossen. Der Verbleib in der Bundesrepublik erfolgte aus freien Stücken, sodass es sich hier um die sogenannten „Ferngebliebenen" handeln musste.

Was bedeuten diese Ergebnisse nun für die Anzahl an Neuankömmlingen für den Zeitraum 1946 bis 1950? Von den 1.555.075 in Westdeutschland lebenden Bürgern, die einen ostdeutschen Hintergrund hatten, konnten bereits 713.000 als Vertriebene, West-Berliner, nachgeborene Kinder oder Binnenwanderer vor Kriegsende klassifiziert werden. Es bleibt also eine Anzahl von 842.000 Personen, deren Hintergrund bis dato unklar ist. Da obige Rechnung den Verbleib von 568.000 ehemaligen Evakuierten in der Bundesrepublik ermittelte, kann nun die Anzahl der Zugezogenen zwischen den beiden Volkszählungen hochgerechnet werden. Subtrahiert man die Anzahl der ehemals Evakuierten, so bleibt eine Restsumme von 274.000 Personen. Bei diesen Menschen muss es sich um diejenigen handeln, die zwischen beiden Volkszählungen zugezogen waren.

Um dieses Ergebnis zu stützen und die Anzahl der Neuankömmlinge zu konkretisieren, bietet sich eine weitere Überlegung an: Anhand der Ergebnisse der Volkszählungen ermittelte man einen absoluten Zuwachs von 543.000 Personen aus der SBZ/DDR zwischen 1946 und 1950 in die Bundesrepublik. Dank der oben durchgeführten Rechnungen konnte jedoch der Zuwachs an Vertriebenen und nachgeborenen Kindern zwischen beiden Zählungen ermittelt werden. Es handelt sich bei diesen beiden Faktoren um diejenigen, deren Zuwachsraten im fraglichen Zeitraum bekannt sind, deren Teilhabe an der politisch bedingten Fluchtbewegung von SBZ/DDR-Bürgern definitiv auszuschließen ist und folglich von der Menge der Neuankömmlinge abgezogen werden kann.

Der Zuwachs an nachgeborenen Kinder zwischen den Volkszählungen betrug etwa 90.000 und die Anzahl der Vertriebenen mit ostdeutschem Hintergrund etwa 120.000 Personen. Ziehen wir beide Gruppen von den 543.000 Personen aus der SBZ/DDR ab, so erhält man ein Ergebnis von

3. Die Wanderungs- und Fluchtbewegung

etwa 330.000 Personen, bei denen es sich um die Zuwanderer aus der SBZ/DDR oder Berlin handeln muss, die zwischen dem 29. Oktober 1946 und dem 13. September 1950 in die Westzonen/Bundesrepublik gekommen sein mussten.

Fraglich war hier wiederum der Anteil von West-Berliner Bürgern an der Gesamtzahl. Trotz alliierter Zugangssperre, der politischen Situation zwischen den beiden Blöcken, der Berlin-Blockade und der allgemein dürftigen Wohn- und Versorgungssituation verzeichneten die West-Berliner Bezirke einen deutlichen Zuzugsüberschuss, der alleine zwischen den beiden Volkszählungen bei 135.000 Personen lag.[67] Genauer betrachtet fällt jedoch auf, dass sich dieser Überschuss zum größten Teil aus Bürgern aus der SBZ/DDR und – in den ersten Jahren – aus Vertriebenen zusammensetzte.[68] Daten über die Wanderungen West-Berliner Bürger nach Herkunfts- und Zielgebieten sind jedoch leider für den fraglichen Zeitraum nicht verfügbar, sodass genaue Informationen zu diesen Vorgängen fehlen. Lediglich ab dem Jahr 1950 sind entsprechende Zahlen vorhanden. Demnach sind im Jahr 1950 insgesamt 32.617 Personen, die in West-Berlin gemeldet waren, in das Bundesgebiet verzogen.[69] Hier ist aber anzunehmen, dass es sich zu einem bedeutenden Teil – wenn nicht sogar größtenteils – um Bürger der DDR handelte, die in West-Berlin lediglich Zwischenstation nahmen, um weiter in das Bundesgebiet zu ziehen.[70]

In Ermangelung von verlässlichen Daten und unter Berücksichtigung der Annahme, dass sich der Bevölkerungsabzug West-Berlins nach Westdeutschland großteilig aus SBZ/DDR-Bürgern zusammensetzte, erscheint es angemessen, von einem Umfang von höchstens 30.000 West-Berlinern für den gesamten fraglichen Zeitraum auszugehen. Dementsprechend würde der Zuzug von Bürgern der SBZ/DDR und Ost-Berlin zwischen dem 29. Oktober 1946 und dem 13. September 1950 etwa 300.000 Personen betragen, die einen potenziellen politischen Fluchtgrund gehabt haben könnten.

Die Struktur der in der Bundesrepublik Deutschland erfassten Menschen aus der DDR und Berlin zum Zeitpunkt der Volkszählung vom 13. September 1950 setzt sich nach diesen Berechnungen wie folgt zusammen.

---

[67] Statistisches Landesamt Berlin (Hrsg.): Statistisches Jahrbuch. Berlin 1954, S. 26.
[68] Ebenda, Berlin (1956), S. 15.
[69] Ebenda, Berlin (1954), S. 77.
[70] Da DDR-Bürger sich in West-Berlin nach der Flucht behördlich melden mussten, gaben viele nach der Westverschickung West-Berlin als letzten Wohnsitz an. Vgl. Nellner, Werner: Grundlagen und Hauptergebnisse der Statistik, S. 95. In: Lemberg, Eugen/Edding, Friedrich (Hrsg.): Die Vertriebenen in Westdeutschland. Ihre Eingliederung und ihr Einfluss auf Gesellschaft, Wirtschaft, Politik und Geistesleben. 3 Bände. Kiel 1959, S. 61–144, Band 1.

Abbildung 11: Zusammensetzung der Personen aus der DDR und Berlin in der BRD zum Zeitpunkt der Volkszählung vom 13. September 1950[71]

erfasste Gesamtzahl an Bewohner aus der SBZ und Berlin in den Westzonen am 13.09.1950 nach Volkszählungsergebnissen	1.555.075
Personen, die ihren Wohnsitz bis zum 01.09.39 laut Volkszählungsergebnissen auf dem Gebiet der SBZ und Berlin hatten, zwischenzeitlich aber in die Vertreibungsgebiete verzogen und den Vertriebenen zuzurechnen sind	288.011
statistisch berechneter Anteil an Einwohnern West-Berlins – ohne Vertriebene	265.000
statistisch berechneter Anteil an Einwohnern Ost-Berlins – ohne Vertriebene	148.000
statistisch berechneter Anteil der in den Westzonen nachgeborenen Kinder	115.000
normale Binnenabwanderung aus dem Gebiet der SBZ und Ost-Berlin zwischen dem 02.09.1939 und dem 29.10.1946 in die späteren Westzonen	45.000
aus politischen Gründen geflohene Bewohner aus den späteren Westzonen, die im Rahmen der Binnenwanderung zwischen dem 02.09.1939 und dem 29.10.1946 in die spätere SBZ und Ostberlin kamen	keine Daten verfügbar
statistisch berechneter Anteil an sogenannten „ferngebliebenen" ehemaligen Evakuierten	568.000
Neubürger aus der SBZ/DDR und Ost-Berlin seit dem 30.10.1946, errechnet nach den jeweiligen Evakuierten-Statistiken	274.000
Neubürger aus der SBZ/DDR und Ost-Berlin seit dem 30.10.1946, errechnet nach absolutem Zuwachs laut Volkszählungsergebnissen – abzüglich Vertriebener, nachgeborener Kinder und West-Berliner	300.000

Wie bereits erwähnt, stellen Volkszählungen immer nur einen Iststand der Zuwanderung dar. Es gibt sichere Indizien dafür, dass es zwischen den beiden hier behandelten Zählungen eine sehr viel größere „Brutto-Zuwanderung" gegeben haben musste. So wurde laut Schätzungen der polizeilichen Meldestatistik für das Jahr 1949 ein Zuzug von 321.300 Personen aus der

---

[71] Eigene Berechnungen.

SBZ/DDR und Berlin in das Bundesgebiet ermittelt, für das Jahr 1950 eine Anzahl von 293.100 Personen.[72] Demgegenüber steht allerdings nur ein Fortzug von zusammen 112.000 Personen.[73] Folglich hätte es alleine für den Zeitraum 1949/50 einen Zuzugsüberschuss von etwa einer halben Million Menschen aus der DDR in die Bundesrepublik gegeben. Dem widersprechen jedoch alle Ergebnisse der behandelten Volkszählungen. Die Ursache dieses Problems, das im weiteren Verlauf dieser Arbeit in ähnlicher Form wiederkehren wird, liegt in der Fehleranfälligkeit der bundesdeutschen Meldestatistik. So wurde jede Form der Mehrfachwanderung von den bundesdeutschen Behörden auch mehrfach erfasst.[74] Ein Bürger wurde also, sollte er dreimal zwischen beiden deutschen Staaten umgezogen sein, als dreifacher Zuzug in das Bundesgebiet registriert.

Die Problematik der Übererfassung wurde dadurch verstärkt, dass in der Bundesrepublik zwar die Pflicht zur behördlichen Abmeldung beim Verzug in die DDR bestand, Zuwiderhandlungen jedoch nicht bestraft wurden bzw. werden konnten.[75] Dementsprechend dürften viele DDR-Rückkehrer – und um Rückkehrer wird es sich größtenteils gehandelt haben – auf eine Abmeldung bei den bundesdeutschen Meldeämtern verzichtet haben, wenn sie in die DDR verzogen.

Da dieses Kapitel aber in erster Linie den Umfang der politisch motivierten Flucht untersuchen möchte, scheint der Personenkreis der Mehrfach- und Rückwanderer nur eine untergeordnete Rolle zu spielen. Jemand, der aufgrund von politischer Verfolgung um seine Existenz in materieller oder physischer Hinsicht fürchtet, wird dieser Gruppierung nicht angehört haben. So erscheinen die durch o. a. Rechnungen ermittelten 300.000 Personen, die zwischen den beiden Volkszählungen in das Bundesgebiet kamen, sowie eine unbekannte Anzahl an „Ferngebliebenen" diejenigen zu sein, welche einen potenziell politischen Fluchthintergrund hatten.

3.2.3 Die Statistik des Bundesnotaufnahmeverfahrens

Eine weitere Statistik, die nicht unberücksichtigt bleiben soll, ist die des Bundesnotaufnahmeverfahrens (NAV). Wie bereits erwähnt, verabschiedete die Bundesregierung am 22. August 1950 das Gesetz zur Notaufnahme von Deutschen aus der DDR (NAG). Bereits ab dem 1. November 1949 aber wurden Personen aus der DDR in der Bundesrepublik erfasst, sofern sie

---

[72] Wirtschaft und Statistik. Jg. 1954/Heft 4, S. 76.
[73] Ebenda.
[74] BArch DE2 (Staatliche Zentralverwaltung für Statistik)/1727.
[75] Heidemeyer (1994), S. 37.

nach ihrer Ankunft angaben, aufgrund von politischer Verfolgung in die Bundesrepublik gekommen zu sein.[76]

Nun sollte man annehmen, dass eine solche Statistik eine hervorragende Informationsquelle über die politisch motivierte DDR-Flucht darstellen würde; dem ist jedoch nicht so. Methodisch war die Notaufnahmestatistik nicht dazu geeignet, diesbezüglich verwertbares Zahlenmaterial zu liefern.

Zunächst galt zwar die rechtliche Pflicht für ankommende Bürger der DDR, die Bundesnotaufnahme zu beantragen, jedoch war die Anzahl derjenigen, die darauf verzichteten, hoch und die Dunkelziffer nur schwer zu ermitteln.[77] Im Falle von Familienzusammenführungen oder für jemanden, der in der Bundesrepublik bereits die Zusage auf einen Arbeitsplatz und eine Wohnung hatte, bot der Antrag auf Bundesnotaufnahme keine Vorteile. Auch Personen, die sicher sein konnten, dass ihr Aufnahmegesuch abschlägig beschieden würde, unterwarfen sich in der Regel nicht dieser Aufnahmeprozedur.[78]

Laut Siegfried Bethlehem beantragten im Zeitraum von 1950 bis 1954 nur 68 % der möglichen Antragsteller die Notaufnahme.[79] Die Anzahl derjenigen, die das Notaufnahmeverfahren umgingen, nahm allerdings bis zum Ende der 1950er Jahre ab.[80] Dies dürfte vor allem auf die im weiteren Verlauf dieser Arbeit noch beschriebenen vereinfachten Aufnahmebedingungen zurückzuführen sein.

Auch die Antragsmodalitäten selber verhinderten eine lückenlose Erfassung der Flüchtlinge. So stellten Ehepaare und Familien gemeinsame Anträge. In der Statistik wurde aber nur die Anzahl der Anträge erfasst und bei Bedarf offenbar die Personenzahl hochgerechnet; dies bedeutet z. B., eine vierköpfige Familie wurde zunächst einmal lediglich einfach gezählt.[81]

Alleinstehende Personen bis zum 24. Lebensjahr wurden bis zum Juli 1951 unmittelbar von den Bundesländern aufgenommen, ohne in die Notaufnahmestatistik Eingang zu finden. Dort wurden sie erst ab August 1951 registriert.[82] Alleine in den Jahren 1952 bis 1953 lag die Anzahl derer, die einen Antrag auf Notaufnahme stellten, bei 82.321 Personen.[83]

Diese angesprochenen Umstände begünstigten also eine Untererfassung der potenziell politischen Flüchtlinge.

---

[76] Heidemeyer (1994), S. 39.
[77] Effner/Heidemeyer (2005), S. 27.
[78] Heidemeyer (1994), S. 39.
[79] Bethlehem, S. 92.
[80] Effner/Heidemeyer (2005), S. 27.
[81] Ebenda.
[82] Bundesministerium für Vertriebene: Heimatlose Ausländer, S. 16.
[83] Grenzer, S. 173.

Die staatliche Zentralverwaltung für Statistik der DDR monierte ebenfalls die Unzuverlässigkeit der Notaufnahmestatistik. Naturgemäß beanstandete diese allerdings die Faktoren, die zu einer Übererfassung der Antragssteller führten. Für die DDR-Behörde – aber auch für die Fragestellung dieser Arbeit – war vor allem der Umstand kritikwürdig, dass Antragsteller, die in die DDR zurückkehrten, in dieser Statistik nicht erfasst wurden. Nach glaubhaften Schätzungen soll es sich im Zeitraum von 1949 bis 1990, also während der Gültigkeit des Notaufnahmeverfahrens, um etwa 400.000 Personen gehandelt haben.[84]

Erschwerend kommt hinzu, dass Mehrfachreisende wiederholt erfasst wurden, es also zu Doppelzählungen von Anträgen derselben Antragsteller kam.[85] Der Ableitung von der staatlichen Zentralverwaltung für Statistik, dass es sich hierbei um gewollte psychologische Kriegsführung handelte, muss jedoch widersprochen werden. Die oben beschriebenen Antragsmodalitäten – die eher zu einer Untererfassung der DDR-Flüchtlinge führten – sprechen nicht dafür, dass die Statistik des Bundesnotaufnahmeverfahrens diesem Zweck diente.

Wohl aber wurden diese Ergebnisse durchaus zu politischen Zwecken missbraucht. So propagierte das Ministerium für Vertriebene, Flüchtlinge und Kriegsgeschädigte in einer ihrer Veröffentlichungen, die Dunkelziffer derjenigen, die keinen Antrag auf Notaufnahme gestellt hätten, sei so hoch, dass man gut und gerne von einer Fluchtbewegung ausgehen könne, die wohl mehr als doppelt so viele Personen umfasse, als offiziell registriert seien.[86] Diese Aussage entbehrt jeglicher Grundlage und muss als westdeutsche Propaganda bewertet werden, selbst wenn, wie in der Veröffentlichung des Bundesministeriums, jedem ehemaligen DDR-Bürger in der Bundesrepublik ein politisch motivierter Fluchtgrund unterstellt wird. Da die entsprechende Veröffentlichung drei Jahre nach der Volkszählung von 1961 herausgegeben worden war, waren verlässliche Informationen über den Iststand der ehemaligen SBZ/DDR-Bürger in der Bundesrepublik durchaus vorhanden.

---

[84] Effner/Heidemeyer (2005), S. 27.
[85] BArch DE2 (Staatliche Zentralverwaltung für Statistik)/1727.
[86] Bundesministerium für Vertriebene, Flüchtlinge und Kriegsgeschädigte (Hrsg.): Flucht aus der Sowjetzone. Ursachen und Verlauf. 6. Aufl., Bonn 1964, S. 4.

Abbildung 12: Antragsteller, Aufgenommene und Abgelehnte im Bundesnotaufnahmeverfahren[87]

Zeitraum	Antragsteller	Aufgenommene	Abgelehnte in %*
1950	197.788	54.449	62,6
1951	165.648	51.681	61,2
1952	182.393	113.611	21,3
1953**	331.390	315.470	4,5
1954	184.198	142.855	18,6
1955	252.870	212.982	17,5
1956	279.189	245.292	12,0
1957	261.622	253.290	3,8
1958	204.092	215.056	0,9
1959	143.917	137.437	1,5
1960	199.188	186.640	1,3
1961	207.026	208.332	1,0
1950–1961	2.609.321	2.137.095	14,0

* In % der Summe der Aufgenommenen und Abgelehnten. Die Differenz dieser Summe zur jährlichen Zahl der Antragsteller erklärt sich zum Teil aus Zeitdifferenzen, aus Berufungsfällen, die erst lange Zeit nach der Antragsstellung geklärt wurden, und zum Teil aus Korrekturen durch nachträgliche Aufnahme bei erneuter Antragsstellung.

** Ab dem 1. Januar 1953 wurden Vertriebene, sofern sie zwischenzeitlich auf dem Gebiet der DDR ansässig waren, in der Statistik als Bürger der DDR geführt. Vergünstigungen, die in der Bundesrepublik der Gruppe der Vertriebenen zugeteilt wurden, waren somit für diese nicht mehr zu erhalten.[88]

Auffällig in der vorangestellten Statistik ist die stark rückläufige Ablehnungsquote von Antragsstellern. Der Höchststand von über 60 % abgelehnter Anträge der Jahre 1950/51 lag, wie bereits beschrieben, wohl vor allem an der restriktiven Haltung der Regierungskoalition gegenüber neuen Zuwanderern. Die Wohn- und Arbeitsmarktsituation war noch deutlich angespannt, als dass man sich zusätzlich belasten wollte. Der

---

[87] Werte entnommen aus: Bethlehem (1982), S. 93.
[88] Vgl. auch: Heidemeyer (1994), S. 39.

Rückgang der Quote im Jahr 1952 scheint nicht ausschließlich auf einen Umdenkprozess innerhalb der Regierung zurückzuführen zu sein. Offenbar erkannte man zwar nun den psychologischen Wert der Flüchtlinge im ideologischen Wettstreit mit dem Systemgegner, aber auch der Ausbau des Grenzregimes der DDR-Führung, von dem vor allem – aufgrund der Sperrzone – die in der Grenzregion wohnende Bevölkerung betroffen war, wird einen entscheidenden Einfluss auf die geringere Ablehnungsquote haben. Da die Überquerung der Grenze nun fast ausschließlich innerhalb der Berliner Sektoren möglich war, musste die Ablehnungsquote zwangsweise gesenkt werden, wollte man nicht wieder dazu übergehen, abgelehnte Bewerber zurück in die DDR zu schicken. Nur so war die Möglichkeit gegeben, diese Menschen in die Bundesrepublik auszufliegen und auf die Bundesländer zu verteilen. Ihr Verbleib innerhalb des relativ kleinen, wirtschaftlich schwachen West-Berlins hätte ein zu großes Potenzial an sozialem Sprengstoff geboten.[89]

Die Ereignisse des 17. Juni erklären die geringe Ablehnungsquote des Jahres 1953. In den Folgejahren stieg die Ablehnungsquote zwar vorübergehend wieder an, ab dem Jahr 1957 war sie aber kaum noch relevant. Hohe Ablehnungsquoten wären der Öffentlichkeit nun nur noch schwer vermittelbar gewesen und darüber hinaus politisch auch nicht mehr gewollt. Zudem benötigte die bundesdeutsche Wirtschaft ab Mitte der 1950er Jahre dringend Arbeitskräfte. Die wirtschaftlichen Voraussetzungen zur Aufnahme möglichst vieler, und vor allem deutschsprachiger Arbeitskräfte waren also im Übermaß gegeben. Interessant ist in diesem Zusammenhang der Umstand, dass westdeutsche Gemeinden ab etwa 1953 für jeden aufgenommenen Zuwanderer Wohnungsbaumittel vom Bund erhielten. Es dürfte also auch im Interesse der Kommunen gelegen haben, die Ablehnungsquote zu senken.[90]

Abbildung 13: Jahresdaten der Arbeitsstatistik 1950 bis 1961[91]

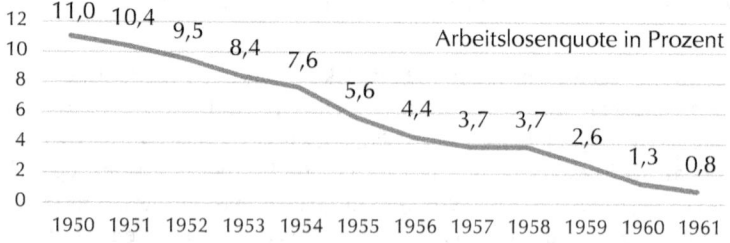

---

[89] Grenzer, S. 174.
[90] Heidemeyer (1994), S. 58.
[91] Werte entnommen aus: Bethlehem (1982), S. 82.

Nachfolgende Abbildung verdeutlicht, dass die Abnahme der Ablehnungsquote im Wesentlichen auf politische Vorgaben zurückzuführen war und nicht etwa in den Fluchtgründen der Antragssteller selber begründet lag.

Abbildung 14: Aufgenommene im Bundesnotaufnahmeverfahren nach Gründen in Prozent[92]

Zeitraum	ab 7/53	1954	1955	1956	1957	1958	1959	1960	1961	∅
Zwangslage	25,3	14,7	8,9	10,4	7,4	15,2	14,5	21,1	19,2	14,2
§ 94 BVFG*	4,8	4,8	3,2	3,1	3,1	3,2	4,5	2,6	2,3	3,3
Art. 11 AbS. 2 Grundgesetz**	1,0	9,8	20,3	21,7	15,7	14,7	12,6	10,0	7,8	13,8
Familienzusammenführung***	11,4	16,4	13,6	12,4	13,7	16,8	16,7	12,3	10,6	13,7
Jugendlichkeit/ Fürsorge	16,5	17,3	22,1	16,2	18,3	10,8	13,1	11,4	10,3	15,2
Härtefälle	41,0	36,9	31,9	36,2	41,8	39,3	38,6	42,6	49,8	39,8

* Familienzusammenführung nach BVFG.[93]
** Ausreichende Lebensgrundlage (Arbeitsplatz und Wohnraum) vorhanden.
*** Sonstige Familienzusammenführungen.[94]

Um dies genauer zu veranschaulichen, sei zunächst das Prinzip der Aufnahmegründe kurz erläutert: Im Wesentlichen gab es zwei Möglichkeiten, die Aufnahme nach dem Bundesnotaufnahmeverfahren zu erreichen. Zunächst bestand die Aussicht, aufgrund einer Ermessensentscheidung die Bewilligung zur Notaufnahme zu erhalten, zum anderen gab es den Grundsatz des Rechtsanspruches.

---

[92] Bethlehem (1982), S. 93.
[93] Hier ist Familienzusammenführung nach dem Bundesvetriebenengesetz gemeint. Es fallen, neben dem Ehegatten, minderjährige Kinder und volljährige unterhalts- oder pflegebedürftige Kinder darunter, die dem nächsten lebenden Angehörigen in Obhut gegeben werden konnten.
[94] Sonstige Familienzusammenführungen konnten z. B. der Zuzug von Geschwistern, Eltern oder anderer Verwandten bedeuten, gegenüber denen keine Unterhaltspflicht bestand.

Ermessensentscheidungen konnte der Prüfer in drei Unterkategorien unterteilen: Neben der erweiterten Familienzusammenführung, deren Voraussetzungen weiter oben beschrieben wurden, wurden in der Regel Jugendliche, die ohne Erziehungsberechtigte oder sonstige versorgungsberechtigte Personen in den Westen kamen, aufgrund der gebotenen Fürsorgepflicht aufgenommen.

Zudem bestand die Möglichkeit der sehr schwammigen und subjektiven Option, als Härtefallberechtigter aufgenommen zu werden, d. h. aus „Gründen der Menschlichkeit". Hier lag die Entscheidungsfreiheit ausschließlich beim Antragsprüfer. Aufgrund fehlender Objektivität konnte die Ablehnungsquote somit je nach aktueller politischer Vorgabe nahezu beliebig manipuliert werden.

Ein Rechtsanspruch auf Notaufnahme war gegeben, wenn sich der Antragssteller in einer Zwangslage (d. h. drohende Gefahr für Leib und Leben oder die persönliche Freiheit) befand, eine Familienzusammenführung nach § 94 BVFG möglich war oder die Voraussetzungen nach Art. 11 Abs. 2 des Grundgesetzes gegeben waren.

Dabei entsprach der Umstand der Zwangslage allen Attributen der politisch bedingten Flucht. Im Falle von Familienzusammenführungen nach § 94 BVFG ließ sich zweigleisig argumentieren. Zum einen war dies Teil des Prinzips der Fürsorgeleistung, da besonders minderjährige oder unterhalts- und pflegebedürftige Kinder durch diesen Artikel geschützt wurden, zum anderen kam es in der DDR durchaus zu Repressalien gegenüber Angehörigen und Ehepartnern von Republikflüchtigen,[95] sodass diese durch eine Flucht wiederum eine mögliche Zwangslage umgehen konnten.

Die Aufnahme aufgrund des bloßen Vorhandenseins eines Arbeitsplatzes und Wohnraums qua Rechtsanspruch in der Bundesrepublik Deutschland jedoch entblößte den Anspruch des Bundesnotaufnahmeverfahrens, sich primär der politisch motivierten Fluchtbewegung anzunehmen.

In diesem Fall konnte sich der Gesetzgeber auf eine Entscheidung des Bundesverfassungsgerichts stützen, welches am 7. Mai 1953 entschied, dass jeder DDR-Bürger Freizügigkeit im Bundesgebiet genieße und aufgenommen werden müsse, wenn er über Wohnraum und Arbeit verfügte.[96] Dies sollte die erste Entscheidung von mehreren durch Politik und Justiz sein, die das Bundesnotaufnahmeverfahren im weiteren Verlauf der 1950er Jahre von einem Instrument mit politischem Anspruch zu einem bloßen Registrierungs- und Verwaltungsapparat verkommen lassen sollte.

Wäre die bundesdeutsche Politik ihren eigenen Ansprüchen gefolgt, nachdem das Bundesnotaufnahmeverfahren primär ein Werkzeug zum

---

[95] Melis, S. 41.
[96] Ackermann (1995), S. 107.

Auffangen und Unterstützen der politisch motivierten Flüchtlinge sein sollte, so hätte sich die stark verringerte Ablehnungsquote der Antragsteller (vgl. Abbildung 12) durch eine drastische Erhöhung der angenommenen Anträge aufgrund eines Rechtsanspruches, insbesondere aufgrund einer Zwangslage und der Familienzusammenführung nach § 94 BVFG (vgl. Abbildung 14), manifestieren müssen. Die obige Abbildung zeigt jedoch deutlich auf, dass der Anteil derjenigen, die aufgrund eines gesetzlichen Anspruchs während des gesamten Zeitraums vom Juli 1953 bis zum Ende des Jahres 1961, lediglich etwa ein Drittel betrug. Ließe man von diesem Personenkreis diejenigen unberücksichtigt, die aufgrund des Artikels 11 Abs. 2 des Grundgesetzes aufgenommen wurden, so würde sich die Quote noch einmal auf etwa ein Fünftel der Antragsteller verringern.

Eindeutig erkennbar wird die Abkehr des Prinzips der Notaufnahme primär für politische Flüchtlinge durch einen Erlass des Bundesministeriums für Vertriebene vom 22. Oktober 1956, der besagte, dass zukünftig nur noch ostdeutsche Funktionäre oder Agenten, die die demokratische Grundordnung der Bundesrepublik unterdrücken wollten, Personen, die sich ihrer Unterhaltspflicht entziehen wollten, Zonenpendler sowie Kriminelle und „Asoziale" abgelehnt werden sollten.[97] Das Bundesverwaltungsgericht bestätigte diesen Weg der Abkehr, indem es am 3. April 1957 urteilte, dass die Aufenthaltserlaubnis durch das Bundesnotaufnahmeverfahren im Bundesgebiet nur verweigert werden könne, wenn ein Versagensgrund nach § 11 AbS. 2 GG vorliege. Dabei genügte die Arbeitswilligkeit und Arbeitsfähigkeit des Antragsstellers.[98]

Mit der zweiten Novelle zum BVFG vom 27. Juli 1957 wurde die Antragsannahme aufgrund von „schwerem Gewissenskonflikt" ermöglicht. Eine real existierende Zwangslage war somit nicht mehr voraussetzend für die Antragsannahme, vielmehr genügte das subjektive Gefühl, in der DDR bedroht zu sein. Da jedes Individuum über eine eigene Wahrnehmung verfügt und zudem noch unterschiedliche Konsequenzen aus dieser subjektiven Wahrnehmung ableitet,[99] war die juristische Greifbarkeit im Antragsverfahren somit vollends ausgehebelt worden. Die Entscheidung über die Notaufnahme lag nun fast vollständig in den Händen des jeweiligen Prüfers. Und diese waren von politischer Seite angehalten, die Aufnahme durch eine „großzügige Anwendung" der gesetzlichen Bestimmungen zu erleichtern.[100]

---

[97] Ackermann (1995), S. 107 f.
[98] Ebenda, S. 108.
[99] Vgl. auch: ebenda, S. 118 f.
[100] Bundeskanzler Adenauer an Ministerpräsident Steinhoff (NRW) am 4. September 1957. Siehe auch: Ackermann (1995), S. 110.

Die Statistik des Bundesnotaufnahmeverfahrens bietet folglich weder für den Bevölkerungsstand ehemaliger DDR-Bürger in der Bundesrepublik noch für die Anzahl der besonderen Gruppe der politischen Flüchtlinge einen verlässlichen Informationsgehalt.

3.2.4 Die wohnungsstatistische Feststellung vom 25. September 1956

In der Hauptsache wurde die wohnungsstatistische Feststellung zu der Ermittlung der Wohn- und Mietverhältnisse sowie des Wohnungsbedarfes in der Bundesrepublik Deutschland durchgeführt. Im Rahmen dieser allgemeinen Erhebung wurden die Wohnparteien u. a. auch nach ihrer Zugehörigkeit zu einer Geschädigtengruppe befragt.[101] Dies vor allem vor dem Hintergrund, dass die öffentliche Hand durch das Gesetz über den Lastenausgleich für Vertreibungs- und Kriegsschäden sowie durch das Bundesvertriebenengesetz gegenüber den Geschädigten gewisse Pflichten übernommen hatte, die u. a. darin bestanden, diese bei der Unterbringung in Wohnraum zu unterstützen.[102]

Da die Statistiker erkannt hatten, dass die bisherigen Methoden zur Bevölkerungsfortschreibung – laufende Feststellung unter Zuhilfenahme der Wanderungsstatistik und der Geburts- und Sterbefälle (natürliche Bevölkerungsbewegung) – seit der letzten Volkszählung von 1950 zu einigen Ungenauigkeiten in diesem Bereich geführt hatten, diente die wohnungsstatistische Feststellung ebenso der Ermittlung aktueller Bevölkerungszahlen und der Kategorisierung der Bürger in entsprechende Entschädigungsklassen.[103]

Die wohnungsstatistische Feststellung brachte in der Methodik der Erfassung zwei relevante Änderungen gegenüber früheren Zählungen mit sich. Erstens erfolgte endlich die lange überfällige Trennung von West- und Ost-Berlin in der Statistik.[104]

Zweitens war bisher der Wohnsitz am 1. September 1939 als alleiniges Bestimmungsmerkmal zur Ermittlung von Vertriebenen und Deutschen

---

[101] Siehe § 2 Abs. 2a Des „Gesetzes über eine Statistik der Wohn- und Mietverhältnisse und des Wohnungsbedarfs (Wohnungsstatistik 1956/57) vom 17. Mai 1956". BGBl. I S. 427 – auch abgedruckt in: Statistisches Bundesamt (Hrsg.): Statistik der Bundesrepublik Deutschland, Band 201. Wohnungsstatistik 1956/57. Heft 1: Wohnungen und Wohnparteien nach der allgemeinen Erhebung vom 25.9.1956, S. 13.
[102] Statistisches Bundesamt (Hrsg.): Statistik der Bundesrepublik Deutschland, Band 201, S. 5.
[103] Ebenda, S. 6.
[104] Granicky in Lemberg, Band III, S. 477.

aus der SBZ/DDR herangezogen worden; nun verlegte man sich darauf, neben diesem auch nach dem Besitz eines Vertriebenen- oder Flüchtlingsausweises zu fragen. Dies hatte den Hintergrund, dass die nach dem Stichtag geborenen Abkömmlinge nach dem Wohnsitzmerkmal alleine nicht mehr direkt feststellbar waren und die darauf basierenden Angaben mit zunehmendem zeitlichen Abstand immer mehr an Zuverlässigkeit verloren.[105] Zudem wollte man auch die bis dato ebenfalls nach dem Wohnsitz am 1. September 1939 erfassten Flüchtlinge aus der SBZ/DDR, die im Rahmen des Bundesnotaufnahmeverfahrens einen C-Ausweis (DDR-Flüchtlingsausweis) erhalten hatten, von den sonstigen Zuwanderern aus der SBZ/DDR in der Statistik trennen und gesondert nachweisen.[106]

Die Zuverlässigkeit des Ergebnisses dieser Erhebung ist in der Rückschau betrachtet ernüchternd und wirft einige Fragen auf. So ist es heute nicht möglich, einheitliche Zahlen zu präsentieren. Selbst in den Veröffentlichungen des Statistischen Bundesamtes wurden unterschiedliche Ergebnisse genannt. Während im Band 201 der Statistik der Bundesrepublik Deutschland[107] – einer Veröffentlichung, die sich ausschließlich mit der wohnungsstatistischen Feststellung befasste – eine Anzahl von 483.600 C-Flüchtlingen und 1.224.900 Zuwanderern genannt worden war, wurde in einer späteren Veröffentlichung die Anzahl mit 518.965 C-Flüchtlingen und 1.474.872 Zuwanderern angegeben.[108] Die vom Statistischen Bundesamt herausgegebene Schriftenreihe „Wirtschaft und Statistik", die sich hier lediglich auf die C-Flüchtlinge beschränkte, gab deren Anzahl wiederum mit 458.000 Personen an.[109]

Vor allem die Ergebnisse bezüglich der C-Flüchtlinge verwundern, unabhängig von dem Umstand, dass drei Publikationen aus demselben Haus unterschiedliche Ergebnisse veröffentlichten. Der Vergleich mit Abbildung 12 belegt, dass alleine bis zum Ende des Jahres 1955 etwa 900.000 Personen einen Flüchtlingsausweis C über das Bundesnotaufnahmeverfahren erhalten hatten.

Die wohnungsstatistische Feststellung wird in der neueren wissenschaftlichen Literatur zum Thema dementsprechend übergangen. Die Ergebnisse sind zu unklar und offenkundig ungenau.

Dr. Fritz Engel, ehemals leitender Regierungsdirektor im Bayerischen Statistischen Landesamt, hat dieser „vergessenen" Zählung im Jahr 1980 einige Zeilen gewidmet, die leider die Unbrauchbarkeit dieser Statistik

---

[105] Wirtschaft und Statistik. Jg. 1960/Heft 7, S. 409 f.
[106] Ebenda.
[107] Statistik der Bundesrepublik Deutschland, Band 201, S. 88.
[108] Statistisches Bundesamt (Hrsg.): Fachserie A, 1954 bis 1966, S. 57.
[109] Wirtschaft und Statistik. Jg. 1960/Heft 7, S. 413.

nur noch unterstreichen. Er gab die Zahl der Deutschen aus der SBZ in der Bundesrepublik, also Zuwanderer und C-Flüchtlinge zusammen, laut Zählungsergebnis mit 3 Millionen an, um sie eine Seite weiter auf 2,75 Millionen nach unten zu korrigieren.[110] Wie er zu diesen Zahlen kommt, bleibt unklar. Sie liegen jedoch erheblich über den Ergebnissen der offiziellen Zählung und sind offenkundig ebenso falsch.

Die Ursachen für die Fehleranfälligkeit der wohnungsstatistischen Feststellung sind wie folgt zu benennen. Zunächst erfolgte die Ermittlung der Ausweisinhaber durch Selbsteintragung. Durch dieses Verfahren waren Fehlerwahrscheinlichkeiten oder unwahre Angaben immer in erhöhtem Maße möglich. Auch psychologische Aspekte, wie eine gewisse Furcht vor den politischen Folgen für zurückgebliebene Angehörige und die menschliche Neigung, nach der Flucht mit der Vergangenheit abschließen zu wollen, lagen durchaus im Rahmen des Möglichen und hätten zu niedrigeren Ergebnissen führen können. Andererseits könnte die Erwartung der Förderung der Wohnungswünsche eine höhere Vollständigkeit oder gar eine Überhöhung der Angaben zur Folge gehabt haben.[111]

Die hohe Fehleranfälligkeit dieser Zählung hatte aber primär methodische Gründe. Die Erfassung nach Geschädigtengruppen erfolgte ausschließlich nach dem Status des Haushaltsvorstandes. Dessen persönlicher Hintergrund wurde auf die übrigen Mitglieder des Haushaltes übertragen. Zählte er sich beispielsweise zu der Gruppe der Vertriebenen, so wurde dies automatisch – unabhängig vom Tatsachengehalt – auf seine Familie übertragen. Umgekehrt war es ebenso möglich, dass sich im Haushalt eines nichtgeschädigten Haushaltsvorstandes auch geschädigte Personen befinden konnten.[112]

Da die Einschätzung des Geschädigtenstatus durch Selbsteintragung erfolgte, war es wahrscheinlich, dass einige Vertriebene, die nach dem BVFG zudem über einen Doppelstatus als Sowjetzonenflüchtlinge verfügten, dennoch bei der Zählung ausschließlich angaben, zu der Gruppe der Vertriebenen zu gehören.

Es darf ferner nicht unerwähnt bleiben, dass die Gruppe der Zuwanderer nicht nur aus ehemaligen Bürgern der SBZ/DDR bestanden hatte. Die Bürokratie machte es möglich, dass auch die Einwanderer aus dem unter französischer Verwaltung stehenden Saarland zeitweise in dieser Statistik aufgingen. Personen, die am 1. September 1939 im Saarland gewohnt hatten, wurden bis zum 31. Dezember 1953 der Gruppe der Vertriebenen zugerechnet. Ab dem 1. Januar 1954 bis zum Stichtag der

---

[110] Engel, S. 28 f.
[111] Wirtschaft und Statistik. Jg. 1960/Heft 7, S. 413.
[112] Statistik der Bundesrepublik Deutschland, Band 201, S. 88.

wohnungsstatistischen Feststellung am 25. September 1956 jedoch wurden sie zu den Zugewanderten gezählt.[113]

Für den fraglichen Zeitraum von knapp 33 Monaten lassen sich hier gut 15.000 Personen errechnen, die aufgrund dessen in den bundesdeutschen Statistiken fälschlicherweise als ehemalige Bürger der SBZ/DDR ausgegeben wurden.[114] Diese Bevölkerungsbewegung hat für den weiteren Verlauf dieser Arbeit jedoch keine Relevanz, da die zugewanderten Saarländer nach der wohnungsstatistischen Feststellung in den folgenden Statistiken nicht mehr in Erscheinung traten. Sie konnten weder nach dem Wohnsitzmerkmal noch nach der Ausweisdefinition mit den ehemaligen Bürgern der SBZ/DDR verwechselt werden.

Die direkte Bevölkerungsbewegung zwischen der SBZ/DDR und dem Saarland war hingegen relativ gering.[115] Von 1948 bis zum Vortag der Wiedereingliederung des Saarlandes in das Bundesgebiet am 1. Januar 1957 zogen laut saarländischer Statistik 7.438 Personen zu, die ihren Wohnsitz am 1. September 1939 auf dem Gebiet der SBZ/DDR hatten.[116] Hinzu kommt die Außenwanderung nach Berlin, wobei auch hier nicht zwischen Ost- und West-Sektoren separiert wurde. Insgesamt zogen im Zeitraum 2.037 Personen von Berlin in das Saarland und 546 Personen vom Saarland nach Berlin. Der statistisch berechnete Anteil der Ost-Berliner betrug dabei 713 Zugezogene und 191 Fortgezogene (Faktor 0,35).[117]

Der unzweifelhafte Fortschritt der wohnungsstatistischen Feststellung für die dieser Arbeit zugrundeliegenden Fragestellung liegt einzig in der methodischen Trennung von West- und Ost-Berlin in der Statistik. Die Ergebnisse selber sind aufgrund der angewandten Methoden zur Ermittlung des Umfangs der sich in der Bundesrepublik Deutschland aufhaltenden ehemaligen Bewohner der SBZ/DDR irrelevant.

---

[113] Statistisches Bundesamt (Hrsg.): Fachserie A, 1954 bis 1966, S. 13.

[114] Vgl. dazu: Statistisches Amt des Saarlands (Hrsg.): 1958, S. 43. Die Werte für das Jahr 1956 wurden vom Autor mit dem Faktor 0,75 multipliziert, um das Ergebnis bis zum Zeitpunkt der wohnungsstatistischen Feststellung (25. September 1956) zu errechnen.

[115] Zu berücksichtigen ist bei diesen Werten die allgemeine Fehleranfälligkeit der Wanderungsstatistik. Hier insbesondere die Problematik der An- und Abmeldung sowie eventuelle Mehrfachwanderungen. Zudem lässt die Statistik offen, wie viele der fraglichen Personen bereits in den/der Westzonen/Bundesrepublik nach dem 1. September 1939 ihren Wohnsitz genommen hatten und somit in der bundesdeutschen Statistik erfasst worden waren.

[116] Vgl. dazu: Statistisches Amt des Saarlands (Hrsg.): 1952, S. 40; Ebenda 1955, S. 60; Ebenda 1958, S. 43.

[117] Ebenda.

3.2.5 Die Mikrozensuserhebung vom Oktober 1957

Ebenso wie die wohnungsstatistische Feststellung des Jahres 1956 ist die Mikrozensuserhebung aus dem Oktober 1957 durch eine sehr schlechte Quellen- und Literaturlage gekennzeichnet. Es steht lediglich ein Aufsatz zur Verfügung, in dem auf wenigen Zeilen entsprechende Ergebnisse – in Bezug auf die Personen aus der SBZ/DDR und Ost-Berlin – behandelt und veröffentlich wurden.[118]

Die Erhebungsmethodik der Mikrozensuserhebung wurde – wie auch in der Gegenwart – durch eine Zufallsstichprobe bei einem Prozent der bundesdeutschen Haushalte durchgeführt. Die Gefahr von sog. Stichprobenfehlern war folglich durchaus gegeben, wenn nicht gar zu erwarten.[119]

Um diejenigen Personen zu ermitteln, die ihren Lebensmittelpunkt ursprünglich auf dem Gebiet der SBZ/DDR und Ost-Berlin hatten, wurde grundlegend dieselbe Methode verwendet wie schon bei der wohnungsstatistischen Feststellung 1956. Wieder wurde nach dem Wohnsitz am 1. September 1939 gefragt, um die Zuwanderer zu erfassen, sowie nach dem Besitz eines Flüchtlingsausweises C, um die Sowjetzonenflüchtlinge zu ermitteln. Im Unterschied zu der wohnungsstatistischen Feststellung, bei der die Angabe dieser Daten durch Selbsteintragung erfolgte, wurden diese beim Mikrozensus von Interviewern erhoben.[120] Zudem wurden die Befragten nach beiden Merkmalen gefragt, während bei der wohnungsstatistischen Feststellung nur nach dem Wohnsitz gefragt wurde, wenn kein Flüchtlingsausweis vorlag. Durch dieses Vorgehen konnte nun auch die Herkunft der C-Flüchtlinge genauer spezifiziert werden.[121]

Nachfolgende Abbildung stellt die Ergebnisse des Mikrozensus 1957 dar.[122]

---

[118] Wirtschaft und Statistik. Jg. 1960/Heft 7, S. 409 ff.
[119] Ebenda, S. 413.
[120] Ebenda.
[121] Ebenda, S. 411.
[122] Ebenda.

Abbildung 15: Bevölkerung nach dem Wohnsitz am
1. September 1939 und dem Besitz eines Bundesvertriebenen- oder
Bundesflüchtlingsausweises[123] im Oktober 1957 in 1.000[124]

Wohnsitz am 01.09.1939	Ausweis A + B	Ausweis C	Antrag auf Ausweis A + B	Antrag auf Ausweis C	Sonstige Bevölkerung	Ausländer und staatenlos	Gesamt
Bundesgebiet	263	24	6	1	37.161*	94	37.549
Berlin	85	45	3	2	2.158	8	2.299
davon Ost-Berlin	6	10	–	–	136	–	152
davon Sektor fraglich	65	29	2	1	1.038	4	1.139
SBZ/DDR	154	282	7	21	1.300	3	1.767
ehemalige Ostgebiete**	4.092	31	105	1	500	3	4.732
Polen	377	1	10	–	54	40	482
ČSSR	1.698	5	37	–	137	5	1.882
übrige Gebiete	908	3	25	–	212	125	1.273
fehlende Angaben	339	18	9	1	2.421	16	2.803
Insgesamt	7.916	409	201	26	43.943	293	52.787***

* Einschließlich West-Berlin, aber ohne Saarland.
** Gebietsstand 31. Dezember 1937.
*** Einschließlich Wehrpflichtige, aber ohne Berufssoldaten, Bereitschaftspolizei und Bundesgrenzschutz.

Unter Zuhilfenahme der vorangestellten Abbildung lassen sich nun die Veränderungen dieser Bevölkerungsgruppe seit der letzten relevanten

---

[123] Einschließlich eingetragener und nachgetragener bzw. zugehöriger Kinder.
[124] Bundesgebiet einschließlich Saarland und West-Berlin.

Volkszählung vom 13. September 1950 bis zum Zeitpunkt des Mikrozensus ermitteln. Zwei Verbesserungen für die Berechnung, die eine Folge der Umgestaltung der Erhebungsmethodik (Ausweis- und Wohnsitzmerkmal) waren, sind augenscheinlich. Zum einen konnten nun die Ausweisvertriebenen eindeutig von den Zuwanderern getrennt werden, auch wenn sie ihren Wohnsitz am 1. September 1939 auf dem Gebiet der SBZ/DDR hatten. Zum anderen war es nun auch möglich, diejenigen Zuwanderer aus der SBZ/DDR, die einen Antrag auf einen C-Ausweis gestellt hatten, aber zuvor nicht aufgrund ihres Wohnsitzmerkmales als SBZ/DDR-Einwohner identifiziert werden konnten, gesondert darzustellen. In diesem Fall musste aber weiterhin berücksichtigt werden, dass nicht jeder Ausweisberechtigte auch einen Ausweis beantragt hatte. Dennoch handelte es sich methodisch um einen deutlichen Fortschritt.

Für die vorhandene Fragestellung – den Zuzug von Bürgern der DDR zwischen dem 13. September 1950 und dem Oktober 1957 sowie deren potenziellen Anteil an politischen Flüchtlingen zu ermitteln – sind zunächst vier fixe Werte der voranstehenden Abbildung wesentlich. Dies sind:

1) die 1,3 Millionen Personen, die ihren Wohnsitz am 1. September 1939 auf dem Gebiet der SBZ/DDR hatten und weder Ausweisinhaber noch Antragsteller waren,
2) die 409.000 Personen, die bereits einen Flüchtlingsausweis C in der Bundesrepublik erhalten hatten,
3) die 26.000 Personen, die einen Antrag auf einen Flüchtlingsausweis C gestellt hatten und sich noch in einem schwebenden Verfahren befanden sowie
4) die 136.000 Personen, die ihren Wohnsitz am 1. September 1939 in Ost-Berlin hatten und weder Ausweisinhaber noch Antragsteller waren.

Hinzuzurechnen, um die gesamte Wanderungsbewegung (ohne diejenigen Personen, die den Vertriebenen zuzuordnen sind) aus der SBZ/DDR zu ermitteln, sind diejenigen Personen aus Ost-Berlin, deren sektoraler Wohnsitz am 1. September 1939 nicht eindeutig zu bestimmen war und die weder Ausweisinhaber noch Antragsteller waren. Zu berechnen ist dies, indem man die fraglichen 1,038 Millionen Personen wie in vergleichbaren vorangegangenen Rechnungen mit dem Faktor 0,35 multipliziert. Demnach würde diese Bevölkerungsgruppe etwa 363.000 Personen umfassen. Nach der Addition aller dieser Zahlen wird deutlich, dass im Oktober 1957 etwa 2,234 Millionen Personen in der Bundesrepublik Deutschland lebten, deren Wohnsitz am 1. September 1939 auf dem Gebiet der SBZ/DDR und Ost-Berlin lag; einschließlich ihrer in Westdeutschland nachgeborenen Kinder.

In dieser Bevölkerungsgruppe sind ebenfalls diejenigen Personen enthalten, die laut Wohnsitzmerkmal zum Stichtag in einem der übrigen Gebiete gewohnt hatten, offensichtlich aber die Kriterien erfüllten, um einen Flüchtlingsausweis C zu erhalten, bzw. der Ansicht waren, einen solchen erhalten zu können. Es wird sich bei diesen um Personen gehandelt haben, die nach dem Stichtag des Wohnsitzmerkmals auf das Gebiet der SBZ/DDR verzogen waren.

Nicht enthalten sind, unabhängig von ihrem Wohnsitz am 1. September 1939, diejenigen Personen, die Ausweisvertriebene oder entsprechende Antragsteller waren. Offenkundig handelte es sich hier um Personen, die noch während des Krieges vom Gebiet der SBZ/DDR aus in eines der späteren Vertreibungsgebiete verzogen und dementsprechend den Kriterien nach der Gruppe der Vertriebenen zugehörig waren.

Die vorhandenen Ergebnisse spiegeln nun den Iststand im Oktober 1957 wider. Mehrfach- und Rückwanderungen müssen weiter unberücksichtigt bleiben. Doch was sagen diese Ergebnisse über die genaue Aufschlüsselung dieses Bevölkerungskreises und die Veränderungen seit der Volkszählung des Jahres 1950 aus?

Bisher ist bekannt, dass der Gesamtumfang ehemaliger Bewohner der SBZ/DDR zum Zeitpunkt des Mikrozensus 2,234 Millionen Menschen betrug. Von diesen wurden 499.000 als ehemalige Bürger Ost-Berlin ermittelt, die in der Statistik nicht als C-Ausweisinhaber oder entsprechende Antragsteller nachgewiesen wurden.

Des Weiteren beinhaltet der Ausgangswert 435.000 Personen, die über einen Flüchtlingsausweis C verfügten oder einen entsprechenden Antrag gestellt hatten. Vertriebene, die laut Wohnsitzmerkmal einen SBZ/DDR-Hintergrund gehabt haben mögen, sind aufgrund der veränderten Erhebungsmethodik bereits ausgeschlossen worden.

Die Anzahl an ehemaligen Evakuierten und der geschätzten Binnenwanderer zwischen dem 2. September 1939 und dem 29. Oktober 1946 blieb konstant bei den vorhandenen Werten. Unklar ist jedoch die Anzahl der nachgeborenen Kinder seit der Volkszählung des Jahres 1950. Zuzüglich zu den 115.000 ermittelten Kindern zum Stichtag der 1950er-Zählung waren dies für den Zeitraum bis zum Mikrozensus 1957 noch einmal etwa 285.000 Neugeborene.[125] Zusammen also eine Anzahl von ungefähr 400.000 in Westdeutschland nachgeborenen Kindern.

---

[125] Werte errechnet nach: Statistisches Bundesamt (Hrsg.): Fachserie A, 1954 bis 1966, S. 49.

Abbildung 16: Zusammensetzung der Personen aus der DDR und Ost-Berlin in der BRD zum Zeitpunkt des Mikrozensus vom Oktober 1957[126]

Erfasste Gesamtanzahl an Bewohnern aus der DDR und Ost-Berlin in der Bundesrepublik im Oktober 1957 nach Mikrozensuserhebung	2.234.000
davon laut Wohnsitzmerkmal Personen aus Ost-Berlin, die keine C-Ausweisinhaber oder entsprechende Antragsteller sind	499.000
davon Personen mit Flüchtlingsausweis C oder entsprechende Antragsteller	435.000
davon normale Binnenabwanderung aus dem Gebiet der SBZ und Ost-Berlin zwischen dem 02.09.1939 und dem 29.10.1946 in die späteren Westzonen	45.000
davon statistisch berechneter Anteil an sogenannten „ferngebliebenen" ehemaligen Evakuierten	568.000
davon statistisch berechneter Anteil der in den/der Westzonen/BRD nachgeborenen Kinder	400.000

Um die Anzahl an Zuwanderern seit der Volkszählung von 1950 zu ermitteln, muss man nun jeweils zunächst diejenigen Personengruppen ausschließen, die entweder nicht der Gruppe der Zuwanderer und Flüchtlinge zugehörig waren (Vertriebene und West-Berliner) oder qua Geburtsort ausgeschlossen werden konnten (nachgeborene Kinder).

Von den im Rahmen der 1950er-Zählung erfassten 1.555.075 Personen blieb damals ein Restbestand von etwa 887.000 Menschen. Da aufgrund der Methodik des 1957er-Mikrozensus Vertriebene und West-Berliner in der voranstehenden Aufstellung bereits ausgeschlossen werden konnten, sind lediglich die nun 400.000 nachgeborenen Kinder von der errechneten Gesamtzahl der 2,234 Millionen Zuwanderer und C-Flüchtlinge abzuziehen. Im Ergebnis stehen hier 1,834 Millionen Personen, die sich zum Zeitpunkt des Mikrozensus in der Bundesrepublik Deutschland aufgehalten haben und alle Kriterien eines Zuwanderers oder Flüchtlingsausweisinhabers C erfüllten. Berücksichtigt werden müssen aber in jedem Fall noch die im fraglichen Zeitraum verstorbenen Zuwanderer. Ihre Anzahl beträgt zwischen beiden Zählungen etwa 71.000 Personen[127] und muss der Differenz von 947.000 Menschen, die der oben dargelegten Berechnung entsprochen hätte, hinzugefügt werden. Dies bedeutete eine Zuwanderung von

---

[126] Eigene Berechnungen.
[127] Werte errechnet nach: Statistisches Bundesamt (Hrsg.): Fachserie A, 1954 bis 1966, S. 49.

insgesamt 1,018 Millionen Personen zwischen den beiden Zählungen. Es muss hier wiederholt werden, dass es sich bei diesem Ergebnis nicht um das gesamte Ausmaß der Migrationsbewegung in den angesprochenen sieben Jahren gehandelt haben konnte. Mehrfach- und Rückwanderungen sind auf Basis der Volkszählungsergebnisse nicht zu ermitteln und werden an anderer Stelle vertiefend behandelt.

Es stellt sich die Frage nach dem Anteil der politisch motivierten Fluchtbewegung. Wie bereits beschrieben, hätte das Gesetz über die Notaufnahme theoretisch die Möglichkeit geboten, diese genauer zu klassifizieren. In der Praxis aber stellte die Anzahl der C-Flüchtlinge keine verlässliche Quelle zur Ermittlung der politischen Flüchtlinge dar.[128]

Aus diesem Grund sind die erfassten 435.000 Inhaber oder Antragsteller eines Flüchtlingsausweis C auch nicht repräsentativ, um hier eine Größenordnung zu bestimmen. Nach wie vor blieb das Problem bestehen, dass nicht jeder Anspruchsberechtigte einen entsprechenden Antrag stellte. Ebenso waren der Einfluss des politischen Zeitgeistes und die wechselnde gesetzliche Definition auf die Aufnahmequote zu groß, um objektive Ergebnisse zu erhalten.

Sicher ist lediglich, dass vom Kriegsende bis zum Oktober 1957 etwa 1,221 Millionen[129] Menschen aus der SBZ/DDR in die Bundesrepublik kamen, die möglicherweise politisch bedingte Fluchtgründe gehabt haben könnten. Via politischer Entscheidung wurden 409.000 als solche anerkannt. Bei 26.000 bestand diesbezüglich ein schwebendes Verfahren.[130]

Nicht unerwähnt bleiben soll jedoch, dass eine Vielzahl der ab 1951 über die DDR zugezogenen Vertriebenen einen potenziellen politischen Fluchtgrund gehabt haben mögen. Anhand der Daten des Mikrozensus ist es jedoch nicht möglich, deren Umfang zu bestimmen.

---

[128] Vgl. Kapitel 3.2.3 dieser Arbeit „Die Statistik des Bundesnotaufnahmeverfahrens".
[129] Es handelt sich um die 2,234 Millionen erfassten Personen abzüglich der 45.000 Binnenwanderer die vor dem Kriegsende nach Westdeutschland kamen, den 0,4 Millionen nachgeborenen Kinder und den ermittelten ferngebliebenen Evakuierten.
[130] Vgl. Abbildung 15.

3.2.6 Die Statistiken der Wanderungen und die Bevölkerungsfortschreibung in beiden deutschen Staaten

Neben den oben behandelten Erhebungen, die – mit Ausnahme des Bundesnotaufnahmeverfahrens – den jeweiligen Iststand der Bevölkerungsgruppen am Erhebungsstichtag abbildeten, sind Staaten bemüht, geografische und natürliche Bevölkerungsbewegungen auch zwischen diesen Zählungen zu ermitteln. Zu diesem Zweck wurden in der Bundesrepublik Deutschland ebenso wie in der Deutschen Demokratischen Republik seit dem Jahr 1950 Wanderungsstatistiken und Bevölkerungsfortschreibungen geführt.

Die Wanderungsstatistik stützt sich dabei auf die bei der Durchführung des Meldewesens anfallenden Meldescheine, die bei einem Wohnortwechsel zwischen zwei Gemeinden oder dem Ausland erhoben werden.[131] Sie ist Teil der amtlichen Bevölkerungsfortschreibung, die zusätzlich durch die natürliche Bevölkerungsbewegung (Geburten und Sterbefälle) ergänzt wird und den Anspruch hat, die in Deutschland lebende Bevölkerung in ihrer Gesamtheit zu erfassen.

Um die Genauigkeit dieser Statistiken zu beschreiben, genügt es, sich folgendes Zitat – entnommen aus der vom Statistischen Bundesamt herausgegebenen Zeitschrift „Wirtschaft & Statistik" – zu vergegenwärtigen:

> Die vorstehenden Darlegungen über Fehlermöglichkeiten und tatsächlich erkannte Fehler mögen den Eindruck erwecken, als ob sich die deutsche Statistik auf außerordentlich unsicherem Boden bewegt und dies sogar bei den Einwohnerzahlen,[...][132]

Tatsächlich bewegte sich die bundesdeutsche Statistik – hier im Besonderen die Wanderungsstatistik, die schließlich die Basis der Fortschreibung ist – auf äußerst unsicherem Boden.

Die hauptursächlichen Problemquellen lagen in der laxen Handhabung der Zu- und Abmeldepflicht. Diese waren zwar Pflicht, jedoch waren Zuwiderhandlungen kaum zu kontrollieren und wurden auch nicht bestraft.[133]

Orientiert man sich an den Angaben der Volkszählungen, so wird der Umfang des Fehlerpotenzials deutlich. Das Statistische Bundesamt selber errechnete von 1950 bis zur wohnungsstatistischen Feststellung 1956 ca. 811.000 Personen, die aufgrund von Fortschreibungsfehlern zu viel

---

[131] Statistisches Bundesamt, Band 114, S. 11.
[132] Wirtschaft und Statistik. Jg. 1957/Heft 9, S. 470.
[133] Heidemeyer (1994), S. 37.

erfasst worden waren.[134] In anderen wissenschaftlichen Veröffentlichungen ging man in den Jahren zwischen 1950 und 1961 von fortschreibungsbedingten Fehlern zwischen 750.000 und 800.000 Personen aus.[135] Diese Zahl dürfte sich zu einem erheblichen Teil aus Ab- und Rückwanderern in die DDR zusammengesetzt haben.[136]

Abbildung 17: Deutsche aus der DDR in der Bundesrepublik laut Fortschreibungsergebnissen in 1.000[137]

Jahr	Zugewanderte	Veränderung gegenüber Vorjahr
1950*	1.555	
1951	1.758	+ 203
1952	1.896	+ 138
1953	2.153	+ 257
1954	2.378	+ 225
1955	2.611	+ 233
1956	2.807	+ 196
1957	3.029	+ 222
1958	3.176	+ 147
1959	3.308	+ 132
1960	3.474	+ 166
1961*	3.099	− 375

* 1950 und 1961: Ergebnisse der jeweiligen Volkszählungen; von 1951 bis 1960 Fortschreibungsergebnisse zum 31.Dezember des jeweiligen Jahres.

---

[134] Wirtschaft und Statistik. Jg.1957/Heft 9, S. 467.
[135] Vgl. Köllmann, S. 72. Auf Köllmann beruft sich ebenso Koch, S. 49; dessen Angaben wiederum übernimmt Heidemeyer (1994), S. 37.
[136] Wirtschaft und Statistik. Jg.1957/Heft 9, S. 4769; vgl. dazu auch Koch, S. 49.
[137] Werte entnommen aus: Statistisches Bundesamt (Hrsg.): Fachserie A, 1954 bis 1966, S. 13 und eigene Berechnungen.

Die Erkenntnis, dass Fortschreibungsergebnisse über einen längeren Zeitraum immer zu überhöhten Einwohnerzahlen geführt haben, teilte also auch das Statistische Bundesamt.[138] Aus diesem Grund wurden Fortschreibungen wegen der wachsenden Ungenauigkeit immer vom letzten Zensus aus korrigiert und fortgeführt.

Konkret bezogen auf die Wanderungsbewegung aus der DDR lagen die Fehlerpotenziale der Wanderungs- und Fortschreibungsstatistik sowohl bei bundesdeutschen Behörden als auch im individuellen Umgang mit den Meldevorschriften. Neben der bereits angesprochenen Problematik der ungenauen Zu- und Abmeldung ging das Statistische Bundesamt davon aus, dass vor allem im Zeitraum 1951/52 Zuwanderer aus der DDR besonders nach einem Arbeitsplatzwechsel kurz nach der Zuwanderung doppelt gezählt worden sind.[139]

Ebenso war es denkbar, dass sich Besucher aus der SBZ/DDR in der Bundesrepublik anmeldeten, dann aber wieder in die SBZ/DDR zurückkehrten, ohne eine Abmeldung durchzuführen.[140] Schließlich war es außerdem – wie bereits bei den Volkszählungen vermutet – wahrscheinlich, dass nicht jeder Zuwanderer aus der SBZ/DDR den Behörden seinen individuellen Hintergrund anvertrauen wollte und somit nicht als ehemaliger Bürger der SBZ/DDR in Erscheinung trat.[141] Dies wurde durch den Umstand begünstigt, dass nicht in allen Meldescheinen die Frage nach dem Wohnort am 1. September 1939 enthalten war.[142]

Auszuschließen waren Fehler wie die Doppelzählungen im Zusammenhang mit dem Notaufnahmeverfahren, da diese Personen erst von der Wanderungsstatistik erfasst wurden, wenn sie sich in der Bundesrepublik Wohnraum nahmen.[143] Ebenso ist es unwahrscheinlich, dass die Statistik der Geburten- und Sterbefälle die Ursache größerer Ungenauigkeiten darstellte. Diese wurden von den Standesämtern zweifellos so vollständig erfasst, dass die angesprochenen Mängel der Wanderungsstatistik Auslöser für die Fehler der Fortschreibungsergebnisse sein mussten.[144]

---

[138] Wirtschaft und Statistik. Jg.1957/Heft 9, S. 467.
[139] Ebenda, S. 469.
[140] Ebenda.
[141] Ebenda.
[142] Statistisches Bundesamt (Hrsg.), Band 73, S. 7.
[143] Wirtschaft und Statistik. Jg. 1957/Heft 9, S. 469.
[144] Ebenda, S. 468.

Abbildung 18: Die Wanderungen zwischen dem Bundesgebiet einerseits und der DDR und Berlin laut bundesdeutscher Wanderungsstatistik[145]

Jahr	Zuzüge nach BRD ohne Berlin	Fortzüge nach DDR	Wanderungsgewinne BRD ohne Berlin
1950	293.136	50.259	242.877
1951	248.931	38.716	210.215
1952	195.187	28.650	166.537
1953	375.666	25.050	350.616
1954	285.394	52.787	232.607
1955	355.862	53.039	301.823
1956	377.986	52.858	325.128
1957	372.938	61.483	311.455
1958	226.165	50.143	176.022
1959	183.969	48.262	135.707
1960	225.795	44.676	181.119
1961	239.804	39.749	200.055
Gesamt	3.380.833	545.672	2.835.161

Ein weiteres relevantes Problem für die Ermittlung der Wanderungsbewegung zwischen Ost- und Westdeutschland war die nicht vorhandene Separierung von Ost- und West-Berlin in der Wanderungsstatistik.[146] Gerade nach der Sperrung der Zonengrenze konzentrierte sich der größte Teil dieser Wanderungsbewegung auf Berlin, wodurch ein Teil der Ost-West-Migration aufgrund der fehlerhaften Methodik durch diese Statistik nicht zu erfassen war. Erfahrungsgemäß gaben viele aus Ost-Berlin

---

[145] Werte für 1950 entnommen aus: Statistisches Bundesamt (Hrsg.): 1951, S. 23, S. 27. Werte für 1951 bis 1955: Statistisches Bundesamt (Hrsg.), Band 171, S. 22. Werte für 1957: Statistisches Bundesamt (Hg): 1957, S. 17. Werte für 1958: Statistisches Bundesamt (Hrsg.), Band 239, S. 26. Werte für 1959 bis 1961: Statistisches Bundesamt (Hrsg.): Bevölkerung und Kultur. Reihe 3. Zudem eigene Berechnungen.
[146] Heidemeyer (1994), S. 37.

3. Die Wanderungs- und Fluchtbewegung

und der DDR Kommende beim Zuzug in das Bundesgebiet West-Berlin als letzten Wohnsitz an, zudem wurde auf vielen Meldepapieren nur „Berlin" als Herkunft oder Ziel angegeben.[147]

Die bundesdeutsche Statistik behalf sich bei dieser Problematik mit einer Berechnung, um die Zuwanderungen aus der DDR zu erfassen. Man addierte die registrierten Zuzüge aus Berlin und der DDR in das Bundesgebiet und subtrahierte von dieser Summe die aus West-Berlin registrierten Zuzüge in das Bundesgebiet. Schließlich addierte man zu diesem Zwischenergebnis die in West-Berlin registrierten Zuzüge aus der DDR und Ost-Berlin, um die Gesamtzahl der in die Bundesrepublik und West-Berlin zugezogenen Personen aus der DDR und Ost-Berlin zu ermitteln.[148]

Abbildung 19: Die Wanderungen zwischen dem Bundesgebiet einschließlich West-Berlin und der DDR und Ost-Berlin nach der Berechnung des Statistischen Bundesamtes in 1.000[149]

Jahr	Zuzüge nach BRD und West-Berlin	Fortzüge nach DDR und Ost-Berlin	Wanderungsgewinne BRD und West-Berlin
1950	337,3	56,7	280,7
1951	287,8	45,3	242,5
1952	232,1	30,9	201,2
1953	408,1	28,1	380,1
1954	295,4	49,0	246,4
1955	381,8	48,7	333,1
1956	396,3	46,7	349,6
1957	384,7	52,6	332,0
1958	226,3	38,7	187,6
1959	173,8	38,7	135,2
1960	225,4	28,5	196,9
1961	233,5	23,1	210,4
Gesamt	3.582,6	487,0	3.095,6

---

[147] Statistisches Bundesamt (Hrsg.): 1951, S. 7 f.
[148] Statistisches Bundesamt (Hrsg.), Band 218.
[149] Werte entnommen aus: Statistisches Bundesamt (Hrsg.): Fachserie A, 1954 bis 1966, S. 18.

Vergleicht man diese Berechnung mit der Wanderungsstatistik der Bundesrepublik, werden deutliche Unterschiede sichtbar. Zugleich wirft die Diskrepanz der Werte Fragen auf. Es ist allerdings unmöglich, alle vorgestellten Statistiken punktgenau auf ihre Fehlerquellen zu untersuchen. Diese sind im Nachhinein nicht mehr in vollem Umfang nachzuvollziehen. Jedoch seien einige Anmerkungen erlaubt: Der augenfällige Unterschied zwischen beiden vorangegangenen Aufstellungen bestand – wie so oft – in der unterschiedlichen Verfahrensweise mit der Stadt Berlin. Während die Wanderungsstatistik (Abbildung 18) die Zuwanderung aus der gesamten Stadt Berlin in das restliche Bundesgebiet negierte, berücksichtigte die Berechnung des Statistischen Bundesamtes (Abbildung 19) den Status der Teilung und führte West-Berlin als Teil der Bundesrepublik. Im Ergebnis zeigten die Berechnungen des Statistischen Bundesamtes gegenüber der Wanderungsstatistik für den Zeitraum von 1950 bis 1961 einen zusätzlichen Nettowanderungsgewinn von etwa 260.000 Zuwanderern.

Zwar war es im Rahmen der Wanderungsstatistik und der Berechnung des Statistischen Bundesamtes nicht möglich, diejenigen Bürger der DDR zu erfassen, die sich nach ihrem Wohnortwechsel dauerhaft in West-Berlin niederließen, jedoch ist hier der Grund für die Differenz zwischen beiden Berechnungen zu sehen.

Im Rahmen der Volkszählung des Jahres 1961 wurden in West-Berlin 55.000 ausweisberechtigte Sowjetzonenflüchtlinge und 325.000 Deutsche aus der SBZ/DDR ohne Ausweis erfasst.[150] Da zwar unbekannt ist, wie viele von ihnen dauerhaft in West-Berlin sesshaft geworden sind, jedoch anzunehmen ist, dass der größere Teil zeitnah in die Bundesrepublik weitergeleitet wurde und somit von beiden Statistiken erfasste worden war, erklärt sich die Diskrepanz von 260.000 Personen zwischen den beiden Statistiken mit den dauerhaft sesshaft gewordenen SBZ/DDR-Bürgern in West-Berlin. Der Bevölkerungszuwachs West-Berlins betrug von 1950 bis 1961 insgesamt lediglich etwa 50.000 Personen. Die natürliche Bevölkerungsbewegung war darin bereits enthalten. Zudem beinhaltete dieser Kreis auch Personen, die aus Westdeutschland zugezogen waren. Folglich fand nach der Sperrung der innerdeutschen Grenze 1952 ein stetiger und reger Bevölkerungsaustausch mit West-Berlin als Transitstation statt.

Zu berücksichtigen ist außerdem, dass in der Wanderungsstatistik zusätzlich noch rund 15.000 Saarländer enthalten waren, die zwischen dem 1. Januar 1954 und dem 25. September 1956 als Zuwanderer erfasste wurden. Auch muss darauf hingewiesen werden, dass beide Statistiken Zuwanderer, die einen Vertriebenenhintergrund hatten, beinhaltete. Dies ist jedoch in dieser Arbeit nicht von Belang, da vorangegangen schon in

---

[150] Wirtschaft und Statistik. Jg. 1963/Heft 9, S. 518.

Anlehnung an Heidemeyer festgestellt wurde, dass spätestens 1950 die relevanten Kriegsfolgewanderungen als abgeschlossen anzusehen sind und ein danach erfolgter Wohnortwechsel ursächlich in den Lebensbedingungen des DDR-Staats begründet lag.

Diffuser wird die Diskrepanz innerhalb der einzelnen Statistiken, wenn man die Berechnung des Statistischen Bundesamtes (Abbildung 19) mit den Ergebnissen der amtlichen Bevölkerungsfortschreibung (Abbildung 17) vergleicht. Zwischen den beiden Volkszählungen der Jahre 1950 und 1961 ergab sich für die Jahre 1951 bis 1960 ein Fortschreibungsdefizit von knapp 700.000 Personen gegenüber den Berechnungen des Statistischen Bundesamtes.

Da im Rahmen der amtlichen Bevölkerungsfortschreibung die natürliche Bevölkerungsbewegung enthalten ist, die die Anzahl der ehemaligen SBZ/DDR-Bürger in Westdeutschland noch nachträglich erhöht haben müsste, da ja die nachgeborenen Kinder den Status der Eltern erhielten, dürften die reinen Wanderungsgewinne nach der Berechnung des Bundesamtes noch höher ausgefallen sein.

Hardin erklärte die offensichtlich überhöhten Zahlen damit (hier im Vergleich zu den DDR-Statistiken), dass nach der Berechnung des Statistischen Bundesamtes die erfasste Anzahl an West-Berliner Bürgern, die in die Bundesrepublik verzogen, zu gering sei, da sich viele dieser Personen nicht die Mühe der Ummeldung gemacht hätten.[151] Da deren Anzahl ja von der restlichen Wanderungsbewegung abgezogen wurde, würde eine Untererfassung zu überhöhten Zuwanderungszahlen führen. Erschwerend kam hinzu, dass die Bevölkerungsfortschreibung für das Jahr 1961, aufgrund von neuesten Erkenntnissen des damaligen Zensus, um 375.000 Personen nach unten korrigiert wurde; demgegenüber wiesen die Berechnungen des Statistischen Bundesamtes noch einmal einen Wanderungsgewinn von etwa 210.000 Personen für dasselbe Jahr aus. Die Möglichkeit, dass eine gewisse Untererfassung im Rahmen der Volkszählung des Jahres 1961– aufgrund von fehlender Selbstangabe der Deutschen aus der DDR – zu dieser doch erheblichen Korrektur der Fortschreibungsergebnisse geführt haben könnte, ist unwahrscheinlich.

Für die vorhandene Fragestellung müssen ebenso zwei Statistiken der Deutschen Demokratischen Republik hinzugezogen werden. Zum einen ist dies die DDR-Wanderungsstatistik, zum anderen eine Aufstellung, die auf Basis der DDR-Bevölkerungsstatistik berechnet wurde. Die Wanderungsstatistik beruhte – wie ihr Pendant in der Bundesrepublik – auf den bei An- und Abmeldung anfallenden Meldescheinen. Aufgrund des totalitären Charakters des DDR-Regimes wurden „Republikflüchtige" zusätzlich

---

[151] Hardin, S. 82 f.

durch die zuständigen Behörden umfassend registriert und in die Wanderungsstatistik aufgenommen.

Abbildung 20: Die Wanderungen über die Grenze der DDR in die Bundesrepublik und West-Berlin laut DDR-Wanderungsstatistik[152]

Jahr	Zuzüge in die BRD und West-Berlin	Fortzüge in die DDR und Ost-Berlin	Wanderungsgewinne BRD und West-Berlin
1950*	81.121	23.335	57.786
1951	187.791	47.115	140.676
1952	185.778	23.134	162.644
1953	296.174	31.792	264.382
1954	226.355	75.867	150.488
1955	315.235	72.858	242.377
1956	363.661	73.707	289.954
1957	351.668	77.952	273.716
1958	215.530	54.846	160.684
1959	144.225	63.152	81.073
1960	202.711	42.943	159.768
1961	212.814	34.039	178.775
Gesamt	2.783.063	620.740	2.162.323

* Werte ab September 1950.

Des Weiteren wurde in der DDR durch die Staatliche Zentralverwaltung für Statistik eine Berechnung durchgeführt, die – basierend auf der Bevölkerungsstatistik der DDR – die Abwanderung in die Bundesrepublik und West-Berlin ermitteln sollte. Diese Statistik beruhte auf der Veränderung der DDR-Wohnbevölkerung, die durch die natürliche Bevölkerungsbewegung bereinigt wurde. Veränderungen wurden als Abgänge in die BRD gewertet.[153]

---

[152] Werte entnommen aus: Melis, S. 255 f. und eigene Berechnungen.
[153] Koch, S. 48.

3. Die Wanderungs- und Fluchtbewegung

Abbildung 21: Abwanderung in die BRD und West-Berlin nach der DDR-Bevölkerungsstatistik[154]

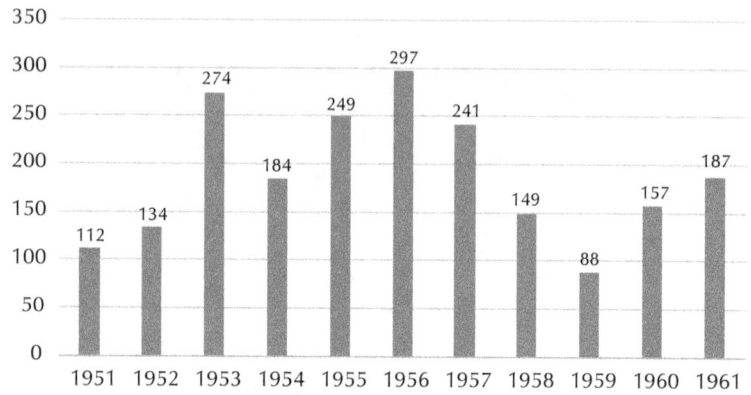

Die vorangestellten DDR-Statistiken sind, im Gegensatz zu den bundesdeutschen Statistiken, durch eine weitestgehende Übereinstimmung gekennzeichnet. Die um etwa 90.000 erhöhte Personenzahl der Wanderungsstatistik (Abbildung 20) gegenüber den 2,072 Millionen Erfassten der Bevölkerungsstatistik (Abbildung 21) wurde durch die knapp 58.000 Personen für das Jahr 1950 abgeschwächt, die in der Bevölkerungsstatistik nicht erfasst wurden. Die verbleibende Differenz von etwa 32.000 Personen war für den Beobachtungszeitraum und den Umfang der Wanderungen nur marginal und statistisch unbedeutend (unter 2 % Abweichung).

Vergleicht man die bundesdeutschen Statistiken mit den entsprechenden Aufstellungen der DDR-Statistiker, werden massive Unterschiede deutlich.

In der Literatur werden den ostdeutschen Statistiken unisono eine höhere Genauigkeit und Glaubwürdigkeit bescheinigt.[155] Dies wurde in erster Linie mit der strengeren Einhaltung des Meldewesens begründet, wodurch vor allem die West-Ost-Wanderung genauer erfasst werden konnte, was in der Folge direkten Einfluss auf die Netto-Wanderungsveränderungen hatte.[156]

Wie bereits angesprochen, waren Doppelzählungen für die überhöhten Zahlen der bundesdeutschen Statistiken ein Fehlerfaktor, wie das Statistische Bundesamt selbst eingestanden hatte. Dies betraf in besonderem

---

[154] Werte entnommen aus Koch, S. 49.
[155] Siehe u. a. Effner/Heidemeyer (2005), S. 98 sowie Koch, S. 48.
[156] Effner/Heidemeyer (2005), S. 97.

Maße auch die Rück- und Mehrfachwanderungen zwischen beiden deutschen Gebieten. Während diese in der DDR als „Republikflüchtige" erkannt wurden und dementsprechend im Falle ihrer Rückkehr in der Statistik weder als Weg- noch als Zuzug berücksichtigt wurden, wurden sie in der Bundesrepublik in den seltensten Fällen registriert, sodass sich vor allem die Anzahl der Mehrfachwanderer in den bundesdeutschen Statistiken potenzieren konnte.[157]

Schon alleine die mangelhafte Erfassung der Fortzüge in die DDR führte dazu, dass die Berechnungen des Statistischen Bundesamtes (Abbildung 19) gegenüber der Wanderungsstatistik der DDR (Abbildung 20) eine Lücke von etwa 130.000 Personen auswies. Da sich die Masse der Fortzüge aus Rückwanderern zusammensetzte,[158] war schon die Methode der Berechnung des Statistischen Bundesamtes, die Fortzüge von den Zuzügen abzuziehen, um so die Wanderungsgewinne zu berechnen, fehlerhaft. Dieser Fehler wurde durch die unbekannte Anzahl an Mehrfachwanderungen noch intensiviert.

Abbildung 22: Gegenüberstellung der jährlichen Wanderungsgewinne anhand der unterschiedlichen Statistiken[159]

Jahr	Wanderungsstatistik BRD	Berechnung Stat. Bundesamt	Fortschreibung BRD*	Wanderungsstatistik DDR	Bevölkerungsstatistik DDR*
1950	242.877	280.700	n. v.	57.786**	n. v.
1951	210.215	242.500	203.000	140.676	112.000
1952	166.537	201.200	138.000	162.644	134.000
1953	350.616	380.100	257.000	264.382	274.000
1954	232.607	246.400	225.000	150.488	184.000
1955	301.823	333.100	233.000	242.377	249.000
1956	325.128	349.600	196.000	289.954	297.000
1957	311.455	332.000	222.000	273.716	241.000
1958	176.022	187.600	147.000	160.684	149.000
1959	135.707	135.200	132.000	81.073	88.000
1960	181.119	196.900	166.000	159.768	157.000
1961	200.055	210.400	-375.000	178.775	187.000
Gesamt	2.835.161	3.095.600	1.544.000	2.162.323	2.072.000

* Natürliche Bevölkerungsbewegung enthalten.
** Werte ab September 1950.

---

[157] BArch DE2 (Staatliche Zentralverwaltung für Statistik)/1727.
[158] BArch DE2 (Staatliche Zentralverwaltung für Statistik)/22422, pag. 3.
[159] Werte entnommen aus obigen Abbildungen und eigene Berechnungen.

3.2.7 Die bundesdeutsche Volks- und Berufszählung vom 6. Juni 1961

Abschließend sei ein Blick auf die Volks- und Berufszählung in der Bundesrepublik vom 6. Juni 1961 erlaubt. Das „Gesetz über eine Zählung der Bevölkerung und der nichtlandwirtschaftlichen Arbeitsstätten und Unternehmen im Jahr 1961" vom 13. April 1961[160] hatte den Anspruch, auch die ehemaligen Bewohner der SBZ/DDR in der Bundesrepublik zu ermitteln.

Zunächst wurde aber dieser Personenkreis umdefiniert. Fortan wurden die – in vorherigen Zählungen genannten – Zuwanderer und Sowjetzonenflüchtlinge als „Deutsche aus der SBZ" [sic!][161] bezeichnet. Diese waren Personen sowie deren nachgeborene Kinder, die nach Kriegsende aus dem Gebiet der SBZ/DDR und Ost-Berlin in die Bundesrepublik einschließlich West-Berlin verzogen waren.[162] Die bei den meisten vorherigen Zählungen relevante Wohnsitzdefinition zum 1. September 1939 entfiel somit offiziell. Da man jedoch unter alleiniger Nutzung der Ausweisdefinition kaum brauchbare Ergebnisse bezüglich der Deutschen aus der SBZ erzielt hätte, sah man sich gezwungen, durch Zusatzfragen, die im Wesentlichen gleichbedeutend mit einer reformierten Wohnsitzdefinition waren, zu arbeiten:

1) Sind Sie nach Kriegsende in das Gebiet der heutigen Bundesrepublik einschließlich Berlin (West) zugezogen?
2) Falls ja, lag der bisherige Wohnsitz in der Sowjetischen Besatzungszone Deutschlands oder im Sowjetsektor von Berlin?
3) Besitzen Sie einen Bundesvertriebenenausweis A oder B oder einen Bundesflüchtlingsausweis C?[163]

Ebenso als Deutsche aus der SBZ erfasst wurden demnach Personen mit einem Vertriebenenausweis A oder B und deren nachgeborene Kinder, sofern sie nach ihrer Vertreibung oder Flucht zunächst in der SBZ/DDR ihren Wohnsitz genommen hatten.[164] Der zeitliche Aspekt der Wohnsitznahme war nicht definiert. Der Gesetzgeber machte hier offenbar keinen Unterschied, ob man lediglich wenige Wochen auf dem Gebiet der SBZ

---

[160] Abgedruckt in: Bundesgesetzblatt I, Nr. 25 vom 13. April 1961, S. 437.
[161] Die deutsche Politik und Öffentlichkeit war nicht bereit, der Deutschen Demokratischen Republik den Status eines Staates anzutragen. Demnach wurde die Staatsgründung negiert und begrifflich weiterhin von der sowjetisch besetzten Zone Deutschlands gesprochen. Gemeint ist hier aber ebenso das Staatsgebiet der DDR.
[162] Statistisches Bundesamt (Hrsg.): Volks- und Berufszählung vom 6. Juni 1961, S. 21.
[163] Engel, S. 28.
[164] Statistisches Bundesamt (Hrsg.): Volks- und Berufszählung vom 6. Juni 1961, S. 26.

gelebt hatte oder mehrere Jahre Staatsbürger der SBZ/DDR war. Dennoch wurden diese vertriebenen „Deutschen aus der SBZ" in der Statistik separat als Vertriebene geführt und von den übrigen Zuwanderern aus der SBZ/DDR separiert.

Interessant für die vorhandene Fragestellung ist die besagte Volkszählung vor allem, weil mit der Erfassung der Zuwanderer auch die Frage nach dem Jahr des Zuzugs verbunden war. Dadurch konnte die ungefähre Größenordnung der Zuwanderung vor dem Kriegsende bzw. die während der unmittelbaren Nachkriegszeit vollzogenen ermittelt werden.

Zudem wurden in der statistischen Aufstellung die nachgeborenen Kinder sowie die über die SBZ/DDR zugezogenen Vertriebenen gesondert erfasst, sodass zwei der in den vorherigen Zählungen üblichen Fehlerquellen annähernd beseitigt werden konnten. Die Volks- und Berufszählung des Jahres 1961 bietet sich aus diesem Grund hervorragend an, um die bisher erlangten Erkenntnisse über die Zuwanderung aus dem Gebiet der SBZ/DDR zu überprüfen und ggf. zu ergänzen.

Jedoch war auch diese statistische Aufstellung nicht frei von Fehlern, und es müssen gewisse Parameter berücksichtigt werden, möchte man einen Vergleich und ein Resümee zu den vorangegangenen Ergebnissen erhalten.

Zunächst sei auf ein bekanntes Problem hingewiesen, das auch aus anderen Statistiken bekannt ist. Da sich die betroffenen Personen wiederum selber einer entsprechenden Bevölkerungsgruppe zuteilen mussten, war auch bei dieser Zählung nicht gewährt, dass eine lückenlose Erfassung der Zuwanderung gegeben war.[165] Ebenso bildeten die Ergebnisse – wie bei Volkszählungen üblich – lediglich den Iststand der Zuwanderung zum Zeitpunkt der Zählung ab. Der vollständige Fluchtumfang konnte aufgrund der nicht registrierten Rück- und Mehrfachwanderung so nicht erfasst werden.[166] Jedoch wurde an anderer Stelle dieser Arbeit schon angesprochen, dass eine politisch motivierte Flucht bzw. Flucht wegen einer Gefahr für Leib und Leben als höchst unwahrscheinlich anzusehen ist, wenn sich der Betroffene zu einer Rückwanderung in die SBZ/DDR oder gar zu mehrfachen Pendeln zwischen beiden deutschen Staaten entschloss.

Auch sind Todesfälle der in der Bundesrepublik lebenden Zuwanderer nicht berücksichtigt worden. Im Zeitraum von 1945 bis einschließlich 1961 handelte es sich hier immerhin um nicht berücksichtigte Todesfälle in einer Größenordnung von etwa 160.000 Verstorbenen.[167] Zuzüglich zu dieser Zahl muss man noch etwa 18.000 Verstorbene berücksichtigen, die der Gruppe der über die DDR zwischen 1951 und 1961 zugezogenen

---

[165] Heidemeyer (1994), S. 39.
[166] Ebenda.
[167] Berechnet nach: Statistisches Bundesamt (Hrsg.): Fachserie A, 1954 bis 1966, S. 49.

Vertriebenen angehörten, da diese nach der für diese Arbeit gültigen Definition ebenfalls den Zuwanderern bzw. Sowjetzonenflüchtlingen angehörten.[168]

Schließlich sei noch erwähnt, dass die tabellarische Aufbereitung in einem Punkt einen Fehler enthält. So flossen auch die Zuwanderer des Jahres 1944 und früher in die Aufstellung ein, obwohl die vorgegebene Definition der „Deutschen aus der SBZ" ausdrücklich auf ein Zuzugsdatum nach Kriegsende verweist.

Abbildung 23: Vertriebene und Deutsche aus der SBZ/DDR im Bundesgebiet zum Zeitpunkt der Volkszählung vom 6. Juni 1961 nach Zuzugsjahren in 1.000[169]

Jahr des Zuzugs	Deutsche aus der SBZ/DDR	Ebenda: kumulierte Werte	Vertriebene aus der SBZ/DDR	Ebenda: kumulierte Werte	Gesamt	Ebenda: kumulierte Werte
1944/45	290,3		523,4		813,7	
1946	169,9	460,2	479,3	1.002,7	649,2	1.462,9
1947	133,0	593,2	198,4	1.201,1	331,4	1.794,3
1948	138,9	732,1	166,3	1.367,4	305,2	2.099,5
1949	144,1	876,2	129,0	1.496,4	273,1	2.372,6
1950	151,0	1.027,2	106,1	1.602,5	257,1	2.629,7
1951	113,9	1.141,1	62,9	1.665,4	176,8	2.806,5
1952	112,1	1.253,2	54,8	1.720,2	166,9	2.973,4
1953	203,4	1.456,6	84,6	1.804,8	288,0	3.261,4
1954	128,7	1.585,3	57,1	1.861,9	185,8	3.447,2
1955	182,6	1.767,9	63,7	1.925,6	246,3	3.693,5
1956	192,8	1.960,7	69,5	1.995,1	262,3	3.955,8
1957	180,5	2.141,2	78,3	2.073,4	258,8	4.214,6
1958	121,7	2.262,9	61,4	2.134,8	183,1	4.397,7
1959	88,0	2.350,9	30,7	2.165,5	118,7	4.516,4
1960	146,0	2.496,9	32,2	2.197,7	178,2	4.694,6
1961*	68,8	2.565,7	5,5	2.203,2	74,3	4.768,9
unbekannt oder vor 1944	44,3	2.610,0	31,9	2.235,1	76,2	4.845,1
nachgeborene Kinder	489,0	3.099,0	530,9	2.766	1.019,9	5.865,0
insgesamt	3.099,1**		2.765,7**		5.864,8**	

* bis 5. Juni 1961. ** Werte offenbar gerundet.

---

[168] Statistisches Bundesamt (Hrsg.): Fachserie A, 1954 bis 1966, S. 49.
[169] Werte entnommen aus: Statistisches Bundesamt (Hrsg.): Volks- und Berufszählung vom 6. Juni 1961, S. 28. Kumulierte Werte und Gesamt: eigene Berechnungen.

Vergleicht man nun die Daten der Volkszählung des Jahres 1961 mit den Volkszählungen der Jahre 1946 und 1950 sowie der Mikrozensuserhebung aus dem Jahr 1957 kommt man zu folgenden Ergebnissen:

Im Rahmen der unmittelbar nach Kriegsende durchgeführten gesamtdeutschen Erhebung vom 29. Oktober 1946 wurde eine Gesamtzahl von 1.021.074 Zuwanderern aus der SBZ und Berlin in die drei Westzonen festgestellt. Davon abzuziehen sind die statistisch berechneten Einwohner West-Berlins, die im Zeitraum nachgeborenen Kinder, die vermutete reguläre Binnenwanderung vor dem Kriegsende und die miterfassten Vertriebenen. Letztlich ergibt dies ein Ergebnis von knapp 504.000 Personen aus der SBZ und Ost-Berlin, von denen sich der überwiegende Teil aus Evakuierten zusammengesetzt haben musste.[170]

Mit Hilfe der 1961er-Volkszählung wurden bis zum Ende des Jahres 1946 insgesamt 460.200 Zugezogene erfasst. Hier ist zu bedenken, dass fast genau zwei Monate zu viel berücksichtigt wurden, die zwischen dem Datum der 1946er-Zählung und dem Jahresende liegen. Statistisch betrachtet müssen also etwa 28.000 Personen vom Ergebnis der 1961er-Zählung abgezogen werden,[171] sodass man zu einem Ergebnis von 432.200 Zugewanderten kommt. Schließlich müssen jedoch noch diejenigen Personen dem Ergebnis der 1961er-Zählung hinzugefügt werden, die zwischen den beiden Volkszählungen verstorben sind, jedoch zum Stichtag der Volkszählung des Jahres 1946 erfasste worden waren. Basierend auf den vorhandenen Daten bezüglich der natürlichen Bevölkerungsbewegung der Zuwanderer[172] handelte es sich hier um schätzungsweise 150.000 Verstorbene, sodass sich anhand der Daten der Rückrechnung des Jahres 1961 zum Zeitpunkt der 1946er-Volkszählung etwa 582.200 Menschen der Zielgruppe in der Bundesrepublik aufhielten. Auffällig ist hier die Differenz von 78.200 Personen, die im Rahmen der Volkszählung des Jahres 1961 zusätzlich erfasst worden waren. Auf die möglichen Ursachen für diese Diskrepanz wird im weiteren Verlauf dieses Kapitels noch vertiefend eingegangen werden.

Generell bleibt jedoch festzuhalten, dass es sich zum damaligen Zeitpunkt um eine kriegsbedingte Wanderungsbewegung von Evakuierten und Frontflüchtlingen handelte, die nicht mit einer aufgrund der vorherrschenden politischen Verhältnisse in der SBZ bedingten Fluchtbewegung zu verwechseln ist.

---

[170] Vgl. Kapitel 3.2.1.
[171] Rechnung wie folgt: 16,667 % (zwei von zwölf Monaten) von 169.900 erfassten Zuwanderern des Jahres 1946.
[172] Schätzung anhand der Daten aus: Statistisches Bundesamt (Hrsg.): Fachserie A, 1954 bis 1966, S. 49.

Der Vergleich der Ergebnisse der Volkszählung des Jahres 1950 mit der Rückrechnung von 1961 führt ebenso zu unterschiedlichen Ergebnissen für das betreffende Jahr. Zieht man von den 1950 erfassten 1.555.075 Personen ebenfalls die Vertriebenen, West-Berliner, nachgeborenen Kinder und die vor Kriegsende in den Westen Gekommenen ab, so bleibt ein Netto-Ergebnis von etwa 842.000 Personen aus der SBZ/DDR und Ost-Berlin im Bundesgebiet. Die Rückzählung des Jahres 1961 ermittelte bis zum Ende des Jahres 1950 ein Ergebnis von 1.027.200 Personen. Hinzuzufügen sind hier noch etwa 125.000 Todesfälle.[173] Abzuziehen sind jedoch ca. 44.000 Personen, die zwischen dem Stichtag der Volkszählung und dem Jahresende in die Bundesrepublik kamen,[174] sodass im Endergebnis eine Anzahl von 1.108.200 Personen steht, die laut der Rückrechnung des Jahres 1961 bis zum Zeitpunkt der Volkszählung 1950 in die Bundesrepublik und West-Berlin gekommen waren. Auch hier weisen die Daten der Rückrechnung mit einer Differenz von 266.200 Personen eine erheblich größere Zuwanderung aus, als sie 1950 erfasste worden war.

Auch die Ergebnisse des Mikrozensus des Jahres 1957 sind im Vergleich zu den erhobenen Daten der Rückzählung deutlich niedriger. Abzüglich der etwa 400.000 nachgeborenen Kinder und den vermuteten Wanderungen in Höhe von 45.000 Menschen vor Kriegsende, konnten 1,789 Millionen Personen als ehemalige Bürger der SBZ/DDR ermittelt werden. Im Gegensatz dazu wurde im Rahmen der Rückzählung bis zum Jahresende 1957 eine Anzahl von 2.141.200 Zuwanderern registriert. Zuzüglich zu diesem Wert müssen etwa 55.000 verstorbene Zuwanderer und aufgrund der zeitlichen Differenz zwischen Jahresende und Stichtag des Mikrozensus ca. 38.000 Personen subtrahiert werden. Laut den Ergebnissen der Rückrechnung sollten sich zum Zeitpunkt des Mikrozensus folglich 2.158.200 Zuwanderer aus der SBZ/DDR und Ost-Berlin in der Bundesrepublik aufgehalten haben. Auch hier führen die Berechnungen zu der erheblichen Differenz von 369.200 Personen.

Wie konnte es aber zu der großen Differenz von 78.200 (VZ 1946), 266.200 (VZ 1950) und 369.200 (Mikrozensus 1957) Zuwanderern zwischen diesen Berechnungen kommen?

Es ist anzunehmen, dass sich viele Betroffene im Rahmen der Zählungen der Jahre 1946 und 1950 nicht als Zuwanderer aus der SBZ/DDR zu

---

[173] Schätzung anhand der Daten aus: Statistisches Bundesamt (Hrsg.): Fachserie A, 1954 bis 1966, S. 49.
[174] Zwischen dem Stichtag 13. September 1950 und dem Jahresende liegen etwa 3,5 Monate, d. h. 29,167 % eines Jahres. Bezogen auf die Zuwanderung des Jahres 1951 nach der VZ 1961 waren dies 151.000 Personen, was einen entsprechenden Anteil von 44.042 Zuwanderern ergibt.

erkennen gaben, da die öffentliche Meinung ihnen gegenüber noch deutlich negativ geprägt war. Die Braunschweiger- und Uelzener-Richtlinien hatten ja nicht zuletzt zum Ziel, potenzielle Zuwanderung abzuschrecken. Viele Zuwanderer waren zunächst zur Illegalität verurteilt und sahen folglich keinerlei Vorteile darin, ihren Status während dieser beiden Zählungen anzugeben.

Auch das ab 1950 eingeführte Notaufnahmeverfahren brachte den wenigsten bei den bis dato durchgeführten Volkszählungen erfassten Personen Nutzen. Materielle Hilfen wurden sogar erst ab 1952 im Rahmen des Härtefonds bewilligt. So scheint es wahrscheinlich, dass es bei den Volkszählungen der Jahre 1946 und 1950 zu einer Untererfassung der ehemaligen Bewohner der SBZ/DDR gekommen war.

Die Wahrscheinlichkeit war groß, dass sich Befragte, die sich schon im Verlauf früherer Zählungen nicht mehr als Zuwanderer zu erkennen gegeben hatten, auch nicht im Rahmen des Mikrozensus 1957 als ehemalige Bürger der SBZ/DDR einschätzen lassen wollten. Zudem gab es – wie bereits angesprochen – durchaus Personen, die schnellstmöglich mit ihrer Vergangenheit abschließen wollten; sei es aus Furcht vor negativen Auswirkungen auf ihre zurückgelassenen Angehörigen in der SBZ/DDR, oder – als psychologische Komponente –, um sich selbst einen Neustart zu erleichtern und die Vergangenheit hinter sich zu lassen. Da aber ab dem Jahr 1957 auch Entschädigungszahlungen an Zuwanderer und Flüchtlinge aus der SBZ/DDR vergeben wurden, ist es durchaus denkbar, dass sich plötzlich ein Teil der potenziellen Anspruchsanwärter auf ihre Vergangenheit im „anderen Deutschland" besann und sich somit im Rahmen der Volkszählung von 1961 erfassen ließ.

Es gibt aber noch andere Gründe, die diese Differenzen erklären können. So befanden sich zum Zeitpunkt der Volkszählung von 1946 noch knapp 600.000 Personen (vgl. Abbildung 3), die am 1. September 1939 in Westdeutschland gelebt hatten, auf dem Gebiet der SBZ. Vermutlich handelte es sich größtenteils um Evakuierte, die bis zur Volkszählung 1950 zurück in das Gebiet der Bundesrepublik kamen. Anhand der während der 1961er-Zählung verwendeten Fragestellung (besonders Frage 1 und 2)[175] ist es denkbar, dass einige dieser Rückkehrer fälschlicherweise als Zuwanderer erfasst worden waren; schließlich hätten diese explizit darauf hinweisen müssen, dass es sich bei ihnen um zurückkehrende Evakuierte handelte, da die gewählte Fragestellung sie ansonsten als ehemalige Bürger der SBZ/DDR klassifiziert hätte.

---

[175] 1) Sind Sie nach Kriegsende in das Gebiet der heutigen Bundesrepublik einschließlich Berlin (West) zugezogen? 2) Falls ja, lag der bisherige Wohnsitz in der Sowjetischen Besatzungszone Deutschlands oder im Sowjetsektor von Berlin?

3. Die Wanderungs- und Fluchtbewegung

Ebenfalls ist es denkbar, dass Mehrfachwanderer bei der Erhebung 1961 das Datum ihres Erstzuzugs angegeben hatten. Waren sie beispielsweise 1948 zugezogen, im folgenden Jahr jedoch wieder in die SBZ/DDR zurückgekehrt, um 1951 wieder in die Bundesrepublik zu verziehen, so wurden sie zwar 1961 registriert, nicht jedoch im Rahmen der Volkszählung 1950. Dieselbe Problematik wäre auch im Rahmen des Mikrozensus gegeben gewesen.

Beim Vergleich der Wanderungsstatistik der Bundesrepublik und den Berechnungen des Statistischen Bundesamtes zur jährlichen Zuwanderung aus der DDR mit den Rückzählungsergebnissen der Volkszählung des Jahres 1961 wird deutlich, dass die beiden erstgenannten Statistiken nicht zwischen Vertriebenen aus der DDR und gebürtigen Mitteldeutschen unterschieden. Der Unterschied war zum Zeitpunkt des Zuzugs wohl nicht erkennbar, da die betroffenen Personen Anträge auf eventuelle Vertriebenenausweise A oder B erst nach der Erfassung durch die Wanderungsstatistik stellen konnten. Die umfassende Erhebung aller über die DDR zugezogenen Personen ist jedoch ab dem Jahr 1951 legitim und entspricht von diesem Zeitpunkt an den Vorgaben bezüglich der Handhabung der Vertriebenen im Rahmen dieser Arbeit.

Kritisch anzumerken ist jedoch, dass von offizieller bundesdeutscher Seite auch die Vertriebenenzuwanderung über die DDR vom Kriegsende bis 1950 zu einem Teil der politischen Fluchtbewegung erhoben wurde.[176] Dies mag für Teile der Betroffenen zutreffend gewesen sein; die Wahrscheinlichkeit wird sich mit der Dauer ihres Aufenthaltes in der SBZ/DDR sogar erhöht haben. Nicht legitim war es jedoch, den gesamten Personenkreis von 1,6 Millionen Menschen (davon alleine 1 Million bis einschließlich 1946)[177] dieser Einschätzung zu unterwerfen.

Übernimmt man jedoch diesen Umgang mit den über die DDR zugezogenen Vertriebenen, so lassen sich im Rahmen der Volkszählung des Jahres 1961 für den Zeitraum 1950 bis 1961 etwa 2.623.900 Zuwanderer ermitteln.[178] Sowohl die Berechnungen des Statistischen Bundesamtes

---

[176] BArch B 106 (Bundesministerium des Innern)/22268, pag. 143, 262.
[177] Laut Volkszählungsergebnissen des Jahres 1961. Vgl. Abbildung 24.
[178] Das Ergebnis ergibt sich aus der Zuwanderung im Zeitraum 1950 bis 1961 zuzüglich der Verstorbenen und der Schätzung vom Zeitpunkt der Volkszählung 1961 und dem Jahresende. Nach den Daten des Statistischen Bundesamtes kam es auch nach dem Mauerbau noch zu erheblichen Wanderungsbewegungen aus der DDR. Wurde im ersten Halbjahr 1961 ein Wanderungsgewinn von 92.300 Personen ermittelt, registrierte man im zweiten Halbjahr einen Gewinn von 118.200 Personen. Vgl. dazu: Statistisches Bundesamt (Hrsg.): Fachserie A, Bevölkerung und Kultur, Reihe 3. Wanderungen 1961, S. 16. Auch die vorhandenen DDR-Statistiken weisen für dieses Jahr eine Abwanderung in dieser Größenordnung aus.

mit 3.095.600 Personen als auch die im Rahmen der Wanderungsstatistik ermittelte Anzahl von 2.835.161 Zuwanderern weisen höhere Werte aus. Die Gründe für diese Diskrepanz dürften denen entsprechen, die bereits angeführt wurden.

Abbildung 24: Jährliche Wanderungsgewinne der BRD anhand ausgewählter Statistiken in 1.000[179]

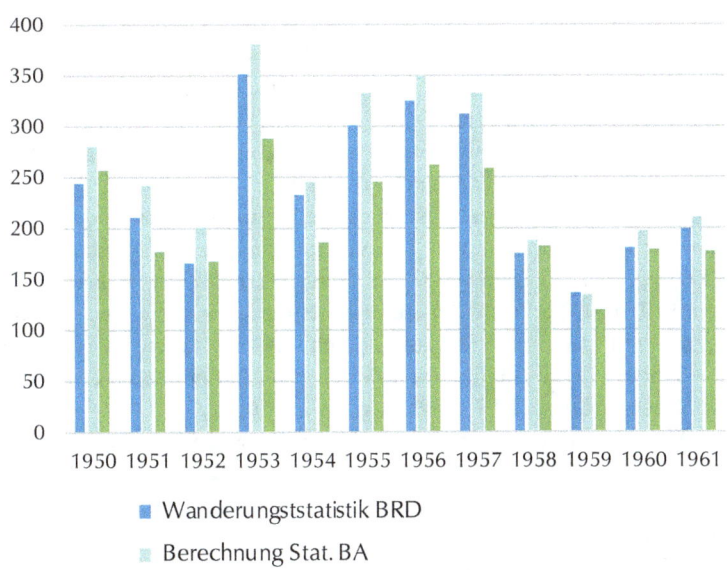

- Wanderungststatistik BRD
- Berechnung Stat. BA
- Deutsche aus der SBZ inkl. Vertriebene laut VZ 1961

Als äußerst problematisch stellt sich das bundesdeutsche Fortschreibungsergebnis dar. Zur Verwirrung trägt insbesondere die anhand der Volkszählungsergebnisse des Jahres 1961 vorgenommene Korrektur um 375.000 Personen bei. Diese Korrektur kann weder vom Autor noch von den entsprechenden Stellen beim Statistischen Bundesamt nachvollzogen werden. Ebenso findet sich in der Fachliteratur kein Hinweis für den Grund

---

[179] Werte des Volkszählungsergebnisses der Zählung 1961 für da Jahr 1961 bis Jahresende geschätzt. Die restlichen knapp 7 Monate vom Zeitpunkt der Volkszählung bis zum Jahresende ergeben eine zusätzliche Zuwanderungsanzahl von etwa 95.000 Deutschen aus der SBZ ohne, und 7.600 Deutschen aus der SBZ mit Vertriebenenhintergrund. Nicht berücksichtigt sind hier die im Zeitraum verstorbenen Personen.

derselben. Die Anzahl von 375.000 Personen entspricht in etwa der positiven Nettoveränderung der natürlichen Bevölkerungsbewegung im Zeitraum 1951 bis 1961. Jedoch ist die natürliche Bevölkerungsbewegung im Rahmen der Fortschreibung bereits berücksichtigt und dürfte folglich nicht korrigiert werden. Ein so folgenschwererer Fehler aufseiten des Bundesamtes ist kaum denkbar; dies scheint jedoch die einzige plausible Fehlerquelle zu sein.

Die Korrektur verwundert umso mehr, da sich die Ergebnisse der Fortschreibungsstatistik mit denen der Rückzählung des Jahres 1961 für den Zeitraum von 1951 bis 1960 erstaunlich gut decken.

Ergänzt man die jährliche Zuwanderung der 1961er-Rückzählung um die im entsprechenden Zeitraum nachgeborenen Kinder,[180] so entspricht dies den Ergebnissen der Fortschreibungsstatistik (1.919.600 Personen) bis einschließlich 1960 fast genau.

Beachten muss man jedoch die verstorbenen Personen, die im Zeitraum sowohl eingewandert als auch gestorben sind; diese müssten bei der Rückzählung berücksichtigt werden. Da es aber keine Aufstellung der Verstorbenen nach Zuzugsjahren gibt, kann man deren Anzahl nur schätzen. Sie dürfte maximal bei wenigen zehntausend Personen liegen. Fest steht in jedem Fall, dass die Vertriebenen, die über die DDR zugezogen waren, im Rahmen der Fortschreibungsstatistik nicht erfasst wurden. Hier handelt es sich offenbar alleine um die Bewohner, die zum Zeitpunkt des Kriegsendes schon in der späteren DDR sesshaft gewesen waren.

Anders verhält es sich mit den beiden vorgestellten Statistiken aus der DDR. Hier wurden die Personen mit Vertriebenenhintergrund als Staatsbürger erfasst und dementsprechend ohne Unterschied in die Aufstellungen übernommen.

Die Politik der DDR zielte schließlich darauf, diese „Umsiedler" möglichst schnell in die Gesellschaft zu integrieren. Ein Sonderstatus wie in der Bundesrepublik war – vor allem vor dem Hintergrund des Wunsches nach guten Beziehungen zu den sozialistischen Bruderländern – nicht vorgesehen.[181]

---

[180] Ca. 450.000 nachgeborenen Kinder. Berechnet nach: Statistisches Bundesamt (Hrsg.): Fachserie A, 1954 bis 1966, S. 49.
[181] Vertiefend dazu: Wille, Manfred (Hrsg.): 50 Jahre Flucht und Vertreibung. Gemeinsamkeiten und Unterschiede bei der Aufnahme und Integration in die Gesellschaft der Westzone/Bundesrepublik und der SBZ/DDR. Magdeburg 1997. Schwartz, Michael: Kriegsfolgelasten und „Aufbaugesellschaft": Vertriebenen, Bombengeschädigte und Kriegsbeschädigte in den langen fünfziger Jahren der DDR. In: Hoffmann, Dierk/Schwartz, Michael/Wentker, Hermann (Hrsg.): Vor dem Mauerbau. Politik und Gesellschaft in der DDR der fünfziger Jahre. München 2003, S. 165–189.

Berücksichtigt man also die Anzahl beider Migrantengruppen aus der DDR, die zwischen 1951 und 1960 in diesen Erhebungen erfasst wurden, so sind diese Aufstellungen durch eine weitestgehende Übereinstimmung geprägt. 1.925.700 Einwanderern, die durch die DDR-Wanderungsstatistik erfasst worden waren, stehen 1.885.000 Einwanderer gegenüber, die aufgrund der Berechnungen der DDR-Bevölkerungsstatistik ermittelt werden konnten.

Die Ergebnisse der Rückzählung der bundesdeutschen 1961er-Volkszählung gehen im selben Zeitraum von 1.888.100 Zuwanderern aus. Hier müssen jedoch wiederum einige zehntausend Verstorbene addiert werden, die im Zeitraum sowohl eingewandert als auch verstorben sind. Auch die Ergebnisse und Schätzungen für das Mauerbaujahr 1961 stimmen weitestgehend überein und differieren nur um wenige tausend Personen.

Die jährlichen Schwankungen zwischen den DDR-Statistiken und der Rückzählung werden in dem eher konspirativen Charakter der Flucht begründet liegen. Wurde diese z. B. gegen Jahresende vollzogen, so ist es wahrscheinlich, dass die zuständigen DDR-Behörden dies erst zum Jahresanfang registrierten.

Abbildung 25: Jährliche Wanderungsgewinne der BRD anhand ausgewählter Statistiken in 1.000[182]

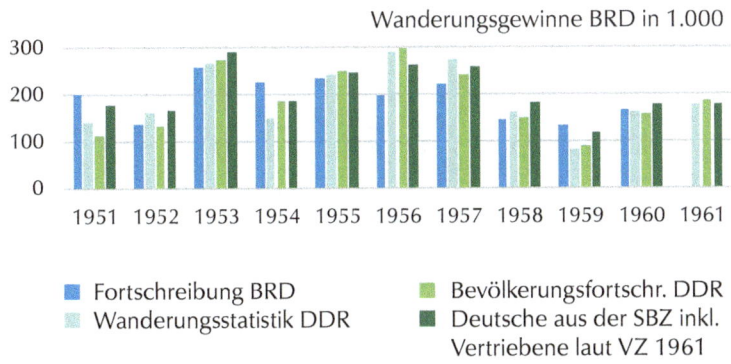

[182] Werte des Volkszählungsergebnisses der Zählung 1961 für das Jahr 1961 bis Jahresende geschätzt. Die restlichen knapp 7 Monate vom Zeitpunkt der Volkszählung bis zum Jahresende ergeben eine zusätzliche Zuwanderungsanzahl von etwa 95.000 Deutschen aus der SBZ ohne, und 7.600 Deutschen aus der SBZ mit Vertriebenenhintergrund. Nicht berücksichtigt sind hier die im Zeitraum verstorbenen Personen.

3.3 Wanderungsmotive: Krieg – Ökonomie – Ideologie – politische Rahmenbedingungen

Nach der Analyse des Wanderungsumfanges zwischen den Westzonen bzw. der Bundesrepublik Deutschland und der SBZ/DDR stellt sich die Frage nach der individuellen Motivation der Betroffenen zur Flucht bzw. Wanderung.

Als unwidersprochen kann gelten, dass sich jede Einzelperson, Gruppe oder Institution, die sich der Vormachtstellung der SED und der der Partei angeschlossenen Organisationen und Organe aktiv widersetzte, dem Druck des Staates ausgesetzt sah. Ebenso konnte es aber denjenigen ergehen, die durch Passivität am gesellschaftlichen Leben der Vereinnahmung entgehen wollten.[1] Betroffen waren jedoch auch Bevölkerungsgruppen, auf die die beiden oben angesprochenen Merkmale bzw. Verhaltensweisen nicht zutrafen.

Im Folgenden sollen nun die einschlägigen Motive bestimmter Bevölkerungsgruppen besprochen werden. Voranzustellen ist, die in dieser Arbeit verwendeten Begriffe „Flucht" und „Wanderung" genauer zu definieren.

In der modernen Migrationsforschung wird „Flucht" üblicherweise als erzwungene Migration aus politischen Gründen im engeren Sinne definiert und von freiwilliger Migration aus wirtschaftlichen oder anderen Gründen unterschieden.[2]

Flucht, wie sie hier verstanden wird, setzt demnach voraus, dass der Flüchtende sich einer für ihn unangenehmen Maßnahme seitens des Staates entziehen möchte. Dies beinhaltet aber ebenso auch die subjektive Erwartung einer Maßnahme.

Primär ist hier eine subjektive oder objektive Gefährdung für Leib und Leben gemeint. Der Versuch, sich durch Flucht einer Gefängnisstrafe oder Schlimmerem zu entziehen, rechtfertigt den Fluchtbegriff.

Von einer politischen Flucht zu sprechen empfiehlt sich folglich in all diesen Fällen, in denen der zu erwartenden Maßnahme des Staates aufgrund einer Gegnerschaft zum vorherrschenden politischen Regime entgangen werden soll. Ob tatsächlich eine reale Gefahr für den Flüchtenden

---

[1] Neubert, S. 18.
[2] Düvell, Franck: Soziologische Aspekte: Zur Lage der Flüchtlinge, S. 36. In: Ottersbach, Markus/Prölß, Claus-Ulrich (Hrsg.): Flüchtlingsschutz als globale und lokale Herausforderung. Wiesbaden 2011, S. 29–50.

bestand, ist dabei sekundär, da das subjektive Empfinden des Einzelnen ausschlaggebend für seine Motivation ist.³

Um eine Wanderung im Sinne dieser Arbeit handelt es sich, wenn die fluchtcharakteristischen Merkmale fehlen; also eine Sanktion seitens des Regimes nicht erfolgt oder zu erwarten ist. Jedoch kann eine Wanderung ebenfalls politische Züge tragen.⁴ Dies ist der Fall, wenn die Ausreise aufgrund von Unzufriedenheit mit den politischen und rechtsstaatlichen Rahmenbedingungen angestrebt wird. Machen diese Rahmenbedingungen die freie Entfaltung des Individuums – sei es in ökonomischer, privater, religiöser oder ideologischer Hinsicht – nicht möglich, so muss man von einer Wanderung aus politischen Motiven sprechen.

Ausdrücklich keine politische Wanderung liegt vor, wenn die Ausreise aufgrund von wirtschaftlichen Motiven angestrebt wird, jedoch keinerlei existenzbedrohende Gründe vorliegen.⁵

Anders als in vielen bundesrepublikanischen Quellen veröffentlicht, wird sich zeigen, dass sich die Reduzierung dieser Bevölkerungsbewegung auf das Schlagwort „Abstimmung mit den Füßen" aufgrund von politisch bedingten Fluchtanreizen als zu undifferenziert darstellt. Es handelte sich

---

³ Es gibt durchaus Meinungen in der Fachliteratur, die eine Differenzierung zwischen „Flucht" und „Wanderung" als unnötig erachten. Bispinck z. B. hält den Begriff „Flucht" für die kompletten 1950er Jahre für angemessen. Er begründet dies damit, dass nahezu alle DDR-Bürger den Staat ohne Genehmigung verließen und sie dafür zunächst die Hürden Volkspolizei und Grenzorgane überwinden mussten, die eine Flucht verhindern sollten. Aus dreierlei Gründen folgt diese Arbeit nicht dieser Argumentationslinie:
1) Der Gang über Berlin war im Untersuchungszeitraum die Hauptwanderungsroute; die Gefahr einer Konfrontation mit den Staatsorganen weit weniger groß als an anderen Grenzübergängen. Dies erklärt auch Bispinck selber auf derselben Seite, auf der er seine Entscheidung für den Begriff „Flucht" erläutert. Vgl. Bispinck, Henrik: Flucht- und Ausreisebewegung als Krisenphänomen: 1953 und 1989 im Vergleich, S. 146. In: Bispinck, Henrik/Danyel, Jürgen/Hertle, Hans-Hermann/Wentker, Hermann (Hrsg.): Aufstände im Ostblock. Zur Krisengeschichte des realen Sozialismus. Berlin 2004, S. 145–162.
2) Die Möglichkeit des legalen Grenzübertritts mit einem Reisevisum war in den meisten Phasen bis Dezember 1957 gegeben; auch die Strafen wegen Republikflucht wurde erst ab Dezember 1957 mit dem neuen Passgesetz verschärft.
3) In dieser Arbeit wird der Fluchtbegriff anhand der individuellen Motivation der Abwanderer definiert, auch um den eher undifferenzierten und pauschalisierenden Aussagen westdeutscher Verlautbarungen entgegenzutreten. Die kritiklose Übernahme dieser Begrifflichkeiten ohne genauere Untersuchung wäre folglich kontraproduktiv.
⁴ Vgl. dazu auch Storbeck, S. 153 f., der in Bezug auf die wirtschaftlich motivierte Abwanderung ähnlich argumentiert.
⁵ Mit existenzbedrohenden Gründen sind Lebensbedingungen gemeint, in denen das Regime nicht ermöglichen kann Grundbedürfnisse zu befriedigen, wie eine ausreichende Nahrungsmittel- und Trinkwasserversorgung, Wohnraum, Energie und ein Mindestmaß an Bildungsmöglichkeiten.

vielmehr um eine Wanderungs- und Fluchtbewegung, die sowohl im subjektiven Empfinden des Einzelnen begründet lag, als auch von den politischen und gesellschaftlichen Rahmenbedingungen bestimmt war.

3.3.1 Wanderungsmotive bis zum Kriegsende

Bereits vor dem Kriegsende war Westdeutschland das Ziel von Zuwanderern aus Mitteldeutschland. Die Flucht vor der heranrückenden Ostfront und der Roten Armee[6] waren die ursächlichen Gründe für diese – vorerst besser Ausweichbewegung genannte – Abwanderungsbewegung von Teilen der Bevölkerung. Nicht zuletzt dürften auch die Trecks der Vertriebenen, die sich bereits auf der Flucht befanden und von Osten kommend durch Mitteldeutschland zogen, eine erhebliche Sogwirkung auf die ortsansässige Bevölkerung ausgeübt haben. Berichte von Gräueltaten der sowjetischen Soldaten an der Zivilbevölkerung sowie die immer noch in den Köpfen der Menschen vergegenwärtigte Nazi-Propaganda vom „bösen Russen" dürften ihr Übriges zur Flucht beigetragen haben.

Wie bereits angesprochen, bildeten Teile dieses Personenkreises – die von Granicky als „Nichtrückkehrer" bezeichnet wurden[7] – einen ersten Teil der Migrationsbewegung nach Westdeutschland. Zu diesen Nichtrückkehrern zählen muss man auch diejenigen Kriegsgefangenen in westlicher Haft, die nach ihrer Entlassung entweder freiwillig im Westen blieben oder dies auf Anweisung der Alliierten tun mussten. In diesen Fällen handelte es sich zwar nicht um eine aktive Flucht oder Wanderung, dennoch muss man diesen Personenkreis ebenfalls zu den „Nichtrückkehrern" zählen.[8]

3.3.2 Kriegsbedingte Wanderungsmotive

Mit dem Kriegsende war die Bevölkerungsverschiebung der oben angesprochenen Gruppen nicht abgeschlossen; jedoch traten nun neben diesen auch Bevölkerungsgruppen mit anderen Migrationsmotiven in Erscheinung.

In erster Linie sind hier die Evakuierten zu nennen, die beiderseits der Demarkationslinie wieder in ihre Heimat zurückkehren wollten.[9] Auch

---

[6] Granicky in Lemberg, Band III, S. 478.
[7] Granicky in Wegweiser, S. 17.
[8] Ebenda, S. 18.
[9] Storbeck, S. 159.

die – durch die Wirren des Krieges und der unmittelbaren Nachkriegszeit hervorgerufenen – Familienzusammenführungen sind in dieser Phase der kriegsbedingten Wanderungen ein erheblicher Bestandteil der Bewegung gewesen[10] und wurden ebenso wie die Evakuiertenwanderungen bereits an anderer Stelle in dieser Arbeit besprochen.

3.3.3 Berufs- und bevölkerungsspezifische Wanderungsmotive

Im weiteren Verlauf sollen nun spezifische Fluchtgründe einzelner Berufs- bzw. Bevölkerungsgruppen besprochen werden. Eine chronologische Abfolge einzuhalten fällt schwer, da entscheidende Fluchtgründe teilweise bereits in der Endphase des Krieges (wie im Falle der Anhänger des Nazi-Regimes oder der Vertriebenen) ihren Ausgangspunkt genommen hatten, andererseits andere Gruppen aufgrund von politischen Entscheidungen und gesellschaftlichen Veränderungen in der SBZ/DDR, die sich über mehrere Jahre erstreckten, spezifische Fluchtgründe aufweisen konnten.

3.3.3.1 Fluchtgrund Entnazifizierung

Hoheitsträger, Funktionäre, aber auch Mitläufer des zusammengebrochenen Nazi-Regimes[11] gehörten zu den ersten Bevölkerungsgruppen, die die sowjetische Besatzungszone verließen. Sie erhofften sich in den westlichen Besatzungszonen eine mildere Behandlung als im sowjetischen Herrschaftsbereich. Man muss sie demnach zu den ersten „politischen" Flüchtlingen zählen, die den gesellschaftlichen Umwälzungen in der SBZ unterworfen waren und demzufolge ihre Zukunft in Westdeutschland sahen.[12]

Tatsächlich wurde die Entnazifizierung in der Ostzone zunächst wesentlich konsequenter vollzogen als in den Westzonen. Sie diente der Besatzungsmacht und der neuen politischen Führung allerdings nicht nur zur Abrechnung mit dem Nationalsozialismus und der Bestrafung der

---

[10] Storbeck, S. 159.
[11] Hoffmann: Freiheitssucher, S. 131
[12] Es fällt schwer, diese Bevölkerungsgruppe als politische Flüchtlinge einzustufen. Dies soll in ihrer Gesamtheit auch so nicht geschehen. Personen, die während der Herrschaft des Nazi-Regimes an Verbrechen beteiligt waren, dürfen keinen Anspruch auf diesen Status haben. Die genaue Abgrenzung ist schwierig. Wann wird der Mitläufer zum Verbrecher, ab wann ist er Täter? Darf man nur diejenigen von Schuld freisprechen, die sich dem System aktiv verweigert haben? Dies sind berechtigte Fragen, die in der Vergangenheit bereits kontrovers diskutiert wurden, deren Besprechung im Rahmen dieser Arbeit aber nicht möglich ist.

Täter, sondern war vielmehr auch ein geeignetes Mittel, um den Umbau der Gesellschaft zum Sozialismus im eigenen Sinne voranzutreiben.[13]

Leitende Funktionäre von Nazi-Organisationen und Behörden dürften wohl umgehend vor oder nach der Besetzung durch die Rote Armee die Flucht ergriffen haben.[14] Aber auch die sogenannten Mitläufer waren den Verhaftungswellen in unterschiedlichem Ausmaß unterworfen.[15]

Dies diente dem neuen Regime vor allem zur Säuberung von Verwaltung, Justiz und öffentlichem Dienst, „die auf die Ausschaltung bürgerlich-liberaler und konservativer Kräfte insgesamt abzielte".[16]

So wurden im Justizwesen beispielsweise 80 % der Richter und Staatsanwälte entlassen.[17] Bis systemkonformer Nachwuchs herangezogen worden war, wurden die Richter zunächst durch die wenigen völlig unbelasteten Richtern, reaktivierte Pensionäre, unbelastete Anwälte – sogenannte „Richter im Ehrendienst" – sowie Volljuristen aus der Privatwirtschaft ersetzt.[18] Im September 1952 war das Justizwesen so weit gleichgeschaltet, dass 70 % der Richter und 94 % aller Staatsanwälte – jedenfalls formal – Mitglieder der SED waren.[19]

Im Ergebnis der Entnazifizierung, die offiziell im Februar 1948 endete, stand so der Arbeitsplatzverlust von ca. 200.000 Personen.[20] Ein nicht unerheblicher Teil dieser Personen dürfte, wenn auch nicht unmittelbar, sondern in den Folgejahren, im gegenüber den Mitläufern des Nazi-Regimes in dieser Phase deutlich inkonsequenteren Westdeutschland eine neue Heimat gefunden haben, da ihre weiteren beruflichen Möglichkeiten in der SBZ/DDR zunächst erheblich eingeschränkt waren.[21]

Nicht unerwähnt bleiben sollen die unter dem Deckmantel der Entnazifizierung vollzogenen Internierungen der sowjetischen Besatzungsmacht. Auch hier waren nicht nur nationalsozialistische Täter betroffen, sondern

---

[13] Vollnhals, S. 43.
[14] Wille: 50 Jahre Flucht und Vertreibung, S. 19 f.
[15] Ebenda, S. 18.
[16] Vollnhals: Entnazifizierung, S. 48.
[17] Bispinck, Henrik: „Republikflucht": Flucht und Ausreise als Problem für die DDR-Führung, S. 289. In: Hoffmann, Dierk/Schwartz, Michael/Wentker, Hermann (Hrsg.): Vor dem Mauerbau. Politik und Gesellschaft in der DDR der fünfziger Jahre. München 2003, S. 285–309.
[18] Klein, S. 375.
[19] Ebenda, S. 376.
[20] Die Anzahl von 200.000 Betroffenen schätzt Vollhals. Die von DDR-Historikern angegebene Anzahl von 520.000 Personen ist laut ihm aufgrund von Mehrfachzählungen überhöht. Vgl. Vollnhals: Entnazifizierung, S. 53.
[21] Mit der Gründung der DDR wurden ehemalige NSDAP-Mitglieder und Wehrmachtsoffiziere, mit Ausnahme von langjährig Verurteilten, mit allen Rechten und Pflichten wieder in die „Volksgemeinschaft" aufgenommen. Vgl. Neubert, S. 59.

auch andere Gegner des neuen Systems.[22] Zu diesen zählten vor allem der Parteilinie kritisch gegenüberstehende KPD-Mitglieder, ebenso solche SPD-Mitglieder, die sich gegen die Zwangsvereinigung mit der KPD verwahrten, sowie Großgrundbesitzer, die sich gegen die Bodenreform auflehnten. Auch unschuldige Denunzierte dürften zu den Opfern gehört haben.[23]

Westlichen Schätzungen zufolge wurden zwischen 1945 und 1950 zwischen 160.000 und 260.000 Personen interniert, von denen 65.000 bis 80.000 aufgrund der Haftbedingungen zu Tode kamen.[24] Es ist anzunehmen, dass diese Schätzungen aus politischem Kalkül heraus zu hoch gegriffen sind. Das sowjetische Außenministerium gab die Anzahl an Internierten im Juli 1990 mit insgesamt 122.671 Personen an, von denen etwa 43.000 zu Tode gekommen sein sollen.[25]

Ebenfalls unter dem Deckmantel der Entnazifizierung wurde die sozialistische Umgestaltung der Wirtschaft vorangetrieben. Sowohl die Bodenreform als auch die Verstaatlichungen in den Bereichen Handel, Banken, Versicherungen und Schwerindustrie wurden nicht zuletzt auch als antifaschistische Maßnahmen begründet.[26] Im Verlauf der im Jahr 1945 beginnenden Bodenreform wurden beispielsweise auch 4.000 Betriebe mit einer Größe von unter 100 Hektar allein aufgrund von Entnazifizierungsmaßnahmen beschlagnahmt. Infolge dieser staatlichen Zwangsmaßnahmen kam es bereits in den Jahren 1945/46 zu ersten Wanderungsbewegungen.[27]

3.3.3.2 Die Wanderungsmotive der Vertriebenen

Einen besonders hohen quantitativen Anteil an der Ost-West-Wanderung stellte die Gruppe der Vertriebenen bzw. Heimatvertriebenen. Aus diesem Grund soll an dieser Stelle noch einmal explizit auf die Wanderungsmotive dieser Gruppe eingegangen werden.

Bereits in der Endphase des Krieges bildeten die Vertriebenen den Hauptteil der Zuwanderung aus dem Gebiet der späteren DDR in das Gebiet der Westzonen. Noch bis einschließlich 1948 sollten sie die Mehrheit der Zuwanderer in die Westzonen stellen.

---

[22] Vollnhals: Entnazifizierung, S. 54 f.
[23] Ebenda, S. 54.
[24] Ebenda.
[25] Ebenda, S. 55.
[26] Ebenda, S. 49.
[27] Hoffmann: Freiheitssucher, S. 131

Auch im weiteren Verlauf der 1950er Jahre lag der Anteil der Vertriebenen an der Wanderungsbewegung deutlich über ihrem Bevölkerungsanteil in der DDR. War die Zuwanderung in den ersten Nachkriegsjahren mehrheitlich als Kriegsfolgewanderung anzusehen – auch die angeführten Familienzusammenführungen muss man in diesem Kontext sehen –, lehnte sich ihre Motivation zum Verlassen der SBZ/DDR mit zunehmender Dauer des Aufenthaltes immer mehr an diejenige der alteingesessenen Bevölkerung an.

Abbildung 26: Die Zuwanderung der Vertriebenen (Ausweis A und B) aus der DDR 1944/45–1961[28]

Jahr	Zuwanderung in 1.000	Anteil an Gesamtwanderung in Prozent
1944/45	523,4	64,3
1946	479,3	73,8
1947	198,4	59,9
1948	166,3	54,5
1949	129,0	47,2
1950	106,1	41,3
1951	62,9	35,5
1952	54,8	32,8
1953	84,6	29,5
1954	57,1	30,7
1955	63,7	25,9
1956	69,5	26,5
1957	78,3	30,3
1958	61,4	33,5
1959	30,7	28,4
1960	32,2	18,1
1961*	5,5	7,4

* bis zum 5. Juni 1961 (Tag der Volkszählung).

---

[28] Abbildung abgedruckt in: Heidemeyer, Helge: Vertriebene als Sowjetzonenflüchtlinge, S. 239. In: Hoffmann, Dierk/Kraus, Marita/Schwartz, Michael (Hrsg.): Vertriebene in Deutschland. Interdisziplinäre Ergebnisse und Forschungsperspektiven. München 2000, S. 237–249. Aus den bereits angesprochenen Gründen – Zählung der Zuwanderer nach dem Ausweismerkmal – spiegelt diese Abbildung nicht den exakten Stand der Zuwanderung dieser Bevölkerungsgruppe wieder. Jedoch lassen sich Tendenzen und Größenordnungen der Vertriebenen-Zuwanderung nach Westdeutschland gut erkennen.

3. Die Wanderungs- und Fluchtbewegung

Es gab für die in der DDR „Umsiedler" genannten Vertriebenen aber auch gruppenspezifische Motive zur Abwanderung nach Westdeutschland. Anders als mehrheitlich in der zumeist zeitgenössischen Fachliteratur beschrieben, dürften jedoch nicht die wirtschaftlichen Motive ursächlich für die Abkehr vieler Vertriebener von der DDR gewesen sein.[29]

Helge Heidemeyer hat diese These plausibel infrage gestellt, indem er darauf verweist, dass die überwiegende Mehrheit der Vertriebenen, die in den 1950er Jahren aus der DDR in die BRD emigrierten, an der Lastenausgleichsgesetzgebung (LAG) kaum partizipierten.[30] Gerade der LAG wurde aber in der Literatur die größte Sogwirkung auf die Vertriebenen bescheinigt.

Die wirtschaftliche und soziale Integration der Vertriebenen verlief zunächst nach Kriegsende in allen vier Besatzungszonen ähnlich schleppend an. Vor allem der Mangel an Wohnraum war das wohl größte Hindernis für eine gelungene Integration.[31] Da dieses Problem aber mit dem Beginn der 1950er Jahre als gelöst anzusehen war, es keinen relevanten Unterschied zwischen alteingesessenen Bewohnern und Neubürgern bezüglich des Lebensstandards gab,[32] muss der hohe prozentuale Anteil an wanderungswilligen Vertriebenen an der Migrationsbewegung andere Ursachen gehabt haben. Auch hier möchte man der These Helge Heidemeyers folgen: Demnach führte vor allem die staatlich verordnete Tabuisierung der Vertriebenenproblematik in der DDR im Verbund mit der deutlich geringeren Bindung an das soziale Umfeld in der neuen Heimat zu einem, im Verhältnis zu der restlichen Wohnbevölkerung, überproportional hohen Anteil an wanderungswilligen Vertriebenen.[33] Aus diesen beiden angesprochenen Gründen dürfte die Hemmschwelle zum Verlassen der DDR aufgrund der alltäglichen und bevölkerungsübergreifenden Probleme deutlich niedriger gewesen sein, als es bei der alteingesessenen Bevölkerung der Fall gewesen war. Spezifisch ist zudem zu vermuten, dass sich viele Personen, die den Einmarsch der Roten Armee und die anschließenden Vertreibungen oder die Flucht miterlebt hatten, nicht dauerhaft im sowjetischen Herrschaftsgebiet niederlassen wollten.[34]

Auch das Versagen der Traditionspflege durch den Staat, die Negierung der Vertriebenen als Bevölkerungsgruppe und die Anerkennung der Oder-Neiße-Linie als Grenze durch die DDR dürften Gründe zur Abwanderung gewesen sein.[35]

---

[29] Heidemeyer in Hoffmann u. a., S. 241.
[30] Ebenda.
[31] Ebenda, S. 246.
[32] Ebenda.
[33] Ebenda, S. 246 f.
[34] Klein, S. 380.
[35] Ebenda.

3.3.3.3 Die Wanderungsmotive der Bauern und Landwirte

Die kurz nach Kriegsende durchgeführte Bodenreform in der sowjetischen Besatzungszone ist im bisherigen Verlauf bereits angesprochen worden. Sie war für einige in der Landwirtschaft Beschäftigte Fluch, für andere jedoch zunächst ein Segen. Bis Anfang 1949 wurden im Zuge der Reform insgesamt 11.390 Güter und Betriebe ihren Besitzern entzogen.[36] Diese relativ geringe Anzahl potenziert sich, wenn man berücksichtigt, dass in der Regel jeweils ganze Familienverbände bzw. Hausgemeinschaften von den Enteignungen betroffen waren.

Vor allem gegenüber Großgrundbesitzern gingen die neuen Herrscher skrupellos vor. Es kam zu Vertreibungen der Betroffenen aus den Bezirken oder zu Verhaftungen. Herrenhäuser von großen Gütern wurden teilweise als „Wahrzeichen des Feudalismus" abgerissen, und das persönliche Eigentum der Besitzer ging großteilig verloren.[37] Berücksichtigt werden muss darüber hinaus der Umstand, dass im Zuge der Bodenreform auch nicht betroffene Landbesitzer nach Westdeutschland auswanderten, da sie unter den herrschenden Bedingungen offenbar keine Perspektive für ihr berufliches Leben in der SBZ/DDR sahen.[38]

Des Weiteren brachten die strukturellen Umwälzungen im Agrarsektor – innerhalb von 15 Jahren ging man von einer von Großgrundbesitzern beherrschten Landwirtschaft über kleine Neu- und mittlere Altbauern zu großen Produktionsgenossenschaften über[39] – erhebliche Einschränkungen und Veränderungen für die dort arbeitende Bevölkerung mit sich. Besonders die Auswirkungen der Kollektivierungspolitik, die 1952 auf dem 2. Parteitag der SED beschlossen worden war, führten zu einer deutlich messbaren Abwanderung dieser Bevölkerungsgruppe, deren Höhepunkte vor allem in den Jahren 1952/53 und 1960/61 erfasst wurden. Diese Daten lassen sich – bei allen angesprochenen Vorbehalten – aus den Statistiken des Bundesnotaufnahmeverfahrens entnehmen. Lag der Anteil der Angehörigen aus landwirtschaftlichen Berufen, die die Notaufnahme beantragten, im Durchschnitt des Ermittlungszeitraums konstant bei etwa 6 % der Gesamtantragsteller, so verdoppelte er sich in den besagten Jahren.[40] Für das Jahr 1953 bedeutete dies alleine eine

---

[36] Hoffmann, Frank: Junge Zuwanderer in Westdeutschland. Struktur, Aufnahme und Integration junger Flüchtlinge aus der SBZ und der DDR in Westdeutschland (1945–1961). Frankfurt a. M. u. a. 1999, S. 213.
[37] Klein, S. 374.
[38] Effner/Heidemeyer (2005), S. 57.
[39] Osmond, S. 142.
[40] Ackermann (1995), S. 129.

Registrierung von 11.613 Bauern im Bundesnotaufnahmeverfahren.[41]

Ursache für die Unzufriedenheit dieser Bevölkerungsgruppe war hauptsächlich die sukzessive Erhöhung des Ablieferungssolls seit 1950. Vor allem selbstständige Bauern, die noch nicht den Landwirtschaftlichen Produktionsgenossenschaften (LPG) angehörten, wurden ab diesem Zeitpunkt massiv unter Druck gesetzt und/oder schikaniert.[42]

Problematisch war insbesondere die Höhe des Ablieferungssolls, die nur bei optimalen Bedingungen zu erfüllen war.[43] Schwierigkeiten bei der Versorgung mit Saatgut, Düngemittel oder Ersatzteilen für landwirtschaftliche Maschinen trugen ihr Übriges dazu bei, die Zielvorgaben zu verfehlen.[44] Bei der Verfehlung der Planvorgaben lief man jedoch Gefahr, als Wirtschaftsverbrecher sanktioniert zu werden. Dieser Gefahr dürften sich viele der Landwirte durch Flucht in den Westen entzogen haben, drohte im schlimmsten Fall schließlich eine langjährige Haftstrafe.[45]

Demgegenüber litten die den LPGs angeschlossenen Betriebe vielfach unter den nach politischer Eignung ausgesuchten Vorsitzenden. Allzu häufig erwiesen sich diese Funktionäre als fachlich inkompetent und für die Landwirtschaft ungeeignet.[46] Vermutlich führte diese Unzufriedenheit mit den Arbeitsbedingungen im Verbund mit der Aufgabe der wirtschaftlichen Freiheit dazu, dass Teile der Bauernschaft eine Alternative in der Bundesrepublik suchten. Als Bevölkerungsgruppe waren sie den willkürlichen Entscheidungen der Politik wie kaum eine andere unterworfen.

3.3.3.4 Die Wanderungsmotive der Handwerker und Selbstständigen

Legt man die Statistik des Bundesnotaufnahmeverfahrens zugrunde, kam es bei den Handwerkern erst im späten Verlauf der 1950er Jahre zu einem Anstieg der Wanderungen.[47] Grund hierfür waren vor allem die Beschlüsse des 5. Parteitags der SED im Jahre 1958. Als deren Folge wurde der Druck auf die bis dato noch selbstständigen Handwerker zum Eintritt in die Genossenschaftsbetriebe erhöht.[48] Zudem wurde die Ausweitung von Staatsbeteiligungen an privatwirtschaftlichen Betrieben forciert,

---

[41] Melis, S. 79 ff.
[42] Ebenda, S. 79 ff.
[43] Ebenda, S. 57.
[44] Ebenda, S. 79 ff.
[45] Hoffmann: Freiheitssucher, S. 57.
[46] Melis, S. 58.
[47] Ackermann, S. 129
[48] Melis, S. 82 f.

wovon auch diese Berufsgruppe betroffen war.[49] Zwar hatte der einzelne Handwerker keinen Plansoll – wie etwa der selbstständige Landwirt – zu erfüllen, jedoch litten sie ebenso unter Materialengpässen wie andere Berufsgruppen auch.[50] Insgesamt verschlechterten sich die Arbeitsbedingungen also merklich.

Ein großer Problemfaktor war für die Selbstständigen die Lebensmittelversorgung. Da sie aufgrund ihres Status beim Bezug von Lebensmittelkarten gegenüber anderen Berufsgruppen benachteiligt wurden, mussten Nahrungsmittel größtenteils über andere Quellen (HO-Läden) bezogen werden und waren teilweise unerschwinglich.[51] Wie auch in der Landwirtschaft, setzte die SED auf eine Mischung aus Propaganda, Zwang und Versprechungen, um sich diese Berufsgruppe gefügig zu machen.[52] Insgesamt war die Wanderungs- oder Fluchtbewegung dieser Berufsgruppe jedoch so gering, dass die Führung der DDR ihr keine besondere Aufmerksamkeit schenkte.[53]

3.3.3.5   Die Wanderungsmotive der Arbeiter

Obwohl die Klasse der Arbeiter, schon nominell im Arbeiter und Bauernstaat hervorgehoben, eng mit den Ereignissen des 17. Juni 1953 im Bewusstsein verankert ist, kann man nicht davon sprechen, dass sie überdurchschnittlich an der Flucht- und Wanderungsbewegung partizipierte.

Zwar wanderte dieser Berufsstand nach absoluten Zahlen gesehen am häufigsten nach Westdeutschland ab, in Relation zu der Gesamtzahl an Arbeitern in der SBZ/DDR waren sie in der deutsch-deutschen Migrationsbewegung eher unterdurchschnittlich repräsentiert.[54] Dies mag darin begründet liegen, dass diese Berufsgruppe keinerlei gesonderten Repressionen seitens des Staates ausgesetzt war. Die Beweggründe, die SBZ/DDR zu verlassen, dürften vielmehr primär im privaten und/oder ökonomischen Bereich zu suchen gewesen sein.[55]

Eine Ausnahme bildeten die Ereignisse rund um den Juni-Aufstand 1953. Die Arbeiterschaft stellte hier den Kern der Protestierenden.[56] Im Gegensatz zu anderen Bevölkerungsgruppen sank die Abwanderungsbereitschaft der

---

[49] Ackermann, S. 129.
[50] Melis, S. 82 f.
[51] Neubert, S. 65.
[52] Melis, S. 82 f.
[53] Ebenda, S. 84.
[54] Ebenda.
[55] Ebenda.
[56] Bispinck: Flucht- und Ausreisebewegung, S. 157.

Arbeiter auch in den Folgemonaten nach dem Aufstand nur marginal ab und stieg als einzige Berufsgruppe im Jahr 1954 noch an.[57] Zu begründen ist dies mit dem Umstand, dass die SED der Arbeiterschaft im Rahmen des Neuen Kurses – abgesehen von der relativ spät beschlossenen Rücknahme der Normenerhöhung – im Gegensatz zu anderen Bevölkerungsgruppen keine weiteren besonderen Vergünstigungen einräumte, um gegen die weit verbreitete Unzufriedenheit anzugehen.[58] So werden es nach den unmittelbaren Folgemonaten des Aufstandes auch hier wieder primär privatökonomische Motive gewesen sein, die in Kombination mit der latenten Unzufriedenheit mit der Regierung zu weiteren Abwanderungen führten.

3.3.3.6 Die Wanderungsmotive der Akademiker

Die Motive der Akademiker, nach Westdeutschland abzuwandern, fußte vor allem auf zwei Säulen: Zum einen war dies der Abbau von althergebrachten Privilegien im neuen Gesellschaftssystem, einhergehend mit dem Verlust an Einfluss, wirtschaftlicher Prosperität und Ansehen; zum anderen die repressive Lenkungspolitik des Staates im Bereich der Bildungspolitik.

Die Bildungseinschränkungen für Akademikerkinder[59] dürften hier neben dem Einfluss der marxistisch-leninistischen Theorie und dem damit verbundenen Meinungsdiktat auf viele Studiengänge die häufigste Ursache für die verbreitete Unzufriedenheit mit den bestehenden Verhältnissen gewesen sein.

Fluchttendenzen waren bereits im Umfeld der Hochschulen unverkennbar: So verließen im Zeitraum von der Staatsgründung der DDR bis zum Mauerbau 1961 schätzungsweise 32.000 bis 35.000 Studierende und am Studium gehinderte Abiturienten die DDR mit dem Ziel Bundesrepublik Deutschland.[60] Im Bereich des wissenschaftlichen Personals schätzt man den Umfang der Abwanderung im Zeitraum von 1947 bis 1961 auf etwa 2.700 Personen.[61]

Das Ausmaß dieser Anzahl verdeutlicht sich, wenn man berücksichtigt, dass bereits im Rahmen der Entnazifizierungsmaßnahmen 83 % aller Professoren entlassen worden waren.[62] Bei den angeführten 2.700 Angehörigen des wissenschaftlichen Personals handelte es sich folglich durchweg

---

[57] Bispinck: Flucht- und Ausreisebewegung, S. 157.
[58] Ebenda.
[59] Bispinck: „Republikflucht", S. 298.
[60] Krönig/Müller, S. 400. Vgl. diesbezüglich auch Köllner, S. 431 f.
[61] Krönig/Müller, S. 401.
[62] Melis, S. 21.

um Personen, die dem Regime ursprünglich politisch gewogen waren, ihm jedenfalls nicht konträr gegenüberstanden. Ein ähnliches Phänomen zeigte sich auch im Bereich der Lehrerschaft, die nach dem Krieg größtenteils ebenfalls ausgetauscht worden war.[63]

Da ihm Rahmen dieser Arbeit nicht jeder akademische Berufszweig besprochen werden kann, sei hier exemplarisch auf den Ärztestand verwiesen. Bis 1961 verließen etwa 7.500 Ärzte (ohne Zahnärzte) die SBZ/DDR. Dies war, bezogen auf den Stand von 1946, etwa die Hälfte dieser Berufsgruppe auf dem gesamten Gebiet der DDR.[64] Die Ursachen hierfür waren vor allem in der sozialistischen Umgestaltung der Gesellschaft zu suchen, im Besonderen in der Umgestaltung des Gesundheitswesens. Durch Enteignungen und Verstaatlichungen von Privatkliniken, Heilbädern und Apotheken wurde diese vorangetrieben.[65]

Im Zuge des ersten Fünfjahresplans im Jahr 1951 wurde zudem beschlossen, in jedem Kreis der DDR eine Poliklinik zu errichten.[66] Aus diesem Grund wurden neue Niederlassungsgenehmigungen für Mediziner praktisch nicht mehr vergeben, wodurch der Anteil der freiberuflich tätigen Ärzte bis 1960 von über zwei Drittel auf knapp ein Viertel zurückging.[67] Die Arbeit in einer Poliklinik hatte jedoch im Vergleich zu einer Tätigkeit als niedergelassener Arzt erhebliche finanzielle Einbußen zur Folge. Als niedergelassener Arzt verdiente man im Jahr 1953 durchschnittlich 2500 bis 3.000 Mark im Monat, angestellte Mediziner in einer Poliklinik demgegenüber lediglich 800 Mark.[68]

Zwar machte die SED immer wieder Zugeständnisse an die Ärzteschaft, jedoch erwiesen sich diese allzu oft als nicht beständig. Zuzüglich führte der Blick in die übrigen Ostblockländer, in denen Privilegien und Bezahlung noch verstärkter zurückgefahren worden waren, zu einem verständlichen Misstrauen gegenüber den Versprechungen des Staates.[69]

Berufsübergreifend muss man für den akademischen Stand berücksichtigen, dass eine Abwanderung in die Bundesrepublik vor allem auch in finanzieller Hinsicht eine lukrative Alternative darstellte. Die traditionell

---

[63] Siehe zur Umgestaltung des Schulwesens vertiefend Hohmann, Joachim S.: „Wenn Sie dies lesen, bin ich schon auf dem Weg in den Westen": „Republikflüchtige" DDR-Lehrer in den Jahren 1949–1961. In: ZfG 45 (1997), S. 311–330. Sowie: Hohmann, Joachim S.: „Wie viel lieber würde ich mich richtig verabschieden ...": „Republikflüchtige" DDR-Lehrer in den Jahren 1949–1961. In: Historical Social Research 22 (1997) 1, S. 107–131.
[64] Ernst in Bessel u. a., S. 27.
[65] Ebenda.
[66] Meyer in Berlinische Monatsschrift, S. 65.
[67] Ernst in Bessel u. a., S. 27.
[68] Meyer in Berlinische Monatsschrift, S. 65.
[69] Ebenda, S. 66.

höhere Mobilität von Akademikern begünstigte dabei vielfach die Entscheidung zum Staatswechsel.[70]

Die Parteiführung versuchte bis zum Mauerbau, dieser Tendenz durch die Vergabe von Privilegien entgegenzuwirken. Ein Akademiker konnte es in der DDR der 1950er Jahre je nach Status auf das Vier- bis Zehnfache des damaligen Durchschnittseinkommens bringen. Koryphäen ihres Faches erhielten bis zu 15.000 Mark im Monat bei einem durchschnittlichen Einkommen von 278 Mark (1952) bis 392 Mark (1958).[71] Im Rahmen von Einzelverträgen konnten ab 1951 nicht nur das Gehalt und die Altersversorgung verhandelt, sondern auch der unbeschränkte Literaturzugang, die Zulassung der Kinder zum Studium, Reisemöglichkeiten und andere Privilegien individuell geregelt werden. Bis 1958 versuchte die Partei so, 25.000 Angehörige der Intelligenz an die DDR zu binden.[72] Erst als nach dem Mauerbau die Gefahr der massenhaften Abwanderung gebannt war, wurde die Bevorzugung der Akademiker allmählich zurückgeführt.[73]

3.3.3.3.7 Die Wanderungsmotive der politischen Klasse

Eine quantitativ eher kleine – in der Wahrnehmung der westdeutschen Öffentlichkeit aber sicherlich prominent beachtete – Bevölkerungsgruppe stellten Akteure der politischen Klasse der SBZ/DDR dar. Genaue Zahlen über den Umfang der Flucht- oder Wanderungsbewegung sind heute nicht mehr rekonstruierbar.[74] Sie dürften im Umfang – wie angesprochen – relativ niedrig, in ihrer propagandistischen Wirkung jedoch nicht zu unterschätzen gewesen sein.

Die Hauptphase der Emigration verlief hier in den späten 1940er bis zu den frühen 1950er Jahren. Wie kaum eine andere Gruppierung waren sie der Gleichschaltung des Parteiensystems und der Umwandlung zum sozialistischen Gesellschaftssystem unterworfen. Wer Widerstand leistete, musste mit Schikanen, Verfolgung, Verhaftung und Bestrafung rechnen.[75]

Viele versuchten, sich diesen Umständen durch Flucht oder Emigration

---

[70] Melis, S. 90 f.
[71] Kowalczuk, Ilko-Sacha: Das bewegte Jahrzehnt. Geschichte der DDR von 1949 bis 1961. Bonn 2003, S. 90.
[72] Ebenda, S. 91.
[73] Ebenda.
[74] Lediglich für CDU-Mitglieder liegen Zahlen vor. Insgesamt wanderten 8.874 Parteimitglieder zwischen 1948 und 1953 aus der SBZ/DDR ab. Die Masse davon (etwa 5.600) in den Jahren 1952/53. Bei wie vielen davon politische Verfolgung das Motiv war, ist nicht nachzuvollziehen. Zahlen abgedruckt in: Henkel, S. 128.
[75] Suckut, S. 88 ff.

zu entziehen.[76] Betroffen waren Vertreter der bürgerlichen Parteien, aber auch viele SPD-Mitglieder zogen auf diese Weise aus der Zwangsvereinigung mit der KPD ihre Konsequenzen. Zu nennen wäre hier u. a. Ernst Thape, der in seiner Austrittserklärung deutlich darauf hinwies, dass seine Freiheit mit dem Austritt aus der SED in der SBZ nicht mehr gesichert wäre.[77]

Einige dieser aktiven Politiker schafften es, auch in der Bundesrepublik Karriere zu machen. Exemplarisch für diese seien hier die beiden CDU-Mitglieder Jacob Kaiser und Ernst Lemmer genannt. Beide wurden 1947 von der SMAD als CDU-Vorsitzende in der sowjetischen Besatzungszone ihrer Ämter enthoben und gingen daraufhin nach West-Berlin. Kaiser wurde in der Bundesrepublik von 1949 bis 1957 Bundesminister für gesamtdeutsche Fragen, Lemmer bekleidete dieses Amt im Anschluss von 1957 bis 1962. Zudem war er 1964/65 Bundesminister für Vertriebene, Flüchtlinge und Kriegsgeschädigte.

Einer seiner Vorgänger im Amt und langjähriger Fraktionsvorsitzende der FDP, Wolfgang Mischnick, floh im April 1948 nach West-Berlin, nachdem er zuvor – trotz legitimer Wahl – von der SMAD nicht als stellvertretender Landesvorsitzender der LDP in Sachsen akzeptiert worden war.[78] Auch der als Parteivorsitzende vorgesehene Alphons Gaertner flüchtete aus Angst vor einer Verhaftung 1948.[79] Zwei Jahre später tat es ihm der Vorsitzende der LDP in Thüringen, Leonhard Moog, gleich.[80]

Die KPD/SED und die sowjetische Besatzungsmacht überließen die Gleichschaltung nicht dem Zufall; politische Opposition hatte keinen Platz beim Aufbau des Staatswesens. Innerhalb der SED begann der Kampf gegen die ehemaligen Sozialdemokraten spätestens mit dem Ende des Jahres 1947. Nach und nach wurden sie bis Mitte 1948 aus den Schlüsselpositionen der Partei herausgedrängt.[81] Auch in den Folgejahren kam es immer wieder zu massenhaften Parteiausschlüssen. So wurden im Jahre 1951 etwa 100.000 Personen aus der SED ausgeschlossen. Diese Säuberungen dienten vor allem der Disziplinierung der Parteibasis und in wenigen Fällen der Ausschaltung von innerparteilichen Kritikern.[82]

Die Gleichschaltung der CDU erfolgte von oben herab. Ab Oktober 1951 war die Parteiführung mit systemkonformen Personen besetzt. Im Vorfeld hatte sich der innerparteiliche Streit vor allem an der Frage um die Anerkennung der Oder-Neiße-Grenze entzündet. Es folgten Rücktritte von

---

[76] Neubert, S. 45.
[77] Suckut, S. 70.
[78] Effner/Heidemeyer (2005), S. 53.
[79] Suckut, S. 60.
[80] Ebenda, S. 66.
[81] Klein, S. 377 f.
[82] Kowalczuk: Jahrzehnt, S. 28.

Landesministern und Landesvorsitzenden, Verhaftungen und Flucht in den Westen. Anfang 1953 erfolgte die letzte große Säuberungswelle innerhalb der Partei, sodass ab diesem Zeitpunkt jegliche Opposition gebrochen war.[83] Die Gleichschaltung der LDP erfolgte sowohl in zeitlicher als auch in inhaltlicher Hinsicht annähernd parallel.[84]

3.3.3.8 Zwangsverpflichtet: die Wismut AG

Ein besonderes Phänomen des repressiven Regimes der SBZ/DDR stellte die Fluchtbewegung im Zusammenhang mit den Zwangsverpflichtungen und Arbeitsbedingungen im Uranabbaugebiet Wismut in Sachsen und Thüringen dar.

Die Wismut AG unterstand bis 1956 dem sowjetischen Verteidigungsministerium und entwickelte sich bis zur Auflösung der DDR zum größten Uranabbaugebiet in Europa.[85]

Um den enormen Arbeitskräftebedarf zu decken, befahl die SMAD ab dem 1. August 1948 die Abstellung von 20.000 Personen.[86] Als Legitimation für diese Zwangsmaßnahme diente der Befehl Nr. 3 des Alliierten Kontrollrats vom 17. Januar 1946, der die Behörden dazu ermächtigte, Personen für die Dauer von sechs bis 24 Monaten einen Arbeitsplatz zuzuweisen. Ein Mittel, das in allen Besatzungszonen hauptsächlich im Bergbau eingesetzt wurde.[87] Um die enorme Anzahl von 20.000 geforderten Arbeitskräften aufbieten zu können, sahen sich die Mitarbeiter der Deutschen Zentralverwaltung für Arbeit und Sozialfürsorge (DZVAS) nur unter Zuhilfenahme von Zwangsverpflichtungen dazu in der Lage, dieses Soll zu erfüllen.[88] Unter Mithilfe der sächsischen Polizei wurden den zwangsverpflichteten Arbeitskräften die Personalausweise entzogen, sodass ihnen weder die Wohnungsanmeldung noch der Bezug von Lebensmittelkarten möglich war. Sie waren folglich gezwungen, an ihrem gepressten Arbeitsplatz auszuharren oder die sowjetische Besatzungszone zu verlassen. Wer den Arbeitseinsatz ablehnte, wurde praktisch vom Arbeitsmarkt ausgeschlossen und hatte seinen Anspruch auf höhere Lebensmittelkarten und ggf. auf Arbeitslosenunterstützung verwirkt.[89]

---

[83] Klein, S. 378.
[84] Ebenda.
[85] Karlsch, Rainer: „Ein Staat im Staate". Der Uranbergbau der Wismut AG in Sachsen und Thüringen. In: APuZ B49–50/1993, S. 14–39, hier S. 14.
[86] Karlsch: Uran, S. 65.
[87] Karlsch: APuZ, S. 17.
[88] Ebenda.
[89] Ebenda.

Die Arbeitsbedingungen im Uranbergbau selber waren gerade in den Anfangsjahren sehr schlecht. Bis 1950 flohen deshalb etwa 50.000 Beschäftigte der Wismut AG in die Westzonen bzw. die Bundesrepublik.[90] Die Massenflucht – und von Flucht muss man unter den beschriebenen Bedingungen reden, da ein Verbleib in der SBZ/DDR bei der Vermeidung der Zwangsverpflichtung existenzbedrohende Züge angenommen hätte – endete erst mit dem Beginn der 1950er Jahre, als sich die Wismut AG zu einem attraktiveren Arbeitgeber entwickelt hatte. So war beispielsweise die Nahrungsmittelversorgung durch Lebensmittelkarten doppelt so hoch wie die für einen normalen Arbeiter.[91] Im Zuge der verbesserten Arbeitsbedingungen und dem Ende der Zwangsverpflichtungen nahm auch die Anzahl der Betriebsflüchtlinge unter den zu diesem Zeitpunkt gut 200.000 Arbeitnehmern ab.[92]

3.3.3.9 Zwangsverpflichtet: Volkspolizei und Nationale Volksarmee

Ähnlich wie bei den Zwangsmaßnahmen zur Rekrutierung von Arbeitskräften im Uranbergbau ging der Staat auch bei der Aufstellung von bewaffneten Kräften – Volkspolizei, kasernierte Volkspolizei und deren Nachfolger Nationale Volksarmee – vor.

Die Aufstellung von paramilitärischen und militärischen Einheiten in der DDR ab Sommer 1949 verlief aufgrund der ausbleibenden Resonanz junger Männer zunächst schleppend.[93] Die zuständigen Behörden wussten sich nur dadurch zu helfen, dass sie – wie im Uranbergbau – das Prinzip der Freiwilligkeit durchbrachen. Arbeitssuchende wurden vor die Wahl zwischen einer Verpflichtung zum Arbeitseinsatz im Uranbergbau oder der Meldung zur Volkspolizei gestellt; mit allen bereits angesprochenen negativen Konsequenzen im Falle der Verweigerung.[94]

Bis zur Mitte der 1950er Jahre arbeiteten die Werber unter Zuhilfenahme von Drohungen oder angeblich sogar mit illegalen Methoden, die dem Schanghaien in der Seefahrt gleichkamen.[95] Erst während der zweiten Hälfte der 1950er Jahre nahm der offensichtliche Druck ab. Nun agierten die Werbungskommandos mit falschen Versprechungen bezüglich der Karrieremöglichkeiten und Dienstbedingungen. Zusätzlich zeichneten sie

---

[90] Karlsch: Uran, S. 66.
[91] Ebenda, S. 76.
[92] Ebenda, S. 83.
[93] Ackermann, S. 197.
[94] Ebenda.
[95] Ebenda, S. 198.

sich durch eine ausgesprochene Penetranz gegenüber einer einmal ausgewählten Zielperson aus.[96]

Neben diesen ausgesprochenen Schikanen und Zwangsmaßnahmen im Vorfeld der Einziehung war auch der eigentliche Dienst aufgrund der Lebens- und Arbeitsbedingungen unbeliebt. Den falschen Versprechungen der Werber folgten häufig gravierende Mängel in Dienstorganisation sowie Unterbringung und Verpflegung.[97] Die verstärkte ideologische Indoktrination trug ihr Übriges dazu bei, dass die bewaffneten Kräfte der DDR eine überdurchschnittlich hohe Anzahl an Fahnenflüchtigen produzierte, von denen viele ihr Glück direkt in der Bundesrepublik suchten und flüchteten.[98] Der Begriff „Flucht" scheint hier im Gegensatz zu dem Begriff der Wanderung im Falle von Angehörigen der bewaffneten Kräfte angemessen. Nur durch das Verlassen des Landes konnte sich ein Fahnenflüchtiger einer bevorstehenden Strafverfolgung in der DDR entziehen.

Während die Bundeswehr seit ihrem Bestehen bis Mitte 1960 insgesamt 161 Fahnenflüchtige registrierte, die in die DDR verzogen, erfasste das Bundesministerium für Verteidigung der BRD von 1951 bis Juni 1960 insgesamt 21.294 Personen aus den Militär- und Polizeiverbänden der DDR, die nach Westdeutschland geflohen waren.[99] Die durch das westdeutsche Ministerium erhobenen Zahlen sind im eigentlichen Sinne allerdings zu hoch gegriffen, da innerhalb dieser Statistik ebenfalls diejenigen Personen hinzugezogen wurden, die zum Zeitpunkt ihrer Flucht bereits nicht mehr im aktiven Dienst standen.[100] Interne Statistiken der zuständigen DDR-Behörden ermittelten für den Zeitraum 1950 bis 1956 insgesamt 4.866 in die Bundesrepublik geflüchtete aktive Angehörige der bewaffneten Kräfte der DDR.[101]

Es waren wohl vor allem die Zustände und Lebensbedingungen, nicht zuletzt die penetranten politischen Erziehungsversuche innerhalb der Streitkräfte, die die Mehrzahl der Angehörigen zur Flucht bewegten. Ausschließlich politische Fluchtgründe konnte man nur einer Minderheit unterstellen.[102]

Aufgrund der Konsequenzen, die den Fahnenflüchtigen im Falle des Verbleibs in der DDR drohte, muss man die Abwanderung in die Bundesrepublik dennoch als politische Flucht werten.

---

[96] Ackermann, S. 198.
[97] Wenzke, S. 260.
[98] Ebenda, S. 260 ff.
[99] Ebenda, S. 267.
[100] Ebenda, S. 263.
[101] Ebenda, S. 262.
[102] Ebenda, S. 266.

3.3.4 Bevölkerungsübergreifende Wanderungsmotive

Neben den angesprochenen individuellen Wanderungsmotiven einzelner Berufs- und Bevölkerungsteile brachte das Leben in der SBZ/DDR diverse bevölkerungsübergreifende Wanderungsmotive mit sich. Die Umgestaltung der Gesellschaft zum sozialistischen System, der totale Herrschaftsanspruch des SED-Regimes an den Bürger, ökonomische Motive und private Gründe waren Ausgangspunkte, die den Einzelnen zu einer Abwanderung nach Westdeutschland bewogen. Oftmals dürfte es sich um eine Überschneidung mehrerer dieser Motive gehandelt haben.[103] Im Folgenden sollen nun die prägnantesten dieser kollektiven Motive besprochen werden.

3.3.4.1 Private und ökonomische Wanderungsmotive

Private und/oder ökonomische Wanderungsmotive schlossen auf den ersten Blick zunächst eine politisch motivierte Fluchtbewegung aus. Dies lässt sich bei einer genaueren Untersuchung jedoch nicht verallgemeinern. Sicherlich gab es eine Wanderungsbewegung, die offenkundig rein privater oder wirtschaftlicher Natur war. Im privaten Bereich seien hier zunächst einmal die Familienzusammenführungen genannt. Der Wunsch, am selben Ort wie die Eltern, Kinder, Geschwister oder der Lebenspartner zu leben, ist nachvollziehbar, kann aber bei dem überwiegenden Teil der Fälle nicht als politische Fluchtbewegung klassifiziert werden.

Für den Einzelnen mag die Trennung von seinen Angehörigen zwar mitunter eine enorme psychische Belastung gewesen sein und das Verbot der Ausreise aus der SBZ/DDR eine hohe Hürde. Dies ließ aber keine Rückschlüsse auf eine generelle Gegnerschaft zu den politischen Vorgängen in der SBZ/DDR zu. In den meisten Fällen handelte es sich deshalb um eine Wanderungsbewegung, die zwar das Grenzregime der DDR überwinden musste, ansonsten allerdings in der Masse vordergründig unpolitische Gesichtszüge trug.

Weiterhin dem privaten Bereich zuzuordnen sind die Wanderungsmotive derjenigen, die sich über die Abwanderung einer Strafverfolgung – sofern nicht aus politischen Gründen zu befürchten – oder Unterhaltspflichten in der SBZ/DDR entziehen wollten.[104] Der Anteil diese Gruppe

---

[103] Storbeck, S. 158.
[104] Heidemeyer (1994), S. 56.

an der gesamten Wanderungsbewegung dürfte jedoch marginal gewesen sein und sei hier nur der Vollständigkeit halber erwähnt.

Ein wesentlicher Beweggrund der Ost-West-Wanderung war sicherlich ökonomisch bedingt. Gerade in der jüngeren Fachliteratur wird dies, wenn auch teilweise zu pauschal und undifferenziert,[105] als Hauptantrieb der Wanderungsbewegung angesehen, die vermutlich zu einem großen Teil unterblieben wäre, wenn die ostdeutsche Wirtschaft bessere Lebensbedingungen geboten hätte.[106] Der historisch-soziologischen Wanderungstheorie zufolge sind die wirtschaftlichen und sozialen Gegebenheiten des Ausgangsraumes entscheidend für die Entstehung einer Wanderungsbewegung, deren Ziel durch höhere wirtschaftliche und soziale, aber auch kulturelle Chancen in einem anderen Raum bestimmt wird.[107] Auch die Wanderungsbewegung zwischen der SBZ/DDR und Westdeutschland war diesbezüglich exemplarisch.

Zu berücksichtigen ist für die Fragestellung dieser Arbeit, dass das ökonomische Wanderungsmotiv sowohl private unpolitische als auch systembedingte politische Züge tragen konnte. Die alleinige Suche nach besseren Verdienstmöglichkeiten, einer breiteren Versorgung mit Konsumgütern und einer besseren Wohnsituation[108] in Westdeutschland kann nicht als Flucht aus politischen Gründen bewertet werden. Auch dann nicht, wenn man berücksichtigen muss, dass mit dem Verlassen der SBZ/DDR ein Großteil der persönlichen Besitztümer, Angehörige und Freunde zurückgelassen werden mussten.[109] Es handelte sich schlichtweg um eine rein wirtschaftlich motivierte private Entscheidung. Eine Existenzbedrohung, die man unter Umständen auf eine systembedingte Ursache zurückführen konnte, lag nicht vor, da die Grundversorgung in der SBZ/DDR als gesichert gelten konnte. Jedoch übte das Bild, das durch die westdeutschen Medien oder Westbesucher über die Bundesrepublik vermittelt wurde, einen starken Reiz aus, der nur wenige Kilometer weiter westlich vorgeblich befriedigt werden konnte.[110] Durch den gestiegenen Arbeitskräftebedarf der

---

[105] Siehe z. B. Roesler.
[106] Heidemeyer (1994), S. 56 f.
[107] Köllmann, Wolfgang: Versuch des Entwurfs einer historisch-soziologischen Wanderungstheorie, S. 263. In: Engelhardt, Ulrich/Sellin, Volker/Stuke, Horst (Hrsg.): Soziale Bewegung und politische Verfassung. Beiträge zur Geschichte der modernen Welt. Stuttgart 1976, S. 260–269.
[108] In der Tat war der vorherrschende Wohnraummangel eines der gravierendsten Ärgernisse der frühen DDR. Anträge auf größere/bessere Wohnungen wurden oft mit Ausreisedrohungen versehen. Vgl. dazu: Ross, Corey: „... sonst sehe ich mich veranlasst, auch nach dem Westen zu ziehen". „Republikflucht", SED-Herrschaft und Bevölkerung vor dem Mauerbau. In: Deutschland Archiv 34 (2001), S. 613–627, hier S. 622.
[109] Heidemeyer (1994), S. 57.
[110] Neubert, S. 21.

westdeutschen Wirtschaft im Zuge des sogenannten Wirtschaftswunders ab Mitte der 1950er Jahre begünstigt, machte diese Form der Abwanderung wohl tatsächlich den Hauptteil der Gesamtbewegung aus.[111] Schlussendlich war es aber eine reine konsumorientierte individuelle Entscheidung, die aufgrund der Suche nach besseren Lebensverhältnissen getroffen wurde.

Differenzierter zu bewerten sind diejenigen wirtschaftlichen Wanderungsmotive, die aufgrund von politischen Entscheidungen der Staatsführung initiiert wurden. In der Literatur werden diese Personen als Verdrängte und Benachteiligte benannt.[112] Aufgrund der Berufs- und Lebensbedingungen, in die der Staat massiv eingriff, ließen sich auch politisch bedingte Wanderungsmotive – wenn auch vor wirtschaftlichem Hintergrund – nicht ausschließen.[113]

Zu nennen sind hier zunächst einmal die Betroffenen der Enteignungs- und Kollektivierungswellen zur Umgestaltung des Wirtschafts- und Gesellschaftssystems. Sie begannen schon kurz nach Kriegsende mit der angesprochenen Bodenreform in der Landwirtschaft. Auch größere Industriebetriebe und Unternehmen wurden noch vor der Staatsgründung verstaatlicht. In den Jahren 1952/53 und 1959/60 wurde diese Politik noch einmal forciert. Die Konsequenz daraus war der Entzug der wirtschaftlichen Existenzgrundlage für viele Bürger;[114] die Abwanderung in die Westzonen/BRD damit ebenso politischer Natur. Dennoch ist auch in den meisten dieser Fälle der Begriff Flucht unangebracht, sondern muss als Wanderung bezeichnet werden, da eine Gefahr für Leib und Leben überwiegend nicht gegeben war.

Ähnlich zu bewerten ist die Abwanderung derjenigen, deren berufliche und/oder Bildungsmöglichkeiten aufgrund der vorherrschenden Ideologie beschnitten wurden. Hier sind vor allem Selbstständige zu nennen, die mit bürokratischen Hindernissen drangsaliert wurden.[115] Auch die Reglementierungen im Bildungswesen, hier exemplarisch die Studienbeschränkungen für Akademikerkinder, führten zu einer Wanderungsbewegung – keiner Fluchtbewegung –, die neben privaten und/oder ökonomischen

---

[111] Heidemeyer (1994), S. 56.
[112] Ebenda, S. 55.
[113] Storbeck spricht hier von „Symptomen der Ideologie" die keinen Anlass zur Flucht bieten, aber eine Abwanderung keineswegs unpolitisch machten. Vgl. Storbeck, S. 153.
[114] Heidemeyer (1994), S. 55.
[115] Ebenda, S. 56.

Motiven auch eine politische Komponente enthielt.[116] Besonders deutlich wird diese Komponente bei denjenigen, die aufgrund von Ablehnung oder Passivität gegenüber dem sozialistischen System und dessen Organisationen um ihre Bildungschancen gebracht wurden.[117] Storbeck hat dieses Prinzip treffend mit dem Begriff der „politischen Kontrolle der wirtschaftlichen Chancen" benannt.[118]

Auch ohne eine Bedrohung für Leib und Leben waren diese staatlich gelenkten Zwangsmaßnahmen ein so erheblicher Eingriff in die persönliche Freiheit des Einzelnen, dass es sich um eine politische Wanderungsbewegung handeln musste.

3.3.4.2 Politische Wanderungs- und Fluchtmotive

Bereits oben angesprochen wurden die politisch-ökonomisch bedingten Wanderungsmotive. Sie waren ein Teil der politischen Wanderungs- und Fluchtbewegung. Andere ergaben sich aus einer generellen oder spezifischen Gegnerschaft zu den in der SBZ/DDR vorherrschenden politischen Verhältnissen. Dies und die Frage, inwieweit es sich dabei um eine Wanderungs- oder Fluchtbewegung handelte, soll nun thematisiert werden.

In den oben besprochenen Berufs- und Bevölkerungsgruppen waren teilweise politisch motivierte Flucht- oder Wanderungsmotive gegeben. Oftmals waren die Konturen – was ist Flucht, was ist Wanderung – klar zu differenzieren. Bei einigen Berufs- und Bevölkerungsgruppen fällt eine eindeutige Bewertung jedoch schwer und muss vom individuellen

---

[116] Bezüglich der Bildungsmöglichkeiten verschiedener Bevölkerungsschichten sei folgender Exkurs gestattet: Freien, gleichen und durchweg gerechten Zugang zu Bildung gibt es nicht – weder in der DDR der 1950er Jahre noch in der Bundesrepublik der 2010er Jahre. Auch in der BRD ist der Besuch einer Hochschule für bestimmte Bevölkerungsteile stark eingeschränkt. Die soziale Herkunft hat erhebliche Einflüsse auf die späteren Bildungs- und Berufsaussichten. So sind Akademiker- und Beamtenkinder an den deutschen Hochschulen gegenüber Arbeiter- und Migrantenkindern deutlich überrepräsentiert. Der Unterschied zwischen den Zuständen in der DDR und der Bundesrepublik besteht jedoch darin, dass die Schranken in der DDR staatlich verordnet waren, sogar auf einem theoretisch-ideologischem Unterbau wurzelten, während in der Bundesrepublik gerade die Passivität der Politik für dieses Ungleichgewicht verantwortlich ist. Vgl. diesbezüglich: Bundesministerium für Bildung und Forschung (Hrsg.): Die wirtschaftliche und soziale Lage der Studierenden in der Bundesrepublik Deutschland 2009. 19. Sozialerhebung des Deutschen Studentenwerks – ausgewählte Ergebnisse, S. 8 ff. Abzurufen unter: www.sozialerhebung.de/pdfs/soz19_kurzfassung.pdf.
[117] Heidemeyer, S. 56.
[118] Storbeck, S. 162. Ebenfalls abgedruckt bei Heidemeyer (1994), S. 56.

Fall ausgehend entschieden werden.

Eine politische Wanderung lag nach der Definition dieser Arbeit immer dann vor, wenn dem Individuum keine unmittelbare Gefahr für Leib und Leben drohte, es sich aber aufgrund der vorherrschenden politischen und gesellschaftlichen Rahmenbedingungen zu einer Abwanderung in die Bundesrepublik entschloss. Hierunter fiel zunächst einmal der überwiegende Teil derjenigen, die von den gesellschaftlichen Umwälzungen wie der Bodenreform oder den Verstaatlichungen in Handel, Dienstleistung und Industrie betroffen waren. Auch die Schikanen gegen unabhängige Bauern oder die staatlich forcierte Diskriminierung gegenüber Selbstständigen (u. a. Benachteiligung bei Zuteilung von Lebensmittelkarten) rechtfertigen, bei allen persönlichen Entbehrungen der Betroffenen, lediglich eine Bewertung als Teil der politischen Wanderungsbewegung und nicht als Fluchtbewegung.

Dies galt ebenso für diejenigen Bürger, die unter dem Prinzip der „politischen Kontrolle der wirtschaftlichen Chancen" zu leiden hatten; sei es im wirtschaftlichen Sektor oder bei der Beschneidung von Bildungsmöglichkeiten.[119] Auch die schon früh von Johannes Kurt Klein charakterisierte „Flucht wegen seelischer Bedrängnis", von der vor allem solche Personen betroffen waren, die aus politischen, weltanschaulichen oder religiösen Gründen das vorherrschende System in der SBZ/DDR ablehnten, kann im Rahmen dieser Arbeit nicht als Flucht, sondern lediglich als politisch motivierte Wanderung klassifiziert werden.[120]

Anders verhält es sich, wenn dem oder der Betroffenen bei einem Verbleib in der DDR die Aufgabe der persönlichen Freiheit oder sogar eine Gefahr für Leib und Leben drohte. Beispielhaft kam dies z. B. während der Gleichschaltung der studentischen Hochschullandschaft durch das Regime vor. Hier sollte vor allem die FDJ die Organe der Studierendenvertreter und die Hochschulgruppen der politischen Parteien ersetzen. An mehreren Universitäten entstanden zu Beginn der 1950er Jahre daraufhin Widerstandsgruppen, die von den Sicherheitsbehörden zerschlagen und deren Mitglieder teilweise zum Tode verurteilt wurden.[121] Im Umfeld dieser Gruppen ist der Begriff Flucht selbstverständlich zu verwenden, zeigte sich das Regime hier schließlich von seiner unmenschlichsten Seite.

Differenzierter zu betrachten ist auch die Gruppe derjenigen, die

---

[119] Beispielhaft sei hier der Berufsstand der Rechtsanwälte erwähnt. Ihre Kinder konnten als „klassenfremde Elemente" nicht mit der Zulassung zum Studium rechnen. Wirtschaftlich wurden sie so weit beschnitten, dass sie bei der Zuteilung von Lebensmittelkarten in der niedrigsten, bei der Steuergruppe jedoch in die höchste Berufsgruppe eingestuft wurden. Vgl. dazu Klein, S. 375 f.
[120] Klein, S. 371.
[121] Neubert, S. 57.

3. Die Wanderungs- und Fluchtbewegung

aufgrund einer oppositionellen politischen Gesinnung das Land verließen. Neben den klassischen Dissidenten, die durchaus erheblichen Repressionen durch den Staat ausgesetzt waren, sind hier ebenso Vertreter der bürgerlichen Parteien und der SPD als Teil der politischen Fluchtbewegung zu nennen.[122] Aber auch Angehörige der SED, die in Ungnade gefallen waren, und Altkommunisten, die nicht auf der Ulbricht-Linie lagen und den Säuberungswellen innerhalb der Partei zum Opfer fielen und noch die Gelegenheit zur Flucht hatten, sind eindeutig Teil der politischen Fluchtbewegung.[123] Das Interesse, eine kommunistische Gesellschaft aufzubauen, war schließlich legitim und nicht mit der Unterstützung des verbrecherischen und menschenverachtenden Systems der Nationalsozialisten zu vergleichen.

Die Existenz der Internierungslager der sowjetischen Besatzungsmacht und Verschleppungen in die Sowjetunion verdeutlichten die Gefahr, in der sich die angesprochenen Personengruppen im Extremfall befanden. So wurden z. B. alleine bis 1949 mehrere Tausend illegal arbeitende SPD-Mitglieder von sowjetischen Militärtribunalen zu langjährigen Freiheitsstrafen verurteilt.[124]

Auch wer keiner konkreten Gefahr ausgesetzt war, musste befürchten, den staatlichen Repressionen ausgesetzt zu werden. Kader und Besatzungsmacht handelten bei der Auswahl ihrer Opfer oftmals willkürlich, sodass das subjektive Empfinden, in Gefahr zu sein, die Bezeichnung Flucht rechtfertigte. Gerade in der unübersichtlichen Phase nach Kriegsende dürften die von der Besatzungsmacht durchgeführten Massenverhaftungen, Verschleppungen und Internierungen diese Wahrnehmung gefördert haben. Verließ man das Land jedoch nur aufgrund einer Unzufriedenheit mit den vorherrschenden politischen Rahmenbedingungen und Verhältnissen, so ist dies als Wanderung zu bewerten.

Tatsächlich lassen sich nur relativ wenige Fälle bestimmen, in denen eine politische Flucht eindeutig erscheint. In der Regel reichte der latente Druck der Staatsorgane, um die Bevölkerung ruhig zu halten. Konkret eingesetzt wurde er nur gegen wenige.[125] Die Angst vor Sanktionen erweist sich dabei häufig als ausreichendes Mittel der Diktatur, um die Bevölkerung in Schach zu halten, wie auch am Beispiel DDR zu erkennen ist. Neben den angesprochenen politischen Oppositionellen und Dissidenten[126]

---

[122] Vgl. vertiefend u. a. Neubert, S. 41 ff.
[123] Ab Herbst 1950 wurden etwa 150.000 ehemalige Sozialdemokraten und Kommunisten aus der Partei ausgeschlossen und teilweise verhaftet. Vgl. ebenda, S. 61.
[124] Ebenda, S. 94.
[125] Ebenda, S. 17.
[126] Etwa 200.000 politische Gefangene in der DDR zwischen 1949 und 1989 verdeutlichen die Dimensionen. Vgl. dazu Neubert, S. 28.

ist der Fluchtbegriff vor allem für diejenigen Bevölkerungsteile gerechtfertigt, die aufgrund der gesellschaftlichen Umwälzungen zu ideologischen Feinden des Systems gemacht wurden oder die besonders unter dem Verlust an Rechtsstaatlichkeit zu leiden hatten. Zu Ersteren zählten sicherlich die Landwirte. In den ersten Jahren diejenigen, die als Opfer der Bodenreform vertrieben oder verhaftet wurden;[127] im weiteren Verlauf diejenigen, denen bei der Verfehlung des Plansolls die Verurteilung als Wirtschaftsverbrecher oder Saboteure drohte.[128] Diese unverhältnismäßig harte Strafmaßnahme rechtfertigte den Begriff der Flucht.

Ebenso galt dies für zwangsverpflichtete Personen. Dem Versuch, den Arbeitseinsatz zu vermeiden, folgten die beschriebenen unverhältnismäßigen Sanktionen. Umso mehr galt dies für Angehörige der bewaffneten Kräfte, die aufgrund ihrer besonderen Stellung innerhalb eines Staates nur die Wahl zwischen Ausharren und Flucht hatten. In diesen Fällen muss man jedoch insofern relativieren, als dass die Motivation zur Fahnenflucht oder zum unerlaubten Fernbleiben durchaus auch unpolitische Züge tragen konnte (und dies in der Mehrzahl der Fälle wohl auch getan hatte). Da die Sanktionierungsmaßnahmen in der DDR mit denen in der Bundesrepublik vergleichbar waren,[129] lässt sich eine politische Fluchtmotivation ausschließlich durch die Tatbestände der Fahnenflucht oder des Fernbleibens nur schwer konstruieren, da dies lediglich Folge der Unzufriedenheit, nicht aber Ursache derselben war.

Wohl aber scheint es gerechtfertigt zu sein, in jenen Fällen durchaus von einer politischen Fluchtmotivation zu sprechen, in denen der Betroffene zwar keine konkreten politisch-ideologischen Fluchtgründe hatte, er aber aufgrund der vorherrschenden unrechtsstaatlichen Verhältnisse zur Flucht genötigt wurde. Im Fall der bewaffneten Kräfte konnten dies die Pressung von Rekruten sein, andere illegale Methoden zur Anwerbung, aber auch schlichtweg bewusst getätigte falsche Versprechungen gegenüber dem Anzuwerbenden. Gezwungene oder aufgrund von bewusster Desinformation Angeworbene sahen sich so mit einer Situation konfrontiert, die sie nicht freien Willens herbeigeführt hatten. Somit bot sich in der Flucht in die Bundesrepublik ein legitimes Mittel zur Umgehung von Sanktionsmaßnahmen.

---

[127] Klein, S. 374.
[128] Neubert, S. 49.
[129] Vgl. § 16 Wehrstrafgesetz (WStG) der Bundesrepublik Deutschland und § 4 Militärstrafgesetz (MStG) der Deutschen Demokratischen Republik.

3.3.5 Der Einfluss der nationalen und internationalen politischen Rahmenbedingungen auf die Wanderungsmotive

Es gab mehrere Versuche in entsprechenden staatlichen und wissenschaftlichen Publikationen, einen Zusammenhang zwischen Flucht- und Wanderungszahlen und den nationalen und internationalen politischen Ereignissen und gesellschaftlichen Rahmenbedingungen zu ermitteln. Vor allem Behörden der Bundesrepublik versuchten – zumindest von dem Zeitpunkt an, als jeder Flüchtling oder Wanderer als willkommene Legitimation des eigenen politischen Systems herangezogen werden sollte –, eine Verbindung zwischen den politischen Ereignissen in der DDR und der Anzahl der Antragsteller im NAV zu ziehen, um den Abwandernden ein politisches Motiv zu bescheinigen.[130]

Wie bereits dargestellt, erhebt die Statistik des NAV keinen Anspruch auf Vollständigkeit oder gar Richtigkeit des Wanderungsumfangs. Jedoch handelt es sich bei ihr um die einzige Statistik, die in diesem Bereich monatliche Werte ermittelt. Es scheint zudem plausibel zu sein, dass man zumindest mithilfe der wellenförmigen Zu- und Abnahme der Anträge Gesamttendenzen des Wanderung- und Fluchtumfangs herauszulesen vermag.

Bei der Auswertung der nachfolgenden Übersicht seien einige Anmerkungen gestattet. Zunächst ist die monatliche Gesamtzahl an NAV-Anträgen nur sekundär von Bedeutung. Maßnahmen, wie z. B. die Herabsetzung der Aufnahmehürden, wie sie durch die bundesrepublikanische Politik im Verlauf der 1950er Jahre praktiziert wurde, scheiden so als äußerer Einflussfaktoren aus. Zwar führte dies zu einer Erhöhung der Anträge, jedoch liegen dem keine konkreten Aktionen des DDR-Regimes zugrunde. Als wichtige Größe sind für die folgende Analyse die Schwankungen zu sehen, d. h., extreme Ausschläge nach oben oder unten. In der überwiegenden Mehrzahl der aufgeführten Ereignisse wird es sich dabei um Faktoren handeln, die in ihrer Auswirkung nicht sofort griffen, da politische Entscheidungen im Regelfall erst mit einer gewissen Verzögerung ihre Tragweite offenbaren. Dies muss auch bei den Schwankungen innerhalb der NAV-Statistik berücksichtigt werden. Ob zwischen Aktion (Maßnahme) und Reaktion (Abwanderung/Flucht) nun Tage, Wochen oder Monate liegen, ist nicht zu pauschalisieren und muss von Fall zu Fall untersucht werden.

---

[130] Vgl. Bundesministerium für gesamtdeutsche Fragen (Hrsg.): Die Flucht aus der Sowjetzone und die Sperrmaßnahmen des kommunistischen Regimes vom 13. August 1961 in Berlin. Bonn/Berlin 1961. Abgedruckt in: Ackermann (1995), S. 288 ff.

3.3 Wanderungsmotive

Abbildung 27: Gegenüberstellung der Anträge im NAV mit den nationalen und internationalen Rahmenbedingungen[131]

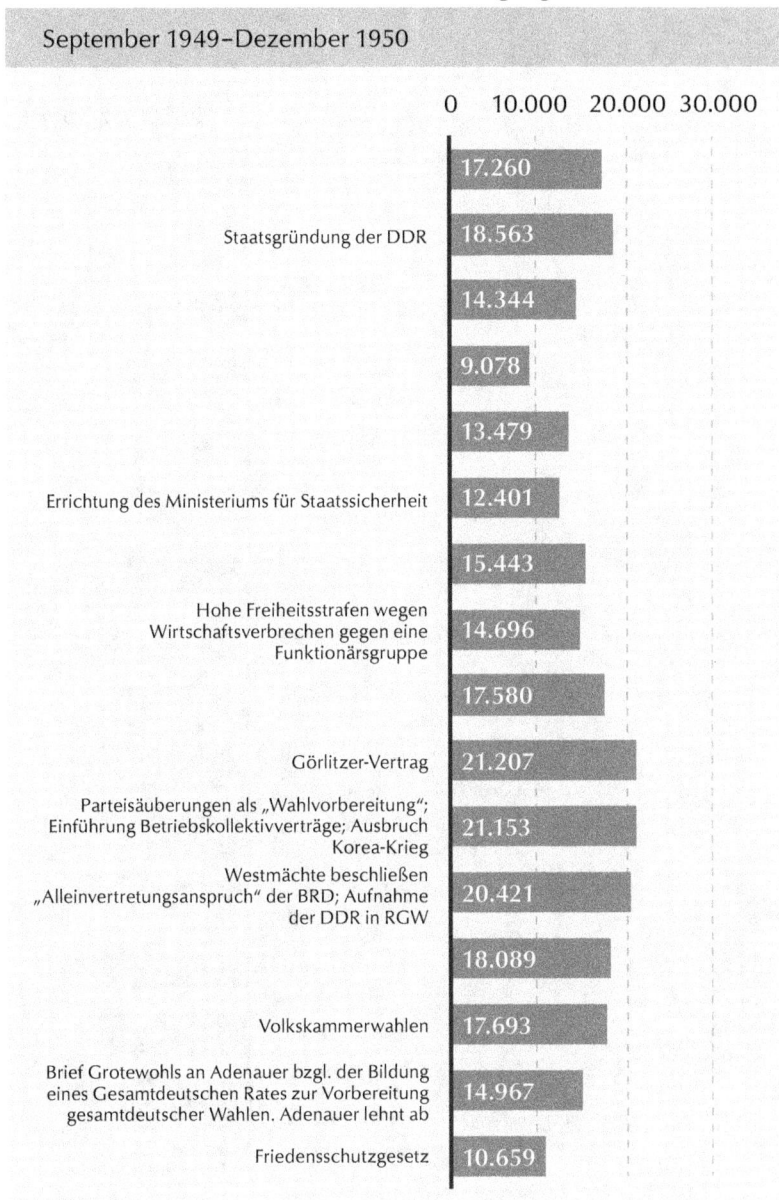

---

[131] Grafik nach: Ackermann (1995), S. 288 ff.; inhaltlich ergänzt durch Heidemeyer (1994), S. 59 ff., Weber, S. 48 und DDR-Handbuch, S. 1564 ff.

3. Die Wanderungs- und Fluchtbewegung

1951

Ereignis	Zahl
	0 10.000 20.000
Regierungserklärung und Vorschlag Grotewohls an den Bundestag einen Gesamtdeutschen Konstituierenden Rat einzuberufen	12.289
	11.583
Forderung der Volkskammer „Deutsche an einen Tisch"	12.514
	13.892
Erster Betriebskollektivvertrag im VEB Stahl- und Walzwerk Riesa	12.928
Aufforderung der FDJ an die Jugend sich in einem Stalin-Aufgebot für die Planerfüllung einzusetzen	14.177
	15.385
3. Weltfestspiele der Jugend und Studenten in Ost-Berlin	17.389
Umgestaltung des Hochschulwesens; Abkommen über Innerdeutschen Handel	16.184
DDR-Vorstoß für Gesamtdeutsche Wahlen unter UNO-Kontrolle; Freiheitsstrafen für 19 Jugendliche wg. oppositioneller Meinungsäußerung	14.848
Ablehnung eines Treffens mit Präsident Pieck durch Bundespräsident T. Heuss	11.817
Deutschlandfrage vor der UNO; DDR gegen Wahlbeobachter	12.642
	18.089
Volkskammerwahlen	17.693
Brief Grotewohls an Adenauer bzgl. der Bildung eines Gesamtdeutschen Rates zur Vorbereitung gesamtdeutscher Wahlen. Adenauer lehnt ab.	14.967
Friedensschutzgesetz	10.659

3.3 Wanderungsmotive

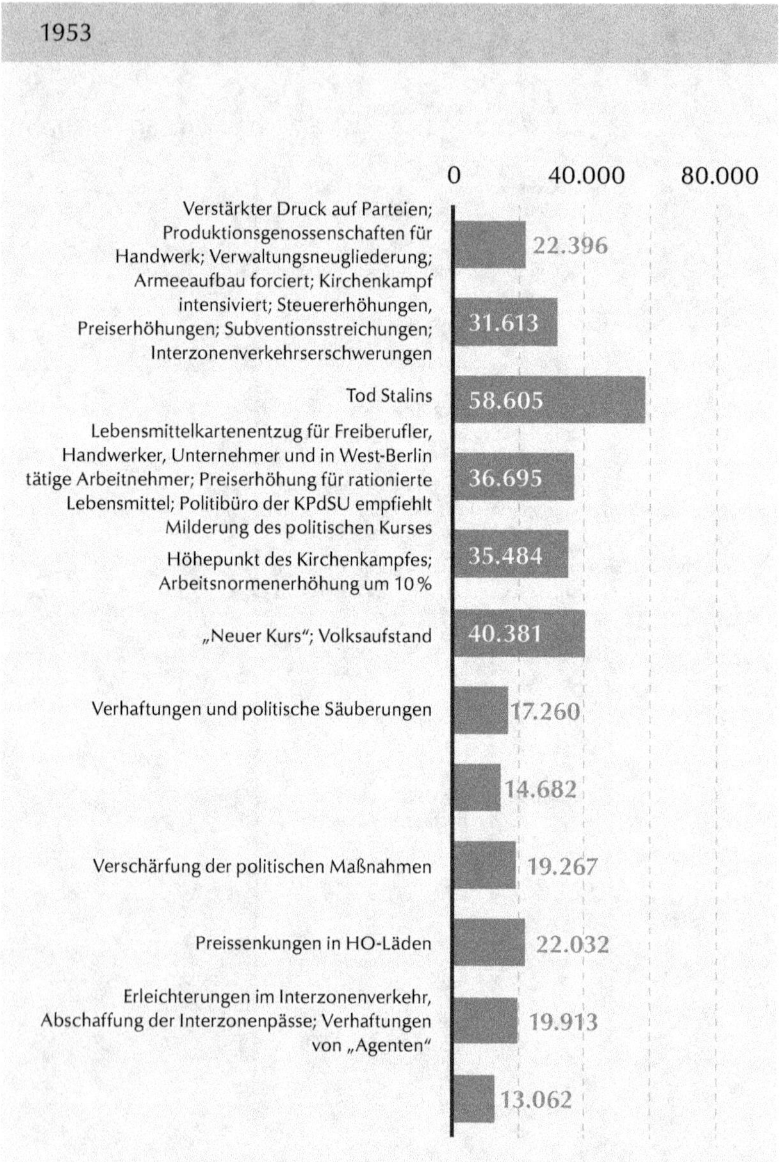

3. Die Wanderungs- und Fluchtbewegung

1953

Ereignis	Zahl
Verstärkter Druck auf Parteien; Produktionsgenossenschaften für Handwerk; Verwaltungsneugliederung; Armeeaufbau forciert; Kirchenkampf intensiviert; Steuererhöhungen, Preiserhöhungen; Subventionsstreichungen; Interzonenverkehrserschwerungen	22.396
	31.613
Tod Stalins	58.605
Lebensmittelkartenentzug für Freiberufler, Handwerker, Unternehmer und in West-Berlin tätige Arbeitnehmer; Preiserhöhung für rationierte Lebensmittel; Politbüro der KPdSU empfiehlt Milderung des politischen Kurses	36.695
Höhepunkt des Kirchenkampfes; Arbeitsnormenerhöhung um 10%	35.484
„Neuer Kurs"; Volksaufstand	40.381
Verhaftungen und politische Säuberungen	17.260
	14.682
Verschärfung der politischen Maßnahmen	19.267
Preissenkungen in HO-Läden	22.032
Erleichterungen im Interzonenverkehr, Abschaffung der Interzonenpässe; Verhaftungen von „Agenten"	19.913
	13.062

3.3 Wanderungsmotive

1954

Ereignis	Wert
Übergabe SAG-Betriebe an DDR; Parteiausschluß Zaisser und Herrnstadt; „Ausschuß für deutsche Einheit" gebildet	15.060
Scheitern der Berliner Außenministerkonferenz	11.655
Souveränitätserklärung der DDR seitens der Regierung der UdSSR	18.054
	17.611
Vorschlag an den Bundestag eine Volksbefragung über den EVG- oder Friedensvertrag durchzuführen	14.816
Deutschlandtreffen der FDJ in Ost-Berlin	15.380
Verhängung hoher Freiheitsstrafen gegen ehemalige SED-Funktionäre und am Volksaufstand beteiligte Personen	16.606
Aussetzung der Befehle und Anordnungen der SMAD und der sowjetischen Kontrollkommission	17.051
Einführung des „Passgesetzes"; Preissenkungen für Lebensmittel, Genußmittel, Verbrauchsgüter und der Postgebühren	17.276
Unterzeichnung der Pariser Verträge; Wahlen zur Volkskammer	15.526
Verstärkte Propaganda für Jugendweihe	13.755
Konferenz der Volksvertretungen der DDR, CSSR und Polens über den Grenzschutz	11.408

3. Die Wanderungs- und Fluchtbewegung

3.3 Wanderungsmotive

1956

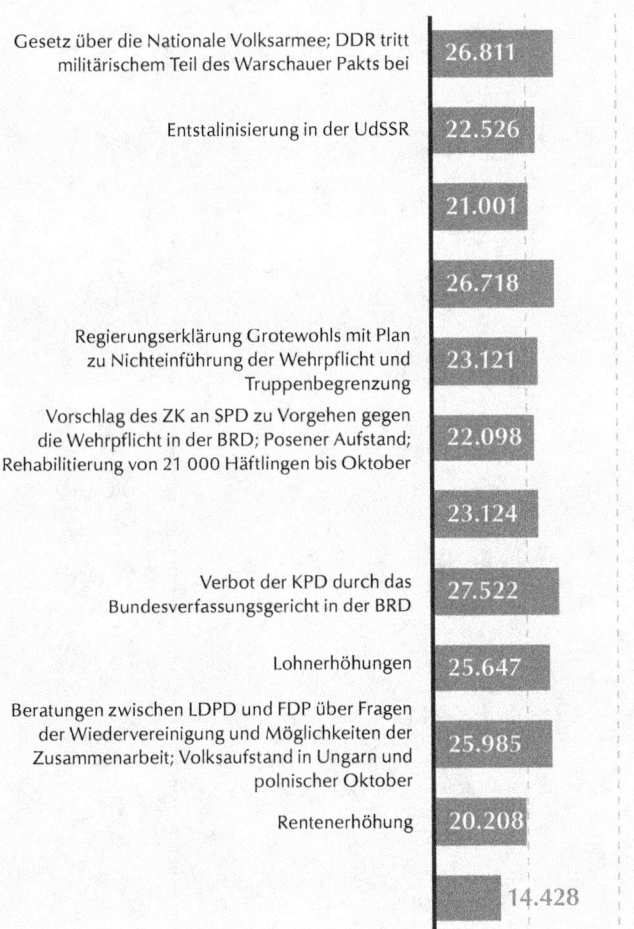

| | 0 | 20.000 | 40.000 |

Motiv	Wert
Gesetz über die Nationale Volksarmee; DDR tritt militärischem Teil des Warschauer Pakts bei	26.811
Entstalinisierung in der UdSSR	22.526
	21.001
	26.718
Regierungserklärung Grotewohls mit Plan zu Nichteinführung der Wehrpflicht und Truppenbegrenzung	23.121
Vorschlag des ZK an SPD zu Vorgehen gegen die Wehrpflicht in der BRD; Posener Aufstand; Rehabilitierung von 21 000 Häftlingen bis Oktober	22.098
	23.124
Verbot der KPD durch das Bundesverfassungsgericht in der BRD	27.522
Lohnerhöhungen	25.647
Beratungen zwischen LDPD und FDP über Fragen der Wiedervereinigung und Möglichkeiten der Zusammenarbeit; Volksaufstand in Ungarn und polnischer Oktober	25.985
Rentenerhöhung	20.208
	14.428

3. Die Wanderungs- und Fluchtbewegung

1957

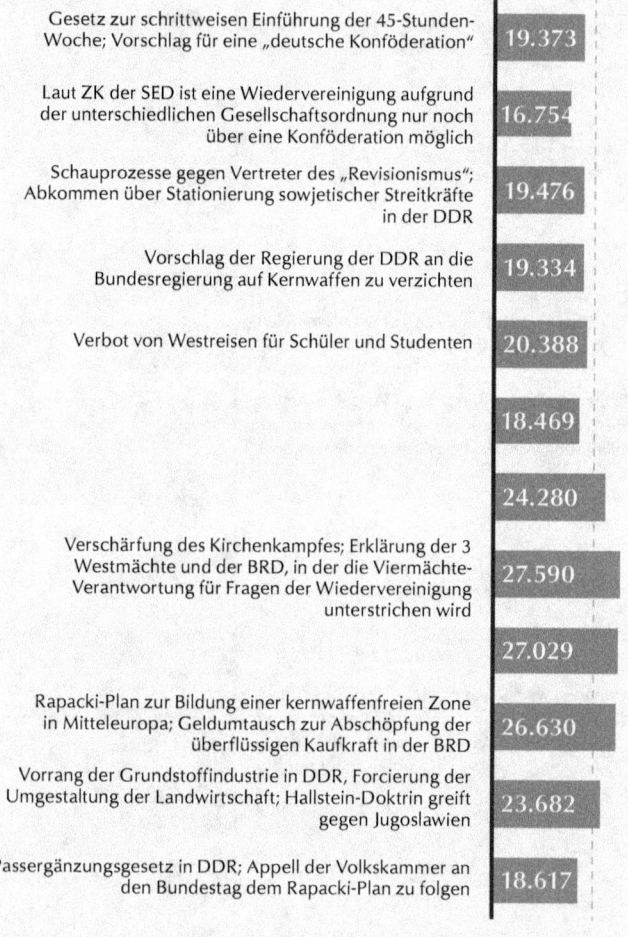

| | 0 | 20.000 | 40.000 |

Ereignis	Zahl
Gesetz zur schrittweisen Einführung der 45-Stunden-Woche; Vorschlag für eine „deutsche Konföderation"	19.373
Laut ZK der SED ist eine Wiedervereinigung aufgrund der unterschiedlichen Gesellschaftsordnung nur noch über eine Konföderation möglich	16.754
Schauprozesse gegen Vertreter des „Revisionismus"; Abkommen über Stationierung sowjetischer Streitkräfte in der DDR	19.476
Vorschlag der Regierung der DDR an die Bundesregierung auf Kernwaffen zu verzichten	19.334
Verbot von Westreisen für Schüler und Studenten	20.388
	18.469
	24.280
Verschärfung des Kirchenkampfes; Erklärung der 3 Westmächte und der BRD, in der die Viermächte-Verantwortung für Fragen der Wiedervereinigung unterstrichen wird	27.590
	27.029
Rapacki-Plan zur Bildung einer kernwaffenfreien Zone in Mitteleuropa; Geldumtausch zur Abschöpfung der überflüssigen Kaufkraft in der BRD	26.630
Vorrang der Grundstoffindustrie in DDR, Forcierung der Umgestaltung der Landwirtschaft; Hallstein-Doktrin greift gegen Jugoslawien	23.682
Passergänzungsgesetz in DDR; Appell der Volkskammer an den Bundestag dem Rapacki-Plan zu folgen	18.617

3.3 Wanderungsmotive

1958

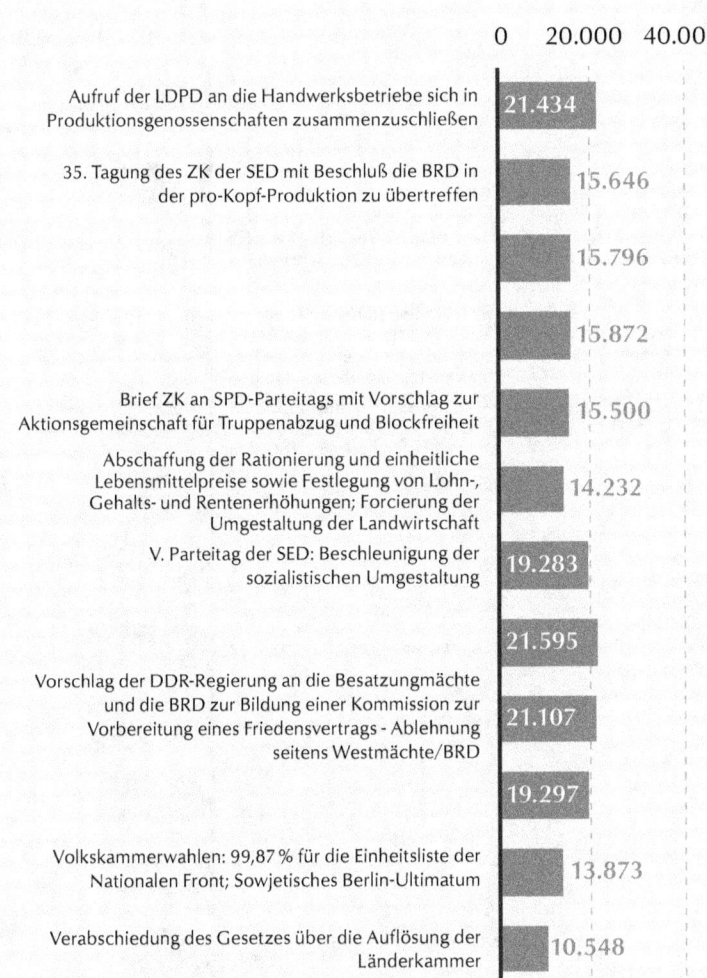

	0	20.000	40.000
Aufruf der LDPD an die Handwerksbetriebe sich in Produktionsgenossenschaften zusammenzuschließen		21.434	
35. Tagung des ZK der SED mit Beschluß die BRD in der pro-Kopf-Produktion zu übertreffen		15.646	
		15.796	
		15.872	
Brief ZK an SPD-Parteitags mit Vorschlag zur Aktionsgemeinschaft für Truppenabzug und Blockfreiheit		15.500	
Abschaffung der Rationierung und einheitliche Lebensmittelpreise sowie Festlegung von Lohn-, Gehalts- und Rentenerhöhungen; Forcierung der Umgestaltung der Landwirtschaft		14.232	
V. Parteitag der SED: Beschleunigung der sozialistischen Umgestaltung		19.283	
		21.595	
Vorschlag der DDR-Regierung an die Besatzungmächte und die BRD zur Bildung einer Kommission zur Vorbereitung eines Friedensvertrags - Ablehnung seitens Westmächte/BRD		21.107	
		19.297	
Volkskammerwahlen: 99,87 % für die Einheitsliste der Nationalen Front; Sowjetisches Berlin-Ultimatum		13.873	
Verabschiedung des Gesetzes über die Auflösung der Länderkammer		10.548	

3. Die Wanderungs- und Fluchtbewegung

1959

Sowjetischer Friedensvertragsentwurf; Umgestaltung des Schulwesens und Gesetzentwurf über die LPG	13.142
	10.072
Chruschtschow besucht die DDR, sowjetischer Wunsch nach Abschluß eines Friedensvertrags; Deutschlandplan der SPD	10.391
Grotewohl schlägt Bundeskanzler Adenauer Vorverhandlungen über einen Friedensvertrag vor; Hohe Freiheitsstrafen für 5 Studenten wg. Organisierung einer staatsfeindlichen Gruppe	15.764
Genfer Außenministerkonferenz; 5. Tagung des ZK der SED mit Vorschlag über Nichtangriffspakt zwischen beiden deutschen Staaten	12.290
Gesetz über Landwirtschaftliche Produktionsgenossenschaften	10.718
	12.107
Beendigung der Genfer Außenministerkonferenz	13.610
Besuch Chruschtschows bei Eisenhower	13.960
	12.824
	9.754
Neues Schulgesetz (Polytechnische Erziehung); Strafmaßnahmen gegen Landwirtschaft forciert	9.285

3.3 Wanderungsmotive

1960

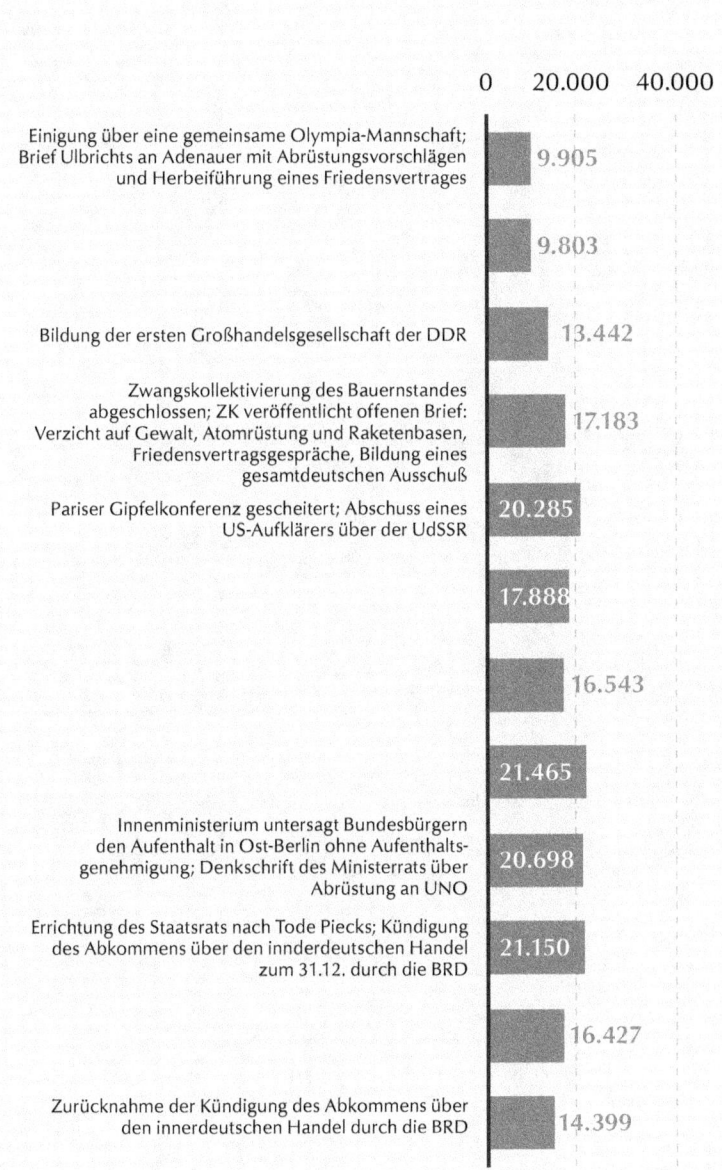

| | 0 | 20.000 | 40.000 |

Einigung über eine gemeinsame Olympia-Mannschaft; Brief Ulbrichts an Adenauer mit Abrüstungsvorschlägen und Herbeiführung eines Friedensvertrages — 9.905

9.803

Bildung der ersten Großhandelsgesellschaft der DDR — 13.442

Zwangskollektivierung des Bauernstandes abgeschlossen; ZK veröffentlicht offenen Brief: Verzicht auf Gewalt, Atomrüstung und Raketenbasen, Friedensvertragsgespräche, Bildung eines gesamtdeutschen Ausschuß — 17.183

Pariser Gipfelkonferenz gescheitert; Abschuss eines US-Aufklärers über der UdSSR — 20.285

17.888

16.543

21.465

Innenministerium untersagt Bundesbürgern den Aufenthalt in Ost-Berlin ohne Aufenthaltsgenehmigung; Denkschrift des Ministerrats über Abrüstung an UNO — 20.698

Errichtung des Staatsrats nach Tode Piecks; Kündigung des Abkommens über den innderdeutschen Handel zum 31.12. durch die BRD — 21.150

16.427

Zurücknahme der Kündigung des Abkommens über den innerdeutschen Handel durch die BRD — 14.399

3. Die Wanderungs- und Fluchtbewegung

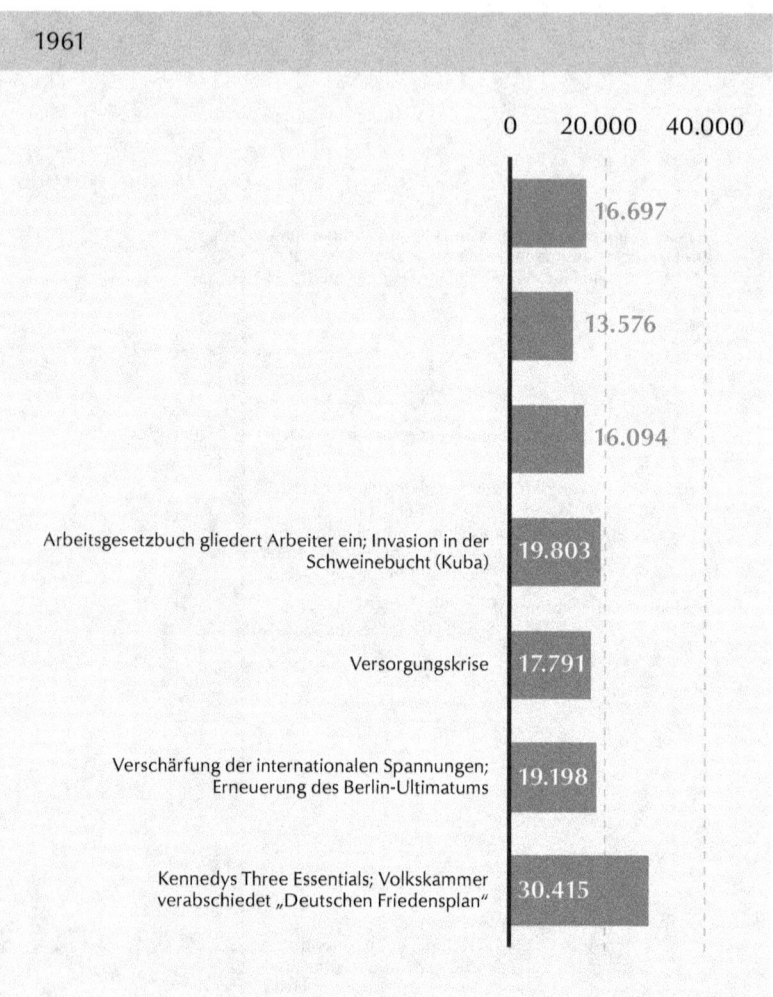

Wertet man die obige Darstellung aus, so fällt zunächst ins Auge, dass in der Regel die durchschnittlichen Antragszahlen in den Sommermonaten ansteigen, während sie in den Wintermonaten rückläufig sind. Dies lag darin begründet, dass in den wärmeren Monaten die Arbeitslosigkeit im Westen geringer war und die eigenen Chancen auf einen Arbeitsplatz für die Neuankömmlinge dementsprechend größer waren.

Die Sommer-Ferienzeit war zudem beliebt, da die Flucht als Reise (mit Gepäck) verschleiert werden konnte – auch, um eventuell unbehelligt zurückkehren zu können. Weihnachten dagegen hielt als emotionales, familiäres Fest von der Flucht ab.[132] Interessant dürften die Rückwanderungsquoten um die Weihnachtszeit sein. Vermutlich stieg die Anzahl, zumal unter Jugendlichen, an.

Unabhängig davon gilt es, die politischen Auslöser zu bewerten. Größere Ausschläge der Antragszahlen fallen zunächst nicht auf. Im Jahr 1950 weisen die Zahlen für die Monate Juli bis September eine verstärkte Antragstellung auf. Jedoch scheint diese nicht über den normalen Sommeranstieg hinauszugehen. Die Unterzeichnung des Görlitzer-Vertrages im Juli, der vor allem für Nationalisten und Vertriebene, aber auch für weite Kreise der gesamten Gesellschaft ein Affront gewesen war, scheint kaum Einfluss zu nehmen. Auch die „Säuberungen" innerhalb der SED und der Blockparteien sowie der Beginn des Korea-Krieges, der als Ausbruch im Kalten Krieg wahrgenommen wurde, schien keinen Einfluss auf die Antragszahlen zu haben.

Der Zeitraum von Herbst 1950 bis einschließlich Frühling 1951 war zunächst geprägt durch die Vorstöße der DDR, einen gesamtdeutschen konstituierenden Rat einzuberufen. Dies und das angesprochene Wintertief ließen die Antragszahlen wohl auf niedrigem Niveau verbleiben. Überhaupt gestaltete sich das Jahr 1951 schwankungsarm, sieht man einmal von den saisonal bedingten Veränderungen ab.

Einen ersten prägnanten Anstieg verzeichnet man im März 1952, dem Monat der Stalin-Note.[133] Wäre ebendiese Note für den Ausschlag verantwortlich, wäre dies aus zwei Gründen erstaunlich: Zunächst ist es ungewöhnlich, dass die Reaktion in Form von Flucht/Abwanderung in so unmittelbarer Folge (innerhalb weniger Tage) einsetzte. Zudem musste der sowjetische Vorstoß dem normalinformierten Bürger zunächst als großer Schritt Richtung Wiedervereinigung erschienen sein. Vermutlich wird es aber zum einen die sich schnell abzeichnende Ablehnung der Westmächte

---

[132] Effner/Heidemeyer (2005), S. 31.
[133] Zum geschichtswissenschaftlichen Diskurs bzgl. der Stalin-Note siehe: Bonwetsch, Bernd: Die Stalin-Note 1952 – kein Ende der Debatte. In: Jahrbuch für Historische Kommunismusforschung 2008, S. 106–113.

und der Bundesregierung gewesen sein, zum anderen die Verlautbarungen seitens der DDR-Führung, dass man sich eine Wiedervereinigung nur unter sozialistischen Gesichtspunkten vorstellen könne, die zum Anstieg der Antragszahlen führte. Diese Haltung der beiden deutschen Staaten sahen viele Antragsteller wohl als Manifestierung der Teilung und suchten ihr Heil deshalb in der Abwanderung.

Die aggressivere Innenpolitik der SED in den Folgemonaten spiegelt sich auch in den Antragszahlen zum NAV wider. Die Maßnahmen, die mit der Aktion „Ungeziefer" im Mai und Juni 1952 einhergingen, dürften direkte Auswirkungen auf die Antragszahlen im Juni gehabt haben. Die generelle Verschärfung der politischen Linie (politische Prozesse, 2. Parteikonferenz der SED und deren Auswirkungen, verstärkte Zwangswerbungen) waren dafür verantwortlich, dass die Zahl der Abwanderungswilligen auch in den Wintermonaten nicht so deutlich absank wie in den übrigen Beobachtungsjahren. Hinzu kam eine schwere Versorgungskrise im November 1952, die wohl auch einige wankelmütige unpolitische Personen zum Weggang bewegte.

Das erste Halbjahr des Jahres 1953 zeigt schließlich in beeindruckender Form die Auswirkungen von innenpolitischen Entscheidungen auf die Wanderungsbewegung. Die völlig kompromisslose Ausgestaltung der Partei beim verkündeten Aufbau des Sozialismus, der auf der 2. Parteikonferenz beschlossen worden war, in allen Lebensbereichen ließ die Antragszahlen in die Höhe schnellen.

Ihren Höchststand erreichten die Antragszahlen im März 1953. Hier war möglicherweise neben dem innenpolitischen Druck auch ein außenpolitisches Ereignis ausschlaggebend. Der Tod Stalins am 5. März dürfte zu einiger Verunsicherung unter den Menschen, die im sowjetischen Machtbereich lebten, geführt haben.

Nach dem Juni-Aufstand verringert sich der Abstrom zunächst.[134] Dies wird mehrere Ursachen gehabt haben. Zum einen dürfte der Neue Kurs Teile der Bevölkerung beruhigt haben. Zum anderen werden viele Abwanderungswillige das Land bereits in den Vormonaten verlassen haben, sodass in diesem Bereich das Reservoir an potenziellen Abwanderern ausgeschöpft war. Vorstellbar ist auch – und dies wäre nur menschlich –, dass sich viele Unzufriedene und damit potenzielle Abwanderungswillige nach

---

[134] Einen guten Überblick über die Literaturlage um die Ereignisse des 17. Juni 1953 findet sich bei: Bispinck, Henrik/Danyel, Jürgen/Hertle, Hans-Hermann/Wentker, Hermann: Krisen und Aufstände im realen Sozialismus – Einleitung, S. 11 f. In: ders. (Hg): Aufstände im Ostblock. Zur Krisengeschichte des realen Sozialismus. Berlin 2004, S. 9–22. Ebenso mit kritischer Literaturanalyse: Eisenfeld, Bernd/Kowalczuk, Ilko-Sacha/Neubert, Erhart (Hrsg.): Die verdrängte Revolution. Der Platz des 17. Juni 1953 in der deutschen Geschichte. Bremen 2004.

den Ereignissen erst einmal mental sammeln mussten und sich neu orientierten. Dennoch stiegen die Antragszahlen im Oktober und November 1953 wieder an. Für die Jahreszeit ist dies eher untypisch. Zudem hatte sich die SED-Führung nach dem Volksaufstand zunächst in Zurückhaltung geübt und viele unliebsame Maßnahmen wieder zurückgenommen. Es erscheint daher plausibel, dass viele Bewohner der DDR einer dauerhaften Mäßigung des Regimes – zu Recht – nicht trauten.

Der folgende Abschwung von Dezember 1953 bis Februar 1954 wird primär der typischen Winterphase zuzuschreiben sein. Zusätzliche Auswirkungen dürften jedoch auch die Erleichterungen im deutsch-deutschen Reiseverkehr und die Preissenkungen in den HO-Läden gehabt haben. Der Anstieg der Monate März und April wiederum stand in engem Zusammenhang mit dem Scheitern der Berliner Außenministerkonferenz und der darauffolgenden Souveränitätserklärung der UdSSR an die DDR. Weber bezeichnet dies in der Nachbetrachtung als Wendepunkt in der Deutschland-Frage.[135] Es bedeutete eine erneute Manifestierung der deutschen Teilung und hatte offenbar auch Auswirkungen auf die Anzahl der NAV-Anträge. Verdeutlich wird dies durch den Umstand, dass in den zwei betreffenden Monaten die Antragsanzahl höher oder ähnlich hoch war wie in den Sommermonaten, die typischerweise den Jahreshöchststand darstellten.

In den nächsten Monaten sind die Ausschläge als unauffällig zu bewerten, obwohl gerade in diesem Zeitraum sowohl der Deutschlandvertrag als auch der Warschauer Vertrag in Kraft traten. Erst in der zweiten Jahreshälfte 1955 kommt es zu einem relevanten Anstieg, der seinen Höhepunkt im Oktober erreichte. Die Gründe hierfür liegen auf der internationalen Ebene. Die ergebnislose Genfer Gipfelkonferenz und die verbale Stärkung der DDR durch Chruschtschow, der wiederum deutlich machte, dass eine Wiedervereinigung nur unter sozialistischen Bedingungen darstellbar war, verringerten die Hoffnung der Menschen auf einen gesamtdeutschen demokratischen Staat. Als Folge der Konferenz stand für die Siegermächte die relative Akzeptanz des Status quo in Europa und die deutsche Teilung als Teil desselben.[136]

Im selben Kontext ist auch der Anstieg im Januar 1956 zu sehen. Das entscheidende politische Ereignis war hier der Beitritt der Nationalen Volksarmee zum militärischen Part des Warschauer Paktes.

Das Jahreshoch von August bis Oktober jedoch wird primär mit der Entlassung von insgesamt 21.000 Häftlingen aus den DDR-Gefängnissen

---

[135] Weber, S. 47.
[136] Wille, Manfred: Der Weg zur Mauer. Stationen der Teilungsgeschichte. 2. Aufl., Berlin 2011, S. 140.

zusammenhängen. Viele der Rehabilitierten dürften sich auf direktem Wege in die Bundesrepublik abgesetzt haben. Der Scheitelpunkt fiel in eine Phase, in dem die Sowjetunion gerade erst in Ungarn gezeigt hatte, wie sie mit Demokratisierungsbemühungen in ihren Satellitenstaaten verfuhr. Direkten Einfluss auf die Wanderungsbewegung hatte dieses prägende Ereignis zunächst jedoch offenbar nicht.

Das Jahr 1957 begann zwar auf einem verhältnismäßig hohen Ausgangsniveau, jedoch sind größere Ausschläge, abgesehen vom obligatorischen Sommerhoch, nicht zu erkennen. Dabei gab es einige Ereignisse, die den Abwanderungsstrom durchaus hätten anschwellen lassen können. Neben den sich weiter verschärfenden internationalen Rahmenbedingungen, wie z. B. der von Adenauer aufgeworfenen Frage nach der atomaren Bewaffnung der Bundeswehr, wären bzgl. der DDR-Innenpolitik folgende Punkte zu nennen: Schauprozesse gegen politische Gegner, das Verbot von Westreisen für Schüler und Studenten, die Verschärfung des Kirchenkampfes, der Geldumtausch, die Forcierung der Umgestaltung der Landwirtschaft und schließlich das Passergänzungsgesetz.[137]

Dies waren durchweg politische Entscheidungen, die zumindest jeweils einen Teil der Bevölkerung betrafen und ggf. einen Grund zur Abwanderung geboten hätten. Dass eine Reaktion nicht eindeutig aus der Übersicht zu erkennen ist, war vermutlich dem Umstand geschuldet, dass diese verschiedenen Aktionen relativ verteilt über das gesamte Jahr durchgeführt wurden. Gerade aber das Passergänzungsgesetz, das das Verlassen, die Vorbereitung oder den Versuch der Abwanderung unter Strafe stellte, könnte zu einer „Jetzt-erst-recht-Haltung" bei Abwanderungswilligen geführt haben. Dies erklärt eventuell auch einen Teil der Abwanderung im Januar 1958. Möglicherweise war die Einführung des neuen Passgesetzes aber auch für den verhältnismäßig niedrigen Abwanderungsstand im ersten Halbjahr des Jahres 1958 verantwortlich; indem es eine abschreckende Wirkung auf viele Abwanderungswillige gehabt haben könnte, hätte die SED ihr Ziel in dieser Sache erreicht. Es liegt schließlich in der Natur der Sache, dass einschränkende Maßnahmen immer eine ambivalente Wirkung auf ihre Adressaten haben. Einige Personen nehmen eben diese als Abwanderungsanlass, während andere aufgrund der verschärften Maßnahmen aus Angst bleiben. Eine Liberalisierung erleichterte umgekehrt

---

[137] Mit dem neuen Passgesetz vom Dezember 1957 wurde die Republikflucht mit einer Strafandrohung von bis zu zwei Jahren Gefängnisstrafe kriminalisiert. Zeitgleich wurde die Ausgabe des PM 12a-Reisevisums drastisch eingeschränkt. Mit diesem konnte man zuvor in die Bundesrepublik reisen und somit den Grenzübertritt legal gestalten. Beim Verbleib in Westdeutschland hatten die DDR-Behörden somit keinen Zugriff mehr auf den Abwandernden. Vgl. dazu Major: Torschlußpanik, S. 233.

einigen die Entscheidung zum Weggang, während wiederum andere aufgrund dessen in der DDR verblieben.[138] Generell lässt sich sagen, dass das Jahr 1958 wie auch das Jahr 1959 unauffällig verlief; und dies trotz des sowjetischen Berlin-Ultimatums vom 27. November 1958.[139] Wirtschaftlich befand sich die DDR in diesem Zeitraum in einer Phase der Stabilität. Verbesserungen des Lebensstandards und ein stetiges Wirtschaftswachstum schienen einen Großteil der Bevölkerung politisch zu neutralisieren.[140]

Auf internationaler Ebene schienen die Spannungen aufgrund der Außenministerkonferenz von Mai bis August des folgenden Jahres und dem anschließenden Treffen zwischen Chruschtschow und Eisenhower in Camp David dann auch abzuklingen.[141] Auch die Volkskammerwahlen vom November 1958, hier mit einem Ergebnis von 99,87 % für die Nationale Front, ließen die Antragszahlen nicht nach oben schnellen. Dies erfolgte erst wieder in den Monaten April und Mai des Jahres 1960. Eine mögliche Ursache hierfür waren die seit Dezember des Vorjahres forcierten Strafmaßnahmen gegen Landwirte, die sich weigerten in die LPGs einzutreten.[142] Im April erklärte die SED die Kollektivierung des Bauernstandes dann für abgeschlossen.

Auch auf der internationalen Ebene verschärften sich die Zustände. Die Pariser Gipfelkonferenz, die nach dem Abschuss eines US-Aufklärers über der Sowjetunion gescheitert war, ließen die Gegensätze zwischen den beiden Blöcken wieder offen hervortreten. Möglicherweise lag der Anstieg der NAV-Antragszahlen zwischen August und Oktober diesen internationalen Ereignissen zugrunde.

Auch innenpolitische Ereignisse dürften in dieser Phase relevant gewesen sein. Neben den bereits angesprochenen Maßnahmen gegen die Bauernschaft sind diesbezüglich in erster Linie auch der Tod Wilhelm Piecks im September 1960 und die darauf erfolgten Änderungen im Staatsaufbau zu nennen.

Bereits im Februar desselben Jahres hatte Walter Ulbricht seine Stellung in Partei und Staat bedeutend stärken können, indem er Vorsitzender

---

[138] Ackermann (1995), S. 129.
[139] Zur zweiten Berlin-Krise siehe ausführlich: Wille: Weg zur Mauer. Dort auch mit weiterführenden Literaturangaben.
[140] Weber, S. 50.
[141] Ebenda, S. 55.
[142] Ebenda, S. 56.

des Nationalen Verteidigungsrates wurde.[143] Nach dem Tode Piecks wurde das Amt des Präsidenten der DDR abgeschafft und an dessen Stelle der Staatsrat nach dem Vorbild des Präsidiums des Obersten Sowjet in der UdSSR eingeführt, jedoch mit einer deutlich stärkeren Stellung des Vorsitzenden.[144] Ulbricht sicherte sich auch dieses Amt und verfügte nunmehr als Erster Sekretär des ZK der SED und als Vorsitzender von Staatsrat und Verteidigungsrat über eine umfassende Machtfülle.[145] Parallel zu diesem Machtanstieg wurde der Personenkult um Ulbricht ausgebaut.[146] Der Weg in die Diktatur, in der Ulbricht alle relevanten Zügel der Macht in der Hand hielt, war somit immer offensichtlicher geworden.

Schließlich war ab Herbst 1960 zu bemerken, dass die Kollektivierung der Landwirtschaft zu einer erneuten Versorgungskrise führen würde.[147] Verdeckt wurden die Lebensmittelkarten in Form von sogenannten „Kundenlisten" wiedereingeführt.[148]

Das erste Halbjahr des Jahres 1961 war wiederum sowohl von nationalen als auch von internationalen Ereignissen geprägt, die ursächlich für die Antragsspitzen in den Monaten April und Juli gewesen sein konnten. Die Blockkonfrontation wurde durch das US-amerikanische Desaster in der kubanischen Schweinebucht am 17. April deutlich hervorgehoben. Stärker dürfte auf der internationalen Ebene noch die Erneuerung des Berlin-Ultimatums durch Chruschtschow gewirkt haben, da dies direkt und unmittelbar beide deutsche Staaten betraf.[149] Schwerwiegender für die NAV-Antragszahlen wirkten sich im Mauerbaujahr jedoch die innenpolitischen Umstände in der DDR aus. Das im April von der Volkskammer verabschiedete „Gesetzbuch der Arbeit" schränkte nämlich die Rechte der Arbeiter

---

[143] Der Nationale Verteidigungsrat fungierte als oberstes Organ in Fragen der Landesverteidigung. Seine Zuständigkeit auf diesem Gebiet reichte von der Einsatzbereitschaft der bewaffneten Kräfte, der Vorbereitung von Industrie und Bevölkerung im Verteidigungsfall, dem Ausbau der Rüstungsindustrie bis hin zur patriotischen Erziehung der Bevölkerung, Propaganda und Feindaufklärung auch im Inneren. Weiterführende Literatur zum Nationalen Verteidigungsrat siehe: Giese, Daniel: Die SED und ihre Armee. Die NVA zwischen Politisierung und Professionalismus 1956–1965. München 2002, S. 79 ff.
Wagner, Armin: Walter Ulbricht und die geheime Sicherheitspolitik der SED: der Nationale Verteidigungsrat der DDR und seine Vorgeschichte (1953 bis 1971). Berlin 2002.
[144] Weber, S. 56.
[145] Ebenda.
[146] Ebenda, S. 57.
[147] Lindenberger, Thomas: Grenzregime und Gesellschaftskonstruktion im SED-Staat, S. 112. In: Henke, Klaus-Dietmar (Hrsg.): Die Mauer. Errichtung, Überwindung, Erinnerung. München 2011, S. 111–121.
[148] Wille: Weg zur Mauer, S. 252.
[149] Ebenda, S. 296.

zugunsten der Produktionserfüllung ein. Die praktische Abschaffung des Streikrechts oder die erweiterten Befugnisse der Werksleiter gegenüber der Arbeiterschaft führten zu erheblichem Unmut bei den Betroffenen.[150] Zudem schaffte man es nicht, die Versorgungskrise im Land zu bewältigen, sodass auch offizielle Stellen einräumen mussten, dass die Versorgung mit Fleisch, Milch und Butter nicht gewährleistet werden konnte.[151]

Wenige Wochen später wurde am 13. August 1961 die Berliner Mauer errichtet, was neben der doppelten Staatsgründung bis zur Wiedervereinigung die bedeutendste Zäsur in der deutsch-deutschen Geschichte darstellte.[152]

Einen Bezug zwischen den Rahmenbedingungen der nationalen und internationalen Politik und den Antragszahlen im Notaufnahmeverfahren herzustellen, ist nicht einfach und die Bewertung keinesfalls eindeutig.

Alleine der Umstand, dass eine Abwanderung in den meisten Fällen keine „Bauchentscheidung" war, sondern vielmehr von langer Hand geplant wurde, erschwert es, einen Zusammenhang zwischen Aktion und Reaktion zu erkennen. Trotzdem kann man einige Wechselwirkungen beobachten, die in enger Beziehung zueinandergestanden haben mussten.

Erstmals zu erkennen war dies im März 1952 im Zusammenhang mit der Stalin-Note. Es war aber vor allem die ablehnende Haltung der Westmächte und der Bundesrepublik, die eine Wiedervereinigung unwahrscheinlicher machte und so zu erhöhten Antragszahlen führte. Dies war die Ouvertüre für die sich kumulierenden Ereignisse der folgenden zwölf Monate. Es scheint so, als hätte die SED-Führung in diesem Zeitraum nichts unversucht gelassen, um die Stimmung der Zivilbevölkerung im Land unerträglich zu gestalten. Die immer repressivere Politik im Innern, die sich in ihren Spitzen zunächst in der Grenzabsperrung und im auf der 2. Parteikonferenz forcierten Aufbau des Sozialismus ausdrückte, machte das Leben in der DDR für die meisten Bürger Schritt für Schritt immer unerträglicher. Die Versorgungskrise, die Ende 1952 über den Staat hereinbrach, tat ihr Übriges dazu, um die Antragszahlen im ersten Halbjahr 1953 förmlich explodieren zu lassen. In diesen zwölf Monaten zeigte sich der Einfluss verfehlter Innenpolitik auf die Antragszahlen in aller Deutlichkeit und in einmaliger Weise im Untersuchungszeitraum.

---

[150] Weber, S. 57.
[151] Major, Patrick: Vor und nach dem 13. August 1961: Reaktionen der DDR-Bevölkerung auf den Bau der Berliner Mauer, S. 331 f. In: Archiv für Sozialgeschichte 39, 1999, S. 325–354.
[152] Zu den Vorgängen rund um den Mauerbau sei weiterführend verwiesen auf: Wille: Weg zur Mauer sowie Henke: Die Mauer.

3. Die Wanderungs- und Fluchtbewegung

Im weiteren Verlauf dieser Untersuchung lassen sich einige Muster in Bezug auf die Wechselwirkung erkennen. Zunächst scheinen sowohl internationale als auch innenpolitische Gründe Abwanderungsspitzen hervorgerufen haben. Im Bereich der internationalen Politik sind es vor allem solche, die einen direkten Bezug zur Wiedervereinigungswahrscheinlichkeit beinhalteten.

Häufig sind Antragsspitzen zu verzeichnen, wenn eine Zuspitzung der internationalen Lage eine Wiedervereinigung unwahrscheinlicher machte. Im Jahr 1954 drückt sich dies nach der gescheiterten Berliner Außenministerkonferenz und der Souveränitätserklärung der UdSSR an die DDR aus.

Dasselbe Muster lässt sich im Folgejahr erkennen: Scheitern der internationalen Gespräche – verbale Stärkung der DDR durch die UdSSR.

In den folgenden Jahren vermischen sich häufig nationale und internationale Ereignisse, sodass eine Wertung in Bezug auf die NAV-Antragszahlen nicht mehr eindeutig ist. So wird der Beitritt der NVA zum militärischen Teil des Warschauer Paktes, der wiederum die deutsche Teilung manifestierte, im Jahr 1956 ebenso Einfluss auf die Antragszahlen gehabt haben wie die Entlassung der Häftlinge aus den Staatsgefängnissen.

Nach einer Phase der relativen Ruhe, nicht zuletzt bedingt durch Erfolge in der Wirtschafts- und Sozialpolitik, kam es erst wieder im Frühjahr 1960 zu markanten Anstiegen der Antragszahlen. Innenpolitisch wird diesbezüglich sicherlich auch die Zwangskollektivierung des Bauernstandes ihren Beitrag geleistet haben.

Auch der formale Machtzuwachs Walter Ulbrichts, der im Spätsommer abgeschlossen wurde, wird hier Einfluss gehabt haben.

Außenpolitisch war es wieder einmal eine gescheiterte Gipfelkonferenz, die in diesem Zusammenhang bedeutsam erscheint.

Auch für das Jahr 1961, das noch einmal einen Höhepunkt seit dem gescheiterten Volksaufstand 1953 darstellte, war es eine Gemengelage zwischen nationalen und internationalen Ereignissen, die die Antragsspitze im Juli erklärt. Neben einer neuerlichen Versorgungskrise und der Beschneidung der Arbeitnehmerrechte war dies die Erneuerung des Berlin-Ultimatums durch die UdSSR.

Sicherlich waren große Teile der Bevölkerung der DDR einem latenten innenpolitischen Druck ausgesetzt. Vielen wurde durch das Regime Unrecht zugefügt. Das geflügelte Wort von der „Abstimmung mit den Füßen" scheint in vielen Bereichen durchaus zutreffend zu sein. Jedoch ist es fragwürdig von einzelnen politischen Entscheidungen, die in der Verantwortung der DDR-Führung lagen, Rückschlüsse auf die Antragsspitzen zu stellen. Dies ist eindeutig nur in dem knappen Jahr zwischen der 2. Parteikonferenz der SED und dem Volksaufstand vom 17. Juni 1953 zu sehen. In den übrigen herausgestellten Fällen lässt sich nicht mit Sicherheit bestimmen, inwieweit tatsächlich Aktionen oder auch außenpolitische Ereignisse zu einem sprunghaften Anstieg der Anträge geführt haben.

Generell muss man sich in Bezug auf die Wanderungs- und Fluchtbewegung aus der SBZ/DDR nach Westdeutschland immer – und unabhängig von den persönlichen Motiven – vergegenwärtigen, dass die hohe Anzahl der Abwanderungen den besonderen Rahmenbedingungen des deutsch-deutschen Verhältnisses geschuldet war. Der gemeinsame kulturelle Hintergrund, dieselbe Sprache, möglicherweise freundschaftliche und/oder familiäre Bindungen und nicht zuletzt die Möglichkeit des sofortigen Erhalts der Staatsangehörigkeit des Aufnahmelandes stellten einzigartig positive Bedingungen für eine Abwanderung aus der SBZ/DDR dar.

Exkurs II: Der 17. Juni 1953. Von der 2. Parteikonferenz bis zum Aufstand

Kaum ein Ereignis wird die Bürger der DDR in den 1950er Jahren so geprägt haben, wie die Geschehnisse um den 17. Juni 1953. Was war also in diesem Zeitraum vorgegangen? Die Westintegration der Bundesrepublik setzte die DDR-Führung unter Zugzwang. Die sozialistische Entwicklung innerhalb der DDR sollte beschleunigt und unumkehrbar gemacht werden. Dazu gehörten im Einzelnen der Ausbau des Grenzregimes, der Aufbau der Streitkräfte und die allgemeine Militarisierung der Gesellschaft, eine grundlegende Verwaltungsreform, die Zentralisierung der Industrie und der Umbau des Rechtswesens. Ferner sollte die Hochschulreform fortgesetzt und die generelle Sowjetisierung der Gesellschaft vorangetrieben werden. Dies bedeutete im Wesentlichen die verstärkte Kollektivierung innerhalb der Landwirtschaft und die Verschärfung des Kirchenkampfes und eine aggressivere Politik gegenüber Selbstständigen.[1]

Mit der 2. Parteikonferenz der SED vom 9. bis zum 12. Juli 1952 sah die Partei den Zeitpunkt gekommen, dies nun auch offiziell zu verkünden. Die Machtfrage in der DDR war in wesentlichen Punkten entschieden, und die SED dominierte den Staat. Wichtige Schlüsselindustrien, das Verkehrswesen und die Banken waren bereits verstaatlicht. Auch das Bildungs- und Hochschulwesen sowie die Medien waren unter Kontrolle. Die wichtigen Schaltstellen der Macht wie die Polizei, die Geheimdienste und die Justiz standen im Dienst der Partei.[2]

Die Forcierung des sozialistischen Aufbaus hatte direkte Auswirkungen auf die Lebensumstände der Bevölkerung. Nicht zuletzt der Aufbau nationaler Streitkräfte führte zu der verstärkten Konzentration auf den Ausbau der Schwerindustrie.[3] Dies führte allerdings zur Vernachlässigung der Verbrauchsgüterindustrie, was Versorgungsprobleme zur Folge hatte. Das Angebot an Waren sank, und der Lebensstandard der Bevölkerung verblieb somit auf niedrigem Niveau.[4]

Die SED-Spitze merkte relativ schnell, ab Dezember 1952, dass man sich volkswirtschaftlich übernommen hatte. Die Aufrüstung verschlang enorme Mittel, die aus anderen Bereichen umverteilt werden mussten. Um neue Geldquellen zu requirieren, setzte das Regime einen perfiden Plan um. Man entzog allen DDR-Bürgern mit Gewerbe oder Arbeitsplatz in West-Berlin sowie allen Selbstständigen und ihren Angehörigen die

---

[1] Kowalczuk: Volksaufstand, S. 28.
[2] Ebenda.
[3] Ebenda, S. 44.
[4] Ebenda, S. 47.

subventionierten Lebensmittelkarten. Insgesamt waren nun rund zwei Millionen Menschen vom Angebot in den HO-Läden abhängig. Die Ausgaben für Nahrungsmittel stiegen für die Betroffenen um bis zu 120 %, während gleichzeitig das Warenangebot an Grundnahrungsmitteln in den HO-Läden aufgrund von Versorgungsengpässen stark reduziert worden war.[5] Parallel dazu wurden auch die Preise auf den Lebensmittelkarten angehoben und die subventionierten Fahrkarten der Arbeiter gestrichen.[6]

Zusätzlich versuchte man, bei der Mittelschicht neue Geldquellen zu erschließen. Die Einkommens- und Handwerkssteuer wurden erhöht, und Selbstständige wurden aus der allgemeinen Krankenkasse ausgeschlossen. Sie mussten sich nun zu höheren Tarifen einer eigens zu diesem Zweck gegründeten Versicherung anschließen.[7]

Im April 1953 gelang es der DDR-Führung in Moskau zwar, die Last der Reparationen zu verringern und einen Teilschuldenerlass zu erwirken. Auch sollten die Militärausgaben um ein Drittel gekürzt und die Lieferungen von Koks, Eisenerz und Getreide in die DDR erhöht werden.[8] Da dieses Maßnahmenpacket aber alleine nicht ausreichte, um die Finanzlücke zu schließen, beschloss die SED-Führung am 14. Mai 1953, die Arbeitsnormen in den staatseigenen Betrieben um durchschnittlich 10 % zu erhöhen. Faktisch bedeutete dies für die Arbeiter eine Lohnminderung bei steigenden Preisen von Gütern der Grundversorgung. In der Folge stiegen die Unzufriedenheit und Unruhe in weiten Teilen der Bevölkerung an. Bereits seit Ende 1952 kam es immer wieder zu Streiks der Arbeiter.[9]

Zusätzlich zu der katastrophalen Versorgungs- und Finanzlage erhöhte die Partei auch den politischen Druck. Mithilfe des „Gesetzes zum Schutz des Volkseigentums und anderem gesellschaftlichem Eigentum" vom 2. Oktober 1952 wurden bis Ende 1953 über 10.000 Bürger verurteilt.[10] Auch die Verurteilungen wegen Wirtschaftsspionage häuften sich. Alleine im März 1953 wurden 3.500 laufende Verfahren, viele davon wegen geringfügigster oder vorgeschobener Vergehen, vor den Gerichten verhandelt.[11]

---

[5] Steiner, Andre: Steigende Preise, Mangel an Konsumwaren. Wie die schlechte wirtschaftliche Situation in der DDR 1952/53 die Unzufriedenheit in der Bevölkerung schürte. In: Berliner Zeitung, 14./15. Juni 2003, S. 32.
Bei einigen Lebensmitteln war die Differenz zwischen Karte und HO-Laden noch größer: Fleischprodukte waren im HO-Laden etwa viermal so teuer, Vollmilch etwa sechsmal; für Eier musste man etwa das dreieinhalbfache mehr bezahlen. Vgl. Kowalczuk: Jahrzehnt, S. 126.
[6] Steiner, S. 32.
[7] Ebenda.
[8] Ebenda.
[9] Kowalczuk: 17.06.1953: Volksaufstand in der DDR, S. 66.
[10] Kowalczuk: Volksaufstand, S. 49.
[11] Ebenda, S. 54.

Vor diesem Hintergrund stiegen die Abwanderungszahlen weiter an. Die Forcierung der Umstrukturierung der Landwirtschaft trug maßgeblich dazu bei. Das Kalkül der Partei war es, die noch verbliebenen Großbauern als soziale Gruppe zu beseitigen und die Klein- und Mittelbauern zu kollektivieren. Von 1952 bis zum Zeitpunkt des Volksaufstandes verließen aufgrund dessen alleine 15.000 Bauern die DDR.[12]

Des Weiteren ergriff die Staatsführung Maßnahmen, um den privaten Großhandel und das selbstständige Transportgewerbe zu liquidieren. Die Warenbelieferung dieser Betriebe wurde eingestellt, und Steuerrückstände wurden eingetrieben, um den Unternehmen die Existenzgrundlage zu entziehen. Gegen 2.100 von 3.000 überprüften Firmen wurden Strafverfahren eingeleitet und knapp 2.300 Personen im Zuge dieser Operation festgenommen. Insgesamt kam es zu Vermögensbeschlagnahmungen im Wert von über 335 Millionen Mark.[13]

Ab Juni 1952 kam es an den Universitäten zu verstärkten Säuberungswellen. Bis zum November desselben Jahres wurden 1.065 Studenten zwangsexmatrikuliert.[14]

Auch die evangelische Kirche, der zum damaligen Zeitpunkt noch 80 % der Bevölkerung angehörten, sah sich seit der 2. Parteikonferenz verschärften Angriffen ausgesetzt. Von Januar bis April 1953 wurden etwa 50 Kirchenangehörige verhaftet.[15] Schon im Juli 1952 war die Arbeit der Studentenpfarrer an den Universitäten verboten worden. Primär zielte die SED hier darauf ab, die Jungen Gemeinden als Rivale der FDJ in der Jugendarbeit auszuschalten.[16] Anfang 1953 wurden sie ebenso wie kirchliche Jugendzeitschriften und das Tragen des Bekenntniszeichens verboten. Zur gleichen Zeit erfolgte eine Propagandaoffensive gegen die Arbeit der Gemeinden. Es kam zu Prozessen, die die Jungen Gemeinden als Terrororganisationen brandmarkten, die westliche Ziele unterstützten.[17] Schüler und Studenten mussten „Austrittserklärungen" unterzeichnen oder mit der Konsequenz leben, die Hochschule oder Oberschule verlassen zu müssen. Bis Pfingsten 1953 wurden auf diesem Weg ca. 3.000 junge Menschen aus den Lehrinstitutionen entfernt.[18]

---

[12] Kowalczuk: Volksaufstand, S. 55.
[13] Ebenda, S. 52.
[14] Kowalczuk, Ilko-Sascha: Volkserhebung ohne „Geistesarbeiter"? Die Intelligenz in der DDR, S. 144 f. In: Kowalczuk, Ilko-Sacha/Mitter, Armin/Wolle, Stefan (Hrsg.): Der Tag X – 17. Juni 1953. Die „Innere Staatsgründung" der DDR als Ergebnis der Krise 1952/54. 2. Aufl., Berlin 1996, S. 129–170.
[15] Weber, S. 41.
[16] Bessier, Gerhard: Der SED-Staat und die Kirche. Der Weg in die Anpassung. München 1993, S. 107.
[17] Ebenda, S. 116 ff.
[18] Ebenda, S. 118.

Exkurs II

Die DDR befand sich also seit Monaten in einer tiefen gesellschaftlichen Krise. In der Bevölkerung gärte es, sodass selbst die sowjetische Führung die SED-Kader Anfang Juni 1953 zu einer Abkehr von den strikten Maßnahmen drängte.

Am 11. Juni 1953 erklärte die SED-Spitze daraufhin, dass im Rahmen des sogenannten „Neuen Kurses" die restriktiven Maßnahmen gegenüber Bauern, Handwerkern und Privatunternehmern aufgehoben werden sollten. Preiserhöhungen wurden zurückgenommen, und generell wurde mehr Augenmerk auf eine Verbesserung der Lebensbedingungen gelegt. Sogar beschlagnahmtes Eigentum von West-Rückkehrern sollte erstattet werden.[19] Im Kampf gegen die Kirchen wurden die Zwangsmaßnahmen zunächst zugunsten einer verstärkten Propagandaoffensive eingestellt.[20] Nicht korrigiert wurden jedoch die Normenerhöhungen für die Arbeiter. Dies erwies sich als schwerer Fehler. Die Parteiführung hatte Schwäche gezeigt, Fehler zugegeben und viele unliebsame Maßnahmen zurückgenommen. Lediglich die Arbeiter blieben als spezifische Bevölkerungsgruppe unberücksichtigt.[21] Diese brachten den Anstoß zum Volksaufstand, der sich zu einer Erhebung aller Bevölkerungsschichten ausweitete.[22]

---

[19] Steiner, S. 32.
[20] Bessier, 123 f.
[21] Ebenda.
[22] Mitter, Armin: Der „Tag X" und die „Innere Staatsgründung der DDR", S. 13. In: Kowalczuk, Ilko-Sacha/Mitter, Armin/Wolle, Stefan (Hrsg.): Der Tag X – 17. Juni 1953. Die „Innere Staatsgründung" der DDR als Ergebnis der Krise 1952/54. 2. Aufl., Berlin 1996, S. 9–30.

4. Beiderseits des Eisernen Vorhangs: Carl Zeiss – ein Unternehmen im Spannungsfeld der Nachkriegspolitik

4.1 Die Entstehung eines Mythos: Carl Zeiss in Jena

Die Firma Carl Zeiss aus Jena genoss schon im ausgehenden 19. Jahrhundert ein Renommee, das weit über die Region Thüringen hinausging. In den folgenden Jahrzehnten konnte das Unternehmen seine wirtschaftliche Stellung weiter ausbauen und avancierte zum weltweit führenden Anbieter im Bereich der optischen Industrie.

Dieser Aufstieg wurde erst durch die deutsche Niederlage im Zweiten Weltkrieg gestoppt. Für das Unternehmen bedeutete das Kriegsende eine tiefgreifende Zäsur, die existenzbedrohende Züge annahm.

Der Umgang mit dieser neuen Situation beiderseits der deutschdeutschen Grenze wird in den folgenden Kapiteln im Kontext der gesellschaftlichen und politischen Rahmenbedingungen untersucht.

4.1.1 Die Anfänge unter Ernst Abbe und Carl Zeiss

Carl Zeiss (1816–1888) wurde am 11. Februar 1816 als Sohn eines Hofdrechslers in Weimar geboren. Dem Vater war die Bildung seiner Söhne wichtig, sodass Carl das Gymnasium besuchen konnte.[1] Während seiner anschließenden Ausbildung zum Mechaniker, eine der technischen Entwicklung der damaligen Zeit entsprechend zukunftsträchtigen Ausbildung,[2] besuchte er auch Vorlesungen an der Universität. Dort erlernte er das theoretische Grundwissen für seinen späteren beruflichen Werdegang in den Fächern Mathematik, Physik, Mineralogie, Optik und Chemie.[3] Seine Wanderjahre, während denen er optische Werkstätten und Maschinenwerkstätten besuchte, führten ihn nach Stuttgart, Wien, Berlin und Darmstadt.[4] Im November 1846 schließlich ließ er sich als

---

[1] Mühlfriedel, Wolfgang/Hellmuth, Edith: Carl Zeiss, Band 1, S. 15.
[2] Ebenda, S. 16.
[3] Landeszentrale für politische Bildung Baden-Württemberg (Hrsg.): Carl Zeiss – von Jena nach Oberkochen. Die deutsche Frage im Unterricht, Heft 8. 1986, S. 3.
[4] Landeszentrale Baden-Württemberg: Heft 8, S. 3.

Mechaniker und Optiker in Jena nieder. Da er überwiegend die Geräte der chemischen und physikalischen Fachbereiche der Jenaer Universität reparierte und wartete, konnte er Kontakte zu den dortigen Wissenschaftlern knüpfen.[5] Das Zusammentreffen mit einem dieser Wissenschaftler, einem gewissen Ernst Carl Abbe (1840–1905), sollte seinen weiteren Lebensweg entscheidend prägen.

Jener Ernst Abbe kam am 23. Januar 1840 als Sohn eines Spinnereimeisters in Eisenach zur Welt. Abbes Kinder- und Jugendjahre waren aufgrund der gesellschaftlichen Stellung seines Vaters ungleich härter als die des Hofdrechsler-Sohnes Zeiss.[6] Dennoch fiel er in der Volksschule durch ausgezeichnete Leistungen auf, sodass er mithilfe der finanziellen Förderung einer Privatperson auch die höhere Schule besuchen konnte.[7]

Nach seinem Schulabschluss immatrikulierte sich Abbe im April 1857 an der Jenaer Universität, um Mathematik und Physik zu studieren. Dank der weiteren privaten Unterstützung und des Erteilens von Privatstunden konnte er mehr schlecht als recht sein Studium finanzieren.

Nach einem Universitätswechsel nach Göttingen im Jahr 1859 wurde er zwei Jahre später im Alter von 21 Jahren mit einer Arbeit zur mechanischen Wärmetheorie zum Doktor der Physik promoviert.[8] Für Abbe folgte nun eine weitere Phase der finanziellen Unsicherheit. Er war zunächst gezwungen, sich mit einer Reihe von wissenschaftlichen Hilfstätigkeiten durchzuschlagen. Die Hoffnung auf eine feste Anstellung beim Physikalischen Verein in Frankfurt zerschlug sich, sodass sich Abbe in einer für ihn höchst kritischen Phase neu orientieren musste.[9]

Nun hatte er jedoch das Glück des Tüchtigen auf seiner Seite. Michael Reiß, ein Mitglied des Physikalischen Vereins Frankfurt, war das außerordentliche Talent des jungen Doktors aufgefallen; er stiftete 1.000 Gulden für Abbe, damit dieser die Arbeit an einer Habilitationsschrift beginnen konnte.[10] Im August 1863 habilitierte er sich so an der Universität Jena, wo er auch als Privatdozent arbeiten konnte. Zu einem gesicherten finanziellen Auskommen im akademischen Bereich gelangte er aber erst mit seiner Berufung zum außerordentlichen Professor im Jahr 1875.[11] Dies allerdings zu einem Zeitpunkt, als seine finanziellen Nöte aufgrund der nun erfolgreichen Zusammenarbeit mit Carl Zeiss schon behoben waren.

---

[5] Landeszentrale Baden-Württemberg: Heft 8, S. 3.
[6] Mühlfriedel/Hellmuth: Carl Zeiss, Band 1, S. 61.
[7] Ebenda.
[8] Ebenda, S. 62 f.
[9] Ebenda, S. 64.
[10] Ebenda.
[11] Ebenda, S. 65.

Diese Zusammenarbeit entwickelte sich um die Mitte der 1860er Jahre. Carl Zeiss wurde aufgrund seiner Arbeit als Mechaniker für die Jenaer Universität häufig mit den Problemen und Wünschen der Wissenschaftler bezüglich adäquater Arbeitsgeräte konfrontiert. Professor Schleiden, als Biologe der Mitbegründer der Zellenlehre, ermutigte ihn Ende der 1840er Jahre zum Bau von Mikroskopen.[12]

Bis dato waren mathematisch-physikalische Berechnungen für den Bau der Mikroskope unbekannt. Man schliff die Linsen durch Erfahrungswerte und probierte so lange herum (das sogenannte „Pröbeln"), bis man ein angemessenes Ergebnis erhielt.[13] Zeiss produzierte vor seiner Zusammenarbeit mit Abbe auf diese Weise, mithilfe seiner bis zu 20 Mitarbeiter, in den ersten 20 Jahren des Firmenbestehens etwa 1.000 Mikroskope.[14]

Zwar erwarb sich seine Werkstatt aufgrund der handwerklichen und mechanischen Qualität schon einen sehr guten Namen, das letzte Quäntchen fehlte jedoch. Dies erhoffte Zeiss, durch die mathematischen Berechnungen von Ernst Abbe zu erhalten. Am 3. Juli 1866 kamen beide überein, dass Abbe in die Firma Zeiss eintreten solle.[15] Nach vielen vergeblichen Versuchen, die einen erheblichen finanziellen Verlust verursachten, gelang es Abbe schließlich 1871/72, mathematische Berechnungen für den Linsenschliff im Mikroskopbau aufzustellen.[16]

Die Firma Zeiss verfügte nun über eine weltweit einzigartige Expertise beim Bau dieser Gerätschaften. Carl Zeiss erkannte Abbes Zutun an dieser Leistung an und überließ ihm im Jahr 1875 ein Drittel der Firmenanteile.[17]

Ein Puzzleteilchen fehlte jedoch noch – adäquate Rohgläser. 1879 sandte der Glaschemiker Dr. Otto Schott optische Gläser zu Prüfzwecken nach Jena. Dort war man von der Qualität des Glases hellauf begeistert und ermutigte Schott, von Witten an der Ruhr nach Jena umzuziehen. Hier gründete dieser im Jahr 1884 das „Glastechnische Laboratorium Schott und Genossen", an dem Abbe und Schott zu jeweils einem Drittel beteiligt waren, während Zeiss und sein Sohn Roderich über das andere Drittel verfügten.[18] Die aus dieser Zusammenarbeit entstandenen Produkte waren qualitativ unvergleichlich hochwertig und führten die Firma, die nun weltweit an Renommee gewann, zu einem für die damalige Zeit einzigartigen

---

[12] Landeszentrale Baden-Württemberg: Heft 8, S. 4.
[13] David: CZ-Stiftung, S. 7.
[14] Landeszentrale Baden-Württemberg: Heft 8, S. 4.
[15] Mühlfriedel/Hellmuth: Carl Zeiss, Band 1, S. 66.
[16] Landeszentrale Baden-Württemberg: Heft 8, S. 5. Walter David gibt in seinem Werk das Jahr 1869 als Durchbruch in den Berechnungen an. Vgl. David: CZ-Stiftung, S. 7.
[17] Landeszentrale Baden-Württemberg: Heft 8, S. 5.
[18] Ebenda.

Aufschwung.

Begünstigt wurde dies auch durch Entdeckungen, wie die von Robert Koch auf dem Gebiet der Bakteriologie, die mit Zeiss-Mikroskopen erzielt wurden[19] und nun werbewirksam vermarktet werden konnten.

4.1.2 Neue Wege: die Errichtung der Stiftung

Nach dem Tode von Carl Zeiss am 3. Dezember 1888 übernahm dessen Sohn Roderich die Anteile des Vaters an den Firmen Carl Zeiss und Schott. Abbes Gedanken kreisten in dieser Zeit um die Frage, wie der Fortbestand der Werke auch über sein Ableben hinaus gesichert werden könnte.[20] Zudem verfügte er über eine ausgesprochen soziale Gesinnung, die er in den Fabriken umsetzen wollte. So entstand die Idee, eine Stiftung zu gründen, der die Anteile an den Betrieben überschrieben werden sollte, um den Fortbestand des Unternehmens in diesem Sinne auch über seinen Tod hinaus zu gewährleisten.[21]

Die Stiftung als Rechtsform bot zum einen den relativen Ausschluss von Staatsinteressen, was dem Geist des Unternehmertums entsprach, zum anderen schützte sie aber auch vor Individualinteressen durch ein verbindliches Stiftungsstatut.[22] Die Stiftung als juristische Person des privaten Rechts[23] sollte als Eigentümerin der Firmen Carl Zeiss und Schott handelsrechtlich als Unternehmerin fungieren.[24] Die Gewinne der Unternehmen sollten in – von der Stiftung kontrollierte – Reservefonds fließen, sodass sich die Betriebe finanziell nicht von der Stiftung abkoppeln konnten.[25]

Ein wesentlicher Gedankengang Abbes war es, mit den Überschüssen, die die Stiftungsunternehmen erzielten, soziale Aufgaben zu erfüllen. Er, der sich bei den Reichstagswahlen 1893 für die Sozialdemokraten engagierte,[26] hatte die prekären sozialen Verhältnisse, unter denen die meisten Arbeiter leben mussten, am Beispiel seines Vaters hautnah miterlebt.[27] Vor diesem biografischen Hintergrund kam er in Bezug auf seinen eigenen

---

[19] Landeszentrale Baden-Württemberg: Heft 8, S. 5.
[20] Ebenda, S. 6.
[21] Ebenda.
[22] Lingelbach, Gerhard: Juristische Aspekte zur Gründung, S. 56 In: Stolz, Rüdiger/ Wittig, Joachim (Hrsg.): Carl Zeiss und Ernst Abbe: Leben, Wirken und Bedeutung. Wissenschaftshistorische Abhandlung. Jena 1993, S. 51–60.
[23] 100 Jahre Carl-Zeiss-Stiftung Jena. 1889–1989. Jena 1989, S. 4. Ohne Autorenangabe.
[24] Landeszentrale Baden-Württemberg: Heft 8, S. 7.
[25] Lingelbach, S. 59.
[26] Wittig, Joachim: Ernst Abbe. Leipzig 1989, S. 116
[27] Landeszentrale Baden-Württemberg: Heft 8, S. 6.

sozialen Aufstieg zu zwei grundlegenden Schlussfolgerungen: Zum einen waren ihm die Möglichkeiten, seiner Begabung nachzukommen, nur durch seine Ausbildung an der Universität gegeben worden, und zum anderen war der Erfolg des Unternehmens nicht ausschließlich sein oder Carl Zeiss' Verdienst gewesen, sondern beruhte auf den Leistungen aller Mitarbeiter. Deshalb sollte ihnen auch ihr Anteil am Gewinn des Unternehmens zustehen.[28]

Unter anderem über diese Fragen kam es zum Streit zwischen Abbe und Roderich Zeiss. Da für beide die Fortführung der gemeinsamen Geschäfte nicht vorstellbar war, ließ sich Roderich Zeiss großzügig abfinden und schied aus den beiden Firmen aus.[29]

Nun stand der Weg für Ernst Abbe frei, seine Stiftungspläne in die Tat umzusetzen.

Die Stiftung, bereits am 19. Mai 1889 gegründet, übernahm mit Wirkung vom 17. Juni 1891 die Anteile von Ernst Abbe und Roderich Zeiss an beiden Werken.[30] Sie verfügte damit über 100 % der Anteile an den Optischen Werkstätten Carl Zeiss und war mit zwei Dritteln an dem Unternehmen „Glastechnisches Laboratorium Schott und Genossen" als Mitinhaberin beteiligt. Nach dem Tode Otto Schotts im Jahr 1919 sollten auch dessen restliche Anteile an der Firma Schott in Stiftungsbesitz übergehen.[31]

Es sollte noch bis zum 26. Juli 1896 dauern, bis das Stiftungsstatut in Kraft trat. Dieses enthielt einige Punkte, die eine erhebliche Bedeutung für den späteren deutsch-deutschen Konflikt um die rechtmäßige Nachfolge der Stiftung (und ihres Vermögens) haben sollten. Die zwei wichtigsten seien hier kurz erwähnt: Der Sitz der Stiftung war unabänderlich auf die Stadt Jena festgelegt, ein gewichtiges Argument der ostdeutschen Seite während des zukünftigen Konfliktes. Demgegenüber stand jedoch

---

[28] Landeszentrale Baden-Württemberg: Heft 8, S. 6.
[29] Siehe ausführlicher zum Ausscheiden Roderich Zeiss: Mühlfriedel/Hellmuth: Carl Zeiss, Band 1, S. 180 ff.
[30] Landeszentrale Baden-Württemberg: Heft 8, S. 7.
[31] Heintzeler, S. 27.

die Person des Stiftungskommissars,[32] der zwar ein hoher Beamter zu sein hatte, jedoch unabhängig vom Einfluss des Staates ausschließlich die Interessen der Stiftung vertreten sollte.[33] Eine Vorgabe, die unter dem SED-Regime kaum zu erfüllen war.

Um die Existenz der Stiftung nicht zu gefährden, war im Statut ferner vorgesehen, dass die Unternehmen nicht veräußert werden durften. Im dem Fall, dass ein Stiftungsunternehmen die Existenz der Stiftung oder eines anderen Stiftungsbetriebes gefährdete, sollte dieser Betrieb aufgelöst werden.[34]

Kernstück des Statuts war die Bestimmung der Stiftungsmittel für wissenschaftliche, soziale und gemeinnützige Zwecke, sofern die wirtschaftliche Existenz der Stiftungsunternehmen gesichert war.[35] Neben der Förderung der naturwissenschaftlichen und mathematischen Fachbereiche der Jenaer Universität bemühte sich die Stiftung auch um die Bevölkerung Jenas und die der näheren Umgebung.[36] In den Betrieben wurde diese Politik bereits erfolgreich durchgeführt und unter der Obhut der Stiftung noch ausgeweitet. Für Abbe war dies dabei durchaus auch Mittel zum Zweck. Er war sich der Problematik der ungleichen Verteilung bewusst und bestrebt, den daraus resultierenden sozialen Sprengstoff nicht innerhalb der Werke zum Ausbruch kommen zu lassen.[37] So wurde zunächst der Neunstundentag eingeführt und dieser ab dem Jahr 1900 durch einen Achtstundentag ersetzt. In anderen Unternehmen der optischen Industrie war zum damaligen Zeitpunkt noch der Zehneinhalbstundentag üblich. Außerdem bestand ein Anspruch auf bezahlten Urlaub, Zuschläge bei Mehrarbeit und eine Gewinnbeteiligung.[38] Auch eine Arbeitervertretung wurde eingerichtet. Diese hatte jedoch nur beratende Funktion und diente wohl dazu,

---

[32] Die Person des Stiftungskommissars war eines von drei Organen der Carl-Zeiss-Stiftung. Die Stiftungsverwaltung (1), jeweils bestellt aus derjenigen staatlichen Instanz, der die Universität Jena unterstellt war, hatte die Aufgabe der Vermögensverwaltung und aller nichtindustriellen Angelegenheiten. Sie ernannte die Geschäftsleiter (2), die die Betriebe leiteten und den Stiftungskommissar (3), der die Geschäftsführung der Betriebe kontrollierte und eine beratende Funktion beim operativen Geschäft der Werke ausübte sowie die Einhaltung der Stiftungsstatuten kontrollierte. Vgl. Mühlfriedel/Hellmuth: Carl Zeiss, Band 1, S. 190 f.
Zusätzlich sollte laut § 9 des Status ein Mitglied der der Geschäftsleitung als „Bevollmächtigter der Carl-Zeiss-Stiftung" die Betriebe im Sinne der Stiftung nach außen repräsentieren. Vgl. Heintzeler, S. 31.

[33] Landeszentrale Baden-Württemberg: Heft 8, S. 7.
[34] Ebenda, S. 8.
[35] Ebenda, S. 7.
[36] Heintzeler, S. 29.
[37] Lingelbach, S. 54 f.
[38] Landeszentrale Baden-Württemberg: Heft 8, S. 8.

radikaleren Elementen den Zugang zur Belegschaft zu erschweren.

Eine Betriebskrankenkasse wurde bereits 1875 gegründet, die den Belegschaftsmitgliedern die freie Behandlung durch einen Kassenarzt und kostenfreie Medikamente gewährleistete.[39] Im Krankheitsfall wurde den Arbeitern eine volle Lohnfortzahlung für sechs Wochen gewährt, danach hatten sie Ansprüche auf eine fünfzigprozentige Lohnfortzahlung für weitere sechs Wochen. Diese Regelung wurde bereits 1883 ausgeweitet und durch eine halbjährliche volle Lohnfortzahlung mit anschließender fünfzigprozentiger Unterstützung für 13 Wochen abgelöst.[40] Selbst eine Art des Kündigungsschutzes war gegeben. Entlassungen konnten nur mit einer nach Dienstjahren gestaffelten Entschädigungszahlung vollzogen werden. Schließlich wurden Pensionsfonds eingerichtet, die arbeitsunfähigen oder aus Altersgründen ausgeschiedenen Arbeitern und Angestellten sowie deren Ehepartnern und Kindern eine Rente sicherte.[41]

Zum sozialen Frieden trug sicherlich auch eine Regelung bei, die bestimmte, dass das höchste Jahresgehalt der Geschäftsleitung nicht höher sein durfte als das Zehnfache vom durchschnittlichen Jahresgehalt aller über 24-jährigen mindestens drei Jahre im Betrieb stehenden Mitarbeiter.[42]

Damit war die rechtliche Sicherstellung der arbeitenden und pensionierten Betriebszugehörigen rechtlich bindend gewährleistet.[43] Es handelte sich hier – vor allem im Kontext der Zeit gesehen – um teilweise bahnbrechende sozialrechtliche Reformen,[44] die bereits von Carl Zeiss, Ernst Abbe und Otto Schott angestoßen worden waren und durch die Carl-Zeiss-Stiftung vollendet wurden.

4.1.3 Die Entwicklung der Stiftungsunternehmen bis zum Ende des Zweiten Weltkrieges

Zu Beginn des 20. Jahrhunderts gelang es den Stiftungsunternehmen, allen voran der Firma Carl Zeiss, sich zum weltweit führenden Unternehmen der optischen Industrie aufzuschwingen.

Einen bedeutenden Anteil am Wachstum hatte die Auslandsnachfrage. Ab dem Jahre 1901 kam es zu Filialgründungen in London, Paris, Mailand, Wien, Sankt Petersburg, Tokio und Buenos Aires.[45] Im Zarenreich Russland

---

[39] Landeszentrale Baden-Württemberg: Heft 8, S. 8.
[40] Ebenda.
[41] Ebenda.
[42] Ebenda.
[43] Ebenda, S. 7.
[44] David: CZ-Stiftung, S. 10.
[45] Landeszentrale Baden-Württemberg: Heft 8, S. 9.

und in der Habsburger Monarchie Österreich-Ungarn wurden eigene Produktionsstätten für Zeiss-Produkte eingerichtet. Aus patentrechtlichen Gründen ebenfalls in Großbritannien, da Patente dort sehr schnell verfielen, wenn sie nicht im Königreich produziert wurden.[46]

Im Inland wurde die marktbeherrschende Stellung durch den Kauf oder die Beteiligung an Unternehmen sowie mithilfe kartellartiger Absprachen über Rabatte und Preise ausgebaut.[47]

Überaus kritisch zu sehen ist die Fokussierung der Stiftungsunternehmen auf Rüstungsgeschäfte zur Profitmaximierung. Der zweifelhafte Durchbruch gelang hier durch die praktische Erprobung von Zeiss-Geräten im russisch-japanischen Krieg 1904/05. Die Überlegenheit der Zeiss-Technik beeindruckte sowohl die deutschen als auch die ausländischen Militärs nachhaltig. Durch den Verkauf von U-Boot-Seerohren, Entfernungsmessern, aller Arten von Fernrohren, Zielapparaten zum Bombenabwurf oder von Großflächenfotografieapparaten für das aufkommende Flugwesen schnellte der Absatz von Rüstungsgütern im Geschäftsjahr 1905/06 auf 40 % des Gesamtumsatzes hoch.[48] Bis zum Beginn des Ersten Weltkriegs führte dieses Unternehmenssegment mit durchschnittlichen Anteilen von etwa 50 % am Umsatz zu florierenden Geschäftsgewinnen.[49] Die Exportquote lag dabei zwischen den Jahren 1904 und 1914 bei durchschnittlich 51,2 %, sodass auch die zukünftigen Gegner des Deutschen Reichs zur Genüge mit Zeiss-Produkten ausgerüstet waren.[50]

Mit dem Beginn des Ersten Weltkrieges wurde die Produktion im Hause Zeiss nahezu komplett auf die Kriegsrüstung umgestellt. Die Mitarbeiterzahl wurde verdoppelt, und es wurde in bis zu drei Schichten produziert.[51] Dies führte zu einer Verfünffachung des Umsatzes vom letzten Vorkriegsjahr bis zum Jahr 1918.[52] Im letzten Kriegsjahr lag der Anteil des Bereichs Wehrtechnik im Unternehmen bei 93 %.[53]

Nach dieser Phase der ungeheuren Gewinne brach der Umsatz in der Zeit der Weimarer Republik zunächst ein, da der Staat aufgrund der Bestimmungen des Versailler Vertrages, die Reichswehr auf 100.000 Mann zu begrenzen, als Auftraggeber weitestgehend ausfiel.[54] Immerhin erreichte die Firmenleitung, dass Zeiss die Reichswehr als einziges Unternehmen

---

[46] Landeszentrale Baden-Württemberg: Heft 8, S. 9.
[47] Ebenda.
[48] Florath, S. 40.
[49] Ebenda, S. 45.
[50] Errechnet nach ebenda.
[51] Landeszentrale Baden-Württemberg: Heft 8, S. 9.
[52] Florath, S. 46.
[53] Markus, Uwe: Waffenschmiede DDR. Ein Überblick. Berlin 2010, S. 20.
[54] Landeszentrale Baden-Württemberg: Heft 8, S. 9.

der feinmechanischen-optischen Industrie weiter ausrüsten durfte.[55] Mithilfe der enormen Kriegsgewinne gelang es außerdem, die gesamte optische Industrie Österreichs und Deutschlands mittels Aufkäufen unter die Kontrolle der Stiftung zu bringen.[56]

Das lukrative Rüstungsgeschäft wollte man sich, ungeachtet der Bestimmungen des Versailler Vertrages, auch weiterhin nicht entgehen lassen. 1921 wurde zu diesem Zweck in den Niederlanden die Firma „Nedinsco" gegründet, um in Deutschland verbotene Rüstungsgüter zu produzieren und zu exportieren.[57] Diese illegale Tätigkeit, in den offiziellen Bilanzen kaschiert, führte dazu, dass bereits im Geschäftsjahr 1931/32 wieder etwa 50 % des Umsatzes mit Rüstungsgütern erzielt wurden.[58]

Die Stiftungsunternehmen profitierten auch während der Herrschaft des Nazi-Regimes von diesem unrühmlichen Geschäftsfeld. Vor dem und vor allem während des Zweiten Weltkriegs wurden erhebliche Gewinne erzielt. Die deutsche Wehrmacht wurde mit Bombenzielgeräten, Entfernungsmessern, Periskopen und allem, was die optisch feinmechanische Industrie zu bieten hatte, aufgerüstet.[59] Zwischen den Jahren 1936 und 1944 stieg der Umsatz des Unternehmens so um 163 %.[60]

Die Machtübernahme der NSDAP hatte auch direkte Folgen für die Carl-Zeiss-Stiftung und ihre Stiftungsunternehmen. Relativ zügig versuchten die Nazis, die Kontrolle über die Stiftung zu gewinnen. Schon 1933 wurde eine neuer, dem Regime genehmer Stiftungskommissar installiert, dessen Befugnisse so ausgeweitet wurden, dass er gegenüber der Geschäftsleitung weisungsberechtigt war.[61] Durch eine polizeiliche Verfügung des thüringischen Innenministeriums wurden noch im Dezember 1933 einige Paragrafen des Stiftungsstatuts aufgehoben oder durch andere ersetzt.[62] Dies betraf u. a. das Verbot der Diskriminierung aus rassischen, religiösen oder politischen Gründen (Paragraf 56).[63]

Die maßgeblichen Personen der Firma Zeiss in dieser Zeit, die teilweise auch nach dem Krieg in West- und Ostdeutschland Führungspositionen

---

[55] Landeszentrale Baden-Württemberg: Heft 8, S. 9.
[56] Florath, S. 48.
[57] Ebenda, S. 49.
[58] Ebenda.
[59] Uhl, S. 115.
[60] Judt, Matthias: Die sowjetische Nutzung des Produktions- und Wissenschaftspotentials der ostdeutschen elektrotechnischen und feinmechanisch-optischen Industrie 1945–1955, S. 113. In: Buchheim, Christoph (Hrsg.): Wirtschaftliche Folgelasten des Krieges in der SBZ/DDR. Baden-Baden 1995, S. 111–130.
[61] Landeszentrale Baden-Württemberg: Heft 8, S. 10.
[62] Ebenda.
[63] Mit dem Zusammenbruch des Nazi-Regimes wurde dieser Paragraf wiedereingesetzt. Vgl. David: CZ-Stiftung, S. 10.

bekleiden sollten, verhielten sich dem Nazi-Regime größtenteils opportunistisch gegenüber.[64] So waren Walter Bauersfeld und seine beiden Kollegen in der Geschäftsführung, August Kotthaus und Paul Henrichs, 1937 in die NSDAP eingetreten. Bauersfeld war zudem am 20. April 1938 zum Wehrwirtschaftsführer ernannt worden. Beim NS-Kraftfahrkorps stieg er bis zum Obersturmführer auf.[65] Paul Henrichs, seit 1937 Leiter der Wirtschaftsgruppe Feinmechanik und Optik, gelang es hingegen, eine gewisse Distanz zum Regime zu wahren. Er war viele Jahre für die Firma im anglo-amerikanischen Raum tätig und zudem mit einer Engländerin verheiratet. Dieser Hintergrund machte ihn wohl weitgehend immun gegenüber der rassischen, antisemitischen Ideologie des NS-Staates.[66]

Die Stiftungsunternehmen als Ganzes stellten sich dem Regime – selbstverständlich auch vor dem Hintergrund der Gewinnerzielungsabsicht – in diesem Zeitraum zur willfährigen Verfügung. Dies beinhaltete auch den Einsatz von Fremd- und Zwangsarbeitern. Zwischen den Jahren 1940 und 1945 arbeiteten 8.081 von ihnen bei der Firma Carl Zeiss und 3.502 bei der Firma Schott und Genossen.[67] Bei Kriegsende belief sich die Gesamtzahl bei beiden Firmen auf etwa 4.000 Personen.[68]

Etwa ein Viertel dieser Arbeiter waren Osteuropäer, die entsprechend schlecht behandelt wurden. Teilweise mussten sie die karge Verpflegung durch die Einnahmen von Vaseline, Kohle und Gras kompensieren. Zumindest ein Fall ist dokumentiert, in dem ein Zwangsarbeiter aus der Sowjetunion aufgrund dessen zu Tode kam.[69] In einem Stiftungsbetrieb, der Papierfabrik Tannroda GmbH, wurden auch Häftlinge aus Konzentrationslagern eingesetzt.[70]

Dr. Heinz Küppenbender, der nach dem Tode von Kotthaus im Jahr 1941 in die Geschäftsleitung von Carl Zeiss berufen worden war, wurde nach dem Krieg wegen der Behandlung der Fremdarbeiter von den Amerikanern für zwei Wochen inhaftiert. Da sich jedoch viele Kollegen und Mitarbeiter für ihn verwandten, u. a. der Geschäftsleiter des Ost-Werkes Hugo Schrade, wurde er relativ schnell wieder freigelassen.[71] Zu seiner

---

[64] Walter, Rolf: Carl Zeiss. Die Geschichte eines Unternehmens, Band 2. Zeiss 1905–1945. Köln 2000, S. 172 f.
[65] Ebenda, S. 171.
[66] Ebenda, S. 179.
[67] Ebenda, S. 268.
[68] Fügener: Von Alliierten, S. 152.
[69] Beyermann, Andre: Zwangsarbeit in Thüringen 1939–1945. In: Landeszentrale für politische Bildung Thüringen (Hrsg.): Thüringen – Blätter zur Landeskunde. Sömmerda 2009, ohne Seitenangabe.
[70] Ebenda.
[71] Hermann: Brüder, S. 27.

Entlastung wurde vorgebracht, dass er laut Schrade und anderen Stimmen in den letzten Kriegstagen zu Albert Speer, mit dem er augenscheinlich eine Art von Freundschaft unterhielt, in das eingeschlossene Berlin geflogen war, um die von Fritz Sauckel[72] angeordnete Exekutierung der 4.000 Fremdarbeiter erfolgreich zu verhindern.[73]

Mit Kriegsende schloss sich ein dunkles, zwölf Jahre andauerndes Firmenkapitel. Das Unternehmen und seine Protagonisten hatten in dieser Zeit sicherlich nicht an vorderster ideologischer Front gestanden, aber dennoch als einer von vielen Stützpfeilern des Nazi-Regimes fungiert und wirtschaftlich vom enormen Rüstungsbedarf profitiert.

Knapp 40 Jahre nach der Installierung des Stiftungsstatuts war vom Abbe'schen Geist nach dieser Phase nur noch eine Fußnote geblieben.

---

[72] Fritz Sauckel war Gauleiter von Thüringen und Generalbevollmächtigter für den Arbeitseinsatz. Im Rahmen der Nürnberger Prozesse wurde er mit dem Tode bestraft. Vgl. Hermann: Brüder, S. 27.
[73] Peterke, S. 37.

4.2 Der große Einschnitt: Kriegsende in Thüringen

Am 13. April 1945 war der Krieg in Jena, und damit auch für die Stiftungsunternehmen, beendet. US-amerikanische Truppenverbände setzten von Westen kommend über die Saale über und drängten die letzten Wehrmachtsverbände aus der Stadt. Noch bevor Jena vollständig unter der Kontrolle der Streitkräfte war und die nationalsozialistischen Herrschaftsstrukturen zerfielen, übernahm ein Vorauskommando der US-Army die Kontrolle über das Zeiss-Werk.[1]

4.2.1 Die Stiftungsunternehmen unter US-amerikanischer Kontrolle

Nach der Übernahme der Werke durch die amerikanischen Militärs brachen neue Zeiten für die Unternehmensführung an. Alle wesentlichen Entscheidungen mussten sie sich von der zuständigen Militärkommission genehmigen lassen.[2] Personelle Veränderungen gegenüber der Zeit des Nazi-Regimes gab es nicht, dennoch gelang es wohl, die Zusammenarbeit im Großen und Ganzen konstruktiv und freundlich zu gestalten.[3]

Das Interesse der amerikanischen Militärs war klar: Ihr primäres Ziel war die Nutzbarmachung der Zeiss-Ressourcen für den Pazifikkrieg gegen Japan. Während die Zivilproduktion brach lag, erteilte die Militärkommission am 19. April 1945 – also keine ganze Woche nach der Kontrollübernahme des Werkes – den Auftrag, entsprechende Erzeugnisse zu produzieren.[4] Die bestellte Produktpalette aus Zielfernrohren, Entfernungsmessern, Feldstechern und ähnlichen optischen Militärerzeugnissen entsprach dabei dem bekannten Know-how der Zeiss-Gruppe.[5]

Von großem Interesse für die Vertreter der USA waren in diesem Zusammenhang auch die Firmenkontakte nach Japan. Noch im März 1945 hatte eine Delegation des Kaiserreiches Jena besucht.[6] Insgesamt zählte man seit dem Jahr 1938 über 40 japanische Offiziere im Werk.[7] Auf amerikanischer

---

[1] Mühlfriedel, Wolfgang/Hellmuth, Edith: Carl Zeiss, Band 3, S. 4.
[2] Ebenda.
[3] Ebenda, S. 4 f.
[4] Ebenda, S. 7.
[5] Ebenda.
[6] Landeszentrale für politische Bildung Baden-Württemberg (Hrsg.): Carl Zeiss – geteiltes Deutschland. Die deutsche Frage im Unterricht, Heft 9. 1986, S. 4.
[7] Hermann: Brüder, S. 25.

Seite befürchtete man dementsprechend zu Recht, dass Zeiss-Produkte im Pazifik-Krieg gegen sie verwendet werden würden.[8]

In Anbetracht dieser Ausgangslage wurde das Zeiss-Werk eines der primären Ziele für die wissenschaftliche und technische Ausbeutung durch die alliierten Siegermächte. Federführend dabei waren das Combined Intelligence Objectives Sub-Commitee (CIOS) und das Technical Industrial Intelligence Committe (TIIC) – Spezialabteilungen zur Koordinierung der Nutzbarmachung der Rüstungsentwicklung in Deutschland[9] –, die im Mai 1945 insgesamt neun Teams nach Jena schickten.[10]

Den USA lief jedoch die Zeit davon, das gesamte Potenzial von Carl Zeiss abzuschöpfen. Die Vereinbarungen der alliierten Siegermächte auf der Konferenz von Jalta sahen schließlich den Abzug der Amerikaner aus Thüringen vor und die Übernahme des Gebiets durch sowjetische Verbände. Ende Mai 1945 wurde immer deutlicher, dass Truman sich an die getroffene Vereinbarung mit Stalin halten würde und die Übernahme durch die Sowjetunion bevorstand.[11]

Von nun an überlagerten sich die Interessen von mehreren Gruppen bezüglich der in Jena ansässigen Stiftungsunternehmen. Die US-Militärs befürchteten, durch den Abzug die bei Zeiss bestellten Produkte, die im Pazifik-Krieg genutzt werden sollten, nicht mehr zu erhalten.[12] Zudem galt es als sicher, dass die Rote Armee ebenso Interesse an den Produkten aus dem Hause Zeiss zeigen würde. Dieses militärische Potenzial wollte man dem potenziellen Gegenspieler nach Möglichkeit nicht überlassen.[13]

Auch die privatwirtschaftlichen Unternehmen in den USA und Großbritannien fürchteten, dass sie in naher Zukunft Konkurrenz durch sowjetische Unternehmen, die auf Zeiss und Schott Know-how zurückgreifen konnten, auf dem Weltmarkt erhalten würden.[14] Lieber wollte man selber von dem ungeheuren Fundus profitieren. Dies gelang auch mit der Hilfe der Militärs. Die technischen Spezialeinheiten legten ihr Augenmerk nicht nur auf die militärische Nutzbarkeit der Zeiss-Ressourcen, vielmehr wurden diese ebenso zugunsten der heimischen Privatwirtschaft ausgeplündert. So verloren die Stiftungsunternehmen während der kurzen Phase der amerikanischen Besatzung in Thüringen u. a. etwa 180.000 Patentschriften

---

[8] Landeszentrale Baden-Württemberg: Heft 9, S. 4.
[9] Alleine für CIOS arbeiteten etwa 3.000 Wissenschaftler und Ingenieure an der Aufgabe die deutschen Entwicklungen nutzbar zu machen. Vgl. Hermann: Brüder, S. 25.
[10] Fügener: Intermezzo, S. 46.
[11] Mühlfriedel: Carl Zeiss, Band 3, S. 9.
[12] Ebenda.
[13] Ebenda.
[14] Ebenda.

und mehrere tausend Patentakten¹⁵ sowie auch ca. 80.000 Konstruktionszeichnungen, die direkt in die USA abtransportiert wurden.¹⁶ Die 2.000 Stück umfassende Linsensammlung, von der ersten Carl-Zeiss-Linse bis zum aktuellsten Modell, die nebst Konstruktionsbüchern ebenfalls in die USA verbracht wurde, bedeutete

> auf dem Gebiet der Entdeckung und Entwicklung von Linsen für die Vereinigten Staaten einen Fortschritt von Jahren.¹⁷

Das Hauptinteresse bezüglich der Ressourcennutzung lag aber unter der Führung der Militärkommission im militärischen Bereich. Dementsprechend lag auch das Primat der Entscheidungen ausnahmslos in den Händen der Militärs.

Die Führung vor Ort entschied, aufgrund der fehlerhaften Annahme, noch genügend Zeit bis zum Abzug zu haben, einen Großteil des gesamten Werkes (zunächst dachte man nur an die Firma Carl Zeiss) in eine auch zukünftig amerikanisch kontrollierte Region zu verlagern. Im bayerischen Zwiesel sollte eine neue Fabrik für 2.000 Arbeitskräfte entstehen.¹⁸

Die deutsche Unternehmensführung sah bei einer sowjetischen Besetzung Thüringens den Gesamtkomplex der Stiftungsunternehmen gefährdet. Zwar verfügte man in den westlichen Besatzungszonen über Beteiligungen und Tochterunternehmen, das Herz des Konzerns lag aber in Jena: die Forschung- und Entwicklungsabteilung, aber auch die wichtigsten Produktionsstätten bei Carl Zeiss und die Fabrikation der optischen Spezialgläser für den gesamten Konzern in den Händen Schotts.¹⁹

Maßgeblicher für die Entscheidung zur Unterstützung der amerikanischen Verlagerungspläne dürfte für die Geschäftsleitungen der Stiftungsunternehmen allerdings ein anderer Grund gewesen sein: Die gegenwärtigen Führungskräfte waren bereits vor 1945 in ihren Positionen. Eine Verstrickung in die NS-Zeit war nicht zu leugnen. Die Angst, für ihre herausgehobene Stellung in der Rüstungsindustrie von sowjetischer Seite zur Rechenschaft gezogen zu werden, war durchaus real.²⁰

Aber auch ohne diese Verstrickung konnte eine Übernahme der Werke durch ein Regime mit stalinistischer Ideologie nicht im Interesse der

---

[15] Fügener: Von Alliierten, S. 155.
[16] Hermann, Brüder, S. 67 f.
[17] Laut Edward K. Kaprelain, der Leiter der fotografischen Abteilung der amerikanischen Armee-Nachrichten-Abteilung im Jahr 1948. Zitat aus: Mühlfriedel: Carl Zeiss, Band 3, S. 9 f.
[18] Fügener: Von Alliierten, S. 154.
[19] Mühlfriedel: Carl Zeiss, Band 3, S. 9.
[20] Ebenda, S. 13.

Geschäftsleitung sein. Stalins Faschismusdoktrin basierte schließlich auf der Vorstellung der Interessensidentität von Faschisten und Großkapital. Der Faschismus galt als höchste Krisenstufe des staatsmonopolistischen Kapitalismus. Die Sorge, Verfolgung und Repressalien zu erleben, einer Säuberungspolitik mit Kollektivstrafen unterworfen zu werden, war also durchaus realistisch.[21]

Demzufolge unterstützten die Geschäftsleitungen von Zeiss und Schott die amerikanischen Evakuierungspläne. Die Mehrheit der Arbeiter und Angestellten hingegen stand einer Standortverlagerung skeptisch gegenüber.[22]

Jens Fügener weist zu Recht darauf hin, dass die deutsche Geschäftsleitung bewusst ein Doppelspiel spielte, da man gegenüber der Belegschaft betonte, in Jena bleiben zu wollen, während man jedoch unter dem Deckmantel des US-Befehls die Verlagerung des Werkes vorantrieb.[23] Dies belegt auch ein interner US-Bericht aus dem Hauptquartier der strategischen Luftstreitkräfte in Europa, aus dem hervorgeht, dass die Geschäftsleitung der Stiftungsunternehmen einer Verlagerung zustimmen würde,

> ... um nicht für die Russen [sic!] gegen die sie [die Geschäftsleitung] eine Abneigung hätten, zu arbeiten ...[24]

Schon im Jahr 1944 hatte die Geschäftsleitung anscheinend die Aussichtslosigkeit der deutschen Kriegsführung erkannt und abgesehen, dass man alsbald nur die Wahl zwischen Kommunismus und Kapitalismus amerikanischer Prägung haben werde. Da man sich unter der US-Herrschaft verständlicherweise eine bessere Integration in die Weltwirtschaft versprach, frischte man schon damals die Kontakte zu verschiedenen deutsch-amerikanischen Wirtschaftsorganisationen auf.[25] Dies ist ebenfalls ein Beleg dafür, dass es dem primären Interesse der Geschäftsleitung entsprach, auch nach dem Zusammenbruch des Nazi-Regimes ungestört ihren Geschäften nachgehen zu können. Und dies war nach aller Wahrscheinlichkeit nur unter amerikanischer Herrschaft möglich.

Küppenbender führte also die notwendigen Berechnungen durch, die für eine Verlagerung der Betriebe nach Zwiesel notwendig waren. Jedoch überstieg das Ausmaß dieses Unternehmens bei Weitem die

---

[21] Boldorf, Marcel: Austausch der wirtschaftlichen Führungskräfte in der SBZ/DDR nach dem Zweiten Weltkrieg, S. 49. In: Jahrbuch für Wirtschaftsgeschichte, Band 51, 2/2010, S. 47–70.
[22] Mühlfriedel: Carl Zeiss, Band 3, S. 13.
[23] Fügener: Intermezzo, S. 47.
[24] Fügener: Von Alliierten, S. 154.
[25] Ebenda, S. 150.

Transportkapazitäten, die zur Verfügung standen. Eine Verlagerung dieser Größenordnung hätte die Bereitstellung von 600 Eisenbahnwaggons nötig gemacht.[26] Auch eine abgespeckte Version der Verlagerung ließ sich letztlich nicht durchführen. Die amerikanische Führung vertrat den Standpunkt, dass man sich an die Abmachung mit den übrigen Besatzungsmächten halten werde, bei einem Abzug der Truppen aus einer Besatzungszone die Industrieanlagen unangetastet zu lassen.[27] Zudem wurde der Abzugstermin, der 1. Juli 1945, erst relativ kurzfristig am 5. Juni vereinbart. Für größere Evakuierungsmaßnahmen fehlte folglich die Zeit.[28] Da Zeiss aber in Forschung und Entwicklung der optischen Industrie eine Schlüsselrolle innehatte und das hochqualifizierte Personal für die weitere Entwicklung dieser Industrie von großer Bedeutung war,[29] musste ein Weg gefunden werden, davon zu profitieren. So erließ das Alliierte Oberkommando am 18. und 19. Juni den Befehl, beim Rückzug der Verbände alle Wissenschaftler und Techniker zu deportieren, die ihnen nützlich erschienen.[30]

4.2.2 „We take the brain" – Deportation in die Westzone

Am Abend des 18. Juni 1945 eröffneten amerikanische Offiziere der versammelten Geschäftsführung in Jena die grundlegende Planänderung: Deportation von Einzelpersonen anstelle von Verlagerung oder Teilverlagerung der Stiftungsunternehmen. Während dieser Verkündung fiel der markante Satz, der die weitere Geschichte der Stiftung und der in ihr zusammengeführten Unternehmen prägen sollte: „We take the brain".[31]

Die deutsche Geschäftsleitung reagierte entsetzt. Bauersfeld kleidete die Meinung seiner Kollegen in Worte:

> ... die [...] befohlenen Maßnahmen kommen einer Trennung des Kopfes vom Rumpf gleich. Sie führen zu einer Zerschlagung des Zeiss-Werkes und damit zu einer Vernichtung des Werkes unseres Stifters Abbe.[32]

---

[26] Fügener: Von Alliierten, S. 154.
[27] Mühlfriedel: Carl Zeiss, Band 3, S. 13.
[28] Fügener: Von Alliierten, S. 154.
[29] Mühlfriedel: Carl Zeiss, Band 3, S. 18.
[30] Ebenda, S. 14.
[31] Ebenda, S. 15.
[32] Ebenda.

Diese Aussage wurde vielfach so ausgelegt, dass sich die deutsche Seite generell gegen eine Verlagerung oder Deportation stellte.[33] Tatsächlich wehrte sich die Geschäftsleitung lediglich gegen eine Zerschlagung des Konzerns. Aus oben genannten Gründen stand für die Unternehmensführung ein Abgang in amerikanisch kontrolliertes Gebiet nicht zur Diskussion. Der Neuanfang ohne die industriellen Ressourcen aus Jena jedoch wäre ein Aufbruch ins Ungewisse. Zudem fürchteten die bisher prägenden Personen in diesem Fall auch um ihre gesellschaftliche Stellung und finanzielle Unabhängigkeit. Letztlich hatte die Geschäftsführung aber keine Möglichkeit, sich den Deportationsplänen zu widersetzen.

Zwischen dem 23. und 25. Juni 1945 wurden dann auch etwa 80 führende Wissenschaftler, Ingenieure und Manager der Firma Carl Zeiss und noch einmal etwa 40 Personen der Firma Schott samt ihren Familien auf Lastwagen nach Heidenheim an der Brenz/Württemberg-Baden in die amerikanische Besatzungszone verbracht.[34] Zusammen mit ihnen wurden auch ausgewählte Professoren, Dozenten und Mitarbeiter der Jenaer Universität abtransportiert.[35]

Der Tross von insgesamt etwa 500 Personen aus Jena war nur ein Teil der umfangreichen Deportationsmaßnahmen dieser Tage. Insgesamt wurden etwa 1.500 Spezialisten von der US-Army als Teil der Operation Overcast aus der späteren SBZ in die Westzonen abtransportiert.[36] Die Deportationen basierten ebenso wie die Beschlagnahmung geistigen Eigentums dabei rechtlich keinesfalls auf einer gesicherten Grundlage.[37] Die Alliierten umgingen dies mit der Proklamation Nr. 2 des Kontrollrats, die besagte, dass die Deutschen Behörden laut Paragraf 19a Arbeitskräfte innerhalb und außerhalb Deutschlands zur Verfügung stellen mussten.[38]

Längst nicht alle der Betroffenen verließen Jena freiwillig. Die Mehrheit zog aber wohl der sowjetischen Herrschaft den Exodus vor,[39] zumal die zuständige amerikanische Stelle den Deportierten die nahtlose

---

[33] Vgl. beispielsweise: Shapiro, Isaac: Zeiss versus Zeiss – The Cold War in a Microcosm, S. 239. In: The International Lawyer. Vol. 7 (1973), S. 235–251.
[34] Die genaue Personenzahl differiert in der Literatur. So sind es bei Mühlfriedel 81 Zeissianer und 41 von Schott (vgl. Mühlfriedel: Carl Zeiss, Band 3, S. 18.), bei Hermann 84 Zeissianer und 49 von Schott (vgl. Hermann, Armin: Jena und die Jenoptik. Vom Kombinat zum Global Player. Düsseldorf 1998, S. 35 und 49.) und die Landeszentrale für politische Bildung in Baden-Württemberg gibt 85 Zeissianer und ebenfalls 41 Beschäftigte von Schott (vgl. Landeszentrale Baden-Württemberg: Heft 9, S. 3.).
[35] Mühlfriedel: Carl Zeiss, Band 3, S. 18.
[36] Ciesla: „Intellektuelle Reparationen", S. 98.
[37] Ebenda, S. 80.
[38] Ebenda, S. 84.
[39] Springer, Ralf: Biographische Studien zum Sozialreformer und Politiker Friedrich Schomerus (1876–1963). Oldenburg 2003, S. 335.

Aufnahme ihrer Beschäftigung an ihrem neuen Standort in Aussicht stellte.⁴⁰

Zuvor galt es aber noch für die Geschäftsleitungen der Stiftungsbetriebe Carl Zeiss und Schott, dafür Sorge zu tragen, dass die Werke in Jena auch während ihrer Abwesenheit durch eine funktionierende Geschäftsführung vertreten wurden. Die Anforderungen an die neue Geschäftsleitung waren klargestellt. Zum einen musste sie über die fachlichen und persönlichen Qualitäten verfügen, die diese Leitungsfunktion voraussetzte, zum anderen sollte sie in politischer Hinsicht unbelastet sein, um mit den sowjetischen Besatzungsbehörden kooperieren zu können.⁴¹ Berufen wurden schließlich Dr. Friedrich Schomerus, der bis 1933 als Personalleiter bei Carl Zeiss arbeitete und dann von den Nazis aus dieser Stellung verdrängt worden war; Dr.-Ing. Hugo Schrade, während der Zwischenkriegszeit ebenfalls in führender Position in der Personalleitung und dann aufgrund seiner jüdischen Frau verfolgt, sowie Victor Sandmann, der Leiter der kaufmännischen Abteilung. Er gehörte 1918 einem Arbeiter- und Soldatenrat an und hatte deswegen in Festungshaft gesessen. In den 1920er Jahren war er Mitglied der USPD und später der SPD.⁴²

Nicht zuletzt versprach sich die alte Geschäftsleitung von diesen dreien eine gewisse Loyalität ihnen gegenüber, da es sich um Mitarbeiter handelte, die sich dem Abbe'schen Geist verpflichtet sahen und teilweise in enger Beziehung zu ihren ehemaligen Vorgesetzten standen. Diese Personalentscheidungen deuten darauf hin, dass die alte Geschäftsleitung die Trennung zunächst nur als temporäre Maßnahme begriff, die keinesfalls dauerhaft etabliert werden sollte.

Aufgrund des besonderen Firmenkonstrukts als Stiftungsunternehmen war die Geschäftsleitung auf Lebenszeit berufen. Ein Privileg, das aufzugeben die alte Geschäftsleitung nicht bereit war. Schließlich war eine Rückkehr nach Jena nach ihrem damaligen Kenntnisstand nicht ausgeschlossen. Zudem verfügte die Stiftung auch in den westlichen Besatzungszonen über erhebliche Mittel. Um im Falle einer Abtrennung der sowjetischen Besatzungszone darauf zugreifen zu können, mussten sie ihren Status wahren.⁴³

Aus diesem Grund wollte die alte Geschäftsleitung ihre Nachfolger zunächst nur mit Prokura ausstatten. Auf Bestreben des Arbeiter- und Angestellten-Ausschusses, dem sich der Stiftungskommissar Arno Barth anschloss, einigten sich die Beteiligten aber schließlich darauf, Schomerus,

---

⁴⁰ Mühlfriedel: Carl Zeiss, Band 3, S. 18.
⁴¹ Ebenda, S. 20.
⁴² Ebenda.
⁴³ Der Vermutung von Mühlfriedel ist hier zuzustimmen. Vgl. ebenda, S. 22.

Schrade und Sandmann mit allen Rechten als neue Geschäftsführer einzusetzen.[44] Als Zugeständnis an die amtierende Geschäftsleitung stellte man das Provisorische dieser Übergabe heraus. Dem Stiftungsstatut entsprechend wurden die vermeintlichen Platzhalter nur befristet eingesetzt und die alte Geschäftsleitung sollte ihre Posten bei einer möglichen Rückkehr nach Jena wieder vollumfänglich übernehmen.[45]

Ganz ähnlich ging man bei Schott vor. Da die gesamte alte Geschäftsleitung, bestehend aus Dr. Schott, Richard Hirsch und Paul Henrichs,[46] ebenfalls von der Deportation betroffen war, wurden die Herren Heintz, Klemm und Dunger sowie Hugo Schrade als Zeiss-Vertreter als neue Geschäftsführer eingesetzt.[47]

4.2.3 Der Einmarsch der Roten Armee in Jena

Am 30. Juni 1945 zogen sich die amerikanischen Verbände über die thüringische Westgrenze zurück und übergaben die Besatzungszone gemäß der getroffenen Absprache an die Rote Armee, die am folgenden Tag in Jena einrückte.

Im Vorfeld hatten die USA die deutschen Behörden und die Bevölkerung lange über den tatsächlichen Zeitpunkt des Abzugs im Unklaren gelassen.[48] Innerhalb der Zivilbevölkerung führten aufkommende Gerüchte während des gesamten Monats Mai zu Absetzbewegungen. Am Verhältnis der Ein- und Auszahlungen bei den Banken konnte man ersehen, in welchen Gebieten die Bevölkerung einen Abzug der USA vermutete. Dort überwogen die Auszahlungen die Einzahlungen bei Weitem.[49]

Selbst als die Alliierten im Juni den Plan der zukünftigen Besatzungszonen öffentlich machten, war unter den Deutschen noch Unsicherheit verbreitet. Auch der Oberbürgermeister von Jena, Heinrich Troeger, glaubte nach der Veröffentlichung nicht daran, dass die USA die thüringischen Gebiete tatsächlich der Sowjetunion übergeben würden.[50]

Am 1. Juli 1945 marschierte die Rote Armee in Thüringen ein und beseitigte alle noch verbliebenen Unklarheiten. Noch am selben Tag

---

[44] Mühlfriedel: Carl Zeiss, Band 3, S. 21 f.
[45] Ebenda, S. 22.
[46] Es entsprach dem Stiftungsstatut, dass immer auch ein Mitglied der Geschäftsleitung der Firma Carl Zeiss in der Geschäftsleitung von Schott saß.
[47] Der Glasmacher, S. 4.
[48] Henke, Klaus-Dietmar: Die amerikanische Besetzung Deutschlands. München 1995, S. 736.
[49] Ebenda, S. 729.
[50] Ebenda, S. 730.

übernahmen sowjetische Offiziere das Kommando über die Stiftungsunternehmen. Sie beauftragten die neue Geschäftsleitung, zunächst in Person von Hugo Schrade, die Betriebe kommissarisch weiterzuleiten.[51]

In den folgenden Tagen traf die erste sowjetische Werkskommission bei Carl Zeiss ein. Carl Zeiss Jena wurde dabei nicht der SMAD unterstellt, sondern dem Innenministerium der Sowjetunion.[52] Dies könnte bereits ein Hinweis darauf sein, dass das industrielle Potenzial von Carl Zeiss schon zu diesem Zeitpunkt dazu vorgesehen war, in die Sowjetunion verlagert zu werden. Hätte man es zum Aufbau der sowjetisch besetzten Zone nutzen wollen, wäre dies wohl unter dem Befehl der SMAD geschehen.

Unter dem Oberbefehl der Werkskommission sollte die Produktion der Firma Carl Zeiss schnellstmöglich wieder hochgefahren werden. Zivile Güter wurden dabei fast ausnahmslos als Reparationen in die Sowjetunion verbracht.[53]

Das primäre Interesse der sowjetischen Militärs lag aber in der Abschöpfung von Rüstungsgütern.[54] Insgesamt 40 verschiedene Produkte sollten aus diesem Segment für die sowjetische Armee bereitgestellt werden.[55] Offenbar hemmte aber der Verlust der führenden Köpfe in Forschung und Entwicklung durch die amerikanische Deportation den Ausstoß der Militärproduktion erheblich. Aus diesem Grund wies der Verwaltungschef der SMAD in Thüringen, General Kolesnitschenko,[56] noch Anfang Oktober 1945 Mitarbeiter von Carl Zeiss Jena an, nach Heidenheim zu fahren, um von dort einen Teil der Deportierten zurückzugewinnen.[57] Insgesamt 57 Personen von Zeiss und elf von Schott sollten auf diese Weise zurückgeführt werden. Es handelte sich allesamt um Physiker, Chemiker, Ingenieure und Konstrukteure.[58] Noch zweimal fuhren sowjetische Offiziere nach Württemberg-Baden und forderten ehemalige Mitarbeiter der Stiftungsbetriebe – u. a. Küppenbender persönlich – auf, nach Jena zurückzukehren und dort ihre Arbeit wiederaufzunehmen.[59] Bis zum 18. März 1946 kehrte jedoch keiner der Angesprochenen nach Jena zurück.[60] Ob es

---

[51] Mühlfriedel: Carl Zeiss, Band 3, S. 24.
[52] Fügener: Von Alliierten, S. 155.
[53] Ebenda, S. 156.
[54] VEB 1948–64: BACZ 15135 Büro des Werkleiters: Sowjetische Besatzungsorgane – Allgemeines.
[55] Fügener: Von Alliierten, S. 156.
[56] Kyrillische Eigennamen werden hier und im Folgenden entsprechend der jeweiligen ersten deutschsprachigen Quelle transkribiert.
[57] VEB 1948–64: BACZ 15135.
[58] Ebenda.
[59] Hermann: Jena, S. 53.
[60] VEB 1948–64: BACZ 15135.

sich dabei um eine autonome Entscheidung der einzelnen Deportierten handelte oder ob nicht eher die amerikanischen Behörden eine Rückkehr verhinderten, lässt sich nicht abschließend beantworten. Es spricht jedoch einiges dafür, dass die Gefragten nicht unabhängig von amerikanischen Interessen in ihrer Entscheidungsfindung waren.

Bis zum Ende des Jahres 1945 versuchte die sowjetische Werkskommission, einen möglichst großen Ausstoß produzieren zu lassen. Dann, am 31. Dezember 1945, wurden politisch und organisatorisch neue Fakten geschaffen. Zusammen mit anderen bedeutenden Industrieunternehmen in der SBZ wurden die Stiftungsbetriebe von der SMAD unter Sequester gestellt, d. h. beschlagnahmt.

Die Firmen Carl Zeiss und Schott blieben zwar formal zunächst im Eigentum der Carl-Zeiss-Stiftung, diese hatte jedoch keine Verfügungsgewalt mehr über die Betriebe.[61] Die Befehlsgewalt bei Carl Zeiss übernahm nun der sowjetische General Dobrowolski als Generaldirektor. Er griff nicht direkt in den Betriebsablauf ein, gab aber Weisungen an die Geschäftsleitung. Ihm zur Seite standen 200 sowjetische Ingenieure, deren Hauptanliegen es war, neben der Gewährleistung der Reparationslieferungen den Betriebsablauf genauestens kennenzulernen.[62]

Auch dies ist ein gutes Indiz dafür, dass die Demontage des Werkes zu diesem Zeitpunkt schon längst beschlossen worden war.

---

[61] Hermann: Name, S. 41.
[62] Ebenda.

4.3. 1945 bis 1948: eine Zeit der Wirren und der Neuorientierung

4.3.1 Deportation, Demontage, Verstaatlichung – der Weg der Stiftungsunternehmen in der SBZ bis 1948

Die Sequestrierung war nur der Auftakt für eine Reihe von Maßnahmen, die die Stiftungsunternehmen in der SBZ an den Rand ihrer Existenz führen sollten. Die Sowjetunion setzte in dieser Phase in der von ihr kontrollierten Zone auf eine Reparationspolitik, die die sowjetischen Sicherheitsinteressen und die Wiedergutmachung in den Vordergrund stellte. Durch die Demontage von Industrieanlagen sollte das deutsche Kriegspotenzial geschwächt und gleichzeitig der Aufbau der eigenen Industrie forciert werden.[1] Im speziellen Fall der feinmechanisch-optischen Industrie sollte mit der Demontage der Stiftungsunternehmen die eigene Produktion verdoppelt und somit sollten durch Exporte auf den Weltmarkt Devisen generiert werden.[2]

Bereits im Frühjahr 1946 hatte der Volkskommissar für Bewaffnung der UdSSR, Dimitri F. Ustinow, seine Ansprüche auf die Überführung der Stiftungsunternehmen samt deutschem Personal angemeldet. In dem einflussreichen Geheimdienstchef Berija verfügte er offenbar über einen Befürworter seiner Pläne.[3] Durch eine Verfügung des Ministerrats der UdSSR im Juli 1946 wurden dann die Demontage- und Deportationspläne auch von höchster Stelle bewilligt.[4]

Am 22. Oktober 1946 begann die Volldemontage der Stiftungsbetriebe Carl Zeiss und Schott. Der Verlust dieses wichtigen Industriezweiges hätte für Jena, aber auch für das ganze Land Thüringen, eine Katastrophe bedeutet. Arbeitsplätze und Steuereinnahmen, von immenser Bedeutung für den Wiederaufbau der Region, wären auf unabsehbare Zeit verloren gewesen. Um dies abzuwenden, wurde auf mehreren Ebenen versucht, die Komplettdemontage zu verhindern, um wenigstens mit einem Kernwerk die Möglichkeit zum Wiederaufbau zu erhalten. Eine breite Koalition, vom Stiftungskommissar über die Geschäftsleitungen der Betriebe,

---

[1] Steiner, André: Von Plan zu Plan. Eine Wirtschaftsgeschichte der DDR. München 2004, S. 24 f.
[2] Uhl, S. 116.
[3] Mühlfriedel: Carl Zeiss, Band 3, S. 26.
[4] Vgl. Verfügung des Ministerrates der UdSSR Nr. 1539–686 vom 9. Juli 1946. Mühlfriedel: Carl Zeiss, Band 3, S. 27.

Gewerkschaftsvertreter, Funktionäre aller im Landtag vertretenden Parteien bis hin zum thüringischen Ministerpräsidenten, trat für einen Teilerhalt der Werke ein.[5] Mitglieder der Jenaer SED bedrängten Wilhelm Pieck, Otto Grotewohl und Walter Ulbricht, damit diese sich bei den sowjetischen Behörden für die Unternehmen einsetzen sollten.[6] Ulbricht, zu diesem Zeitpunkt stellvertretender Vorsitzender der SED, stand diesen Ersuchen ablehnend gegenüber. Auch Otto Grotewohl hatte vermutlich kein Interesse daran, diese Thematik prominent anzusprechen, da er noch im Oktober 1946 versichert hatte, dass eine Demontage der Werke nicht zur Diskussion stehe.[7]

Vermutlich wusste die SED-Spitze bereits im Vorfeld von den sowjetischen Demontageplänen, ließ die Bevölkerung und die Verantwortlichen in Thüringen aber bewusst im Unklaren, um einen Erfolg bei der thüringischen Landtagswahl nicht zu gefährden. Es musste auch den sowjetischen Stellen daran gelegen gewesen sein, die Wahlergebnisse der SED nicht durch die Demontagepläne negativ zu beeinflussen. Aus diesem Grund wurde die Demontage erst zwei Tage, nachdem die SED bei den Wahlen in Thüringen mit 49,3 % mit Abstand stärkste Partei im Landtag geworden war, offiziell verkündet.

Die Unruhe, die diese Entscheidung in der Bevölkerung hervorrief, war aber offensichtlich so groß, dass sich Pieck und Grotewohl von Werner Eggerath, dem Vorsitzenden der thüringischen SED, dazu bewegen ließen, sich gegenüber den Sowjets für einen zehnprozentigen Teilerhalt der Werke zu verwenden.[8]

Ihr Ansprechpartner war Marschall Wassili Danilowitsch Sokolowski, der Chef der SMAD. In ihm fanden die Befürworter eines Teilerhalts der Werke einen wertvollen Verbündeten. Als Verantwortlicher für die Reparationspolitik im besetzten Teil Deutschlands hatte er ein Interesse daran, wenigstens ein Rumpfwerk zu erhalten, um weitere Reparationslieferungen zu ermöglichen.[9] Doch auch er musste sich zunächst gegen Widersacher aus den eigenen Reihen durchsetzen. Ihm zur Seite standen die Verantwortlichen der SMA-Thüringen, die ihrerseits die Wirtschaftsleistung der Region, und damit auch die relative Ruhe in der Bevölkerung, gefährdet sahen.[10] Da neben den Werken der Zeiss-Stiftung auch andere große Unternehmen

---

[5] Vgl. Mühlfriedel: Carl Zeiss, Band 3, S. 36; Fügener: Von Alliierten, S. 161.
[6] Fügener: Von Alliierten, S. 161.
[7] Hermann: Name, S. 49. Grotewohl war übrigens auch im Vorfeld der Umwandlung öffentlich der festen Überzeugung, dass aus der Firma Carl Zeiss niemals ein VEB werden würde. Vgl. ebenda.
[8] Glasmacher, S. 10.
[9] Fügener: Von Alliierten, S. 160.
[10] Ebenda.

4.3 1945 bis 1948: eine Zeit der Wirren und Neuorientierung

demontiert werden sollten, erschwerte dies die Aufgabe der SMAD, in der SBZ einen Systemumschwung zugunsten der Sowjetunion einzuleiten.[11]

Gegner gab es viele, auch innerhalb der eigenen Reihen. Generaloberst Serov, der stellvertretende Chef der SMAD, bestand auf Vollmontage. Er war gleichzeitig im NKWD einer der führenden Köpfe des sowjetischen Geheimdienstes und als Stellvertreter Berijas, der ja ebenfalls die Volldemontage befürwortete, ein Mann von erheblichem Einfluss.[12]

Auch das Sonderkomitee für Reparationspolitik, zuständig für die Demontage und damit ständiger Antagonist der SMAD,[13] reihte sich in diese Front ein.[14] Zu allem Überfluss unterstützte der Zeiss-Werkskommandant Dobrovolskij, als Vertrauter des Sonderkomitees, die Pläne zur Volldemontage.[15]

Schlussendlich lief es darauf hinaus, dass sich Marschall Sokolowski direkt mit der Bitte an Stalin wandte, die Stiftungsunternehmen zu 10 % zu erhalten. Der Volkskommissar für Bewaffnung, Ustinov, insistierte seinerseits zugunsten der Vollmontage bei Stalin.[16] Es folgte das nahezu salomonische Urteil, sowohl Zeiss als auch Schott bis auf 6 % Restbestand zu demontieren. Eine Entscheidung, die man in Anbetracht der Umstände wohl als positiv für die Stiftungsunternehmen deuten muss.

Inwieweit der Vorschlag, der am 23. Oktober per Telegramm von Teilen der Belegschaft an Stalin gesendet wurde, durch Extraschichten ein gleichwertiges Werk in der Sowjetunion aufzubauen,[17] den Führer der Sowjetunion in seiner Entscheidung beeinflusste, ist nicht bekannt. Es zeigt aber die Verzweiflung der Betroffenen über die Situation.

Zwischen Mitte November 1946 und Juni 1947 wurde das Demontagegut in 155 Eisenbahnzügen in die UdSSR verbracht.[18] Da selbst Teile wie Fenster nebst Rahmen, Toiletten oder Leitungen entnommen wurden,[19] wurde dafür die enorme Anzahl von über 7.200 Güterwaggons benötigt.[20]

---

[11] Mühlfriedel: Carl Zeiss, Band 3, S. 36.
[12] Heinemann-Grüder: Reparationsdienste, S. 31.
[13] Eigentlich hatte die SMAD den Machtkampf gegen das Sonderkomitee zu diesem Zeitpunkt bereits gewonnen. Ab September 1946 stand das Sonderkomitee unter dem Befehl der SMAD. Siehe: Karlsch: Allein bezahlt?, S. 66. Da sich mit dem Volkskommissar für Bewaffnung und Teilen des NKWDs, aufgrund der Bedeutung für die Rüstung, allerdings mächtige Moskauer Interessensgruppen für eine Demontage aussprachen, war der Einfluss der SMAD in dieser Sache wohl begrenzt.
[14] Heinemann-Grüder: Reparationsdienste, S. 30.
[15] Fügener: Von Alliierten, S. 160.
[16] Mühlfriedel: Carl Zeiss, Band 3, S. 36 f.
[17] Glasmacher, S. 10.
[18] Mühlfriedel: Carl Zeiss, Band 3, S. 42.
[19] Ebenda, S. 40.
[20] Ebenda, S. 42.

Die Demontage war in diesen Tagen nicht der einzige Schicksalsschlag, dem sich die Stiftungsunternehmen im Jahr 1946 ausgesetzt sahen. Unter dem perfiden Begriff der „Humanreparationen" wurden in den frühen Morgenstunden des 22. Oktobers 275 Mitarbeiter der Firma Zeiss und zwölf Mitarbeiter der Firma Schott zum Arbeitsdienst in der Sowjetunion für fünf Jahre zwangsverpflichtet.[21] Begleitet wurden sie von 386 Familienangehörigen, die die Deportierten auf freiwilliger Basis begleiten durften.[22]

Dies war Teil der in der gesamten sowjetisch besetzten Zone durchgeführten Operation „Ossawakim", in deren Rahmen etwa 2.500 bis 3.000 deutsche Spezialisten in die UdSSR deportiert wurden.[23] Die gut geplante Aktion wurde in der ganzen Zone ohne Vorwarnung gleichzeitig durchgeführt. Fluchtversuche sollten so verhindert werden.[24] Die Betroffenen und ihre Familien hatten wenige Stunden Zeit, ihren Hausrat zusammenzupacken; sie wurden dann, immer unter der Aufsicht von bewaffneten Soldaten, zu den Bahnhöfen verbracht.[25]

Im Gegensatz zur Demontage, die wohl schon im Vorfeld bekannt war, schienen die linientreuen deutschen politischen Kräfte von der Deportation überrascht worden zu sein. Gegenüber der Öffentlichkeit gab man an, mit der Besatzungsmacht in Gespräche über die Vorgänge treten zu wollen.[26] Der FDGB bemühte sich in vorauseilendem Gehorsam zu erklären, dass die Deportationen durch das Gesetzt Nr. 3 des Alliierten Kontrolrates – dem Recht zur Dienstverpflichtung der Bevölkerung durch die Besatzungsmächte – gedeckt seien.[27] Da dieses Gesetz viel Interpretationsspielraum ließ, war die Rechtmäßigkeit der Maßnahme jedoch durchaus umstritten.[28] Die westlichen Alliierten beließen es bei einem reflexartigen formalen Protest, der wohl eher den mittlerweile angespannten Beziehungen zur Sowjetunion geschuldet war als der Anteilnahme am Schicksal der Deportierten.[29]

Zudem war nicht viel Zeit verstrichen, seit sie selber die besetzten Gebiete nach „Humankapital" durchforstet und ebenso rücksichtslos Menschen deportiert hatten, die ihnen nützlich erschienen waren.

Die Deportierten hatten in der Sowjetunion vor allem zwei Aufgaben zu erfüllen: Sie sollten die Demontagegüter wieder zur Produktion aufbauen

---

[21] Die genaue Anzahl der Deportierten variiert in der Fachliteratur minimal. Die oben angegebenen Zahlen stammen aus Mühlfriedel: Carl Zeiss, Band 3, S. 35.
[22] Heinemann-Grüder/Wellmann: Grenzgebiete, S. 168.
[23] Ciesla: „Intellektuelle Reparationen", S. 89.
[24] Heinemann-Grüder: Reparationsdienste, S. 39.
[25] Mühlfriedel: Carl Zeiss, Band 3, S. 35.
[26] Heinemann-Grüder: Reparationsdienste, S. 39.
[27] Glasmacher, S. 6.
[28] Ebenda.
[29] Heinemann-Grüder: Reparationsdienste, S. 41.

und die sowjetischen Arbeiter in den bei Zeiss praktizierten Techniken anlernen.[30] Dies geschah allerdings nicht an einem zentralen Ort, wie es sich in Jena durch das Zusammenspiel von Forschung, Entwicklung und Produktion als sinnvoll erwiesen hatte. Vielmehr wurden die Demontagegüter und die Deportierten nebst Familienmitgliedern auf mehrere Standorte in der Sowjetunion verteilt. Lediglich das Glaswerk wurde wieder komplett an einem Ort errichtet.[31]

Für die Wirtschaft der Sowjetunion brachte diese Form der Reparation gleich mehrere Vorteile mit sich. Aufgrund der Erfahrung und des Fachwissens der deutschen Deportierten konnten eigene Entwicklungskosten massiv gesenkt werden.[32] Anstatt die Ausbildungskosten für die sowjetischen Arbeiter zu tragen, griff man auf diese Weise auf relativ kostengünstiges und hochqualifiziertes Personal zurück, das darüber hinaus noch selber eine Ausbildungsfunktion für die heimischen Arbeiter übernahm.[33]

Letztlich muss jedoch festgehalten werden, dass die UdSSR aufgrund des dezentralen Wiederaufbaus des Beutegutes nie das Potenzial, das der Zeiss-Konzern aufgrund des so wichtigen Zusammenspiels von Forschung, Entwicklung und Produktion in Jena ausgeschöpft hatte, im gesamten Umfang für die eigenen Interessen abrufen konnte.[34]

Die Zeissianer selbst schienen sich mit ihren neuen Lebensbedingungen mit der Zeit angefreundet zu haben und empfanden die ihnen entgegengebrachte Behandlung als durchaus gut.[35] Die Familien wurden an den verschiedenen Standorten zusammen untergebracht, und die Qualität der Wohnungen wurde – wenn auch mit unterschiedlichen Standards – als zufriedenstellend angesehen.[36]

Die Lebensmittelversorgung war gegenüber den Bedingungen in Deutschland besser. Zur Not hielt man zusammen, wenn es zu Engpässen in diesem Bereich kam.[37] Finanziell wurden die Deutschen verhältnismäßig großzügig bedacht. Ihr Gehalt war in etwa doppelt so hoch wie das der sowjetischen Kollegen in einer vergleichbaren Position.[38] Wegen ihres

---

[30] Heinemann-Grüder/Wellmann: Grenzgebiete, S. 168 f.
[31] Mühlfriedel: Carl Zeiss, Band 3, S. 43.
[32] Heinemann-Grüder/Wellmann: Grenzgebiete, S. 175.
[33] Ebenda.
[34] Uhl, S. 137.
[35] Unternehmensarchiv Carl Zeiss Oberkochen: CZO 978 (CZ Filialen Berlin, Hamburg, Köln, Frankfurt, München, Stuttgart).
[36] Glasmacher, S. 14.
[37] Mühlfriedel: Carl Zeiss, Band 3, S. 49.
[38] Glasmacher, S. 14. Der genaue Verdienst lag für einen Mechaniker bei 1.500 bis 2.200 Rubel; für einen Meister bei 2.000 bis 3.000 Rubel; 3.000 Rubel für Ingenieure und Wissenschaftler und 4.000 Rubel für die drei deportierten leitenden Wissenschaftler. Vgl. Heinemann-Grüder/Wellmann: Grenzgebiete, S. 169.

besonderen Status hatten die Zeissianer aber auch mit Einschränkungen zu leben. So war ihre Bewegungsfreiheit außerhalb von Werk und Wohnsiedlung teilweise eingeschränkt. Doch mit der Dauer des Aufenthaltes wurden diese Restriktionen kaum mehr durchgesetzt.[39]

Es mag zynisch klingen, aber trotz der erzwungenen Ausreise waren die Lebensbedingungen für die Deportierten in der Sowjetunion besser als in Deutschland zur selben Zeit. Die Jenaer hatten ein zerstörtes und heruntergewirtschaftetes Land verlassen. In der UdSSR hatten sie ein gesichertes Auskommen und verfügten über eine gewisse berufliche Kontinuität. Die Versorgung mit Lebensmitteln und Wohnraum waren ausreichend und deutlich besser als in der Heimat. Nicht zuletzt spielte plötzlich die Nazi-Vergangenheit Einzelner in der Sowjetunion keine Rolle mehr.

Den Deportierten, auf erzwungene Weise den Nachkriegszuständen in Deutschland entkommen, blieben auf diese Weise viele Dinge erspart, mit denen die Menschen zu Hause noch jahrelang zu kämpfen hatten.[40] Ob sie dies tatsächlich „beinahe durchgehend" als Chance auch für sich selbst so begriffen haben, wie Heinemann-Grüder und Wellmann schreiben,[41] sei dahingestellt. Letztlich lag es am einzelnen Individuum, für sich selbst zu bewerten, ob die Vorteile die Nachteile überwogen.

Als kriegswichtige Branche hatte die optische Industrie in der SBZ einen der höchsten Demontageverluste zu tragen. Der Kapazitätsverlust lag firmenübergreifend bei etwa 65 %.[42] Die Stiftungsunternehmen wurden, als Flaggschiffe dieses Industriezweiges, besonders schwer getroffen.

Zwar machten sich die Unternehmensführungen unmittelbar nach der Demontage an den Wiederaufbau der Betriebe, dennoch waren die Verluste ein enormer Schlag. Primär galt es, die Firma Carl Zeiss wieder funktionsfähig zu machen, da diese in der konzernartigen Struktur der Stiftung im Mittelpunkt stand, während die übrigen Stiftungsunternehmen zumeist nur eine Zulieferungsfunktion für Zeiss ausübten. Von den 13.000 Zeiss-Beschäftigten mussten nach der Demontage zunächst aber etwa 7.000 entlassen werden.[43] Im April des Folgejahres musste die Belegschaftszahl noch einmal auf nun 5.000 Personen verringert werden.[44] Für die Stadt Jena bedeutete dies, dass von ihren 86.000 Einwohnern 33.000 direkt oder indirekt durch den Teilabbau der Betriebe betroffen waren.[45]

---

[39] Heinemann-Grüder/Wellmann: Grenzgebiete, S. 170.
[40] Ebenda, S. 185.
[41] Ebenda.
[42] Karlsch: Umfang und Struktur, S. 51.
[43] Hermann: Name, S. 41.
[44] Mühlfriedel: Carl Zeiss, Band 3, S. 58.
[45] Fügener: Von Alliierten, S. 162.

4.3 1945 bis 1948: eine Zeit der Wirren und Neuorientierung

Langsam, aber stetig gelang es den Unternehmen, den Wiederaufbau zu bewältigen. Im Jahr 1947 wurden Lieferungen, die sowjetische militärische und zivile Stellen noch vor der Demontage geordert hatten, endlich bezahlt.[46] Wichtige Einnahmequellen waren in dieser Zeit auch die Reparationslieferungen an die Sowjetunion, die aus dem thüringischen Staatshaushalt beglichen werden mussten, und der Handel mit der sowjetischen Handelsorganisation, die ihre Zahlungen direkt leistete.[47]

Der wichtigste Eckpfeiler war jedoch ein Kredit der Thüringischen Landesbank über 35 Millionen Reichsmark. Aufgrund der überragenden Bedeutung der Unternehmen für das Land Thüringen hatte der Landtag extra ein Gesetz zum Wiederaufbau der Stiftungsunternehmen erlassen, das für die Kreditsumme bürgte. Auch für das Jahr 1948 deckte diese Bürgschaft noch eine Summe von bis zu 24 Millionen Reichsmark.[48] Ende 1947 konnte nun auch erstmals wieder Personal eingestellt werden, und bis zum Jahreswechsel 1948/49 stieg die Belegschaftszahl bei Carl Zeiss auf ca. 9.000 Personen.[49]

Dennoch dauerte es annähernd zehn Jahre, bis sich die Firma Carl-Zeiss Jena so weit von der Demontage erholt hatte, dass die durchschnittliche Belegschaftsstärke von etwa 16.000 Angestellten wieder erreicht werden konnte.[50] Die weltweite Führungsrolle im optischen Gerätebau konnte unter diesen Bedingungen jedoch nie wieder erreicht werden. Dies gelang lediglich in einigen wenigen Teilgebieten.[51]

Eine letzte Schlacht stand allerdings noch aus und sollte letztlich im Sinne des Stiftungsgedankens verloren werden.

Die neuen Machthaber in der SBZ führten die Vorstellungen der sowjetischen Besatzungsmacht zur Wirtschaftsumformung nach kommunistischem Vorbild durch, was zwangsläufig auch die bisherigen Konzernstrukturen verändern musste.

Der Prozess der Wirtschaftsumformung begann schon im Oktober 1945, als die größten Unternehmen der sowjetisch besetzten Zone sequestriert wurden.[52] Die Stiftung hatte somit ab diesem Zeitpunkt keinen Zugriff

---

[46] Mühlfriedel: Carl Zeiss, Band 3, S. 58.
[47] Ebenda, S. 59.
[48] Ebenda.
[49] Landeszentrale Baden-Württemberg: Heft 9, S. 5.
[50] Mühlfriedel: Carl Zeiss, Band 3, S. 360.
[51] Ebenda, S. 52.
[52] Müller, Armin: Die erste Generation der Werkleiter in der SBZ/DDR: Drei Volkseigene Betriebe im Vergleich, S. 200. In: Zeitschrift für Unternehmensgeschichte/Journal of Business History, 2008, Band 49/2, S. 198–221.

mehr auf ihr industrielles Vermögen.⁵³ Nach der Demontage kam der thüringische Landtag jedoch überein, dass die Stiftungsverfassung wiederherzustellen sei und die Werke dementsprechend wieder in den Besitz der Carl-Zeiss-Stiftung übergehen sollten.⁵⁴ Vorausgegangen waren dieser Entscheidung heftige Querelen um den künftigen Einfluss des Staatsapparates auf die Stiftung. Ulbricht selbst schaltete sich schließlich in die Diskussion ein und sprach sich für die Übergabe der Betriebe an die Stiftung aus, insofern das Statut überarbeitet und der Einfluss der Partei gewährleistet werden würde.⁵⁵ Konkret bedeutete dies, dass das thüringische Wirtschaftsministerium in die Stiftungsverwaltung einzubeziehen sei, und gefordert wurde, einen starken politischen Stiftungskommissar zu installieren.⁵⁶

Zeiss-intern wehrte man sich gegen die geplanten Änderungen, musste diese aber schlussendlich akzeptieren. Man versprach sich von dieser Entscheidung wenigstens den Verbleib von Fachkräften und Wissenschaftlern in Jena.⁵⁷ Schließlich garantierte das Stiftungsstatut den Mitarbeitern soziale Leistungen, wie Pensionsansprüche, auf die man nicht verzichten wollte. Die Aussicht auf eine Rückkehr der Heidenheimer Zeiss-Angehörigen erschien ohne die Kontrolle der Stiftung über die Werke als ebenso unwahrscheinlich, wie im Gegenzug wohl die Abwanderung von wichtigen Mitarbeitern wahrscheinlicher wurde.⁵⁸

Letztlich handelte es sich bei dieser Lösung aber nur um ein Zwischenspiel für das Verhältnis zwischen Unternehmen und Stiftung. Die Wirtschaftsideologie der neuen Machthaber ließ auf Dauer ein Konzernkonstrukt wie das von Zeiss nicht zu.

Der Sequesterbefehl war auch 1948 noch nicht aufgehoben worden, sodass die Landessequesterkommission über die endgültigen Eigentumsverhältnisse zu entscheiden hatte. Gegen den mehrheitlichen Willen der Belegschaft wurden die Stiftungsunternehmen zur Enteignung und Verstaatlichung vorgesehen.⁵⁹ Der Widerstand der lokalen Parteifunktionäre, der Geschäftsleitungen und der Belegschaft gegen diese Pläne wurden mit der bekannten Mischung aus Druck und Propaganda durch die übergeordnete SED im Laufe des März 1948 gebrochen, sodass die Carl-Zeiss-Stiftung mit Wirkung zum 1. Juni 1948 von der Deutschen

---

[53] Mühlfriedel, Wolfgang/Hellmuth, Edith: Das Tagebuch des Betriebsrates der Firma Carl Zeiss in Jena, S. 201. In: Jahrbuch für historische Kommunismusforschung. 1994, S. 189–206. Berlin 1994.
[54] Ebenda.
[55] Mühlfriedel: Carl Zeiss, Band 3, S. 362.
[56] Fügener: Von Alliierten, S. 164.
[57] Ebenda.
[58] Ebenda.
[59] Mühlfriedel: Tagebuch, S. 201.

Wirtschaftskommission (DWK) enteignet wurde und die ihr angehörenden Betriebe verstaatlicht wurden.[60]

Um die verschiedenen Industriebereiche der SBZ zu zentralisieren, wurden die wichtigsten Unternehmen nach Branchen sortiert und zu Vereinigungen Volkseigener Betriebe (VVB) zusammengeschlossen.[61] Die ehemaligen Stiftungsunternehmen wurden dementsprechend in die VVB Optik eingegliedert.[62] Innerhalb der Vereinigung besaßen sie keine eigene Rechtspersönlichkeit mehr, sondern waren vielmehr weisungsgebundene, rechtlich und wirtschaftlich unselbstständige Betriebsstätten der Direktion der jeweiligen VVB.[63] Doch noch einmal machte sich die herausgehobene Stellung, die sich vor allem die Firma Carl-Zeiss in der Vergangenheit erarbeitet hatte, bezahlt. Die Hauptverwaltung der Deutschen Wirtschaftskommission trug dem Geschäftsleiter von Zeiss, Hugo Schrade, den Posten des Hauptdirektors der VVB Optik an.[64] Diese Funktion garantierte Schrade den größtmöglichen Einfluss für das Zeiss-Werk, das er ebenfalls weiter leitete, der unter den neuen wirtschaftspolitischen Strukturen gegeben war.

Hugo Schrade und Victor Sandmann wählten die Betriebe aus, die in die Vereinigung aufgenommen werden sollten, und besetzten alle entscheidenden Positionen mit aktiven Zeiss-Mitarbeitern.[65]

Schrade selber hatte als Direktor der Vereinigung Zugang zum Leiter der Hauptverwaltung und der Planungsabteilung der DWK; hier wurde über das Plansoll der zu erbringenden Leistungen entschieden sowie Investitionsmittel und Rohstoffe zugewiesen.[66] Die Firma Zeiss stand somit wieder im Mittelpunkt eines Industriekonglomerats, das im Jahr 1948 aus zwölf Betrieben mit insgesamt 13.639 Mitarbeitern bestand.[67]

Im Jahr 1951 wurden die Betriebe wieder aus der VVB Optik entlassen und erhielten den Status selbstständiger Betriebe, die direkt dem Ministerium für Maschinenbau unterstellt waren.[68]

---

[60] Mühlfriedel: Tagebuch, S. 202 f.
[61] Mühlfriedel: Carl Zeiss, Band 3, S. 66 f.
[62] Vollständiger Name ab 2. Hälfte 1948: OPTIK Vereinigung Volkseigener Betriebe für feinmechanische und optische Geräte.
[63] Mühlfriedel: Carl Zeiss, Band 3, S. 67.
[64] Ebenda, S. 68.
[65] Ebenda.
[66] Ebenda, S. 69.
[67] Ebenda.
[68] Neumann, Philipp: Enteignet, reaktiviert und instrumentalisiert: Zur Jenaer Carl-Zeiss-Stiftung in der SBZ und frühen DDR, S. 65. In: Gibas, Monika/John, Jürgen (Hrsg.): Couragierte Wissenschaft: eine Festschrift für Jürgen John zum 65. Geburtstag. Jena 2007, S. 60–76.

Es stellte sich nun aber die Frage nach der Stellung der Stiftung im neuen System. Dies war nicht nur aus nostalgischen Gründen für die Angehörigen der vormaligen Stiftungsbetriebe wichtig. Die vormals garantierten Pensionszahlungen an ausgeschiedene Mitarbeiter waren schließlich nur gesichert, wenn die Stiftung weiter existierte und in einem gewissen rechtlichen Verhältnis zu den Unternehmen stand. Aus politischer und ökonomischer Sicht weitaus wichtiger war das Fortbestehen der Stiftung jedoch, um die Ansprüche auf das Stiftungsvermögen in Westdeutschland zu erhalten und den Aufbau einer dortigen Konkurrenzstiftung zu verhindern.[69]

In Abstimmung mit Fritz Selbmann, dem Stellvertreter der DWK, gelang es der Unternehmensführung, einen bindenden Beschluss über den Fortbestand der Carl-Zeiss-Stiftung zu erwirken. Selbstverständlich wollte sich die Deutsche Wirtschaftskommission den Einfluss über die Stiftung sichern und bestand mittelfristig – wie auch schon vor der Enteignung – auf einer „Anpassung" des Statuts an die geänderten Rahmenbedingungen zugunsten eines größeren Einflusses der Partei. Zunächst wurde ein neuer Stiftungskommissar, Professor Robert Rompe, von der DWK eingesetzt, der die Befugnisse der Stiftungsorgane so lange wahrnehmen sollte, bis eine von der DWK gebildete Kommission das Statut überarbeitet hätte.[70]

Rompe engagierte sich in Bezug auf die Carl-Zeiss-Stiftung allerdings nicht und blieb inaktiv. Auch innerhalb der DWK wurde die Angelegenheit nicht weiterverfolgt, sodass auch vonseiten Zeiss keine Initiative in dieser Richtung unternommen wurde, zumal man hier das Stiftungsstatut am liebsten in seiner ursprünglichen Form erhalten sah.[71]

Da die ehemaligen Unternehmen der Stiftung, auch mit Zustimmung der DWK, nach der Verstaatlichung selbige finanziell unterstützten, konnte diese ihre Verpflichtungen im sozialen Bereich auch weiterhin erfüllen.[72] Mehr als ein Provisorium im Vergleich zu ihrer ursprünglichen Gründungsidee war die Carl-Zeiss-Stiftung in dieser Phase aber nicht. Im Vergleich zu ihrer ursprünglichen Bedeutung fristete sie ein Schattendasein in der SBZ.

---

[69] Mühlfriedel: Carl Zeiss, Band 3, S. 70.
[70] Ebenda, S. 71.
[71] Ebenda.
[72] Ebenda.

4.3.2 Der Aufbau des Unternehmens in der US-amerikanischen Besatzungszone

Die Ankunft der Jenaer Exilanten in Heidenheim an der Brenz Ende Juni 1945 verlief gänzlich anders, als die Deportierten es sich vorgestellt hatten. Dabei hatten die Geschäftsleiter schon im Vorfeld in Jena Vorkehrungen getroffen, um möglichst zügig einen Produktionsstandort in der amerikanisch besetzten Zone zu errichten. Leitende Angestellte, die nicht auf der Deportationsliste der Amerikaner standen, wurden von den Geschäftsführern zu westdeutschen Tochterfirmen entsandt. Um sicherzustellen, dass diese Firmen auch in Zukunft für die Interessen der Stiftungsunternehmen zur Verfügung standen, wurden die Entsendeten dort in leitenden Positionen angestellt.[73] Zudem wurden Beträge in Höhe von 5,175 Millionen Reichsmark aus der SBZ auf Firmenkonten bei westdeutsche Banken transferiert und mit der Deportation 556.000 Reichsmark in bar ausgeführt.[74]

Diese Mittel lagen aber zunächst brach. Wie sich herausstellen sollte, hatten die Amerikaner gar nicht vor, ein neues Zeiss-Werk in Westdeutschland zu errichten.[75] Die Deportierten wurden vielmehr wie Internierte behandelt.[76]

Heidenheim diente den Amerikanern als Auffangbecken für Wissenschaftler, die von den Projekten Overcast und Paperclip betroffen waren. Innerhalb von zwei Monaten wurden so im Hochsommer 1945 etwa 1.700 Wissenschaftler nebst deren Familien zusammengezogen. Diese Masse an Menschen auf engstem Raum eingepfercht, führte zu Versorgungsengpässen und hygienischen Problemen.[77]

Erst im Herbst desselben Jahres wurde die Bewegungsfreiheit der Betroffenen erweitert.[78] Der Aufbau eines neuen Werkes lag jedoch noch in weiter Ferne. Offenbar war es der amerikanischen Militärbehörde zu diesem Zeitpunkt nur darum gegangen, den sowjetischen Behörden nicht die führenden Köpfe der feinmechanisch-optischen Industrie zu überlassen. Die wichtigen Patente und technischen Unterlagen waren längst in die USA verbracht worden und standen dort der heimischen Industrie und dem Militär zur Verfügung.

---

[73] Mühlfriedel: Carl Zeiss, Band 3, S. 72.
[74] Ebenda.
[75] Ebenda, S. 18.
[76] Ebenda, S. 72.
[77] Landeszentrale Baden-Württemberg: Heft 9, S. 8.
[78] Mühlfriedel: Carl Zeiss, Band 3, S. 73.

Zur Untätigkeit verurteilt und unter den prekären Bedingungen leidend, war die Situation der Heidenheimer deprimierend. Während man in Jena in der ersten Hälfte des Jahres 1946 optimistisch in die Zukunft sah und mit Hochdruck an den anstehenden Aufgaben arbeitete, herrschte in Württemberg-Baden Pessimismus, was sogar zu zwei Selbstmorden geführt hatte.[79]

Die schlechten Nachrichten für die deportierte Geschäftsleitung rissen nicht ab. Nun wurde zusätzlich seitens Jenas versucht, ihren alten Status im Unternehmen zu demontieren: Die dortigen Geschäftsleitungsmitglieder forderten den Rücktritt ihrer Vorgänger.

Es lässt aber einiges darauf schließen, dass der Führungsanspruch der neuen Geschäftsleitung von den staatlichen Stellen in der SBZ aktiv gefordert und gefördert wurde. Die Korrespondenz zwischen beiden Geschäftsleitungen aus dem Januar 1946 lässt nämlich ein differenzierteres Bild der Beziehung erkennen.

Vorausgegangen war eine Initiative des Stiftungskommissars Arno Barth, der sich – ganz der neuen Ordnung verschrieben, aber auch als Verfolgter während der Nazi-Zeit – mit der Bitte an den Präsidenten des Landes Thüringen wandte, die alte Geschäftsleitung aufgrund ihrer Verstrickungen mit dem NS-Regime zu entlassen.[80] Die neue Geschäftsleitung hatte keine andere Wahl, als ein entsprechendes Schreiben nach Westdeutschland zu senden und ihre Vorgänger zum Rücktritt zu drängen.[81] Parallel zu diesem offiziellen Schreiben schrieb Victor Sandmann jedoch auch einen persönlichen inoffiziellen Brief an Paul Henrichs in Heidenheim. Der am gleichen Datum abgefasste Brief lässt nicht nur zwischen den Zeilen erkennen, dass man sich in diesem Fall dem politischen Druck innerhalb der SBZ beugen musste.[82]

Die Mitglieder der deportierten Geschäftsleitung sahen keine andere Möglichkeit, als am 28. Januar 1946 den alleinigen Führungsanspruch der neuen Geschäftsleitung schriftlich zu bestätigen. Wichtig für die Folgezeit war jedoch die Tatsache, dass innerhalb dieses Schreibens ein Rücktritt ausgeschlossen wurde. Und zwar mit der Begründung, dass die von Jena erstrebte Lage – Führungsanspruch – bereits durch die Realität hergestellt war.[83] Zunächst waren die Machtverhältnisse also zugunsten der neuen Geschäftsführung entschieden. Die Herren Schrade, Schomerus und Sandmann hatten sich anscheinend relativ zügig von ihren ehemaligen

---

[79] Hermann: Brüder, S. 56.
[80] Peterke, S. 59 f.
[81] Ebenda, S. 61 f.
[82] Abgedruckt in ebenda, S. 62.
[83] Ebenda, S. 63.

Vorgesetzten emanzipiert, wobei die Initiative dazu aber eindeutig von dritter Seite ausging.

Da sich nun zudem abzeichnete, dass der Status quo der politischen Teilung von östlicher und westlichen Besatzungszone zunächst auf unabsehbare Zeit bestehen bleiben würde, erkannten die beiden Geschäftsleitungen, dass die Notwendigkeit bestand, die Möglichkeit zu schaffen, die Stiftungsinteressen auch in den westlichen Besatzungszonen zu vertreten.

Erst im Frühjahr 1946 hatte die amerikanische Militärbehörde endlich signalisiert, dass sie den Aufbau eines feinmechanisch-optischen Betriebes in ihrer Besatzungszone billigen würde.[84] Sie drohte sogar damit, das Westvermögen der Firma Carl-Zeiss in der amerikanischen Zone zu beschlagnahmen, wenn mit diesen Mitteln nicht ein optischer Betrieb der Stiftung durch die deportierten Mitarbeiter gegründet werden würde.[85] Nicht zuletzt aufgrund dieser Drohung konnte die nun in Heidenheim ansässige alte Geschäftsleitung ihre Kollegen in Jena während des Junis 1946 von der Notwendigkeit überzeugen, eine Fertigungsstätte der Carl-Zeiss-Stiftung in der amerikanischen Besatzungszone zu errichten.[86] Dafür benötigten sie aber die entsprechenden Vollmachten, um sich gegenüber den Behörden und den Tochterfirmen der Stiftung zu legitimieren.[87] Relativ deutlich brachte die Jenaer Geschäftsleitung zum Ausdruck, dass sie eine solche Vollmacht nur ausstellen würde, wenn vertraglich sichergestellt wäre, dass sich die alte Geschäftsleitung mit der neuen Firma ebenfalls unter die Hoheit des Jenaer Stammhauses einfügen werde. Der Versuch der alten Geschäftsleitung, sich als gleichberechtigter Partner – zuständig für das gesamte westliche Besatzungsgebiet – zu etablieren, wurde abgeschmettert.[88]

Nachdem dies im Jenaer Sinne anerkannt worden war, stellte man im September 1946 den Herren Bauersfeld, Henrichs und Küppenbender eine auf fünf Jahre befristete Vollmacht aus, die Stiftungsinteressen in den westlichen Besatzungszonen zu vertreten. Auch die Jenaer hatten ein Interesse daran, die Heidenheimer als Mitglieder der Carl-Zeiss-Familie zu legitimieren, da dies die einzige Möglichkeit zu sein schien, der Carl-Zeiss-Stiftung den Zugriff auf das Vermögen in den westlichen Besatzungszonen zu sichern. Schließlich ging es um Vermögenswerte, bestehend aus Tochterunternehmen, Firmenanteilen, Markenrechten und Finanzmitteln in zweistelliger Millionenhöhe. Außerdem sollte so verhindert werden, dass

---

[84] Mühlfriedel: Carl Zeiss, Band 3, S. 75.
[85] Ebenda, S. 79.
[86] Hermann: Brüder, S. 57.
[87] Mühlfriedel: Carl Zeiss, Band 3, S. 75.
[88] Ebenda, S. 75 f.

in den Westzonen ein Konkurrenzunternehmen entstehen würde, das frei von Jenaer Einflüssen agieren könnte.[89]

Nachdem die Machtverhältnisse zu ihren Gunsten entschieden waren, hatte die Geschäftsführung in Jena jedoch nicht die Absicht, die alte Geschäftsleitung gänzlich aus dem Geschäft zu drängen, obwohl ihnen die Gelegenheit geradezu auf dem Silbertablett serviert worden war – in Form der schwebenden Entnazifizierungsverfahren gegen ihre Vorgänger. Auch in der amerikanischen Besatzungszone durften Unternehmen nur gegründet werden, wenn die Gründer als politisch unbelastet galten. Dies traf auf Bauersfeld, Henrichs und Küppenbender nicht zu. Küppenbender wurde deshalb als ehemaliger Wehrwirtschaftsführer zwischen Oktober 1945 und April 1946 in einem Lager bei Grenzberg interniert.[90] Schrade, der ein enger Mitarbeiter von Küppenbender gewesen war,[91] sagte zugunsten der alten Geschäftsleitung vor der amerikanischen Spruchkammer aus. Gerade in Bezug auf Küppenbender ging er ein hohes Risiko ein, als er attestierte, dieser habe im offenen Gegensatz zur Politik der NSDAP gestanden.[92] Diese Aussage entsprach, wie bereits beschrieben, schließlich keineswegs der Wahrheit. Aber auch die Herren Sandmann und Schomerus sagten, obwohl sie nicht in so enger Beziehung zur alten Geschäftsleitung standen, zugunsten ihrer Vorgänger aus.[93] Dies verdeutlicht noch einmal, dass die Initiative zum erzwungenen Rücktritt aus dem Januar 1946 wohl nicht von Schrade, Sandmann und Schomerus ausgegangen war. Vermutlich versuchten sie sogar, mit ihren geschönten Aussagen im Rahmen des Entnazifizierungsverfahrens ihr damaliges Vorgehen zu kompensieren.

Bis die Entnazifizierungsverfahren im Sommer 1947 abgeschlossen waren, traten im Zuge der westdeutschen Unternehmensgründung und im weiteren Verlauf gegenüber den Behörden mit entsprechender Vollmacht versehene unbelastete Personen auf.[94]

Zwischenzeitlich wurde am 31. Oktober 1946 die Firma Zeiss-Opton Optische Werke Oberkochen GmbH in das Handelsregister eingetragen. Das Stammkapital der Gesellschaft von einer Million Reichsmark wurde komplett von der Carl-Zeiss-Stiftung eingebracht. Es setzte sich zusammen aus Barleistungen in Höhe von 450.000 Reichsmark und Maschinen

---

[89] BACZ 08289: Büro des Werkleiters: Schriftwechsel mit ... ehemaligen Konzernbetrieben.
[90] Mühlfriedel: Carl Zeiss, Band 3, S. 73.
[91] Müller: Werkleiter, S. 213.
[92] Mühlfriedel, Wolfgang: Hugo Schrade und das Zeisswerk nach 1945 – Biographische Notizen, S. 36. In: Jenaer Jahrbuch zur Technik- und Industriegeschichte, Band 3/2001, S. 27–58.
[93] Springer: Schomerus, S. 339.
[94] Mühlfriedel: Carl Zeiss, Band 3, S. 80 f.

im Wert von 500.000 RM. Die restlichen 50.000 Reichsmark wurden im Auftrag und durch die Stiftung finanziert, von den politisch unbelasteten Strohmännern gestellt.[95] Zum Zeitpunkt der Gründung arbeiteten zunächst 200 Mitarbeiter bei Zeiss-Opton.[96]

Bereits im August 1948 zählte die Belegschaft 1.000 Angestellte. Erstmals schwarze Zahlen schrieb man wieder Mitte 1952 mit nunmehr 3.000 Mitarbeitern.[97] Dieses kontinuierliche Wachstum wurde sowohl von der amerikanischen Militärregierung als auch von dem Mutterhaus in Jena mit Fachkräften und Finanzmitteln protegiert. Nach zähen Verhandlungen hatte Paul Henrichs gegenüber den amerikanischen Behörden erreicht, dass dem Stammhaus in Jena der Gegenwert für die damals requirierten Patente, Unterlagen und Gerätschaften ersetzt werden solle. Die Amerikaner stellten jedoch für die Ausgleichszahlung in Höhe von etwa 11,5 Millionen Reichsmark zur Bedingung, dass die Gelder nur zum Aufbau innerhalb der amerikanischen oder britischen Besatzungszone genutzt werden dürften. Mit diesen Geldern wurde das Stammkapital der Zeiss-Opton im Februar 1948 auf fünf Millionen Reichsmark erhöht. Die restlichen sechseinhalb Millionen Reichsmark wurden Zeiss-Opton von Zeiss Jena als zinsfreies Darlehen gewährt.[98]

4.3.3 Kooperation und Konkurrenz: zur Zusammenarbeit beider Unternehmen über die Zonengrenze

Der Mutterkonzern im sowjetischen Besatzungsgebiet hatte also maßgeblichen Anteil an der Entstehungsgeschichte des westdeutschen Unternehmens Zeiss-Opton. Neben der finanziellen Hilfe durch die Stiftung zeugte auch das Eintreten der Ost-Geschäftsführer im Rahmen des Entnazifizierungsverfahrens für ihre ehemaligen Vorgesetzten davon, dass man sich trotz gelegentlicher Differenzen noch als Einheit betrachtete.

Die Weichen für die Kooperation wurden bereits im Vorfeld der Neugründung gestellt. Kontakte zwischen alter und neuer Geschäftsleitung waren immer vorhanden. Bereits seit der Deportation wurden die Heidenheimer Unternehmensangehörigen von der Stiftung finanziell unterstützt. Kunden aus der Westzone wurden an die kleine, neu gegründete Reparaturwerkstatt verwiesen, die die Deportierten aufgebaut hatten.[99] Auch

---

[95] Mühlfriedel: Carl Zeiss, Band 3, S. 81.
[96] David: CZ-Stiftung, S. 16.
[97] Hermann: Name, S. 52.
[98] Mühlfriedel: Carl Zeiss, Band 3, S. 82 f.
[99] BACZ 15135: Büro des Werkleiters: Sowjetische Besatzungsorgane – Allgemeines.

die laufenden Kosten Optons wurden später von Jena übernommen. In Jena verfolgte man damit auch den Hintergedanken, auf diese Weise die Deportierten weiterhin an das Stammhaus zu binden.[100] Insgesamt subventionierte der Mutterkonzern seinen Westableger zwischen Juli 1945 und September 1946 mit 872.370,10 RM.[101]

Da sich zu Beginn des Jahres 1946 abzeichnete, dass über kurz oder lang auch in der Westzone produziert werden würde, galt es, die Reviere abzustecken und das Verhältnis untereinander abzuklären.

Bei einem Treffen zwischen beiden Geschäftsleitungen in Untertürkheim im Mai 1946 erklärten sich die Jenaer Herren Schomerus und Sandmann damit einverstanden, dass in Oberkochen fortan für die Westzone produziert werden solle. Im Gegenzug sicherten die Oberkochener Vertreter, Küppenbender und Henrichs, der Gegenseite zu, dass man nicht in Konkurrenz zum Mutterkonzern treten wolle.[102] Generell sollte nur das Interesse der Stiftung ausschlaggebend sein.[103]

Vermutlich taten sich beide Parteien kurzfristig mit dieser Übereinkunft relativ leicht. Während man sich im Osten Lieferengpässen, Rohstoffmangel, Kriegszerstörung und massive Behinderungen beim Export in die Westzonen ausgesetzt sah, war im Westen zu diesem Zeitpunkt noch nicht einmal ein Unternehmen gegründet worden.

In der Person von Hugo Schrade hatte Zeiss-Opton einen wichtigen Verbündeten in Jena. Er befürwortete den Aufbau und gab erhebliche Finanzmittel sowie Geschäfts- und Konstruktionsunterlagen für das neue Werk frei.[104] Dabei nicht offen gegen die Interessen der Besatzungsmacht zu verstoßen, war ein Vabanque-Spiel. Vieles ließ er sich von der sowjetischen Werkskommission absegnen. Teilweise legte er aber auch offiziell sein Veto gegen die Weitergabe von Unterlagen ein, um dies dann aber stilschweigend zu tolerieren.[105]

Es stellt sich die Frage, warum die SMAD den Aufbau von Zeiss-Opton überhaupt zuließ. Es lag zwar nicht innerhalb ihrer Möglichkeiten, den Aufbau durch die in die Westzone Deportierten zu verhindern; aber über die Aufbauhilfe seitens Jena hätten sie befinden können. Die Antwort auf diese Frage ist pragmatischer Natur: Nachdem es den Vertretern der Sowjetunion nach Kriegsende nicht gelungen war, die Deportierten zu einer Rückkehr nach Jena zu bewegen – vermutlich hätten dies die

---

[100] BACZ 15135: Büro des Werkleiters: Sowjetische Besatzungsorgane – Allgemeines.
[101] Mühlfriedel: Carl Zeiss, Band 3, S. 83 f.
[102] Hermann: Name, S. 40.
[103] Ebenda, S. 38.
[104] Mühlfriedel: Schrade, S. 36.
[105] Ebenda.

amerikanischen Besatzungsbehörden in dieser Phase auch nicht zugelassen –, stand Zeiss Jena praktisch ohne Forschungs- und Entwicklungsabteilung da. Der Gedanke bei allen drei Parteien war kongruent: Oberkochen sollte die Entwicklungsarbeit für das Jenaer Mutterhaus übernehmen.[106]

Für die Jenaer Seite war dies aber keineswegs eine endgültige Weichenstellung. Vielmehr sah man diese Aufgabenteilung als ein den politischen Umständen geschuldetes Provisorium an. Mittelfristig erwartete man die Rückkehr von erheblichen Teilen der Oberkochener Belegschaft, sobald dies wieder politisch möglich sein würde. Diesbezüglich wurde zwischen beiden Unternehmen eine mündliche Vereinbarung getroffen.[107] Diese Vereinbarung aber, da nicht schriftlich fixiert, wäre in dieser Form im Zweifelsfall für die westliche Seite rechtlich nicht bindend gewesen und hätte deshalb leicht sabotiert werden können. Bezüglich der Beziehungen beider Werke sind aber zwei Rückschlüsse zulässig: Zum einen schien das Existenzrecht des Oberkochener Werkes damit nicht mehr infrage zu stehen. Das Unternehmen würde auch in einem geeinten Deutschland weiterbestehen. Zum anderen erhob man in Jena weiterhin den Führungsanspruch gegenüber dem „Ableger".

Während eines Besuchs von Victor Sandmann in Oberkochen im Januar 1947 wurde vor diesem Hintergrund der Gedanke, Oberkochen als Forschungs- und Entwicklungszentrum von Jena einzusetzen, fixiert.[108]

Vordergründig hatte auch die Demontage in Jena also nichts an dem Beziehungsstand beider Unternehmen geändert. Die Kooperation wurde stattdessen sogar auf weitere Gebiete ausgedehnt. Betriebsangehörige aus Jena reisten im Juli 1947 nach Oberkochen, um Probleme bei der Mikroskopentwicklung zu besprechen.[109] Ferner wurde geplant, Zeiss-Opton gegen eine Lizenzgebühr alle Schutzrechte auf Zeiss-Artikel zu gewähren.[110]

Auch im kaufmännischen Bereich wurde die Zusammenarbeit intensiviert. Da die deportierten Zeissianer fast ausnahmslos Wissenschaftler und Techniker waren, war der kaufmännische Bereich in Oberkochen unterbesetzt. Die Jenaer Kollegen stellten eine Liste von qualifizierten Personen zusammen, die an die Oberkochener Personalabteilung weitergeleitet wurde. Von dort versuchte man, die aufgelisteten Personen zu einer Übersiedlung in die Westzone zu bewegen.[111] Jena konnte sich diese

---

[106] BACZ 08289.
[107] Hermann: Name, S. 40.
[108] Mühlfriedel: Carl Zeiss, Band 3, S. 84.
[109] Ebenda, S. 84 f.
[110] Ebenda, S. 85.
[111] Ebenda.

Großzügigkeit leisten, da zu diesem Zeitpunkt – Frühjahr/Mitte 1947 – viele Stellen in Jena aufgrund der Demontage weggefallen waren.

Wie groß das Vertrauen in die ehemaligen Kollegen war, zeigt auch die Herausgabe der kompletten Kopie der Vertreter- und Kundenkartei und weitreichende Informationen über das Zeiss-Vertriebsnetz in den westlichen Besatzungszonen und im Ausland seitens Jena an Oberkochen.[112]

Auch die Betriebsräte beider Standorte arbeiteten zusammen. Es gab gemeinsame Sitzungen, in denen Absprachen getroffen und Beschlüsse getätigt wurden. So wurde auf einer dieser Sitzungen, Ende September 1947, noch einmal bekräftigt, dass das Stammwerk in Jena gegenüber Oberkochen in allen Fragen übergeordnet sein solle. Ferner sollten ideelle und materielle Mittel der Stiftung in den Westzonen der Gesamtstiftung erhalten bleiben, und Mitarbeiter, die von Zeiss Jena nach Oberkochen abwanderten, sollten nur dann eingestellt werden, wenn beide Seiten diesem zustimmen.[113]

Offenbar war die Mitarbeiterfluktuation zu diesem Zeitpunkt bereits eine störende Thematik in Jena, die im weiteren Verlauf dieser Arbeit noch vertiefend behandelt werden wird.

Während man in Jena also versuchte, das Oberkochener Werk bestmöglich beim Aufbau zu unterstützen, verfolgte man dort eigene Ziele. In einem vertraulichen Papier, das vom Justiziar des Oberkochener Unternehmens, David, offenbar im Rahmen einer Besprechung der Geschäftsleitung angefertigt wurde, lassen sich Informationen zur strategischen Ausrichtung von Opton finden, die jegliche Kooperation mit Zeiss Jena wohl sofort beendet hätten.

Datiert ist das Schriftstück auf den 8. November 1946, also gut zwei Wochen nach der Demontage in der sowjetischen Besatzungszone und etwa eine Woche nach der Eintragung von Opton in das Handelsregister und somit deutlich vor der Ausweitung der Kooperation des Jahres 1947.

In diesem Papier vertreten die Geschäftsführer Bauersfeld, Henrichs und Küppenbender einhellig die Ansicht, dass der Wiederaufbau von Zeiss nicht in Jena seinen Schwerpunkt haben dürfe. Begründet wurde dies mit der Gefahr, dass es nach einem Aufbau zu weiteren Demontageaktionen in der SBZ kommen könne. Aus diesem Grund sollten alle zur Verfügung stehenden wirtschaftlichen und technischen Mittel außerhalb der sowjetischen Zone einem langfristig angelegten Ausbau des Zeiss-Unternehmens im Westen dienen, so der Plan. Mit der Verlagerung des Schwerpunktes des Aufbaus und der technisch-wissenschaftlichen Arbeit nach Oberkochen, so die Herren, läge somit auch die Entscheidungsbefugnis für den

---

[112] Mühlfriedel: Carl Zeiss, Band 3, S. 85.
[113] BACZ 8363: Büro der Werkleitung: Schriftwechsel mit übergeordneten Behörden etc.

Aufbau in der Westzone. Zwar war man sich einig, dass Jena Stiftungssitz bleiben solle; da jedoch der unternehmerische Mittelpunkt in Jena durch die Demontage zerstört sei, gebe es für das Weisungsrecht Jenas keine Grundlage mehr. Bauersfeld, Henrichs und Küppenbender zogen daraus die Schlussfolgerung, dass das Weisungsrecht Jenas nicht aufrechterhalten werden könne, es vielmehr gelte, darauf hinzuarbeiten, selbstständige Entscheidungsbefugnisse zu erlangen.[114]

Ein wichtiger Baustein, um mittelfristig Jena als Mittelpunkt der Konzernstruktur der Zeiss-Stiftung abzulösen, war der Wiedererkennungswert des Unternehmens gegenüber den Kunden. Im Rahmen dieses vertraulichen Gespräches stimmten die Beteiligten deswegen überein, dass es Priorität habe, darauf hinzuwirken, den Begriff Zeiss im Firmennamen zu führen.[115] Dies wurde mit der von Jena genehmigten Umfirmierung im Januar 1947 zeitnah umgesetzt.

Selbstredend waren die Befürchtungen, die Küppenbender, Henrichs und Bauersfeld in Bezug auf die Abhängigkeit Jenas von der Besatzungsmacht hegten, nicht gänzlich von der Hand zu weisen. Es ist aber auch nicht auszuschließen, wenn auch nicht beweisbar, dass unter der abgesetzten alten Geschäftsleitung ein gewisser Revanchismus gegenüber der neuen Geschäftsleitung vorherrschte. Die durch die Deportation hervorgerufene Degradierung, die Zurücksetzung ins zweite Glied der Konzernstruktur, wird für Männer, die sich als Elite auf ihrem Gebiet betrachteten, nur schwer zu akzeptieren gewesen sein.

Der brisante Inhalt des Papiers wurde nie nach Jena getragen. Dort gab man sich der Illusion hin, Mutterkonzern und Mittelpunkt der Stiftungsstruktur zu sein.

Es gibt auch noch weitere Anhaltspunkte, die darauf hindeuten, dass die Oberkochener ihre Verbindung nach Jena aus primär pragmatischen Gründen pflegten. Gegenüber dem Betriebsrat äußerte sich Küppenbender dahingehend, dass lediglich die Stiftungsstruktur den Kontakt beider Unternehmen „in gewissem Sinne nötig" mache.[116] Wie groß der Profit war, den man in Oberkochen durch diese „erzwungene" Beziehung einfuhr, verschwieg er an dieser Stelle.

Jedenfalls dürfte durch die Existenz dieses Papieres bewiesen sein, dass Oberkochen bereits vor der Verstaatlichung des Ost-Werkes plante, sich von dem Mutterwerk zu emanzipieren. Die gängige Literatur zum Thema bewertete die Beziehung beider Unternehmen bis zur Verstaatlichung hingegen anders. Hier herrscht weitestgehend die Meinung vor, dass das

---

[114] CZO 202.
[115] Ebenda.
[116] CZO 208: Besprechungen der Geschäftsleitung CZO und des Betriebsrates.

Verhältnis beider im übergeordneten Geiste Abbes von Freundschaft und Zusammengehörigkeitsgefühl geprägt war.[117] Eine Zäsur erfolgte demzufolge erst mit der Verstaatlichung von Zeiss Jena und dem wachsenden Einfluss des Staates durch den Deutschen Innen- und Außenhandelsbetrieb (DIA).[118]

Man kann zunächst tatsächlich von einem Zusammengehörigkeitsgefühl sprechen, das beide Seiten miteinander verband. Die langjährige gemeinsame Arbeit schuf Beziehungen und Freundschaften. Auch das Bewusstsein, zu den Besten ihres Fachs zu gehören, und nicht zuletzt die besondere Stiftungsstruktur des Unternehmens mit ihren sozialen Errungenschaften, einem gewissen Gründermythos und der gemeinsamen Geschichte, führten ebenfalls zur Verbundenheit. So war die Behauptung eines ostdeutschen Autorenkollektives rundherum falsch, die anfängliche Zusammenarbeit diene dem Westen nur dazu, Hand an die in Jena produzierten Waren zu legen und deswegen die These von den Schwesterbetrieben aufrechterhalten zu haben.[119] Richtig ist vielmehr, dass die westdeutsche Seite nostalgische Gefühle vor dem Hintergrund der politischen Entwicklung in der SBZ eher ablegte als die handelnden Personen im Jenaer Stammhaus,[120] denen man auch politische Naivität unterstellen kann. Man möchte dies mit einem gewissen Realismus erklären, der im Westen vorhanden war und im Osten nicht, kann jedoch auch nicht darüber hinwegsehen, dass hier auch mit einer gewissen Skrupellosigkeit vorgegangen wurde, um Jena über die wahren Absichten zu täuschen und trotzdem von der Beziehung zu profitieren.

---

[117] Vgl. Mühlfriedel: Carl Zeiss, Band 3, S. 86; sowie: Hermann: Name, S. 47 und ebenda: Jena, S. 36.

[118] Die DIA (Deutscher Innen- und Außenhandel) war ein staatliches Handelsunternehmen, das über das Handelsmonopol in der SBZ/DDR verfügte. Vgl. Mühlfriedel: Carl Zeiss, Band 3, S. 69. Das Statut der DIA ist abgedruckt im Ministerialblatt der Deutschen Demokratischen Republik Nr. 47/1952 vom 14, November 1952. Abgedruckt auch bei David: CZ-Stiftung, S. 217–220.

[119] Autorenkollektiv unter der Leitung von Wolfgang Schumann: Carl Zeiss Jena. Einst und Jetzt. Ost-Berlin 1962, S. 752. Das Werk strotz vor Propaganda und ist ausschließlich als politisch motiviertes Pamphlet zu bewerten.

[120] Dies These vertritt auch Fügener, der erkannte, dass Oberkochen die Trennung spätestens seit der Verstaatlichung vorantrieb. Trotzdem sieht er die Beziehungen bis in die Mitte der 1950er Jahre hinein als kooperativ an, was sicherlich geschönt ist. Vielmehr handelte es sich um ein Zweckbündnis in ausgewählten Feldern. Vgl. Fügener: Von Alliierten, S. 168.

4.3.4 Tagesgeschäft unter schwierigen Bedingungen. Handel, Materialbeschaffung und Administratives im geteilten Deutschland

Die Stiftungsunternehmen in der SBZ mussten sich nach der Zäsur des Kriegsendes neu aufstellen. Für die Produktion dringend benötigte Rohstoffe und Halbwaren waren auf einmal nicht mehr auf den bis dato üblichen Wegen zu erhalten. Einerseits kappten die Zonengrenzen die alten Handelsbeziehungen und Transportwege, andererseits herrschte in der unmittelbaren Nachkriegszeit Mangel an vielem Benötigten. Es war unmöglich, den Bedarf aus den Ressourcen der eigenen Zone zu decken.

Bis in den Januar 1946 hinein waren zonenübergreifende Kompensationsgeschäfte nicht möglich, da die Alliierten bis zu diesem Zeitpunkt die Verhandlungen über den Interzonenhandel noch nicht abgeschlossen hatten.[121] So war es zwar möglich, Waren in den westlichen Besatzungszonen zu erwerben, jedoch wurden die Transportfahrzeuge an der Zonengrenze restlos entladen und mussten leer in die sowjetische Zone fahren.[122]

Diese Behinderungen gingen dabei größtenteils von den westlichen Alliierten aus. Der SMAD hingegen war daran gelegen, die Produktion in ihrer Besatzungszone schnellstmöglich – vermutlich vor dem Hintergrund der Reparationsfrage – wieder in Gang zu bringen. Sie erlaubte der Firma Zeiss daher, Kompensationsgeschäfte im Umfang von 5 % der Gesamtproduktion zu tätigen.[123]

Auch nach Abschluss der alliierten Verhandlungen zum Interzonenhandel gestaltete sich die Materialbeschaffung schwierig. Vonseiten Zeiss' erfolgten diesbezüglich mehrere Reisen in die Westzonen. Neben der weiterhin mühsamen Situation an der Zonengrenze bestand aber auch in den westlichen Besatzungszonen unter den Zulieferern ein erheblicher Materialmangel.[124] Zudem mussten die Lieferungen in die Ostzone von der jeweiligen Wirtschaftsverwaltung der exportierenden Zone genehmigt werden. Um diese Vorgänge zu beschleunigen, aber auch den Kontakt zu Kunden und Lieferanten zu optimieren, wurde von Zeiss Jena in jedem Land der westlichen Besatzungszonen eine Geschäftsstelle eingerichtet. Die diesbezüglichen Verhandlungen mit den westlichen Behörden zu Beginn des Jahres 1946 waren schwierig, doch letztlich wohl auch aufgrund der Reputation

---

[121] BACZ 23281: Büro des Werkleiters: Sowjetische Besatzungsorgane – Demontage und Wiederaufbau.
[122] Ebenda.
[123] BACZ 15135.
[124] BACZ 23281.

der Stiftung erfolgreich.[125] Dennoch hatte die Teilung des Landes weiterhin Auswirkungen auf die einfachsten Geschäftsabläufe. Abrechnungen und Buchungen der neu gegründeten Geschäftsstellen konnten nicht von Jena aus bezahlt werden, sondern wurden durch eine Tochterfirma in Hamburg übernommen. Der Grund war der unterschiedliche Umgang mit der Sozialversicherung in beiden Besatzungsgebieten.[126] Dieselbe Problematik trat bei Gehaltszahlungen auf sowie bei der Kostenübernahme der Außenvertreter, die bei den Kunden vor Ort Reparaturen durchführten.[127]

Nichtsdestotrotz suchte Jena ab dem Frühjahr 1946 wieder verstärkt Kontakt zu Betrieben in der französischen, britischen und amerikanischen Besatzungszone, um alte Geschäftsbeziehungen wiederaufleben zu lassen. Unternehmensangehörige besuchten aus diesem Grund die betreffenden Firmen.[128] Diese Art der Kontaktpflege und die physische Präsenz durch die Geschäftsstellen dienten nicht zuletzt dazu, der Konkurrenz nicht die Westzonen zu überlassen.[129] Noch glaubte man also daran, dass die gegenwärtige politische Situation nur eine temporäre Phase darstellte und Geschäfte in Westdeutschland oder gar Gesamtdeutschland bald wieder ungestört möglich wären.

Die Reparationspolitik der sowjetischen Besatzungsbehörden, die viele Kapazitäten – sowohl an Material, als auch an Produktionsauslastung der Firmen abzogen – trug aber ihr Übriges dazu bei, dass die Materialbeschaffung und das Westgeschäft schwierig blieben.[130] Im Juni 1946 regte die SMAD deshalb an, dass die Firmen Zeiss und Schott ihren Bedarf in der ČSSR decken sollten; notfalls sollten sogar eigene Zulieferbetriebe in der SBZ gegründet werden.[131] Dieser Vorschlag war deshalb erstaunlich, da die Demontage der Werke zu diesem Zeitpunkt bereits beschlossen gewesen sein musste. Schließlich erfolgte die diesbezügliche Verfügung des Ministerrats der UdSSR nur einen Monat später.

Auch der Absatz litt unter dem Primat der sowjetischen Reparationspolitik. Ausfuhren musste man sich generell von den zuständigen Stellen der SMAD genehmigen lassen.[132] So wurde es Zeiss Jena 1946 verboten, einige Aufträge der Universität München anzunehmen, da die SMAD ihre Lieferanforderungen gefährdet sah. Immerhin gelang es Jena in diesem Fall, die

---

[125] BACZ 8363.
[126] BACZ 07952: Schriftwechsel mit ehemaligen Konzernbetrieben – R. Winkel GmbH, Göttingen.
[127] Ebenda.
[128] BACZ 08158: Büro des Werkleiters: Schriftwechsel mit ehemaligen Konzernbetrieben.
[129] BACZ 07952.
[130] BACZ 23281.
[131] BACZ 15135.
[132] Ebenda.

Stiftungsbetriebe R. Winkel/Göttingen, Hensoldt/Wetzlar und Kollmorgen/Coburg mit diesen Aufträgen zu betrauen.[133] Auch dies ist ein deutliches Indiz dafür, dass zu diesem Zeitpunkt zumindest in Jena noch ein zonenübergreifendes Verständnis von Zusammengehörigkeit existierte.

Die Demontage in der sowjetischen Besatzungszone führte naturgemäß zunächst auch im Interzonenhandel zu einem gravierenden Einschnitt. Wurden im Jahr 1946 bis dato alleine von Zeiss Jena Waren im Wert von 2,150 Millionen Reichsmark aus den westlichen Besatzungszonen bezogen,[134] kam der Interzonenhandel nach Beginn der Demontagetätigkeit praktisch zum Erliegen.[135]

Nach dem Demontageschock versuchte man, sich in Jena wieder neu aufzustellen. Es erfolgten weitere Reisen in die Westzonen, um das nötige Produktionsmaterial zu beschaffen. In den Jahren 1947/48 waren aber auch im Westen weiterhin viele Zulieferer aufgrund von Kriegszerstörung u. a. in ihrer Produktion noch erheblich behindert. Auch die Bürokratie der Militärverwaltungen verzögerte die Lieferungen immer wieder, sodass sich die Beschaffung von Rohstoffen äußerst mühsam gestaltete.[136]

Als Abnehmer hatte Zeiss Jena jedoch in den westlichen Besatzungszonen trotz der politischen Gegebenheiten immer noch einen guten Ruf. Zwar konnte man aufgrund der Demontage kaum Tauschwaren für Kompensationsgeschäfte anbieten,[137] allerdings verfügte man dank des Kredites von 35 Millionen Reichsmark der Thüringischen Landesbank über genügend Barreserven, um Lieferungen auf diesem Wege zu bezahlen.

War man also als Abnehmer im Westen gerne gesehen, verursachten die Auswirkungen von Reparations- und Demontagepolitik für den Lieferanten Zeiss eine gegenteilige Wirkung. Potenzielle Kunden misstrauten der Lieferfähigkeit von Carl Zeiss, sodass lukrative Geschäftsabschlüsse verloren gingen, selbst wenn man über beste Beziehungen verfügte. So gelang es beispielsweise nicht, den Auftrag zum Bau eines Spektrographen für die Sternwarte München nach Jena zu vergeben. Und dies, obwohl der Spektrograph indirekt mit Zeiss-Geldern über die Anschütz-Stiftung finanziert worden war. Dabei war der Geschäftsleiter Dr. Fridrich Schomerus Mitglied im Kuratorium der Dr. Anschütz-Kämpfe-Stiftung, die sich die Förderung von Wissenschaft und Forschung an der Universität München auf ihre Fahnen geschrieben hatte. Finanziert wurde die Stiftung von Zeiss Jena, da es sich bei der Firma Anschütz & Co. aus Kiel

---

[133] BACZ 08137: Büro des Werkleiters: Schriftwechsel mit ehemaligen Konzernbetrieben.
[134] BACZ 06475: Büro des Werkleiters: Sowjetische Besatzungsorgane – Allgemeines.
[135] CZO 1234: Alphabetisch geordneter Schriftverkehr Hr. Kühn, von J–P, Qu.
[136] BACZ 23281.
[137] Ebenda.

um eine Tochterfirma handelte, die der Erfinder des Kreiselkompasses, Dr. Anschütz, 1930 an die Zeiss-Stiftung verkauft hatte. Ein Mitglied des Vorstandes von Zeiss Jena saß deshalb bis wenigstens 1948 im dreiköpfigen Kuratorium der Stiftung. Dennoch war das Misstrauen in die Lieferfähigkeit von Zeiss Jena aufgrund von Reparationspolitik und Demontage einfach zu groß, um dieses Geschäft anzubahnen.[138]

Auch andere wichtige Westabnehmer, wie die Reichsbahn, Energieversorger und Bergbauunternehmen, wollten nicht von Lieferungen aus der SBZ abhängig sein, sodass man Aufträge lieber nach Oberkochen vergab, auch wenn die Kapazitäten in Jena vorhanden gewesen waren.[139]

Die sowjetischen Verwaltungsbehörden in Thüringen goutierten die Versuche der Jenaer Stiftungsunternehmen, Verbindungen und Beziehungen geschäftlicher Art in die Westzonen weiterhin zu pflegen. General Kolesnitschenko, Verwaltungschef der SMA-Thüringen, befürwortete im Januar 1948 explizit vor allem den Import von benötigten Waren und Rohstoffen,[140] um die Produktion in Jena wieder auf- und weiter auszubauen.

Restriktiver waren die Bestimmungen jedoch bei der Ausfuhr aus sowjetischem Besatzungsgebiet. Lieferungen in die Westzonen mussten über sogenannte monatliche Dekadenmeldungen an die SMA-Thüringen beantragt werden.[141] Alte Forderungen von Gläubigern aus den Westzonen gegenüber den Stiftungsunternehmen durften keinesfalls eigenmächtig abgegolten werden, da sich die SMA-Thüringen vorbehielt, diese für eigene ausstehende Forderungen gegenüber in den Westzonen ansässigen Körperschaften zu verwenden.[142]

Während Jena aus den Westzonen vor allem Rohstoffe, Werkzeuge, Maschinen und Fahrzeuge von Hunderten von verschiedenen Firmen bezog, lieferte man umgekehrt die fertigen Endprodukte.[143] Abnehmer für diese Produkte waren in erster Linie westliche Stiftungsunternehmen, aber auch Regierungsstellen im Westen.[144] Alleine für das Geschäftsjahr 1948/49 wurden mit der Wirtschaftsverwaltung der Bizone Kompensationsgeschäfte im Umfang von 4,3 Millionen West-Mark durchgeführt.[145]

Die Schwierigkeiten beim Interzonenhandel wurden im Laufe der Zeit jedoch nicht weniger, sondern verlagerten sich nur. Vor allem die übrbordende Bürokratie behinderte den Geschäftsverkehr erheblich. War Zeiss

---

[138] BACZ 08137.
[139] CZO 1471: Niederschriften Hr. Henrichs über Schott Jena.
[140] BACZ 12656.
[141] BACZ 06476: Büro des Werkleiters: Sowjetische Besatzungsorgane – Allgemeines.
[142] BACZ 12656.
[143] CZO 1409: Korrespondenz mit der Nordwestbank Filiale Göttingen.
[144] BACZ 06476.
[145] CZO 1409.

Jena bei jedem Export- oder Import-Geschäft schon der SMA-Thüringen gegenüber auskunfts- und genehmigungspflichtig, wurden ab 1948 noch die Außen- und Interzonenhandelsabteilung der Deutschen Wirtschaftskommission und die Deutsche Handelsgesellschaft Berlin mbH (DHG) zwischengeschaltet.[146] Das Exportgenehmigungsverfahren nahm in seinem Umfang absurde Formen an, sodass man bei Schott Jena einmal feststellen musste, dass bis zu der erteilten Genehmigung einer Exportlieferung Anträge und Formulare im Gesamtgewicht von 490 Gramm benötigt worden waren.[147]

Die Umstellung im Zahlungsverkehr durch die Währungsreformen vom Juni 1948 hingegen wurde relativ unkompliziert bewältigt. Zur Vereinfachung des Zahlungsverkehrs wurden zwei separate Konten für die jeweiligen Währungen eröffnet.[148]

---

[146] CZO 1252: Schriftverkehr Kühn mit Dr. Oncken persönlich und dem Wirtschaftsverband Feinmechanik und Optik, einschließlich Arbeitsgemeinschaft und Verband der Deutschen Feinmechanischen Industrie alphabetisch geordnet.
[147] Ebenda.
[148] BACZ 07952.

4.4 1948 bis 1953: „Wendezeit": die Konsolidierung der Systeme und ihre Auswirkung auf Zeiss

4.4.1 Schwierige Geschäfte: Interzonenhandel, Konkurrenz und Zusammenarbeit über die Grenze hinweg

Nach der Verstaatlichung von Zeiss Jena mussten sich die Grundlagen der Zusammenarbeit beider Unternehmen zwangsläufig ändern. Dennoch war man beiderseits bemüht, formelle und informelle Beziehungen zwischen beiden Werken auch weiterhin zu erhalten, was auch gelang.[1] Im Jenaer Betrieb wirkten ja immer noch größtenteils dieselben Personen – allen voran Schrade –, die diese Zusammenarbeit wollten und pflegten.[2] Da die politische Einflussnahme auf Jena allerdings immer mehr verstärkt wurde, lag diese Beziehungspflege nicht mehr ausschließlich alleine in den Händen der jeweiligen Geschäftsleitungen.

Vor allem die Vereinnahmung der Wirtschaft in das politische Modell der SBZ/DDR führte zu Spannungen beim Import- und Exportgeschäft. Die westdeutschen Firmen, zueinander in marktwirtschaftlicher Konkurrenz stehend, sahen sich alsbald beim Interzonenhandel einem Block gegenüber, der zumindest nach außen hin mit einer Stimme sprach.[3] Diese Situation mündete in einen Wirtschaftskampf, der bald offen geführt wurde.

Beide Seiten versuchten, durch Exportsperren ihre jeweiligen Produzenten zu schützen. Es lässt sich dabei nicht mehr genau rekonstruieren, von welcher Partei diesbezüglich der erste Impuls ausging.

Sicher ist, dass man bei der Deutschen Wirtschaftskommission ab etwa Mitte 1949 versuchte, den Konkurrenzprodukten aus dem Westen die Einfuhr zu verweigern. Importe wurden von einer Kommission zusammen mit den entsprechenden Betrieben auf ihre Notwendigkeit geprüft.[4] Im selben Zeitraum forderte Henrichs, der kaufmännische Leiter von Zeiss Oberkochen, wiederholt westdeutsche Händler auf, keine Waren mehr aus Jena zu verkaufen, die mit Produkten aus Oberkochen, Winkel und Hensoldt in Konkurrenz standen.[5]

---

[1] Mühlfriedel: Carl Zeiss, Band 3, S. 86.
[2] David: CZ-Stiftung, S. 24.
[3] CZO 1252.
[4] CZO 1253: Alphabetisch geordneter Schriftverkehr Hr. Kühn, A–H.
[5] BACZ 19153: Büro der Werksleitung – Schriftwechsel mit ... übergeordneten Behörden etc.

Im September 1949 konnte der Verband der westdeutschen feinmechanischen- und optischen Industrie gegenüber der Verwaltung für Wirtschaft durchsetzen, dass bestimmte Produkte, u. a. Brillengläser und Mikroskope, aus dem Osten mit einem Einfuhrverbot belegt wurden.[6] Maßgeblicher Impulsgeber des Einfuhrverbotes dürfte Zeiss Oberkochen gewesen sein. Offenbar fühlte man sich in Oberkochen nach der Verstaatlichung und dem wachsenden Einfluss politischer Kräfte nicht mehr an die Absprache aus dem Jahr 1946 gebunden, nicht in Konkurrenz zu Jena zu treten.[7] Dennoch gelang es Zeiss Jena im selben Zeitraum noch, mit der westdeutschen Wirtschaftsverwaltung Vereinbarungen über Kompensationsgeschäfte in Höhe von sechs Millionen DM abzuschließen,[8] während viele Westfirmen ihre Waren im Osten nicht absetzen konnten.[9]

Mit weiterer politischer Hilfe konnte der Verband der feinmechanischen und optischen Industrie aber nicht rechnen, da sich vor allem die amerikanischen Behörden gegen eine Abschottung der Märkte gegenüber Ostprodukten verwahrten. Offenbar wollte man der SMAD keine Gelegenheit bieten, dies propagandistisch auszuschlachten.[10] Auch die westdeutsche Wirtschaftsverwaltung wollte – und konnte aufgrund der amerikanischen Position – keine weiteren Sanktionen verhängen, die faktisch eine schärfere Trennung von Ost und West zur Folge gehabt hätten.[11] So sah man aus Sicht der westdeutschen feinmechanisch-optischen Industrie nur die Möglichkeit, die Kunden inoffiziell dazu zu bewegen, entsprechende Ostprodukte zu boykottieren.[12] Da das Sortiment von Zeiss Oberkochen allerdings noch nicht die gesamte Breite der Produktpalette von Zeiss Jena bot, sollte den Abnehmern in Ausnahmefällen Jenaer Geräte angeboten werden.[13] Dadurch sollte eine gewisse Markentreue der Käufer gewährleistet werden, solange Oberkochen noch nicht in die jeweiligen Marktsegmente vorgestoßen war.

Oberkochener Kalkül war es sicherlich auch, zu verhindern, dass sich Dritte im freigewordenen Markt platzieren konnten und somit lukrative zukünftige Absatzmöglichkeiten für den Westbetrieb besetzten. Jenaer Produkte wurden also von Oberkochen genutzt, wenn es die Umstände geboten.

---

[6] CZO 1252.
[7] Ebenda.
[8] CZO 1232: Alphabetisch geordneter Schriftverkehr zum Sonderkonto bei der Merkur Bank in Göttingen zum Ausgleich von Rechnungen Zeiss Ost und Zeiss West.
[9] CZO 1253.
[10] CZO 1252.
[11] Ebenda.
[12] Ebenda.
[13] BACZ 19153.

Um junge, noch nicht solvente Augenärzte an Zeiss-Produkte zu gewöhnen, überlegte man beispielweise, die Jenaer Spaltlampen in Westdeutschland zuzulassen und aktiv zu bewerben. Hintergrund dessen war der Umstand, dass die eigenen Lampen mit 2.500 DM gegenüber dem Lampenpreis der Konkurrenz, die 1.100 DM verlangten, wesentlich teurer waren. Das Jenaer Produkt dagegen kostete 1.600 DM. Letztlich wurde der Plan aufgrund der mangelhaften Qualität der Jenaer Spaltlampen verworfen.[14] Ein schönes Beispiel, das aufzeigt, dass es der westdeutschen Zeiss-Gruppe im Wesentlichen nicht um Ideologie, sondern um Marktmacht, Profit und somit primär um die Unternehmensentwicklung ging.

Export- und Importprobleme trafen Jena aber auch von einer anderen Seite. Teilen des Regimes war die Exportautarkie, also der selbstständige Außenhandel, und der damit verbundene Westkontakt von Zeiss und Schott nicht geheuer. Auf Antrag des FDGB wurde deshalb die Beziehung der beiden VEBs zu West-Berliner Firmen überprüft. Während der FDGB die Geschäftskontakte als gefährlich einstufte, stellte sich heraus, dass die monierten Kontakte durchweg aufgrund von Kompensationsgeschäften vorhanden waren, die allesamt von der SMAD genehmigt worden waren.[15] Dennoch wurde, wohl auch aufgrund solcher Anschuldigungen, am 21. Juli 1952 die Exportabteilung des Zeiss-Werkes auf Anweisung des Sekretariats der ZK der SED an den DIA übergeben. Eine Aufgabe, die der DIA aber offenbar nur ungenügend ausführte.[16]

Ebenso musste man aufgrund der überbordenden Bürokratie auch weiterhin mit Lieferschwierigkeiten aus Westdeutschland und dem Ausland leben.[17] Schließlich traten in den Jahren 1951/52 aufgrund von Grenzkontrollen massive Exportprobleme auf. Verantwortlich dafür war das Amt für die Kontrolle des Warenverkehrs (AKW) der DDR. Obwohl die Exportgüter schon auf dem Werksgelände zollamtlich geprüft wurden, kontrollierte das AKW diese nochmals an der Grenze. Die Vorgaben des sowjetischen Kontrolloffiziers, 10 % aller Waren nachzukontrollieren, wurden mit der Überprüfung von nahezu 100 % der Güter durch das AKW großzügig überschritten.[18] Durch unsachgemäße Öffnung der Kisten und Pakete ergaben sich so wochen-, teilweise monatelange Lieferverzögerungen, da die Güter vor Ort nicht mehr sachgerecht zum Weitertransport verpackt werden konnten.[19]

---

[14] CZO 978.
[15] Mühlfriedel: Carl Zeiss, Band 3, S. 108 ff.
[16] Ebenda, S. 132.
[17] BACZ 13209: Büro des Werkleiters: Schriftwechsel mit ... ehemaligen Konzernbetrieben: Deckel, München.
[18] BArch Berlin DC 1/1222.
[19] Ebenda.

Die Summe dieser Probleme hatte zur Folge, dass Zeiss Jena in Westdeutschland Marktanteile verlor und die berechtigte Befürchtung bestand, auf einigen Gebieten wirtschaftlich abgehängt zu werden.[20]

Die Beziehung zwischen Zeiss-Ost und -West war in dem Zeitraum 1948 bis 1953 undurchsichtig. Einerseits gab es durchaus kooperative Momente wie im Juni 1949, als Victor Sandmann aus Jena nach München kam, um Oberkochen bei der geplanten Übernahme der Firma C. A. Steinkeil Söhne GmbH beratend zu unterstützen.[21] Andererseits drohte der Jenaer Dr. Otto Birkenbeil leitenden Angestellten aus Oberkochen ein knappes Jahr später,

> dass eines Tages der Russe am Rhein stehe und CZ-West dann Rechenschaft ablegen müsse.[22]

Hintergrund dieser Aussage war der Versuch der Westgruppe gegenüber Kunden, Aufträge aus Jena stornieren zu lassen und selber zu übernehmen. Das Verhältnis der beiden Betriebe untereinander verschlechterte sich dabei nicht in einer linear chronologischen Abfolge. Vielmehr traten diese unterschiedlichen Verhaltensmuster während der gesamten Periode auf. So machte Jena noch im Februar 1953 darauf aufmerksam, dass die Schweizer Firma Siebner, Hegner & Co den Namen und die Warenzeichen Zeiss missbrauchte. Beide Zeiss-Betriebe kamen überein, in Zukunft in solchen Fragen noch enger zusammenarbeiten zu wollen.[23]

4.4.2 Zur Frage der Stiftungskontrolle. Emanzipationsbestrebungen in Oberkochen nehmen Gestalt an

Im operativen Geschäft gab es also ein Auf und Ab, wobei sich beide Parteien meist dann zusammenrauften, wenn sie ihre Geschäftsinteressen von Dritten bedroht sahen.

Weitaus wichtiger war allerdings der Dissens um die Stiftungskontrolle, der sich nach der Enteignung in der SBZ vom 1. Juni 1948 entwickelte.

Die Kontrolle der Stiftung bedeutete gleichzeitig auch die Kontrolle des westdeutschen Firmenvermögens, das auch Warenzeichen- und Lizenzrechte beinhaltete. Wie bereits angesprochen, hatte die Jenaer Geschäftsleitung ihren Oberkochener Kollegen im September 1946 zwar die Vollmacht gegeben, die Stiftung in Westdeutschland zu vertreten, offizieller

---

[20] BACZ 08139: Büro des Werkleiters: Schriftwechsel mit ehemaligen Konzernbetrieben.
[21] Hermann: Brüder, S. 120.
[22] CZO 1002.
[23] CZO 192 Vermerke, Notizen und Informationen zum VEB Jena.

Stiftungssitz blieb aber weiterhin Jena. Oberkochen hatte daraufhin im folgenden Jahr gegen Gebühr die Zeiss-Namensrechte für ihre Produkte erworben.[24] Die wirtschaftlichen Reformen in der SBZ veranlassten Oberkochen nun aber, die Unabhängigkeit gegenüber dem Stammsitz in Jena zu forcieren. Der erste elementare Schritt diesbezüglich war die Legitimierung als alleinige Stiftungsbevollmächtigte in Westdeutschland.

In diesem Sinne erreichte das zuständige Kultusministerium in Stuttgart am 30. Juli 1948 – bereits knapp zwei Monate nach der Enteignung der Stiftung in der SBZ und offenbar lange geplant – der Antrag aus Oberkochen, der Carl-Zeiss-Stiftung einen zusätzlichen Stiftungssitz in Heidenheim an der Brenz einzurichten.[25]

In einem nächsten Schritt machte Oberkochen das Recht auf die gewerblichen Alt-Schutzrechte der Marke Zeiss beim Deutschen Patentamt geltend. Unterstützt wurde dieser Antrag durch die Bestätigung des Württemberg-Badischen Kultusministeriums vom 7. Mai 1949, dass die Carl-Zeiss-Stiftung in Heidenheim an der Brenz ansässig sei.[26] Aufgrund eines angeblichen Versehens entfernte das Kultusministerium den Stiftungssitz Jena im Rahmen der Bestätigung gleich gänzlich aus den offiziellen Papieren.[27]

Die Oberkochener Seite argumentierte nun vor dem Patentamt erfolgreich, dass die Verstaatlichung nur die Vermögenswerte in der DDR beträfe und die Heidenheimer Stiftung nach der durch die Enteignung arbeitsunfähig gemachte Jenaer Stiftung einziger Rechtsnachfolger der ursprünglichen Stiftung sei. Damit sicherte man sich die Alt-Schutzrechte der Marke Zeiss in der Bundesrepublik, West-Berlin und dem westlichen Ausland und hätte gleichzeitig dem Staatsbetrieb Carl Zeiss Jena das Recht absprechen können, diese zu nutzen.[28]

Vorerst verzichtete man jedoch darauf, diesbezüglich juristische Schritte gegenüber Jena einzuleiten. Offenbar sah man die eigene Position noch nicht als gefestigt genug an, um die neu erworbenen Rechte auch offiziell einzuklagen. Immerhin befand man sich weiterhin im Aufbau und hätte es bei einem Konflikt wohl direkt mit der gebündelten Macht des DDR-Apparates aufnehmen müssen. Dies hätte die eigenen Ressourcen geschwächt und dritten Anbietern die Chance geboten, Marktanteile auf Kosten Oberkochens zu gewinnen. Zudem waren auch die Vertreter im westlichen und neutralen Ausland nicht in diesem Maße in den

---

[24] Mühlfriedel: Carl Zeiss, Band 3, S. 85.
[25] Hermann: Brüder, S. 101.
[26] Mühlfriedel: Carl Zeiss, Band 3, S. 257.
[27] Peterke, S. 126.
[28] Ebenda, S. 257 f.

innerdeutschen Konflikt involviert und noch primär Jena zugetan.[29]

Folglich versuchte man in Oberkochen zunächst, mit der Jenaer Geschäftsleitung zu einer Übereinkunft zu kommen, obgleich dies in sehr forscher Weise geschah. Im Januar 1950 trat man an die dortige Geschäftsleitung heran, um den westdeutschen Standpunkt darzulegen. Man sprach der Ost-Stiftung aufgrund der Enteignung die Existenz ab und erklärte das westdeutsche Stiftungsvermögen unter Heidenheimer Stiftungskontrolle stehend. Juristisch begründete man dies mit der Rechtsauffassung, dass durch Enteignung, wenn diese überhaupt rechtmäßig war, nur Vermögenswerte in den Gebieten eingezogen werden dürfen, in denen sie verfügt wurden.[30] Zudem wolle man den ostdeutschen Machthabern nicht die Möglichkeit geben, sich

> [...] auch noch derjenigen Rechte [zu] bemächtigen, welche der Stiftung nach der Enteignung verblieben sind: ihre unersetzlichen Firmennamen, ihre überaus wertvollen Patente und ihr sonstiger industrieller Rechtsbesitz.[31]

Im Gegenzug wollte man Jena aber ein Lizenzabkommen anbieten, das es gestattet hätte, unter Nutzung von Zeiss-Patenten und Zeiss-Warenzeichen Produkte in der Bundesrepublik zu verkaufen, sofern diese noch nicht von Oberkochen produziert werden konnten. Für die Verwendung des Markennamens in Westdeutschland sollte eine Lizenzvergütung gegenüber der Industrievereinigung Optik zugunsten des Heidenheimer Stiftungskonto erhoben werden.[32]

Der Nutzen einer solchen Vereinbarung für Oberkochen lag auf der Hand: Auf diesem Wege war es möglich, die Kunden mit der gesamten Produktpalette beider Zeiss-Werke zu versorgen und gleichzeitig den Markt für Dritte zu verschließen. Da sich das Abkommen im Oberkochener Sinne nur auf Erzeugnisse bezog, die man zum gegenwärtigen Zeitpunkt nicht selbst herstellte, hätte man so den VEB nach und nach aus Westdeutschland verdrängen können, ohne Marktanteile an die Konkurrenz zu verlieren.

Die Vorgehensweise der Oberkochener Geschäftsleitung traf in Jena naturgemäß auf wenig Gegenliebe. Demzufolge ließ man Schreiben und Mahnschreiben zunächst unbeantwortet. Erst im Juli 1950 trafen sich beide Geschäftsleitungen wieder, um über die unterschiedlichen

---

[29] Peterke, S. 258.
[30] David: CZ-Stiftung, S. 211 f.
[31] Abgedruckt in: Mühlfriedel: Carl Zeiss, Band 3, S. 259.
[32] Ebenda.

Rechtsauffassungen zu diskutieren.³³ Beide Seiten ließen unterschwellig durchklingen, dass sie einen Rechtsstreit möglichst vermeiden wollten, beharrten jedoch auf ihren jeweiligen Positionen.

Während die Westseite zuversichtlich klang, einen Prozess gewinnen zu können, vertrat die Ostseite den Standpunkt, dass die Stiftung in Jena sowohl de jure als auch de facto weiterbestehe und somit immer noch gegenüber dem Westwerk weisungsbefugt sei.³⁴ Insgeheim war man sich in Jena jedoch darüber im Klaren, wie es um die Stiftung in der DDR bestellt war, was ein interner Vermerk zur Sachlage nahelegte, der bereits im September 1949 im Haus kursierte.³⁵ Demnach wurde

> durch Überführung der angeschlossenen Betriebe der Stiftung in Volkseigentum die gesamte Organisation der gewerblichen Tätigkeit der Stiftung gegenstandslos [...]. Durch den Beschluss der DWK vom 16.06.1948 wurde das Stiftungsstatut und sämtliche Stiftungsorgane außer Kraft gesetzt und die Befugnisse dieser Organe von dem nicht nach dem Statut, sondern durch Akt der DWK ernannten Stiftungskommissar wahrgenommen [...].³⁶

Schon innerhalb dieses Vermerkes wurde die spätere Taktik zur Abwehr der Oberkochener Ansprüche festgelegt: Indem man die ursprüngliche Verfassung der Stiftung in Jena wiederherstellte, könnte man die westdeutschen Ansprüche widerlegen. Die Stiftung müsste in der DDR mit Vermögen ausgestattet werden, um ihren satzungsgemäßen Zweck zu erfüllen und vor westdeutschen Gerichten bestehen zu können. Damit hätte die Jenaer Stiftung wieder die alleinige Verfügungsgewalt über das Vermögen in Westdeutschland, inklusive Patent- und Warenzeichen. Vorerst unternahm Jena jedoch keinen Vorstoß in diese Richtung.

Da beide Seiten mit ihren Maximalforderungen augenscheinlich ins Leere laufen würden, schlug Paul Henrichs vor, den Status quo³⁷ aufrechtzuerhalten, wenn sich die Gegenseite ihrerseits bereit sah, schriftlich zu versichern, von Rechtsmitteln abzusehen, die Oberkochen die Nutzung von Firmen- und Markennamen verbieten würde.³⁸ Beide Seiten waren realistisch genug einzugestehen, dass eine solche Vereinbarung nur mit dem Einverständnis der ostdeutschen Regierungsstellen zu erzielen war.

---

[33] Mühlfriedel: Carl Zeiss, Band 3, S. 259.
[34] Ebenda, S. 260.
[35] BACZ 19153.
[36] Der Beschluss der DWK ist abgedruckt bei David: CZ-Stiftung, S. 161.
[37] U. a. die Nutzung eines gemeinsamen Vertriebsnetzes in Westdeutschland.
[38] Mühlfriedel: Carl Zeiss, Band 3, S. 259.

Hugo Schrade und Victor Sandmann traten daraufhin am 12. Juli 1950 an den Industrieminister Fritz Selbmann heran, von dem sie sich am ehesten erhofften, solch einer Vereinbarung zuzustimmen.

In einem ausführlichen Schreiben vom 19. Oktober 1950 erläuterte Schrade dem Minister seine Einschätzung der Situation.[39] Schrade fügte zunächst entgegen seiner eigentlichen Auffassung an, dass die Carl-Zeiss-Stiftung in Jena aufgrund des ausdrücklichen Beschlusses der Deutschen Wirtschaftskommission de jure und de facto fortbestehe und somit auch für die Verwaltung des westdeutschen Stiftungsvermögens zuständig sei. Die Rechtsauffassung Oberkochens lehnte er folglich entschieden ab. Aus diesem Grund versagte die ostdeutsche Seite auch dem Ansinnen Oberkochens, Lizenzgebühren für Patente sowie für Waren- und Firmenzeichen zu entrichten. Mit der Zahlung solcher Gebühren würde man der Heidenheimer Stiftung die Legitimation einräumen.

Weiter schilderte Schrade, bezugnehmend auf ein Treffen mit Henrichs vom 4. Juli 1950, die beiderseitige Einschätzung, dass ein Rechtsstreit beiden Firmen schaden würde und stattdessen ein Kompromiss zu suchen sei. Er befürwortete gegenüber Selbmann den Vorschlag der West-Gruppe zur Abgrenzung der Märkte. Demnach sollte Zeiss-West das Primat des Absatzes in Westdeutschland zustehen, soweit beide Werke dieselben Produkte vertrieben und die Kapazität Oberkochens ausreiche, um den bundesrepublikanischen Markt zu versorgen. Dem Jenaer Betrieb sollte der gesamte ostdeutsche Markt vorbehalten bleiben; ebenso der westdeutsche, sofern Oberkochen in dem Produktsegment nicht tätig bzw. nicht lieferfähig sei.

Schrade führte aus, dass Oberkochen sich aufgrund seiner besonderen Firmen- und Personalstruktur – großes wissenschaftliches Potenzial, aber geringe Produktionskapazität – voraussichtlich auf wenige Produkttypen beschränken werde, diese aber von eindrucksvoller Qualität sein würden. Er sah vor dem Hintergrund dieser Vereinbarung somit genügend Absatzmöglichkeiten für Zeiss Jena auf den westlichen Märkten.

Des Weiteren sollte die Vereinbarung vorsehen, die gemeinsam geführten Handelsvertretungen zu behalten und Schutzrechte in Westdeutschland und im Ausland gemeinsam zu verteidigen.[40]

Gerade die Handelsvertretungen waren von besonderer Bedeutung, fungierten sie doch als Vertriebsnetz für Zeiss-Produkte. Die Gefahr bestand in der Ungewissheit, allerdings für beide Seiten, für wen sich die einzelnen Vertretungen im Zweifelsfall entscheiden würden. Der Aufbau

---

[39] BACZ 8363, S. 169 ff. Mühlfriedel und Hellmuth lag der Brief offenbar auch vor. Jedoch gehen beide nur knapp auf den Inhalt ein und verwenden eine andere Aktensignatur. Vgl. Mühlfriedel: Carl Zeiss, Band 3, S. 260.

[40] BACZ 8363, S. 171.

eines neuen Vertriebsnetzes würde von beiden Seiten Zeit und Kapital erfordern. Zudem hätte es jeder neue Vertreter schwer, sich gegen die etablierte Altvertretung durchzusetzen, da ein wesentlicher Baustein des Erfolges schließlich darauf beruhte, ein Netzwerk aus Kontakten zu Kunden und Behörden zu pflegen und zu nutzen.[41] Hier war beiden Seiten wohl vorerst das Risiko zu groß, sich von der Entscheidung der einzelnen Vertretungen abhängig zu machen.

Schrade verwies weiterhin auf die Gefahr eines politisch motivierten Prozesses in der BRD, sollte eine Vereinbarung scheitern; zuständig wäre schließlich ein Gericht in Westdeutschland. Der Handel mit Westdeutschland, dessen Anteil 1950 etwa 15 % des Gesamtumsatzes ausmachte, wäre infolgedessen praktisch lahmgelegt.

Schrade selbst monierte an dem Vereinbarungsentwurf, dass er jederzeit fristlos kündbar sei. Ihm selbst schwebte eine gewisse Vertragslaufzeit vor, die nur mit angemessener Frist aufgelöst werden könne.[42]

Dies sahen die zuständigen Stellen im DDR-Regierungsapparat offenbar anders. Wer hier genau federführend war, und ob Fritz Selbmann selbst daran beteiligt gewesen ist, kann nicht belegt werden. Jedenfalls entschied man sich, die Oberkochener Vorschläge zwar stillschweigend zu dulden, jedoch offiziell keine Verlautbarung dazu abzugeben.

Zwar wurde der Ton aus Oberkochen wieder schärfer, in regelmäßigen Abständen trafen Briefe in Jena ein, die mit der Ausschöpfung von Rechtsmitteln drohten,[43] zur Eröffnung eines Gerichtsverfahrens nahm man zu diesem Zeitpunkt jedoch Abstand.

Dies mit der freundschaftlichen Verbundenheit zwischen den handelnden Personen in Jena und Oberkochen zu begründen, ist sicherlich verfehlt.[44] Vielmehr waren wohl bereits zu diesem Zeitpunkt primär wirtschaftliche Gründe aufseiten der West-Gruppe bestimmend.

Dieses Bild wird auch in den Akten von Carl-Zeiss Jena wiedergegeben. In einem Bericht an eine übergeordnete Behörde wurden die Geschäftsführer der Westgruppe nach ihrer Bereitschaft, einen Rechtsstreit zu führen, charakterisiert.[45]

In diesem Papier wurde Küppenbender als Hardliner klassifiziert, der eine Konfrontation vorantreiben wollte. Ihm gegenüber Bauersfeld, der

---

[41] BACZ 8363, S. 171.
[42] Ebenda, S. 172.
[43] So am 13. Oktober 1950 (vgl. BACZ 8363, S. 172) und am 5. Dezember 1951 (vgl. Mühlfriedel: Carl Zeiss, Band 3, S. 266).
Auch abgedruckt in David: CZ-Stiftung, S. 213 f.
[44] So bei: Hermann: Name, S. 69; der die nostalgischen Gefühle der Protagonisten allzu oft als primäre Antriebsfeder sieht.
[45] BACZ 8363.

aufgrund von historischer Verbundenheit eine Eskalation zu vermeiden trachtete. Henrichs schließlich wäre Jena zwar noch sehr verbunden, sei in seinen Entscheidungen aber primär von wirtschaftlichen Positionen beeinflusst. Eben diese wirtschaftlichen Gründe, die Unsicherheit der Kontrolle eines zukünftigen Vertriebsnetzes und die Gefahr, Marktanteile an Dritte zu verlieren, ließen Henrichs vor einem Rechtsstreit zurückschrecken.[46] Damit war klar, dass sich die ostdeutsche Seite wenigstens so lange darauf verlassen konnte, dass seitens Oberkochen keine juristische Auseinandersetzung forciert werden würde, solange aus Sicht der Westseite wirtschaftliche Erwägungen davon abrieten.

Interessanterweise lassen entsprechende Formulierungen in dem Text erkennen, dass man in der DDR offenbar davon ausging, die amerikanischen Besatzungsbehörden seien die wirkliche Triebfeder hinter den Unabhängigkeitsbestrebungen von Zeiss Oberkochen. Dies ist allerdings weder durch Archivmaterial zu belegen noch ist es wahrscheinlich, da sich die amerikanischen Besatzungsbehörden nicht mit dieser Problematik befassten.

Auch Walter David, der Justiziar des Unternehmens Zeiss Oberkochen und einer der Hauptprotagonisten der folgenden Rechtsstreitigkeiten der kommenden Jahrzehnte, erklärte rückblickend die Scheu Oberkochens vor einem Rechtsstreit mit wirtschaftlichem Kalkül. Die Anfügung, dass man auch die endgültige Trennung von Ost- und Westdeutschland nicht als gegeben hinnehmen wollte und deshalb einen Streit zu vermeiden suchte, erscheint nachträglich als zeitgenössisch politisch korrekte Floskel eingebracht worden zu sein.[47]

Auf der anderen Seite sahen zunächst auch die handelnden Personen in Ostdeutschland davon ab, die Entscheidung auf dem Rechtsweg zu suchen. Federführend war hier das Ministerium für Maschinenbau. Nach einer Prüfung Anfang 1952 schätzte man die fraglichen Patente zum einen als bald überholt ein, zum anderen wollte man das gemeinsame Vertriebsnetz nicht gefährden.[48]

Auch gegen Jahresende 1952 kamen klare Vorgaben aus dem Ministerium, einen Prozess nicht zu riskieren, sondern sich stillschweigend an die von Oberkochen vorgeschlagene Aufteilung der Märkte zu halten, da der Jenaer Export bisher nicht wesentlich behindert worden war. Zudem ließ

---

[46] BACZ 8363.
[47] David: CZ-Stiftung, S. 22.
[48] Mühlfriedel: Carl Zeiss, Band 3, S. 266. Die Fragestellung Mühlfriedels, ob eventuell die damalige Phase der Deutschlandpolitik ausschlaggebend für eine Ablehnung des Rechtsstreits war, möchte ich verneinen. Ende Februar 1952 hatte das ZK der SED eine Friedensvertragsoffensive beschlossen und am 10. März schickte Stalin seine berühmte Note an die Westmächte.

die nicht schriftlich fixierte Vereinbarung jederzeit die Möglichkeit offen, ggf. den Kurs zu ändern.[49] Geradezu rührend war in diesem Zusammenhang die Auffassung des Hauptreferenten des damaligen stellvertretenden Ministerpräsidenten Walter Ulbricht, Dr. Berger, dass Warenzeichen in einem sozialistischen Staat überflüssig seien.[50] Eine wenig vorausschauende Bewertung der Sachlage, die deutlich zeigt, wie stark weite Kreise der handelnden Personen in der SBZ/DDR auf den eigenen engen Horizont fixiert waren. Ein Phänomen, das sich auch in anderen Zusammenhängen erkennen lässt.

Trotzdem blieb man nicht untätig. Zu Beginn des Jahres 1951 hatten die Vertreter der Heidenheimer Stiftung eine Firma Carl Zeiss in das Handelsregister eintragen lassen, die vorerst nur auf dem Papier bestand.[51] Dies war ein klares Signal an den ostdeutschen Konkurrenten, in absehbarer Zeit die bisherige westdeutsche Firma Zeiss-Opton zu liquidieren und unter dem Namen Carl Zeiss in direkte Konkurrenz zum VEB zu treten. Nach Lage der Dinge war also ein Rechtsstreit mittelfristig nicht abzuwenden, und es galt, diesbezügliche Vorbereitungen zu treffen.

Spätestens seit der zweiten Hälfte des Jahres 1951 war auch der ostdeutschen Seite klar, dass die Differenzen in eine juristische Auseinandersetzung münden würden.[52] Schrade war sehr wohl bewusst, wie dünn die Jenaer Position vor einem westdeutschen Gericht in Bezug auf die Arbeitsfähigkeit der Stiftung in der DDR war. Zwar bestand sie formal weiterhin, jedoch ohne satzungsgerechte Organe und industrielles Vermögen. Aus diesem Grund forcierte er die früheren Pläne aus dem September 1949, die Stiftung aus ihrem Schattendasein in der DDR zu befreien. Da der Versuch, das industrielle Vermögen der Stiftung in der DDR wiederzuerlangen, aufgrund der gegebenen gesellschaftspolitischen Verhältnisse illusorisch war, wandte sich Victor Sandmann am 22. April 1951 an den Minister für Maschinenbau, Ziller, mit der Bitte, die Stiftungsorgane wieder einzusetzen und das Verhältnis zwischen Werksleitung und Stiftung ebenfalls statutengerecht zu gestalten.[53]

Ziller unterstützte das Vorhaben und leitete es an den thüringischen Ministerpräsidenten Eggerath weiter, der seine Volksbildungsministerin,

---

[49] Mühlfriedel: Carl Zeiss, Band 3, S. 267 f. Abgedruckt in David: CZ-Stiftung, S. 215.
[50] Karlsch, Rainer: Zwischen Partnerschaft und Konkurrenz. Das Spannungsfeld in den Beziehungen zwischen den VEB Filmfabrik Wolfen und der AGFA AG Leverkusen, S. 252. In: Zeitschrift für Unternehmensgeschichte, Band 36/1991, S. 245–281.
[51] Mühlfriedel: Carl Zeiss, Band 3, S. 261.
[52] VA 1261: Katalog der Wertpapiere der Carl-Zeiss-Stiftung.
[53] Ebenda, S. 263.

Isolde Oschmann, damit beauftragte.[54] Eggerath selber war schon im Sommer 1950 an Walter Ulbricht mit dem Vorschlag der Wiederbelebung herangetreten und hatte sich dessen Einverständnis geholt, die notwendigen Maßnahmen im Verbund mit Fritz Selbmann vorzubereiten.[55]

Am 29. Mai 1951 wurde daraufhin der Landgerichtspräsident Dr. Theodor Kunze zum Stiftungskommissar der Carl-Zeiss-Stiftung ernannt. Damit war ein wesentlicher Punkt des Statuts wieder erfüllt worden. War sein Vorgänger Rompe noch von der DWK eingesetzt worden, wurde Kunze vom Volksbildungsministerium Thüringens eingesetzt und damit gemäß Paragraf 113 des Stiftungsstatuts, nach dem Wegfall der ursprünglichen Stiftungsverwaltung aufgrund von staatsrechtlichen Veränderungen von jener Behörde, der die Angelegenheiten der Universität Jena unterstellt waren.[56] Schrade, Sandmann und Hans Harting wurden als Geschäftsleiter für Zeiss, und wiederum Schrade, Fritz Dunger und Dr. August Klemm statutengerecht als Geschäftsleiter für Schott bestimmt.[57]

Warum Schrade 17 Monate nach dem internen Vermerk damit wartete, die Stiftung in der DDR statutengerecht wiederzubeleben, bleibt ungeklärt. Spätestens seit Juli 1950 hätte er für dieses Vorgehen auch von höchster Stelle grünes Licht bekommen. Offenbar hatte er in diesem Zeitraum zunächst tatsächlich an eine Art friedlicher Koexistenz beider Unternehmen geglaubt. Erst als der Druck aus Oberkochen immer größer wurde, entschloss er sich schließlich, die ostdeutsche Verteidigungsstrategie offensiver zu gestalten.

Von der im Jahr 1948 ursprünglich politisch gewollten Anpassung des Statuts an die neuen gesellschaftlichen Rahmenbedingungen nahm man vor dem Hintergrund der drohenden Auseinandersetzung mit der Westgruppe Abstand. Vielmehr galt es nun, darauf hinzuarbeiten, dass der Stiftungszweck in Bezug auf die Beziehung zu den Stiftungsunternehmen und die Stiftungsverpflichtungen gegenüber Belegschaft und Allgemeinheit durchgesetzt werden konnten.[58] Da die Deutsche Wirtschaftskommission schon am 18. Juni 1948 beschlossen hatte, die sozialen und kulturellen Tätigkeiten der Stiftung fortzusetzen, übertrug man die Finanzierung von nun an wieder den beiden VEB Zeiss und Schott.[59]

---

[54] Mühlfriedel: Carl Zeiss, Band 3, S. 263.
[55] Neumann: Enteignet, S. 67 f.
[56] Heintzeler, S. 31. Ab der zweiten Hälfte des Jahres 1952 ging die Stiftungsverwaltung im Zuge der Verwaltungsreform in der DDR auf die oberste für Jena zuständige Verwaltungsbehörde innerhalb Thüringens, dem Rat des Bezirks Gera, über. Siehe u. a.: Müller: Werkleiter, S. 215.
[57] Heintzeler, S. 31.
[58] Ebenda.
[59] Mühlfriedel: Tagebuch, S. 203 f.

Eine halbe Million Mark jährlich wurde den Betrieben entnommen und zum Unterhalt einer Bücherei, einer Kinderkrippe, eines Kinderkrankenhauses, eines Therapeutikums, einer Kinderpoliklinik nebst Mütterberatungsstelle, eines TBC Kindergartens und eines Kinderkurhauses verwendet.[60] Damit wurden nun wieder Beziehungen zwischen Stiftung und den ehemaligen Stiftungsunternehmen hergestellt und die gemeinnützigen Verpflichtungen übernommen.

Etwas anders ging man bei der, für die Zeissianer besonders wichtigen, Frage der üppigen Pensionszuzahlungen an ausgeschiedene Mitarbeiter vor. Gesellschaftspolitisch war eine solche Zuzahlung für die Genossen nicht vorstellbar, hätte sie doch dem sozialistischen Geist widersprochen. Aus diesem Grund erhielten die aus Altersgründen ausscheidenden Belegschaftsmitglieder zwar ihre Pensionen – ebenfalls über die VEBs finanziert –, diese wurden allerdings mit der staatlichen Rente verrechnet, sodass es letztlich zu keinem Mehrwert kam.[61]

Parallel zur Wiederbelebung der Stiftungsaufgaben und -organe stellte die Jenaer Stiftung im Mai 1951 beim westdeutschen Patentamt den Antrag auf Aufrechterhaltung der gewerblichen Altschutzrechte. Dort erklärte man im Juli, dass diese Rechte bereits an die Heidenheimer Stiftung vergeben worden seien. Jena müsse, um dagegen vorzugehen, beweisen, dass die Stiftung in Jena weiter existent sei.[62]

Das Patentamt begründete die Rechtevergabe mit dem Handelsregisterauszug, wonach Bauersfeld, Henrichs und Küppenbender vertretungsberechtigt für die Stiftung seien, sowie der Bestätigung des württemberg-badischen Kultusministeriums, der Stiftungssitz befände sich in Heidenheim.[63] Daraufhin schilderte die Jenaer Seite ihre Version der Umstände: Man stellte klar, dass laut Statut Jena der alleinige Stiftungssitz und das Land Württemberg-Baden zur Sitzverlegung nicht berechtigt gewesen sei. Ferner sei verschwiegen worden, dass der Stiftungssitz in Heidenheim, sofern seine Errichtung überhaupt legal war, lediglich als zusätzlicher Sitz eingeführt worden war.[64] Der Jenaer Stammsitz habe also auch nach dem Verwaltungsakt Württemberg-Badens noch Bestand.

Dieser Argumentation entzog sich das westdeutsche Patentamt nicht. Zwar vermied man es tunlichst zu entscheiden, ob die Carl-Zeiss-Stiftung Jena berechtigt sei, irgendwelche Rechte in der Bundesrepublik geltend zu

---

[60] BACZ 8363.
[61] Mühlfriedel in Stutz, S. 360.
[62] Mühlfriedel: Carl Zeiss, Band 3, S. 264.
[63] Ebenda.
[64] Ebenda, S. 264 f.

machen, erkannte aber die Unrechtmäßigkeit der Sitzverlegung an.[65]

Oberkochen reagierte darauf am 16. Januar 1952, indem man im Handelsregister die im Jahr zuvor gegründete Firma Carl Zeiss mit dem Zusatz versehen ließ: „Der Sitz der Firma ist von Jena nach Heidenheim verlegt." Als Besitzer der Firma wurde die Carl-Zeiss-Stiftung Heidenheim eingetragen.[66] Diese Maßnahme war gleichbedeutend mit der Negierung, dass in der DDR eine Firma existiere, die in irgendeiner Weise Rechtsnachfolger der ursprünglichen Firma Carl Zeiss sein könne. Ebenso wurde auf diese Weise der Stiftung in der DDR die Rechtmäßigkeit abgesprochen und somit auch deren Ansprüche an Firmen- und Warenzeichen sowie jedweden Patenten.

Gegen den Beschluss des Patentamts legte die Oberkochener Geschäftsführung ebenfalls Beschwerde ein. Nun argumentierte man noch ein Stück weiter: Demnach sei die bis zur Deportation der US-Streitkräfte im Amt gewesene Geschäftsleitung, Bauersfeld, Henrichs, Küppenbender, auf Lebenszeit bestellt gewesen und habe Kraft ihres Amtes einen zusätzlichen Stiftungssitz in Westdeutschland gegründet. Dies stand auf den ersten Blick im Gegensatz zu der bereits besprochenen Erklärung vom 28. Januar 1946, im Rahmen derer man den Führungsanspruch an die Ost-Gruppe abgetreten hatte.

Auf den zweiten – juristisch spitzfindigen – Blick jedoch machte es sich nun bezahlt, dass man damals einen Rücktritt ausgeschlossen hatte.

Ferner, so die weitere Argumentation, habe die Deutsche Wirtschaftskommission durch die satzungswidrige Ernennung eines Stiftungskommissars im Juni 1948 selbst dafür gesorgt, dass die Stiftungsverwaltung im Sinne des Statuts erloschen sei und laut ebendiesem Statut nun somit die zu diesem Zeitpunkt im Amt befindlichen Geschäftsleiter die Stiftungsverwaltung ausübten.[67] Und diese Geschäftsleiter waren eben die auf Lebenszeit bestellten heutigen Geschäftsführer von Zeiss-West.

Die Beschwerdestelle des westdeutschen Patentamtes schloss sich diesen Ausführungen am 25. Juni 1952 an. Somit wurde für sämtliche Patente und Warenzeichen im In- und Ausland[68] die Carl-Zeiss-Stiftung Heidenheim als Besitzer eingetragen.[69]

---

[65] Mühlfriedel: Carl Zeiss, Band 3, S. 265.
[66] Ebenda.
[67] Ebenda.
[68] Da die Bundesregierung Mitte 1952 die Wiederanwendung der Patentverfahren und des Madrider Markenabkommens erklärt hatte, richtete sich auch das internationale Recht nach der Entscheidung des Deutschen Patentamtes. Vgl. ebenda, S. 266.
[69] Ebenda.

4.4.3 Der Druck nimmt zu – die Spielräume werden geringer

Dass die Geschäftsleitung von Zeiss Jena aufgrund von politischen Eingriffen mit der Zeit zunehmend an Handlungsfreiheit verlor, wurde schon weiter oben beschrieben. Im Folgenden soll nun das allgemeine und spezielle Vorgehen des Regimes gegenüber dem VEB zur Gleichschaltung erläutert werden.

Mit der Enteignung der Stiftung und der Verstaatlichung ihrer Betriebe sowie der Neustrukturierung der Wirtschaftsorganisation hatten die handelnden Personen der SBZ wichtige Schritte zur Umformung des Wirtschaftssystems in die Wege geleitet. Nun galt es, verbleibenden Widerstand zu brechen. Der Druck auf die Kritiker der Umgestaltung nahm zu und war auch bei Zeiss Jena zu spüren.

Dr. Friedrich Schomerus war einer der Ersten, der in den Fokus der Partei geriet. Er hatte sich im Vorfeld als LDP-Abgeordneter im Landtag gegen die Enteignung ausgesprochen. Noch im Rahmen der Gegenrede von Ministerpräsident Werner Eggerath wurde er als Klassenfeind angeklagt.[70] Mithilfe einer gelenkten Pressekampagne, der sich auch die von der Betriebsparteiorganisation (BPO) gesteuerte Zeiss-Betriebszeitung „Scheinwerfer" anschloss, und verunglimpfender Flugblätter im Werk wurde er im Frühjahr 1949 in den vorzeitigen Ruhestand gedrängt.[71]

Der Sozialdemokrat und Gewerkschafter Otto Marquardt wurde noch im September 1948 aus der SED ausgeschlossen und anschließend verhaftet. Auch er hatte sich gegen die Enteignung der Stiftung ausgesprochen und wurde nun Opfer einer Verhaftungswelle, die im Sommer 1948 das ganze Land erfasste.[72]

Bald rückten auch die Westkontakte des VEBs, speziell diejenigen zu Zeiss-West, in den Focus der Parteifunktionäre. Im Juli 1951 wies das Sekretariat der SED-Landesleitung Thüringen Zeiss Jena an, sämtliche Verbindungen nach Oberkochen abzubrechen.[73]

Da dies in den Augen der Partei nur unzureichend ausgeführt wurde, gerieten nun auch Schrade und Sandmann zunehmend unter Druck. Im Rahmen einer Besprechung am 10. Juli 1951 griff der kaufmännische

---

[70] Springer: Schomerus, S. 351.
[71] Hermann: Name, S. 108.
[72] Springer: Schomerus, S. 352.
[73] Mühlfriedel/Hellmuth in: Stutz, S. 337.

Direktor der Deutschen Handelszentrale[74] (DHZ), Fried, die Geschäftsleitung von Zeiss Jena scharf an. Der Vorwurf lautete, dass Jena Hand in Hand mit Oberkochen Kartellpolitik betreibe. Des Weiteren führte er aus, dass Rücksicht auf Oberkochen fehl am Platze sei, da Jena aufgrund seiner überragenden Qualität die Konkurrenz besiegen könne und müsse.[75]

Wie stark zu dieser Zeit der Druck auf die Geschäftsführung in Jena war, verdeutlicht sich mit dem in der DDR vernichtenden Fazit Frieds, dass er den Eindruck habe, Jena warte nur darauf, dass die Amerikaner zurück nach Thüringen kommen würden.[76] Die daraufhin folgende Beschwerde der Jenaer Geschäftsleitung beim Maschinenbauministerium wurde lediglich zur Kenntnis genommen.[77] Damit war klar, dass von dieser Seite keine Unterstützung gegen Angriffe solcherart zu erwarten war.

Dass Schrade und Sandmann sich in dieser Phase überhaupt noch auf ihren Posten halten konnten, verdankten sie augenscheinlich Schrades Beziehungen in höchste Regierungskreise. Gerade Ulbricht schützte Schrade und billigte zu dieser Zeit auch noch die Westkontakte nach Oberkochen.[78] Er wird dies nicht zuletzt aus dem Kalkül heraus getan haben, den Einfluss Jenas auf das westliche Stiftungsvermögen zu erhalten.

Das Verhältnis zur DHZ blieb jedoch schwierig.[79] Rückblickend scheint es ein Kampf um Kompetenzen – und somit letztlich um den Führungsanspruch – gewesen zu sein, den die Deutsche Handelszentrale, gerade erst gegründet, im Verbund mit der DIA gegen die Jenaer Geschäftsleitung ausfocht. Der Machtkampf in Jena war diesbezüglich kein Einzelfall. Auch bei der Filmfabrik VEB Wolfen lieferte sich die Geschäftsleitung einen erbitterten Kampf mit der DIA.[80] In anderen Kombinaten wird es, abhängig vom Anspruchsdenken der Leitung, zu ähnlichen Konflikten gekommen sein.

Bis zum Frühjahr 1952 gelang es der Geschäftsleitung dennoch,

---

[74] Die Deutschen Handelszentralen wurden an April 1949 für verschiedene Wirtschaftssektoren gegründet. Sie sollten sowohl Verteilerstellen zur Materialversorgung sein, aber auch den Handel mit Endprodukten tätigen. Da sie die private Wirtschaft nicht bedienten, stellten sie einen wichtigen Baustein zur Verödung des Privatsektors und der Umformung des Wirtschaftssystems dar. Vgl. Sattler, Friedericke: Wirtschaftsordnung im Übergang. Politik, Organisation und Funktion der KPD/SED im Land Brandenburg bei der Etablierung der zentralen Planwirtschaft in der SBZ/DDR 1945–52. Teilband 2. (Diktatur und Widerstand/5). Münster 2002, S. 598 f.
[75] BACZ 8363.
[76] Ebenda.
[77] Ebenda.
[78] Ebenda.
[79] Ebenda.
[80] Karlsch in: Zeitschrift für Unternehmensgeschichte, S. 255 f.

politische Einflüsse weitestgehend aus dem Werk herauszuhalten.[81] Nach der 2. Parteikonferenz der SED im Juli 1952 aber und im Zuge des sich verschärfenden Klassenkampfes wurden ökonomische Probleme im Werk der vermeintlichen politischen Unzuverlässigkeit der Geschäftsleitung zugeschrieben. Vorgeworfen wurden Schrade und Sandmann u. a. auch die Pflege illegaler Kontakte nach Oberkochen und die Unterstützung der Westflucht junger Jenaer Fachkräfte.[82] Die alte in den Westen deportierte Geschäftsleitung

> ... habe bewusst Saboteure und Spione zurückgelassen [...], so dass [...] Carl Zeiss Jena durchsetzt sei mit Agenten und Saboteuren.[83]

Am 21. Juli 1952 beschloss das Sekretariat des ZK der SED daher Maßnahmen gegen die Westverbindungen bei Zeiss. Das Exportgeschäft, einschließlich das des innerdeutschen Handels, wurde an die DIA übergeben.[84] Weiterhin wurden Westreisen der Mitarbeiter verboten. Dies galt auch für Schrade, dessen Personalausweis eingezogen und der nun observiert wurde.[85]

Angehörige der in die Bundesrepublik abgewanderten Mitarbeiter wurden aus dem Kreis Jena zwangsausgesiedelt.[86] Eine Maßnahme, die durch die „Operation Ungeziefer" gedeckt wurde.[87]

Unliebsame Mitarbeiter wurden durch linientreue ersetzt. Vor allem die aus der Sowjetunion zurückgekehrten Deportierten, allen voran solche mit Nazi-Vergangenheit, fügten sich nahtlos in die neue Gesellschaftsordnung ein und besetzten die freigewordenen Positionen.[88]

Leidtragende dieser Entwicklung waren u. a. der erste Redakteur der Betriebszeitschrift sowie der Kulturdirektor des Werkes, die ihrer Aufgaben enthoben wurden. Als ausreichende Verfehlung für die Demontierungen genügte es, dass die Betroffenen während des Krieges in britischer oder amerikanischer Kriegsgefangenschaft interniert worden waren. [89]

Durch den Versuch, mithilfe von Kontakten und Zusammenarbeit mit Oberkochen eine endgültige Spaltung der ostdeutschen und westdeutschen Zeiss-Unternehmen zu verhindern, hatte sich die Jenaer Geschäftsleitung

---

[81] Hermann: Brüder, S. 153.
[82] Müller: Werkleiter, S. 215 f.
[83] Hermann: Brüder, S. 146 f.
[84] Mühlfriedel: Carl Zeiss, Band 3, S. 132.
[85] Hermann: Jena, S. 69.
[86] Hermann: Brüder, S. 147.
[87] Vgl. Kapitel Exkurs: Zum kleine Grenzverkehr bis 1952.
[88] Hermann: Brüder, S. 153.
[89] Peterke, S. 108 f.

in der ideologisch aufgeheizten Periode der Jahre 1952/53 leicht angreifbar gemacht. Die Zusammenarbeit stieß in Teilen der SED-Spitze, vor allem aber bei DHZ und DIA, auf Widerstand. Demgegenüber versuchte die Jenaer Geschäftsleitung, die Übernahme des Handels durch die beiden genannten Organisationen zu verhindern.[90]

Am 23. März 1953 schließlich machten die Gegner der Zusammenarbeit Nägel mit Köpfen. Im Rahmen der „Operation Lupe" wurden 23 Angehörige des Jenaer Zeisswerkes von der Staatssicherheit verhaftet.[91] Vorausgegangen war ein von Karl Schirdewan[92] verfasster Bericht an das ZK der SED, in dem Victor Sandmann praktisch als Agent und Saboteur im Auftrag des Westwerkes beschrieben wurde.[93] Zudem, so weiter im Bericht, herrsche bei Zeiss die

> ... falsche Auffassung unter einem Teil der leitenden Angestellten, daß der Betrieb des Westkreises ein Schwesterbetrieb des VEB [sei].

Diese Auffassung sei zu zerschlagen und die patriotische Erziehung der Werktätigen zu verbessern. Vor allem aufgrund der Bedeutung von Jena für die Streitkräfte.[94]

Der Coup war von langer Hand vorbereitet und erfolgte in einer Phase,

---

[90] David: CZ-Stiftung, S. 24.
[91] Sowohl das genaue Datum als auch die Anzahl der Verhafteten differieren von Autor zu Autor. Teilweise verwendet ein Autor sogar unterschiedliche Daten und Zahlen in seinen Werken. So ist der Zeitpunkt der Verhaftungen bei Müller und Hermann (Brüder) mit dem 21. März angegeben, während sich David und wiederum Hermann (Name und Jena) auf den 23. März festlegen. Zur Anzahl der Verhafteten gibt Hermann gar drei unterschiedliche Angaben an. In „Jena" spricht er von 19 Verhafteten, in „Name" von 20 plus drei, die sich durch Flucht entzogen haben, und in „Brüder" erst von 19 (S. 149) und anschließend von 17 (S. 166), von denen sechs wieder freikamen und einer in Haft angeblich Selbstmord begangen hatte, obwohl am Opfer deutliche Spuren von Gewalt festgestellt wurden (S. 166). In den Akten des Bundesarchives ist das Datum 23. März angegeben und die Personenzahl mit 23 bestimmt, weswegen der Autor diese Angaben übernimmt. Vgl. BArch Berlin DP 2/890.
[92] Schirdewan war zu diesem Zeitpunkt 1. Sekretär der SED-Landesleitung Sachsen, bevor er im Juli 1953 aufgrund der Zaisser/Herrnstadt-Vorfälle Mitglied des Politbüros und Sekretär des ZK der SED wurde. Er galt lange als zweiter Mann hinter Ulbricht, ehe seine Karriere 1958 wegen der Forderung nach Reformen endete. Vgl. http://www.bundesstiftung-aufarbeitung.de/wer-war-wer-in-der-ddr-%2363%3B-1424.html?ID=3044.
[93] Müller: Werkleiter, S. 216.
[94] Siehe: Sobeslavsky, Erich: Der schwierige Weg von der traditionellen Büromaschine zum Computer, S. 26. In: Sobeslavsky, Erich/Lehmann, Nikolaus Joachim (Hrsg.): Zur Geschichte von Rechentechnik und Datenverarbeitung in der DDR 1946–1968. Dresden 1996, S. 7–122.

in der das Regime besonders hart gegen vermeintliche Wirtschaftssaboteure vorging.[95] Bereits zum Jahreswechsel 1952/53 hatte die Staatsicherheit vier operative Mitarbeiter, zwei geheime Mitarbeiter und 24 Informanten bei Carl-Zeiss-Jena eingeschleust bzw. angeworben.[96] Neben den später Verhafteten wurden weitere 31 Mitarbeiter, u. a. Schrade, operativ überwacht.[97] Ursprünglich stand Schrade selbst auf der von der Staatsicherheit aufgestellten Liste der zu Verhaftenden. Auf der entscheidenden Sitzung vom 19. März 1953 entschied sich das ZK der SED aber dagegen und stellte eine eigene Liste zusammen – ohne Schrade.[98]

Besonders ins Augenmerk gerieten nun der CDU-Abgeordnete der Volkskammer, Sandmann, sowie Dr. Friedrich Wönne, Walter Fischer und Dr. Otto Birkenbeil.[99] Sandmann und zwei anderen gelang im letzten Moment noch die Flucht in den Westen.[100] Den Übrigen wurde vorgeworfen, durch Spionage und Sabotagetätigkeit im Auftrag des Westwerkes die kapitalistische Ordnung wieder einführen zu wollen.[101]

Tatsächlich kam es immer wieder zur Weitergabe vertraulichen Materials aus Jena nach Oberkochen. Im Februar 1952 gelangten so beispielsweise Abschriften von Korrespondenz zwischen dem Ministerium für Maschinenbau, Feinmechanik und Optik und dem VEB Zeiss nach Westdeutschland, die die Auseinandersetzung zwischen beiden Lagern zum Thema hatte.[102] Es lässt sich nicht feststellen, ob dafür tatsächlich einer der Angeklagten verantwortlich war. Fest steht jedenfalls, dass auch in

---

[95] Kowalczuk: Volksaufstand, S. 54.
[96] Peterke, S. 108.
Vgl. hierzu auch den Arbeitsplan der Staatsicherheit Kreisverwaltung Jena für die Zeit vom 1. Dezember 1952 bis zum 28. Februar 1953. Abgedruckt bei David: CZ-Stiftung, S. 123–127.
Eine Objektdienststelle wurde bei Zeiss erst zum 1. März 1968 gegründet. Vgl. Buthmann, Reinhard: Die Objektdienststellen des MfS, S. 10. In: Suckut, Siegfried/ Neubert, Ehrhart/Süß, Walter/Engelmann, Roger/Giseke, Jens/Knabe, Hubertus (Hrsg.): MfS-Handbuch, Teil II/3, Abschnitt OD. Anatomie der Staatsicherheit. Geschichte, Struktur, Methode. Berlin 1999.
Laut einer Schätzung waren im Kombinat zur Wendezeit etwa 55 operative Mitarbeiter und bis zu 500 Informanten für die Stasi tätig. Die Staatsicherheit selbst gab 30 operative Mitarbeiter und etwa 300 Informanten für diesen Zeitraum an. Vgl. Hermann: Jena, S. 28.
[97] Hermann: Jena, S. 71.
[98] Stutz, Rüdiger: Vom „Feindagenten" zum Vorzeigemanager. Der erste Kombinatsdirektor des VEB Carl Zeiss Jena in der Wahrnehmung von SED und Staatsicherheit (1946–1966), S. 134. In: Historical Social Research 2005/Vol.30, S. 130–159.
[99] Peterke, S. 110.
[100] Hermann: Name, S. 65.
[101] Ebenda.
[102] Vgl. CZO 69 Stiftungsangelegenheiten aus den Jahren 1954–1964.

den folgenden Jahren immer wieder geheime Informationen aus Jena nach Oberkochen weitergeleitet wurden, wie z. B. auch eine Stellungnahme der Landeskreditbank Thüringen, die einen detaillierten Überblick über die finanziellen Eckdaten und die Finanzplanung des VEB enthielt.[103]

Die Verhaftungen schlugen innerhalb der Belegschaft hohe Wellen und wurden auch im Rahmen des 17. Junis auf der Straße thematisiert. Am Tag vor dem Aufstand versammelten sich 4.000 Arbeiter von Zeiss und 2.000 von Schott als Teil von insgesamt 15.000 Demonstranten in der Jenaer Innenstadt.[104] Neben den allgemeinen Forderungen der Bewegung und dem Erhalt der sozialen Errungenschaften aus dem Stiftungsstatut wurde explizit auch die Freilassung der Verhafteten gefordert.[105]

Letztlich wurden gegenüber den Inhaftierten der „Operation Lupe" zehn Freiheitsstrafen mit einer Dauer von 1,5 bis 8 Jahren ausgesprochen[106] und das Vermögen der Verurteilten eingezogen.[107] Was von den Vorwürfen zu halten war, lässt sich in internen Vermerken der Ermittler nachlesen. Demnach bewerteten die Fahnder die gewonnenen Erkenntnisse gegenüber den Verhafteten selbst als nicht belastbar.[108]

Der Widerstand im Zeiss-Werk gegen die Einmischungen aus der Politik war nach der „Operation Lupe" gebrochen und der Einfluss Schrades stark eingeschränkt. Der DIA Feinmechanik-Optik, weiterhin für das Außenhandelsgeschäft zuständig, agierte nun ohne nennenswerten Gegenpol im Werk deutlich aggressiver gegenüber Oberkochen.

Die stillschweigende Zusammenarbeit, d. h. die Nutzung des gemeinsamen Vertriebsnetzes und die Aufteilung der Märkte, die ja bis dato trotz der offensiven Politik der Westdeutschen weiterbestanden hatte, wurde stillschweigend aufgekündigt. Der DIA verwendete die beim westdeutschen Patentamt eingetragen Namens- und Warenzeichen nun auch offen in Westdeutschland und im westlichen Ausland. Zudem wurden erste Schritte unternommen, eine eigenständige Vertriebsabteilung im Ausland

---

[103] Vgl. CZO 192.

[104] Die Anzahl von 15.000 Demonstranten bezieht sich auf Hermann: Jena, S. 73. Demgegenüber ist bei Müller eine Anzahl von 20.000 bis 25.000 angegeben. Vgl: Müller, Armin: Institutionelle Brüche und personelle Brücken. Werkleiter in Volkseigenen Betrieben der DDR in der Ära Ulbricht. Köln 2006, S. 203.
Die Proteste in Jena endeten mit der Besetzung des Werkes durch sowjetische Truppen und der Verhängung des Ausnahmezustandes. Von den 500 Verhafteten wurden 20 zu langen Haftstrafen verurteilt. Auf Bestreben der SED und gegen den Willen der SMAD wurde am Zeiss-Schlosser Alfred Diener die Todesstrafe vollstreckt. Siehe: Hermann: Jena, S. 75.

[105] Müller: Institutionelle Brüche, S. 203.

[106] Hermann: Brüder, 166.

[107] BArch Berlin DP 2/890.

[108] Hermann: Brüder, S. 149.

zu errichten.[109] Vor allem durch Letzteres war man in Oberkochen höchst alarmiert.[110] Möglicherweise fürchtete man, dass Händler, die bisher sowohl für Jena als auch für Oberkochen tätig waren, nunmehr unter dem Druck der DIA, die einen gemeinsamen Vertrieb nicht akzeptiert hätte, ausschließlich für den Osten arbeiten würden. Dies hätte die Absatzmöglichkeiten der Westgruppe bis zum Aufbau einer neuen Vertriebsorganisation – mit allen beschriebenen Hindernissen – im Ausland praktisch zum Erliegen gebracht. Denn noch war es Zeiss Jena, das trotz der Demontage über die weitaus größeren Kapazitäten und wirtschaftlichen Reserven verfügte.

Unter Androhung der Ausnutzung von Rechtsmitteln forderte Oberkochen den DIA deshalb am 29. Juni 1953 direkt auf, nur mit Waren in Westdeutschland und im westlichen Ausland zu handeln, die über die gemeinsame Vertriebsorganisation vertrieben und zudem, gemäß dem alten Abkommen, von Oberkochen nicht produziert wurden.[111]

Nachdem darauf seitens des DIA zunächst nicht reagiert wurde und weitere Mahnungen und Fristsetzungen aus Oberkochen folgten, antwortete die Ostseite am 13. Oktober 1953, dass man zu einem Treffen bereit sei, auch wenn man eine andere Rechtsauffassung vertrete.[112] Es folgte eine mehr als vierteljährige Farce bezüglich der Einigung auf einen Verhandlungsort, die Oberkochen schließlich mit Schreiben vom 12. Februar 1954 mit der Ankündigung beendete, aufgrund der Unmöglichkeit der Aufnahme von Verhandlungen in einen Rechtsstreit eintreten zu wollen.[113] Die Korrespondenz zwischen Zeiss Oberkochen und dem DIA liest sich dergestalt, dass Oberkochen über den gesamten Zeitraum hinweg an den Maximalforderungen festhielt.[114] Ein seriöses Verhandlungsinteresse oder sogar Kompromissbereitschaft lässt sich nicht erkennen. Demgegenüber spielte der DIA offenbar auf Zeit, um nicht in wirkliche Verhandlungen eintreten zu müssen. Offenbar war beiden Seiten nicht wirklich an einer gütlichen Einigung gelegen. Oberkochen, weil man meinte, aufgrund des Patentamtsbeschlusses, der Sitzverlegung der Firma Carl Zeiss nach Heidenheim im Handelsregisterauszug und der Verlegung des Stiftungssitzes nun eine günstige Ausgangslage für eine juristische Auseinandersetzung

---

[109] David: CZ-Stiftung, S. 25.
[110] CZO 1414: Schriftverkehr Dr. Kühn mit Carl Zeiss Oberkochen.
[111] David: CZ-Stiftung, S. 25.
Siehe diesbezüglich auch: CZO 531: Korrespondenz über Stiftungsangelegenheiten, Prozesse, Auseinandersetzungen mit Carl Zeiss Jena.
[112] Peterke, S. 131.
[113] Ebenda, S. 132.
[114] Vollständige Korrespondenz abgedruckt in David: CZ-Stiftung, S. 221–245.

geschaffen zu haben,[115] und der DIA, weil man die eigenen Pläne zur Ausweitung des Liefergebietes und den Ausbau des Vertriebsnetzes ohne Einschränkungen verwirklichen wollte.

Die Kontrolle des Außenhandelsgeschäfts von Zeiss Jena durch den DIA war nur eine kurze Episode. Aufgrund der offensichtlichen Inkompetenz der DIA verfügte der Minister für Außenhandel und innerdeutschen Handel, Heinrich Rau, dass das Werk zum Jahresanfang 1955 seinen Export wieder selbstständig organisieren sollte.[116]

Der DIA, der Hauptgegner der westdeutschen Zeissianer war damit kaltgestellt. Wären die Beziehungen zwischen den Protagonisten beider Seiten tatsächlich so gut gewesen, wie in weiten Teilen der Literatur behauptet, hätte sich hier die Möglichkeit geboten, wieder zu einer gütlichen Einigung zu kommen. Aber offenbar waren nun beide Geschäftsführungen nicht mehr geneigt, noch einmal von dem eingeschlagenen Weg zurückzutreten. Dies lässt den Schluss zu, dass es auch ohne die Konfrontationspolitik der DIA zu den folgenden juristischen Auseinandersetzungen gekommen wäre, wenn auch etwas später. So hatte der DIA der Westgruppe ein zusätzliches ideologisches Alibi geboten, um die Autarkiebestrebungen voranzutreiben.

---

[115] Schrade, S. 57 f.
[116] Mühlfriedel: Carl Zeiss, Band 3, S. 132 f.

4.5 Das Tischtuch ist zerschnitten. Die Entwicklung der Beziehungen nach 1953

Im Februar 1954 begann die juristische Auseinandersetzung um die Rechtsnachfolge der Stiftung und die Marke Zeiss, die sich in einigen Teilen der Welt bis in das Jahr 1989 hinziehen sollte.

Die Frage war nun, wem diese Werte gehörten. Existierte in der DDR noch eine Carl-Zeiss-Stiftung, die die rechtmäßige Eigentümerin war, wie man in Ostdeutschland behauptete, oder hatte die Stiftung in Heidenheim die Kontrolle darüber, da die Stiftung in Jena de jure und de facto nicht mehr existierte, wie seitens der Westdeutschen argumentiert wurde? Diese Frage war brisant, da mit der Existenz der Jenaer Stiftung schließlich auch die bisherige Aufbauarbeit in der BRD infrage gestellt war. Es war ausgeschlossen, dass eine von der DDR kontrollierte Stiftungs- und Konzernstruktur in Westdeutschland in der bisherigen Form Bestand gehabt hätte. Strukturelle und vor allem personelle Konsequenzen wären vor dem Hintergrund des eskalierenden Konfliktes unausweichlich gewesen. Folglich kämpften die westdeutschen Konzernlenker nicht nur um die Kontrolle des Stiftungsvermögens, sondern auch ein gutes Stück weit um ihre eigenen Karrieren.

Zur besseren Übersicht soll die Prozessfolge im folgenden Kapitel nicht ausschließlich chronologisch, sondern vielmehr nach den einzelnen Gerichtsstandorten skizziert werden.

4.5.1 Auftakt: die einstweilige Verfügung gegen die Firma Jähnert u. a.

Nur zehn Tage nach dem Scheitern der Verhandlungen zwischen Heidenheim und dem DIA bewirkte Carl Zeiss Oberkochen vor dem Landgericht Göttingen am 22. Februar 1954 den Erlass einer einstweiligen Verfügung gegen die Firma Jähnert.[1]

Der Kaufmann Werner Jähnert, ein ehemaliger Angestellter von Zeiss Jena, war der Generalvertreter des VEB Carl Zeiss Jena in der Bundesrepublik.[2] Im Zuge des Erlasses wurde ihm untersagt, in Westdeutschland und West-Berlin Waren zu vertreiben oder zu bewerben, die mit dem Namen Zeiss, Carl Zeiss oder Carl Zeiss Jena bezeichnet waren.[3]

---

[1] Abgedruckt in: David: CZ-Stiftung, S. 247 ff.
[2] BArch Berlin DE 1/14219 und 14220.
[3] Peterke, S. 133.

Als Beweislast für die Rechtmäßigkeit der Oberkochener Ansprüche legte man u. a. den Handelsregisterauszug zur Sitzverlegung von Jena nach Heidenheim vor sowie die Bescheinigung des Deutschen Patentamts bzgl. der Altpatente.[4] Oberkochen argumentierte weiter, dass die ursprüngliche Zusammenarbeit (d. h. die Absprachen zu Marktaufteilung und Vertrieb in Westdeutschland) durch die Machtübernahme des DIA und dessen Expansionspolitik im Jenaer Werk hinfällig geworden sei.[5] Die bis dato gültige Duldung der Wareneinfuhr aus der SBZ/DDR durch Oberkochen würde nun nicht mehr aufrechterhalten und man mache Gebrauch von seinen eingetragenen Patenten.

Der Widerspruch von Jähnert scheiterte, sodass das Landgericht Göttingen am 26. Mai 1955 die einstweilige Verfügung aufrechterhielt. Wichtig für den Gesamtzusammenhang war die Ablehnung der Identitätsgleichheit des VEBs mit dem ehemaligen Stiftungsbetrieb durch das Gericht. In der Urteilsbegründung präzisierte das Gericht diese Entscheidung wie folgt:

> Dass der volkseigene Betrieb in Jena alte Zeiss-Arbeiter weiterbeschäftigte und durch Pensionszahlungen Verpflichtungen gegenüber der Stiftung erfülle, berechtige ihn nicht, den Namen Carl Zeiss in seine Firmenbezeichnung aufzunehmen.[6]

Werner Jähnert bekam für seinen Prozess Unterstützung von Zeiss Jena, das sich gegenüber Jähnert auch weisungsbefugt sah. Wovon man im Osten allerdings nichts wusste, war das Doppelspiel, das Jähnert offenbar betrieb. Bereits während des laufenden Prozesses, im März 1954, nahm er von Oberkochen Anweisungen zum weiteren Vorgehen entgegen. Wörtlich heißt es in den Akten:

> ... man werde ihn decken, solange er die Oberkochener Anweisungen ausführe ...[7]

Worin genau die Zusammenarbeit hinter dem Rücken Jenas bestand, lässt sich heute nicht mehr ermitteln. Allerdings verstand Jähnert es offenbar gut, die ostdeutsche Seite zu täuschen, da die Firma mindestens bis in die 1980er Jahre hinein in enger Geschäftsbeziehung zum Kombinat stand.[8]

---

[4] David: CZ-Stiftung, S. 249 f.
[5] Peterke, S. 134.
[6] Ebenda.
[7] CZO 192.
[8] Wunschik, Tobias: Knastware für den Klassenfeind: Häftlingsarbeit in der DDR, der Ost-West-Handel und die Staatssicherheit (1970–1989). Göttingen 2014, S. 206.

Für Jähnert selber schien sich die Zusammenarbeit mit Oberkochen aber nicht auszuzahlen, oder sie war nur von kurzer Dauer. Als seine Firma – ungeachtet der einstweiligen Verfügung – weiterhin Jenaer Produkte in Westdeutschland, West-Berlin und dem westlichen Ausland vertrieb, weigerte sich Oberkochen, für von ihm gelieferte Waren im Wert von 700.000 DM zu zahlen. Die folgende gerichtliche Auseinandersetzung zwischen Jähnert und Oberkochen sollte sich noch bis in das Jahr 1968 hinziehen.[9]

Mit der einstweiligen Verfügung gegen Jähnert im Rücken erwirkte die westdeutsche Zeiss-Gruppe noch im April 1954 zwei weitere Erlassungsverfügungen gegen Händler, die auf der Kölner Messe „Photokina" mit Produkten von Zeiss Jena auftraten.[10]

4.5.2 Die Stuttgarter Prozesse

Nach dem Auftakt der juristischen Auseinandersetzungen entschloss sich die Ostseite ihrerseits dazu, ihr Recht vor Gericht zu suchen. Am 27. April 1954 ging beim Landgericht Stuttgart eine Klageschrift der Carl-Zeiss-Stiftung Jena, vertreten durch den Rat des Bezirks Gera als Stiftungsverwaltung, ein.[11]

Den Beklagten, namentlich die Repräsentanten der westdeutschen Stiftungsverwaltung, Walter Bauersfeld, Paul Henrichs und Heinrich Küppenbender, sollte es verboten werden, künftig die Verwaltung und Vertretung der Carl-Zeiss-Stiftung zu beanspruchen.[12]

Ferner sollte die Firma Carl Zeiss Heidenheim dazu verurteilt werden, bestimmte Warenzeichen auf die Jenaer Stiftung umzuschreiben. Als Maximalforderung beantragten die Kläger die Löschung des Unternehmens aus dem Handelsregister unter dem bisherigen Firmennamen.[13]

Als Klagebegründung wurde herangezogen, dass sich die Beklagten die Verfügung des Landes Württemberg-Baden zur Stiftungssitzverlegung vom 23. Februar 1949 unter Vorspiegelung falscher Tatsachen erschlichen hätten. Dem Auftrag, die Interessen der Stiftung im Sinne Jenas in Westdeutschland zu vertreten, seien sie nicht nachgekommen. Vielmehr hätten sie zum Nachteil der Klägerin gehandelt.[14] Zudem seien die Beklagten im

---

[9] Mühlfriedel: Carl Zeiss, Band 3, S. 269.
[10] David: CZ-Stiftung, S. 275 ff.
[11] Abgedruckt in ebenda, S. 279 ff.
[12] Peterke, S. 135.
[13] Ebenda.
[14] Ebenda.

Rahmen ihrer Übersiedlung nach Heidenheim von der Geschäftsleitungsfunktion zurückgetreten und hätten somit gar keine – die Stiftung betreffende – Handlungsvollmacht besessen.[15] In seiner Klageerwiderung ging der Vertreter der Westseite, Rechtsanwalt Ernst Rupp, inhaltlich lediglich auf den angeblichen Rücktritt seiner Mandanten als Geschäftsleiter ein. Diesen bestritt er. Ansonsten versuchte er, die Klage an formalen Gründen scheitern zu lassen, indem er dem Rat des Bezirkes Gera die Zuständigkeit absprach.[16]

Peterke weist hier zu Recht darauf hin, dass beide Seiten im Rahmen von Klage und Klageerwiderung äußerst nachlässig vorgegangen waren. Die Jenaer Anwälte verschwiegen, dass sich die im September 1946 erteilte Handlungsvollmacht für Oberkochen, die Stiftungsinteressen in den Westzonen zu vertreten, automatisch verlängert hatte, da sie mit Ablauf der Fünfjahresfrist nicht gekündigt wurde.[17] Andererseits ging die Gegenseite ein hohes Risiko ein, indem sie nur auf Abweisung der Klage aus formalen Gründen plädiert hatte. So hätte man doch zusätzlich darauf verweisen können, dass die Stiftung – sofern sie denn existent wäre – in der SED-Diktatur automatisch dem Staatsinteresse dienen musste, was eindeutig im Gegensatz zu den Stiftungsstatuten stand.

Peterke zieht hier – wiederum zu Recht – den Vergleich zur Stiftungsverwaltung während der NS-Zeit. Damals war der hohe NSDAP-Funktionär Sauckel der Chef der Stiftungsverwaltung gewesen. Also auch eine Person, die eindeutig im Staats- und nicht im Stiftungsinteresse gehandelt hatte.[18]

Peterke irrt jedoch bei seiner Schlussfolgerung, die Beklagten hätten alles unternommen, um die Stiftung um der Stiftung willen zu erhalten.[19] Richtig ist vielmehr, dass die Stiftung das unvermeidliche Mittel zum Zweck war, um das neugegründete westdeutsche Unternehmen mit vollumfänglichen Markenrechten und historischem Renommee gegenüber Kunden erfolgreich am Markt zu platzieren.

Nachdem ein Vergleichsvorschlag, der eine gegenseitige Abgrenzung der jeweiligen Fertigungsprogramme vorsah, von beiden Seiten abgelehnt worden war, kam das Landgericht Stuttgart am 31. Juli 1957 zu dem Urteil, dass die Klage abzuweisen sei.[20]

Das Gericht folgte hierbei der Argumentation der Beklagten, dass der Rat des Bezirkes Gera nicht als gesetzlicher Vertreter der

---

[15] Peterke, S. 136.
[16] Ebenda.
[17] Ebenda, S. 137.
[18] Ebenda.
[19] Ebenda, S. 138.
[20] Ebenda, S. 140.

Carl-Zeiss-Stiftung anzusehen sei.[21] In der Urteilsbegründung erklärte das Gericht, dass man an die Verwaltungsakte des Landes Württemberg-Baden vom 23. Februar 1949 und die Verfügung Baden-Württembergs vom 22. Mai 1954 zur Sitzverlegung gebunden sei.[22] Der letztgenannte Verwaltungsakt war allerdings erst auf Bitten von Zeiss-Heidenheim noch während des laufenden Verfahrens von den baden-württembergischen Behörden getätigt worden. Der Kultusminister machte sich gegenüber der Staatskanzlei und dem Justizministerium stark, dem Heidenheimer Wunsch zu entsprechen, Jena als Stiftungssitz aus den Akten zu löschen und Westdeutschland zum alleinigen Stiftungssitz zu machen.[23] Das mehr als fragwürdige Verfahren wurde in nur fünf Tagen durchgeführt und erfüllte vor Gericht seinen Zweck.

Die Justiz hatte also letztlich die Frage unbeantwortet gelassen, ob die westdeutsche Stiftungsverwaltung zur Sitzverlegung berechtigt gewesen war, sondern lediglich den Istzustand nach westdeutschem Verwaltungsakt festgestellt. Zur Frage des Rücktritts der alten Geschäftsleitung äußerte man sich nicht, stellte aber generell fest, dass die Stiftungsorgane in der SBZ/DDR jahrelang unbesetzt gewesen seien.[24]

Nach dem Scheitern in der ersten Instanz ging Jena in Berufung. Parallel dazu zog man vor das Verwaltungsgericht Stuttgart, um die Sitzverlegung der Stiftung nach Heidenheim aufheben zu lassen. Dieser Parallel-Prozess wurde bis vor das Bundesverwaltungsgericht getragen, das erst im Jahr 1965 die Ansprüche der Kläger zurückwies.[25]

Auch im Berufungsverfahren des ersten Stuttgarter Prozesses konnte sich Jena nicht durchsetzen. Am 6. April 1955 folgte die Begründung des Oberlandesgerichts Stuttgart. Auch hier umschiffte die Kammer den eigentlichen Kern des Problems mit aller Finesse, die wohl nur Juristen zu eigen sein kann. Zunächst beschloss das Gericht, dass es den Beklagten untersagt sei, den Namen „Zeiss" oder „Carl Zeiss" zu verwenden sowie die Stiftung zu verwalten oder zu vertreten. Ausgenommen von diesem Beschluss blieb jedoch die Heidenheimer Firma Carl Zeiss! Als Begründung führte die Kammer an, dass die Vertretung der Stiftung in den einzelnen Stiftungsbetrieben alleine den Mitgliedern des Vorstandes obliege.[26]

Gegen dieses – für sie unbefriedigende Urteil – ging Jena erneut in Revision. Der 1. Zivilsenat des Bundesgerichtshofs erkannte dies an und

---

[21] Peterke, S. 140.
[22] Ebenda. Verfügung abgedruckt in David: CZ-Stiftung, S. 163.
[23] Mühlfriedel: Carl Zeiss, Band 3, S. 269.
[24] Peterke, S. 140.
[25] Ebenda.
[26] Ebenda, S. 141.

verwies die Klage im Januar 1958 an das Oberlandesgericht Stuttgart zurück. Ausschlaggebend war die unbeantwortet gebliebene Frage, ob die alte Geschäftsleitung zur Zeit ihrer Deportation von ihren Ämtern zurückgetreten sei oder nicht. Gegebenenfalls könne sich nämlich aus einem eventuellen Rücktritt doch eine Weisungsbefugnis der Jenaer Stiftung ergeben.[27]

Am 29. Oktober 1958 urteilte daraufhin das Oberlandesgericht wiederum gegen Jena. Der Rat des Bezirkes Gera wurde nicht als vertretungsberechtigt für die Carl-Zeiss-Stiftung angesehen, da eine Verwaltung im Sinne des Stiftungsstatuts auf dem Boden der DDR nicht mehr bestehe. Ebenfalls seien die Mitglieder der alten Geschäftsführung nicht von ihren Posten zurückgetreten.[28]

Der Bundesgerichtshof, der sich am 15. November 1960 erneut mit einer Revision aus Jena auseinandersetzen musste, bestätigte diesmal das Urteil des Berufungsgerichts. Er spezifizierte die Urteilsbegründung: Demnach sei die Stiftung in der SBZ/DDR aufgrund der Enteignung der Stiftungsbetriebe zumindest handlungsunfähig geworden. Ebenso beständen keine funktionsfähigen Stiftungsorgane mehr.[29] In seinen weiteren Ausführungen der Urteilbegründung klang dann auch deutlich die politische Komponente der Urteilsfindung durch. Demnach sei der Rat des Bezirks Gera als staatliche Behörde – und in Abhängigkeit von den Weisungen der staatlichen Zentralorgane – mit dem DDR-Staat gleichzusetzen. Diesem wiederum könne man nicht zusprechen, die Stiftung – die er selbst in seiner ursprünglichen Form zerschlagen hätte – zu vertreten. Erst recht sei dies nicht zulässig, wenn dadurch einer sowjetzonalen [sic] Behörde damit der Zugriff auf das nicht enteignete Stiftungsvermögen außerhalb der SBZ [sic] ermöglicht werde. Dies widerspreche auch dem „ordre public", also der rechtlichen Ordnung der Bundesrepublik Deutschland. Ob ein Rücktritt der alten Geschäftsleitung stattgefunden hätte, sei vor diesem Hintergrund unerheblich.[30]

Mit dieser abschließenden Urteilsbegründung gelang es dem Bundesgerichtshof endlich, die Dinge beim Namen zu nennen und sich nicht in Nebensächlichkeiten zu verlieren. Die formaljuristische Frage, ob der Rat des Bezirkes Gera über die notwendige Vertretungsbefugnis verfügte, beantwortete der BGH deutlich, indem er die Unvereinbarkeit des Prinzips des demokratischen Zentralismus mit der statutengerechten Aufsicht über eine privatrechtliche Stiftung verdeutlichte und beschloss damit eine kleine formaljuristische Frage mit einer „großen" Antwort.

---

[27] Peterke, S. 141 f.
[28] Ebenda, S. 142.
[29] Ebenda, S. 143.
[30] Ebenda.

4.5.3 Die ersten Düsseldorfer Prozesse

Annähernd parallel zum Jenaer Prozess in Stuttgart erhob ihrerseits die Firma Carl Zeiss Oberkochen bzw. die Heidenheimer Stiftung durch ihren Bevollmächtigten, Professor Bauersfeld, im Mai 1954 Klage vor dem Landgericht Düsseldorf gegen den VEB Carl Zeiss Jena und den Deutschen Innen- und Außenhandel.

Der Kern des Antrags bestand aus der Forderung, dem VEB zu verbieten, in Westdeutschland und West-Berlin den Namen „Carl Zeiss" oder verwandte Begriffe wie „Zeiss" zu nutzen. Das Ziel war es, in den genannten Gebieten die alleinige Hoheit über die Namens-, Firmen- und Warenzeichenrechte zu erhalten.[31] Ferner sollten Zuwiderhandlungen rückwirkend ab dem 15. Februar 1954 mit Schadensersatz bestraft werden. Infolge eines für Heidenheim positiven Urteils sollte Jena zudem verpflichtet werden, für die Veröffentlichung des Urteils in bestimmten Fachzeitschriften und Zeitungen aufzukommen.[32]

Als Klagebegründung brachte man im Wesentlichen die veränderten Rahmenbedingungen aufgrund der Übernahme des Exports durch den DIA vor. Dadurch war die gängige Praxis der stillschweigenden Vereinbarung obsolet. Zumal diese Duldung seitens Westdeutschland nur praktiziert worden wäre, weil man seitens Ostdeutschland keinerlei Reaktion bekommen hätte, über das Angebot aus den Jahren 1950/51 zu verhandeln, einen Lizenz- und Abgrenzungsvertrag zu entwerfen.[33]

Zudem machte die Klägerin schon in der Klageschrift geltend, dass die Bestellung des damaligen Stiftungskommissars, Dr. Barth, ohne Zustimmung des Kontrollrats nicht statutengerecht gewesen sei.[34]

Dieser Zusatz, der die erwartete Taktik der Gegenseite – den vermeintlichen Rücktritt der alten Geschäftsleitung während der Deportation nach Württemberg-Baden zu thematisieren – schon im Vorfeld entkräften sollte, war vorsorglich eingebracht worden. Indem man die Rechtmäßigkeit der Ernennung Barths anzweifelte, stellte man zum einen auch sämtliche damaligen Entscheidungen in Stiftungsfragen – und somit auch die der Stiftungsbetriebe – infrage. Zum anderen wären die deportierten Herren der Geschäftsleitung laut Satzung berechtigt, die Stiftung zu vertreten, wenn sie nicht zurückgetreten wären bzw. dieser Rücktritt unter rechtlich fragwürdigen Bedingungen zustande gekommen wäre.

---

[31] Peterke, S. 144.
[32] Ebenda.
[33] Ebenda, S. 145.
[34] Ebenda.

Und tatsächlich setzte die Strategie der Gegenseite genau an diesem Punkt an. Ebenso wie ihre Kontrahenten es während der Stuttgarter Prozesse getan hatten, setzte Jena auf eine Abweisung der Klage aus formalen Gründen. Demnach zweifelte man an der Rechtmäßigkeit der Vertretung der Carl-Zeiss-Stiftung durch Bauersfeld, da dieser – genau wie die übrigen Mitglieder der alten Geschäftsleitung – bereits vor seinem Abtransport durch die US-Armee von seiner Funktion als Geschäftsleiter zurückgetreten sei.[35]

Das Landgericht Düsseldorf entschied am 7. Dezember 1954 über die Klage. Das Urteil bedeutete jedoch nur einen Teilerfolg für die Klägerin. Demnach durfte der Beklagte weiterhin den Namen „Zeiss" führen, musste diesen aber in einer Weise mit den Begriffen „VEB" und „Jena" verbinden, dass der Name „Zeiss" dahinter zurücktrete.[36] In der Praxis wäre damit eine Schreibweise ähnlich wie „VEB Carl Zeiss Jena" in der Bundesrepublik und West-Berlin gestattet gewesen.

Die Frage des Rücktritts von Professor Bauerfeld und den übrigen Geschäftsführern wurde hingegen vom Gericht ausdrücklich offen gelassen.[37] Damit war Jena gescheitert, die Klage anhand von formalen Gründen abzuwenden. Aber auch in Heidenheim war man mit dem Ergebnis unzufrieden, sodass beide Seiten gegen das Urteil Berufung einlegten.

Im Zuge des Berufungsverfahrens blieb Zeiss-Heidenheim bei den ursprünglichen Klagepunkten. Zeiss Jena reagierte mit einer Gegenklage, die die ursprüngliche Heidenheimer Klage quasi eins zu eins spiegelte und dabei das Urteil des Landesgerichts einbezog. Nun sollte es den Westdeutschen verboten werden, in der Bundesrepublik und West-Berlin den Namen „Carl Zeiss" zu verwenden. Wenigstens sollte der Firmenname so verändert werden, dass der Begriff „Zeiss" hinter dem Ortsnamen Heidenheim a. d. Brenz zurücktrete.[38]

Am 13. Januar 1956 entschied das Oberlandesgericht Düsseldorf, dass die Berufungen beider Parteien abzuweisen seien. Ebenso sei mit der Gegenklage des VEB zu verfahren.

Da das OLG die Entscheidung des LG Düsseldorf jedoch teilweise abänderte, konnte sich Heidenheim trotzdem als Gewinner der Auseinandersetzung fühlen. Das OLG urteilte, dass es seit der Enteignung der Stiftung keine funktionsfähige Stiftungsverwaltung mehr gegeben habe.[39] Nach dieser Auslegung gäbe es keine Stiftung mehr in der DDR, die den Markennamen „Carl Zeiss" vertreten dürfe.

---

[35] Peterke, S. 145.
[36] Ebenda.
[37] Ebenda.
[38] Ebenda, S. 146 f.
[39] Ebenda, S. 147.

Als Folge wurden die Bestimmungen, die das Landesgericht in Bezug auf den Jenaer Firmennamen beschlossen hatte, zurückgenommen. Auch durch eine besondere Hervorhebung der Begriffe „VEB" und „Jena" war der Gebrauch des Namens „Carl Zeiss" nun unzulässig.

Wiederum schuldig blieb das westdeutsche Gericht die Antwort auf die Frage, ob die alte Geschäftsführung seinerzeit zurückgetreten sei. Damit einhergehend blieb auch die Frage nach der Rechtmäßigkeit der Stiftungssitzverlegung unbeantwortet.[40]

Die Entscheidung des Oberlandesgerichts Düsseldorf war für Jena selbstverständlich nicht hinzunehmen, stand man doch nach der Berufung schlechter da als zuvor. Wie schon im Zuge der Stuttgarter Prozesse musste auch dieses Mal der Bundesgerichtshof herangezogen werden. Der BGH traf am 24. Juli 1957 eine Entscheidung zugunsten Heidenheims, die jedoch eigentlich außerhalb seiner rechtlichen Kompetenzen lag. Als Revisionsgericht in Zivilsachen stand ihm lediglich zu, die Entscheidungen der vorangegangenen Instanzen auf ihre Rechtmäßigkeit zu prüfen, nicht jedoch, eigenständige Bewertungen vorzunehmen.[41]

Der BGH verabschiedete allerdings eine Grundsatzentscheidung zu Enteignungen zwischen den beiden deutschen Staaten. Demnach dürfe einem Unternehmen in der DDR nicht der frühere Firmenname verliehen werden, wenn die Geschäftstätigkeit des Unternehmens von seinem bisherigen Inhaber unter gleichem Namen in der Bundesrepublik fortgeführt werde.[42] Im Falle Zeiss sei das Heidenheimer Unternehmen mit dem ehemaligen Betrieb in Jena identisch und genieße für Firmen-, Marken- und Namenzeichen rechtlichen Schutz. Namenszusätze wie „VEB" und „Jena" seien nicht geeignet, um Verwechslungen beider Unternehmen vorzubeugen.[43] Damit beantwortete der BGH auch die Frage, ob die alte Geschäftsleitung zurückgetreten sei, obwohl sowohl das Landgericht als auch das Oberlandesgericht diese Frage bewusst offen gelassen hatte – und dies lag eindeutig außerhalb seiner Kompetenzen.[44] Kurioserweise war es derselbe 1. Zivilsenat, dem dieser Fehler unterlief, der nur ein halbes Jahr später im Rahmen der Stuttgarter Prozesse das erste Berufungsurteil an das OLG Stuttgart zurückgewiesen hatte, um klären zu lassen, ob die Geschäftsleitung damals von ihren Ämtern zurückgetreten war, um anschließend im zweiten Revisionsurteil zu erklären, dass diese Frage als unerheblich einzustufen sei.[45]

---

[40] Peterke, S. 147.
[41] Ebenda, S. 148 f.
[42] Ebenda, S. 147.
[43] Ebenda, S. 148.
[44] Ebenda, S. 149.
[45] Ebenda.

4.5.4 Die zweiten Düsseldorfer Prozesse

Noch vor dem Urteil des Landgerichts Düsseldorf vom 7. Dezember 1954, das die besondere Hervorhebung der Begriffe „VEB" und/oder „Jena" gefordert hatte, war der VEB in Westdeutschland ab Herbst 1954 dazu übergegangen, im Kundenkontakt auf die Tradition des Standortes Jena hinzuweisen. Auf Werbeanzeigen und Rundschreiben an bundesdeutsche Optiker wurde zusätzlich zu dem Firmennamen „VEB Carl Zeiss Jena" nun das angemeldete Warenzeichen „Ernst Abbe Jena" aufgedruckt.[46] Damit sollte eine Traditionslinie aufgezeigt werden, die von den Firmengründern Zeiss und Abbe direkt zum VEB führen sollte. Im Umkehrschluss negierte dies die direkte Linie des Heidenheimer Zeiss-Konzerns zu den Gründervätern. Parallel dazu wurden in bundesdeutschen Tageszeitungen und Zeitschriften Anzeigen geschaltet, in denen diese Traditionslinie skizziert und die Produkte mit dem Markennamen „Ernst Abbe Jena" beworben wurden.[47] Jena verkündete zudem, dass man nun die gesamte Produktionslinie in die Bundesrepublik liefern werde. Vertrieben werden sollten die Erzeugnisse über die Firma Werner Jähnert, die sich gerade im Berufungsprozess gegen Zeiss-Heidenheim befand, und über den West-Berliner Händler Hans Prollnow.[48]

Das Landgericht Düsseldorf gab daraufhin der unausweichlichen Heidenheimer Klage am 23. November 1954 statt und erließ eine einstweilige Verfügung, nach der es dem VEB und den Firmen Jähnert und Prollnow untersagt war, Werbung oder Anzeigen mit dem Warenzeichen „Ernst Abbe" zu schalten, wenn darin gleichzeitig der Name „Zeiss" abgedruckt war.[49] Offenbar missachteten die Beklagten den Gerichtsbeschluss, denn am 19. April 1955 wurden sie zu Schadensersatz an Heidenheim verurteilt.[50]

Wie schon in den bereits beschriebenen Prozessverläufen ging die Ostseite in Berufung, scheiterte damit aber vor dem Oberlandesgericht Düsseldorf.

Auch im Revisionsverfahren vor dem BGH konnte sie sich nicht durchsetzen.[51] Die Richter des Bundesgerichtshofs blieben bei ihrer Linie aus dem ersten Düsseldorfer Prozess und spezifizierten, dass ein in der SBZ entschädigungslos enteignetes Unternehmen, das von seinen bisherigen Inhabern in der Bundesrepublik fortgeführt werde, als VEB nicht berechtigt sei, sich die Firmentradition bei der Werbung zunutze zu machen.[52]

---

[46] Peterke, S. 149 f.
[47] Ebenda, S. 150.
[48] Ebenda.
[49] Ebenda.
[50] Ebenda, S. 150 f.
[51] Ebenda, S. 151.
[52] Ebenda.

4.5.5 Die Rechtsprechung in der DDR

Auch in der DDR beschäftigte sich das Oberste Gericht mit dem Fall Zeiss gegen Zeiss. In Abwesenheit von Vertretern der Heidenheimer Seite, die die Sicherheit ihrer Verhandlungsführer als nicht gewährleistet ansahen, untersagte das Oberste Gericht der DDR am 23. März 1961 der Firma Carl Zeiss Heidenheim wenig überraschend, die Firmen- und Warenzeichenrechte mit dem Namen „Zeiss" zu nutzen.[53]

Den Fortbestand der Carl-Zeiss-Stiftung in der DDR sah das Gericht als gegeben an, da es sich bei der Verstaatlichung der Stiftungsbetriebe lediglich um eine Teilenteignung gehandelt habe. Auch ohne ihr industrielles Vermögen verfüge die Stiftung noch über erhebliche finanzielle Mittel, die zusammen mit staatlichen Mitteln zur Erfüllung des Stiftungszweckes genutzt werden könnten.[54] Außerdem habe die Deutsche Wirtschaftskommission am 16. Juni 1948 den Fortbestand der Stiftung in der DDR garantiert.[55]

Zur Rechtmäßigkeit der in der DDR bestehenden Stiftungsorgane äußerte sich das Oberste Gericht dahingehend, dass der Rat des Bezirks Gera und der von ihm ernannte Stiftungskommissar die Organe der Stiftung darstellten. Die Geschäftsführung des VEBs könne hingegen nicht als Stiftungsorgan betrachtet werden.[56] Dies entsprach zwar nicht den Bestimmungen des Stiftungsstatuts, wurde aber als unerheblich angesehen, denn entscheidend sei

> ... der unverändert fortbestehende, örtliche und sachliche, die Erfüllung des vom Stifter gewollten und seiner Stiftung beigelegtem Zwecke sogar in besonders hohem Maße begünstigende Zusammenhang.[57]

Und diese besonders günstigen Voraussetzungen, den Stifterwillen zu erfüllen, sah das Oberste Gericht der DDR offenbar unter den bestehenden Strukturen als erfüllt an.

Zur westdeutschen Stiftung urteilte das Gericht ebenfalls wenig überraschend, dass es sich hierbei nicht um die von Abbe gegründete Stiftung

---

[53] Heintzeler, S. 51.
[54] Nach einem Gutachten des Obersten Gerichts der DDR aus dem Jahr 1954 belief sich das Stiftungsvermögen auf 20 Millionen Ostmark. Vgl. ebenda, S. 52.
Wie sich diese Summe zusammensetzt, ist nicht nachzuvollziehen. Allenfalls könnte es sich um nicht rentables Immobilienvermögen handeln. Für die Stiftungszwecke nutzbares Vermögen war seitens der Stiftung jedenfalls nicht vorhanden.
[55] Heintzeler, S. 52.
[56] Ebenda.
[57] Abgedruckt in ebenda.

handele – eine Rechtsidentität nicht bestehe. Die Entstehungsgeschichte sei vielmehr ein Beispiel der Zusammenarbeit der Heidenheimer mit „willfährigen" westdeutschen Behörden und Gerichten, um der Stiftung eine Rechtposition zu ermöglichen.[58] Die Sitzverlegung durch die württemberg-badischen Behörden sei gar eine „Rechtsbeugung".[59]

Dementsprechend sah das OG auch die Firma Zeiss-Heidenheim nicht als Stiftungsunternehmen an. Bei ihr handele es sich vielmehr um eine Neugründung, die in keinerlei Verbindung zur Carl-Zeiss-Stiftung stehe.[60]

Dies war sehr eigenwillig interpretiert, hatte doch erst die Stiftung durch ihre finanzielle Unterstützung wesentlich zum Aufbau der Vorgängerfirma Opton beigetragen. Zudem bestand in den ersten Jahren auf beiden Seiten keinerlei Zweifel an der Zugehörigkeit des westdeutschen Unternehmens zur Zeiss-Familie.

Die Entscheidung des BGH, dass der Unternehmensmittelpunkt nach der Enteignung in der Bundesrepublik liege, verurteilte das Oberste Gericht scharf. Als Begründung wurde herangezogen, dass der Wiederaufbau der alten Jenaer Betriebsstätten bereits im Jahr 1946 begonnen worden war, während die Heidenheimer Firma erst 1951 in das Handelsregister eingetragen worden sei.[61]

Obwohl das Oberste Gericht keinen Zweifel an der Rechtmäßigkeit der Enteignung des industriellen Vermögens aufkommen ließ, sah es trotzdem eine Rechtsidentität zwischen dem VEB und den ehemaligen Stiftungsbetrieben als gegeben, da weiterhin eine rechtliche Verbindung zwischen Stiftung und Betrieben bestehe.[62] Dementsprechend könne auch nur der VEB über das Recht verfügen, den Namen „Carl Zeiss" zu führen und Marken- und Warenzeichen zu nutzen, die ihm von der Stiftung zum Gebrauch überlassen worden waren.[63]

Die Formulierung des „Überlassens" der Zeichen verharmlost den tatsächlichen Tatbestand erheblich; urteilte der OG doch bereits im Oktober 1953, dass die Marken- und Warenzeichen ebenso von der Enteignung betroffen waren und in Staatsbesitz übergingen.[64] Diese Auffassung konnte man aber 1961 bei dem Versuch, ein im Sinne des Stiftungsstatuts legitimes Rechtsverhältnis zwischen Stiftung und VEB zu konstruieren, nicht weiterverfolgen.

Auch die Anwendung des Territorialitätsprinzips, d. h., die vom

---

[58] Heintzeler, S. 53.
[59] Ebenda.
[60] Ebenda.
[61] Ebenda, S. 54.
[62] Ebenda, S. 55.
[63] Ebenda, S. 56.
[64] Ebenda.

Bundesgerichtshof vorgebrachte These, nachdem Enteignungen nur in dem Staate gültig seien, in denen sie ausgeführt wurden, sei mit gegenwärtigem Recht nicht vereinbar. Die Enteignungen in der SBZ seien durch die SMAD-Befehle Nr. 64 und 124 erfolgt, die damit im Einklang mit dem von allen Siegermächten unterzeichneten Potsdamer Abkommen gehandelt hätten.[65] Dies seien Akte der Gesetzgebung gewesen und damit im gesamten Deutschland rechtskräftig.[66] Damit trat das oberste Gericht der DDR in direkten Gegensatz zu dem erwähnten SMAD-Befehl Nr. 124, der dazu ausführte, dass nur Eigentum enteignet werden könne, das sich auf dem von den Truppen der Roten Armee besetzten Territorium Deutschlands befindet.[67]

Bedenkt man die sonstige Hörigkeit der Staatsorgane der DDR gegenüber der Sowjetunion, fällt es schwer zu glauben, dass man diesen Standpunkt im Zweifelsfall tatsächlich hätte dauerhaft vertreten können.

So kam es also in beiden deutschen Staaten zu grundlegend unterschiedlichen Einschätzungen der rechtlichen Sachlage im Fall Zeiss. Auffällig ist, dass es sicherlich auch in der Rechtsprechung der Bundesrepublik im Rahmen der Prozesse zu Situationen kam, in denen das Recht aus politischen Gründen gebeugt wurde.

Zum Verständnis der Entscheidungen des Obersten Gerichts der DDR soll jedoch nicht unerwähnt bleiben, dass eine unabhängige Gerichtsbarkeit in der DDR eine Illusion war. Die Judikative verstand sich als Teil des Staatswesens der DDR – und dies nicht im Sinne einer Kontrollfunktion im Rahmen der Gewaltenteilung, sondern als ausführendes Organ zur Stabilisierung der Macht der Staatspartei.[68]

4.5.6 Die Prozesse im Ausland

Noch im März 1954 wurde der Konflikt der beiden Zeiss-Gruppen über die deutschen Grenzen hinausgetragen. Zunächst rückte Nordafrika in den Fokus der Kontrahenten.

In den Wirren des Machtkampfes zwischen Staatspräsident Muhammad Nagib und Gamal Abdel Nasser hatte die DDR in Kairo eine Industrieausstellung eröffnet. Auch hier war der DIA mit Produkten aus

---

[65] Abschnitt III, Ziffer 12 des Potsdamer Abkommens zur Dezentralisierung des deutschen Wirtschaftslebens und Zerschlagung von Kartellen. Vgl. Heintzeler, S. 54.
[66] Ebenda.
[67] Ebenda, S. 58.
[68] Vgl. ebenda, S. 59. Sowie: Rainer Schröder: Justiz in den deutschen Staaten seit 1933 (25. Oktober 1999). In forum historiae iuris, http://www.forhistiur.de/1999-10-schroder/.

dem Hause Zeiss vertreten. Die westdeutschen Botschaftsräte versuchten händeringend, aber vergeblich, die Oberkochener vor Ort davon abzuhalten, gegen die Ausstellung vorzugehen, um den Staatspräsidenten, der die Messe eröffnet hatte, nicht zu brüskieren. Oberst Nasser hingegen hatte weniger Skrupel, Nagib bloßzustellen. Er ließ die Westdeutschen unter Polizeischutz sämtliche Artikel entfernen, die mit dem Markennamen „Carl Zeiss Jena" gekennzeichnet waren.[69]

Rechtsstaatlich und transparenter war das Verfahren vor dem niederländischen Landgericht in Utrecht, ebenfalls im März 1954. Hier erwirkte die Carl-Zeiss-Stiftung Heidenheim gegen den Deutschen Innen- und Außenhandel eine einstweilige Verfügung. Jena stellte auf der Utrechter Frühjahrsmesse – ähnlich wie in Kairo und Köln – unter dem Namen „Carl Zeiss" Waren aus.

Die ostdeutsche Seite berief sich auch in diesem Fall auf die fehlende Berechtigung des Klägers, die Carl-Zeiss-Stiftung zu vertreten. Dem niederländischen Gericht genügte aber der nach der Verstaatlichung aktualisierte Handelsregisterauszug mit der Löschung der Firma Carl Zeiss Jena.

Daraufhin folgerten die Richter, dass das Unternehmen in der DDR aufgehört hatte zu existieren, in der Bundesrepublik aber fortbestehe. Im Übrigen nahm das Gericht schon hier wichtige Argumentationslinien westdeutscher Richter vorweg, indem es die Enteignung gemäß dem Territorialprinzip nur für Ostdeutschland anerkannte und die Sitzverlegung durch das Württemberg-Badische Kultusministerium als rechtmäßig ansah.[70]

Nach dieser Ouvertüre verklagten sich beide Parteien in den folgenden Jahrzehnten wechselseitig quer über den Erdball. Insgesamt bemühten sie Gerichte in 60 Staaten.[71]

Es würde den Rahmen dieser Arbeit bei Weitem sprengen, wollte man jeden einzelnen dieser Prozesse detailliert aufarbeiten. Deswegen sollen nun im weiteren Verlauf lediglich zwei bedeutende Verfahren knapp skizziert werden.

---

[69] Hermann: Name, S. 70 f. Sowie Artikel der Frankfurter Allgemeinen Zeitung vom 23. März 1954: „Zeiss wahrt seine Rechte". Abgedruckt in David: CZ-Stiftung, S. 267.
[70] Urteil abgedruckt in David: CZ-Stiftung, S. 269 ff.
[71] Hermann: Name, S. 210.

4.5.6.1 Der New Yorker Zeiss-Prozess

Der New Yorker Prozess war alleine schon aufgrund seines Standorts bedeutend. Zumindest für die westliche Welt hatte eine Entscheidung in den USA eine erhebliche Signalwirkung.

Zunächst waren die Zeiss-Warenzeichen, wie alle übrigen deutschen Vermögenswerte auch, nach dem Zweiten Weltkrieg in den USA beschlagnahmt worden. Noch im Jahr 1956 hatte der Generalstaatsanwalt aber beiden deutschen Firmen die Einfuhrerlaubnis für ihre Produkte erteilt, bis durch geschicktes Lobbyieren der Heidenheimer den ostdeutschen Erzeugnissen die Einfuhr verweigert wurde. Dagegen wehrten sich die Jenaer erfolgreich.[72]

Im Februar 1962 trat die Carl-Zeiss-Stiftung Heidenheim dann zusammen mit ihrer Tochterfirma Zeiss Ikon als Kläger gegen den VEB und vier seiner US-amerikanischen Handelsvertretungen auf. Auch dieses Verfahren wurde aufgrund der angeblichen Verletzung von rechtlich geschützten Warenzeichen geführt.[73] Die Beklagten antworteten mit einer Gegenklage, die auch die amerikanische Tochterfirma der westdeutschen Stiftung mit einschloss.[74]

Am 7. November 1968 kam der vorsitzende Richter zu dem Urteil, dass die westdeutsche Zeiss-Gruppe alleine berechtigt sei, die strittigen Warenzeichen in den USA zu nutzen. Die Kernargumente, die zu diesem Urteil führten, waren wie vor (fast) allen westlichen Gerichtshöfen dieselben:

- die ehemalige Geschäftsleitung sei bei ihrer Deportation nicht von ihren Ämtern zurückgetreten;
- die sowjetische Enteignung der Stiftung habe deren Existenz in Ostdeutschland beendet;
- die jetzige Stiftung in der DDR sei ein Scheinkonstrukt, das lediglich als Fassade für die rechtlichen Auseinandersetzungen diene;
- die Sitzverlegung der Stiftung nach Westdeutschland sei rechtmäßig, da sie in der DDR nicht mehr existieren könne;
- die Urteile der ostdeutschen Gerichte zum Thema seien irrelevant, da diese nicht unabhängig vom Staat urteilen würden.[75]

Auch das Berufungsverfahren bestätigte die Entscheidung der vorherigen Instanz in allen wesentlichen Entscheidungen.

---

[72] Schrade in: Wissenschaftliche Zeitschrift, S. 59.
[73] Peterke, S. 151 f.
[74] Ebenda, S. 152.
[75] Ebenda, S. 152 ff.

4.5.6.2 Der Londoner Zeiss-Prozess

Auch der Londoner Zeiss-Prozess war von besonderer Bedeutung, da das Urteil in der Regel auch von den meisten Commonwealth-Ländern als bindend angesehen wurde.[76] Er sollte für die Streitparteien einige Überraschungen bereithalten, wich er doch in seinem Verlauf und dem letztlichen Ergebnis sehr von den sonstigen politischen „Blockentscheidungen" ab.

Der Prozess begann im Oktober 1955 mit der Klage der Carl-Zeiss-Stiftung Jena, vertreten durch den Bezirksrat Gera, gegen zwei britische Handelsniederlassungen von Heidenheim, denen so die Nutzung des Namens „Zeiss" untersagt werden sollte.[77]

Nachdem das Verfahren einige Jahre geruht hatte, beantragten die Beklagten im März 1961, wie schon in den vorrausgegangenen Prozessen, dass die Zuständigkeit des Rats des Bezirks Gera fragwürdig sei. Dies musste nun zunächst in einem Zwischenverfahren geklärt werden.[78]

Dieses Verfahren dauerte vom 26. November 1963 bis zum 6. März 1964. Der Vorsitzende Richter Cross, der vor dem Krieg einige Semester in Jena studiert hatte,[79] überraschte dabei – vor allem die westdeutsche Seite – mit seiner Entscheidung.

Schon während des Verfahrens verurteilte der Richter die Entscheidungen des BGH als politisch motiviert. Dies führte aufseiten der Heidenheimer Rechtsvertreter dazu, auf ihre Mandanten einzuwirken, die Zwischenklage fallenzulassen, da sie die Erfolgsaussichten als niedrig einschätzten. Selbst wenn das Gericht tatsächlich entscheiden sollte, dem Rat die Vertretungsbefugnis abzuerkennen, könnte die Klage immer noch vom VEB an seiner Stelle als juristische Person fortgeführt werden.[80] Ihre Einwände blieben aber erfolglos, da Heidenheim vor den übrigen westlich orientierten Gerichtshöfen mit dieser Taktik durchgehend erfolgreich gewesen war. Dieses Mal sollten sie jedoch damit scheitern.

Richter Cross erkannte die Vertretungsbefugnis des Rats an. Westdeutsche und britische Zeitungen zeigten sich, gelinde gesagt, überrascht über das Urteil.[81] Vor allem die Einschätzung, dass die frühere Geschäftsführung am Tag ihrer Deportation zurückgetreten sei, sorgte für Unverständnis.[82]

Weit fragwürdiger war jedoch die Einschätzung des Richters, Victor

---

[76] Heintzeler, S. 71.
[77] Peterke, S. 172.
[78] Ebenda, S. 156 f.
[79] Ebenda, S. 157.
[80] Ebenda.
[81] Ebenda, S. 160.
[82] Ebenda, S. 158.

Sandmann sei 1953 in die Bundesrepublik übergesiedelt.[83] Es war schon eine deutliche Verkennung der Verhältnisse, das Wort „übergesiedelt" im Zusammenhang mit Sandmanns Flucht vor der Staatssicherheit im Rahmen der „Operation Lupe" zu verwenden, und dies obwohl sich das Gericht nach der mehrtägigen Zeugenbefragung ein genaues Bild der tatsächlichen Zwangslage Sandmanns machen konnte.

In der Summe hatte Richter Cross jedenfalls entschieden, dass die Stiftung in der DDR fortbestehe, und zwar in Form einer wohltätigen Einrichtung zugunsten der Jenaer Bevölkerung, die so im Endeffekt nicht von der Enteignung des industriellen Vermögens betroffen sei.[84]

Umgehend ging die westdeutsche Seite gegen dieses Urteil in Berufung. Da die bisher so erfolgreiche Taktik, die Zuständigkeit des Rates anzuzweifeln, vor dem Court gescheitert war, verlegten sich die neuen Anwälte der Westdeutschen auf eine andere Strategie: Sie zweifelten die Anerkennung der DDR durch die britische Regierung an.[85] Die vom Berufungsgericht eingeholte Auskunft des britischen Foreign Office spielte den Heidenheimern in die Hände, besagte sie doch, dass weder die DDR als Staat noch deren Regierung von Großbritannien anerkannt worden sei.[86]

Nach dieser Aussage gab das Gericht der Berufung statt, da

> der Rat des Bezirks Gera als eine von einer nicht anerkannten Regierung eingesetzten Behörde keine Vollmacht erteilen könne, die vor einem britischen Gericht wirksam sei.[87]

In letzter möglicher Instanz für das Zwischenverfahren musste sich nun das House of Lords mit dem Fall auseinandersetzen.

Um das Verfahren der Urteilfindung des House of Lords besser zu verstehen, muss man wissen, dass dieses sich aus fünf Richtern zusammensetzt, die unabhängig voneinander urteilen. Aus diesen Urteilen wird anschließend in einer Mischung aus Kompromiss und Mehrheitsmeinung eine endgültige Entscheidung gebildet.

Auch dieses Mal überraschten die britischen Richter in ihrer Urteilsbegründung. Zunächst gingen die Lords von der Prämisse aus, dass die Sowjetunion die DDR als eine untergeordnete „Organisation" gegründet habe. Nach Auskunft des britischen Außenministeriums erkannte man zwar die DDR als Staat nicht an, wohl aber die Regierungsgewalt der UdSSR über

---

[83] Peterke, S. 159 f.
[84] Ebenda, S. 162.
[85] Ebenda.
[86] Ebenda, S. 165.
[87] Ebenda, S. 163.

die sowjetische Besatzungszone.[88] Demnach könnten Rechtshandlungen der DDR nicht einfach als ungültig betrachtet werden. Sie seien vielmehr mit Vollmacht der Sowjetunion ausgeführt worden, die die Regierungsgewalt ausübe.[89] Die Prozessführung des Obersten Gerichts der DDR zum Thema adelte ein Lord mit der Bemerkung, es seien

> ... richterliche Lösungsversuche und ein vernünftiges Urteil gefunden [worden].[90]

Da nach Meinung der Mehrheit der Lordrichter die Stiftung in der DDR fortbestand, müsse dementsprechend auch das Recht der DDR zur Anwendung kommen. Für die Behauptung, es gäbe in der DDR keine freie Gerichtsbarkeit, lägen, nach Aussage der Kammer, schließlich auch keinerlei Beweise vor.[91]

Selbst die britischen Medien reagierten mit Spott auf die Ausführungen der Lordrichter. Dennoch wurde nach dieser Entscheidung vom 18. Mai 1966 das Urteil des Berufungsverfahrens aufgehoben und das erstinstanzliche Urteil von Richter Cross wiederhergestellt.[92]

Durch den Ausgang des Zwischenverfahrens war die Heidenheimer Seite offenbar so aufgewühlt und durchgerüttelt worden, dass man sich Hilfe beim Auswärtigen Amt der Bundesrepublik versprach. Es wurde gemeinsam die kuriose Idee entwickelt, einen Gesetzentwurf für das britische Parlament zu entwerfen, der solche ungünstigen Urteile in Zukunft ausschließen sollte. Die deutsche Botschaft in London hatte die undankbare Aufgabe, dem Foreign Office diesen Gesetzentwurf zu übermitteln, worauf sich die dortigen Beamten jedoch nicht einließen.[93] Die Vorstellung, das britische Parlament würde ein vom ehemaligen Kriegsgegner vorbereitetes Gesetz verabschieden, war schlichtweg absurd.

In das nun folgende Hauptverfahren ging Zeiss Jena nun mit einer gehörigen Portion Zuversicht. Sie nutzen die Gunst der Stunde, um ihre Klage noch einmal zu erweitern. Die Ostdeutschen beantragten, dass ihnen das gesamte in England vorhandene Vermögen von Zeiss-Heidenheim, inklusive aller Patente und über 30 Warenzeichen, überschrieben werden sollte.[94] Zur Sicherheit sollten die englischen Anwälte der Beklagten für die

---

[88] Peterke, S. 165.
[89] Ebenda, S. 166 f.
[90] Ebenda, S. 167.
[91] Ebenda, S. 168.
[92] Ebenda, S. 170 f.
[93] Ebenda, S. 177 f.
[94] Ebenda, S. 173.

Herausgabe des Vermögens haftbar gemacht werden.[95]

Dies war auch in einem englischen Rechtsstreit eine bis dato nicht dagewesene Forderung, die auf heftigen Widerspruch nicht nur der betroffenen Anwälte, sondern des ganzen Berufsstandes stieß.[96] Vermutlich wollte es Jena den Heidenheimern auf diesem Weg erschweren, zukünftig überhaupt adäquate Rechtsvertreter engagieren zu können. Letztlich schoss dieser Antrag aber über das Ziel hinaus und wurde vom Gericht negativ beschieden.[97]

Im Januar 1971 begann endlich der eigentliche Prozess. Überraschend – denn beide Seiten waren in den ersten beiden Sitzungswochen sehr aggressiv aufgetreten – kündigten die Rechtsvertreter jedoch an, dass man den Prozess unterbrechen wolle, um in Vergleichsverhandlungen einzutreten.[98] Im Nachhinein kam ans Licht, dass sich die Anwälte beider Parteien offenbar abgesprochen hatten, um ihre Klienten in die Vergleichsverhandlungen zu drängen. Jedenfalls teilten die Anwälte ihren jeweiligen Mandanten mit, dass die andere Seite einen Vergleich präferieren würde.[99] Tatsächlich einigten sich beide Seiten am 26. April 1971 auf einen Vergleich, der als die „Londoner Vereinbarung" bezeichnet wurde.

Kern der Vereinbarung war die Nutzung des Markennamens in den einzelnen Staaten. Demnach hatte der VEB in den meisten Ländern des westlichen Blocks den Namen „Jenoptik" zu verwenden, während Oberkochen in den Comecon-Ländern unter dem Namen „Opton" auftreten sollte. In den sogenannten Koexistenzländern[100] durften beide Parteien den Namen „Carl Zeiss" führen. Dieser musste aber mit einem Zusatz versehen sein, um beide Unternehmen unterscheiden zu können. Lediglich in Frankreich wollte man noch die Gerichte entscheiden lassen.[101] Streitigkeiten, die diesen Vergleich berührten, sollten durch ein Schiedsgericht im schweizerischen Lausanne entschieden werden.[102]

Über die Gründe, die nach fast 20-jähriger juristischer Auseinandersetzung schließlich in einen Vergleich mündeten, lässt sich nur spekulieren. Sicherlich waren nicht zuletzt finanzielle Gründe ausschlaggebend: Die Prozesse, Honorare für Anwälte und Gutachter sowie Reisekosten hatten

---

[95] Peterke, S. 173.
[96] Ebenda.
[97] Ebenda, S. 174.
[98] Ebenda, S. 182 f.
[99] Ebenda, S. 184.
[100] Großbritannien, Dänemark, Finnland, Irland, Island, Norwegen, Portugal, Schweden, Schweiz, Spanien, Türkei sowie die meisten Staaten Afrikas, Asiens und Amerikas.
[101] Hermann: Name, S. 218 f.
[102] Peterke, S. 188.

enorme Kosten verursacht. Die Ostdeutschen litten unter chronischem Devisenmangel,[103] und auch Heidenheim war in wirtschaftliche Schieflage geraten.[104] Alleine die Gerichtskosten des Zwischenverfahrens in Großbritannien, d. h. ohne Anwalts- und Reisekosten, hatten den Konzern etwa 1,5 Millionen DM gekostet. Insgesamt gab das Unternehmen in Verbindung mit den juristischen Auseinandersetzungen bis zur Mitte der 1970er Jahre 12,9 Millionen DM aus.[105]

Zudem passte dieser Zwist, vor dem Hintergrund des politischen Tauwetters durch Brandts Ostpolitik und durch die Aufgabe der Hallstein-Doktrin, auch nicht mehr so recht in die Zeit.[106]

4.5.7 Der Kampf abseits der Gerichte

Der Kampf um die Deutungshoheit wurde auch abseits der Gerichtshöfe auf mehreren Ebenen ausgetragen. Vor allem im Jahr 1954 wurden verschiedene Initiativen gestartet.

Zeiss-Ost und Zeiss-West suchten Verbündete und diskreditierten einander. Kurzum, es wurde nichts unversucht gelassen, um einen Vorteil in der Auseinandersetzung zu erlangen.

Höhepunkt des Propaganda-Spektakels war sicherlich der Aufmarsch von 20.000 Werktätigen der Firmen Zeiss und Schott in Jena, die gegen die Prozesse in Westdeutschland protestieren sollten. Sowohl die Werkleitung als auch die lokale politische Prominenz ließen – flankiert von renommierten ostdeutschen Wissenschaftlern und Nationalpreisträgern – in ihren Reden keinen Zweifel aufkommen, dass auch diese Auseinandersetzung als Kampf der Systeme zu verstehen sei.[107]

In Ostdeutschland wurde zudem eine Pressekampagne gestartet, die von staatlicher Seite massiv unterstützt wurde. Aber auch in der westdeutschen Presse wurden die Ostdeutschen aktiv, um ihre Ansicht der Geschichte zu verbreiten. Die „Hamburger Wochenpost" veröffentlichte

---

[103] Schon im Herbst 1961 beschäftigten sich Regierungsstellen der DDR kritisch mit den enormen Kosten, die die Zeiss-Prozesse verursachten. Letztlich konnten die Zeiss-Vertreter aber durchsetzen, die Prozesse weiterzuführen, bzw. sogar zu intensivieren. Sie argumentierten vor allem mit dem Prestige, das Zeiss für die DDR in der Welt hatte. Vgl. Mühlfriedel: Carl Zeiss, Band 3, S. 272 ff.
Allein im Zeitraum 1963 bis 1976 summierten sich die Prozesskosten für Jena auf 8,7 Millionen Mark. Vgl. dazu: Müller: Institutionelle Brüche, S. 194.
[104] Hermann: Name, S. 221.
[105] Mühlfriedel: Carl Zeiss, Band 3, S. 277 f.
[106] Hermann: Name, S. 221.
[107] Müller: Institutionelle Brüche, S. 192 f.

diesbezüglich eine Artikelserie mit dem unzweideutigen Aufmacher „Zeiss ist Jena", und die Verbandszeitschrift des Vereins Deutscher Ingenieure (VDI) durfte sich über wachsende Werbeeinnahmen aus Jena freuen.[108] Zwar war man auf Heidenheimer Seite gegen die Veröffentlichungen in der DDR-Presse machtlos, versuchte aber, auf dem Gebiet der Bundesrepublik dagegen vorzugehen. Mit den Entscheidungen der westdeutschen Gerichte zum Firmennamen und Warenzeichen im Rücken übte man Druck auf westdeutsche Verlage – u. a. auch gegen Springer – aus, die mehrfach Werbung des VEBs abgedruckt hatten.[109]

Der gesteuerten Presse- und Solidarisierungskampagne in Ostdeutschland versuchte man durch Radiobeiträge, die auch in der DDR empfangbar waren und sich primär an die Jenaer Belegschaft richten sollten, zu entgegnen. Sowohl über den Sender RIAS als auch über das Hörfunkprogramm des NWDR wurden Erklärungen verlesen und Interviews gegeben, die die Oberkochener Sicht der Dinge verdeutlichen sollten.[110]

Auch die Kunden in Westdeutschland blieben nicht unbehelligt und wurden von beiden Unternehmen mit Rundschreiben traktiert.[111] In diesen wurden dann die neuesten Entwicklungen im Namen- und Warenzeichenstreit veröffentlicht, und es wurde vor der mangelnden Qualität der Produkte der Gegenseite gewarnt.[112]

Die Auslandsvertretungen forderte Oberkochen auf, keine Jenaer Erzeugnisse mehr zu vertreiben oder zu bewerben. Alte Gebrauchsanweisungen sollten so manipuliert werden, dass alle Bezeichnungen, die auf Jena hindeuten könnten, nicht mehr sichtbar waren. Ebenfalls sollten keine Reparaturaufträge mehr nach Jena vergeben und der Kontakt sollte generell auf ein Minimum beschränkt werden.[113] Diese Anweisungen wurden zumindest von einem Teil der Vertreter abgelehnt. Aus der Schweiz und Schweden war beispielsweise zu vernehmen, dass aus solchen Maßnahmen wohl lediglich die Konkurrenz ihren Nutzen ziehen würde und man das gewünschte Vorgehen ablehne.[114]

Hilfe suchten beide Seiten auch bei der Politik. Durch ihre Lobbyarbeit beim Bundeswirtschaftsministerium konnte die Heidenheimer-Gruppe mit ihrem Wunsch, Importe aus Jena in die Bundesrepublik zu unterbinden, einen Erfolg erzielen. Zwar wollte sich das Ministerium nicht offiziell einmischen, da eine Gefährdung des Interzonenhandels vermieden

---

[108] Karlsch in Plumpe, S. 224.
[109] CZO 531.
[110] CZO 192.
[111] CZO 1415: Schriftwechsel Dr. Kühn mit Carl-Zeiss-Oberkochen.
[112] CZO 1414.
[113] Ebenda.
[114] BACZ 08289.

werden sollte, der wirtschaftlich zwar nahezu bedeutungslos, aber als politisches Instrument nützlich war, es zeigte aber durchaus Verständnis für die Angelegenheit.[115] So sollten nur noch Anträge für Produkte aus Jena bearbeitet werden, wenn dies von Oberkochener Seite beantragt wurde. In der Praxis bedeutete dies, dass nun keine Anträge mehr bearbeitet wurden.[116]

In der DDR erhielt die Staatliche Plankommission direkt von Walter Ulbricht den Auftrag, über das Außenministerium in den Gremien des Rats für gegenseitige Wirtschaftshilfe (RGW) dafür zu werben, Exporte aus Heidenheim zu unterbinden.[117] Auch die Volksrepublik China sollte einbezogen werden, weswegen der chinesische Botschafter in Ost-Berlin und die chinesische Außenhandelsgesellschaft angefragt wurden.[118] Dies bedeutete für das westdeutsche Unternehmen einen erheblichen Umsatzverlust, hatte man doch im Jahr 1953 Waren im Wert von annähernd 25 Millionen DM in diese Staaten geliefert.[119] Demgegenüber war der innerdeutsche Handel, der aufgrund des Rechtsstreites sowieso rückläufig war, mit einem Anteil von 3,2 % am Gesamtumsatz im Jahr 1955 nahezu unbedeutend.[120]

Durch diese Maßnahme erhoffte sich Ulbricht außerdem, die eigene Wirtschaft zu stärken. In die frei gewordenen Märkte sollten Zeiss Jena und Schott vorstoßen, um ihr Exportgeschäft auszubauen.[121] In Jena selber sah man die mit dieser Maßnahme einhergehende engere Verzahnung mit China und den RGW-Staaten durchaus kritisch. Sowjetische und chinesische Ingenieure besuchten die Werke und kopierten die Erzeugnisse in ihren Heimatländern. In Polen konnte so eine Produktion von Glas aufgebaut werden, die innerhalb des Ostblocks für Schott-Jena zur erstzunehmenden Konkurrenz wurde.[122]

---

[115] CZO 1414.
[116] Ebenda.
[117] Karlsch in Plumpe, S. 223.
[118] BArch Berlin DE 1/11662.
[119] Karlsch in Plumpe, S. 223.
Im Einzelnen: Polen: 2,354 Mill. DM; Ungarn: 1,735 Mill. DM; Rumänien: 1,196 Mill. DM; CSSR: 0,965 Mill. DM; China (einschl. Hong Kong): 18,706 Mill. DM. Vgl. BArch DE 1/11662.
[120] Mühlfriedel/Hellmuth in: Stutz, S. 336.
[121] BArch DE 1/11662.
[122] CZO 1046: Schriftverkehr der Geschäftsleitung mit Schott & Gen., Mainz.

4.5.8 Und die Wahrheit? Versuch einer unabhängigen Analyse

Es kann nicht Anspruch dieser Untersuchung sein, die diversen richterlichen Entscheidungen auf ihre juristische Rechtmäßigkeit hin zu prüfen. Zu unterschiedlich sind doch die Rechtsgrundlagen und der Umgang mit denselben in den einzelnen Staaten. Es ist daher sinnvoll, die Kernpunkte der Auseinandersetzung einmal losgelöst von der theoretischen Juristerei zu betrachten.

Im Mittelpunkt stand die Frage, welche der beiden Stiftungen rechtmäßige Inhaberin des industriellen Vermögens war. Während die westdeutsche Seite der Stiftung in der DDR die Existenz unter den gegebenen politischen Bedingungen schlicht absprach, verneinte die ostdeutsche Seite die Rechtmäßigkeit der Sitzverlegung in die Bundesrepublik.

Die alte Geschäftsleitung hatte sich bzgl. der Sitzverlegung auf den Paragrafen 114 der Stiftungssatzung berufen.[123] Dieser besagte, dass die Stiftungsverwaltung, sollte sie nicht mehr satzungsgerecht bestehen, auf die Geschäftsleitung des ältesten in Jena oder Umgebung bestehenden Stiftungsbetriebes übergehen sollte.[124] Definierte man den Begriff „Umgebung" sehr großzügig und vertrat zudem den Standpunkt, dass durch die Verstaatlichung der Werke kein Stiftungsbetrieb in Jena mehr bestand, konnte man die Sitzverlegung nach Westdeutschland rechtfertigen.

Für die Legitimation der Sitzverlegung war also die entscheidende Frage, ob die Stiftung in Ostdeutschland noch satzungsgerecht existent war. In diesem Fall wäre die alte Geschäftsleitung nicht zur Verlegung berechtigt gewesen, da die Stiftungsverwaltung in Jena existent und weisungsbefugt gewesen wäre. Das Heidenheimer Unternehmen und die westdeutschen Tochterfirmen wären somit Teil der ostdeutschen Stiftung gewesen. Auch der Verweis auf das von bundesdeutschen Gerichten angeführte Territorialprinzip – nachdem Enteignungen nur in dem Staate gültig seien, in denen sie ausgeführt wurden – wäre dann sogar noch kontraproduktiv gewesen, da es ja explizit vorgibt, dass die Jenaer Stiftung noch Eigentümerin ihres westdeutschen industriellen Vermögens gewesen wäre. Für die westdeutsche Seite hing also alles daran, dass die Gerichte ihre Auffassung teilten, dass die Jenaer Stiftung in der DDR untergegangen war.

Die ostdeutsche Seite konterte diese Rechtsmeinung gleich mehrgleisig. Das Hauptargument war eine real existierende Stiftung in Jena. Wahrscheinlich vertraute man aber dem eigenen Stiftungskonstrukt nicht. Erst recht vor einem bundesdeutschen Gericht wollte man sich

---
[123] Abgedruckt in David: Carl-Zeiss-Stiftung, S. 76.
[124] Ebenda.

deswegen nicht alleine darauf verlassen müssen, dass die Jenaer Stiftung als legitim beurteilt wurde. Deswegen stellte man auf einer zweiten Ebene die Rechtmäßigkeit der Sitzverlegung nach Heidenheim infrage. Das Vehikel hierzu war die Frage nach dem Rücktritt der alten Geschäftsleitung. Falls diese nämlich, wie von ostdeutscher Seite behauptet, am Tag ihrer Deportation zurückgetreten wäre, wären deren Mitglieder nicht mehr berechtigt gewesen, nach Paragraf 114 der Satzung die Verwaltung der Stiftung zu übernehmen, selbst wenn die ostdeutsche Stiftung zu diesem Zeitpunkt nicht mehr existierte. Denn der Notstandsparagraf 114 durfte nur durch die in Funktion stehende Geschäftsleitung der Optischen Werkstätten (Firma Carl Zeiss) ausgefüllt werden.

Zunächst stellte sich aber die Frage nach der Arbeitsfähigkeit der Stiftung in Jena, da auf deren Negierung die gesamte Argumentationslinie der Heidenheimer Gruppe fußte. Nach Einschätzung der westdeutschen Seite war die Stiftung in der DDR untergegangen, weil sie durch die Enteignungen ihre Existenzgrundlage verloren hatte und dort aufgrund des Staatseinflusses nicht mehr im Stiftungssinne wirken könne.[125] Das gegenwärtige Konstrukt wurde vielmehr als Tarnkonstruktion dargestellt, das den Zweck hatte, Zugriff auf die westdeutschen und ausländischen Vermögenswerte zu erhalten.[126]

Tatsächlich gab es einige Indizien, die diese Meinung untermauern und sich zudem noch in den ostdeutschen Quellen finden lassen. So war man bei Zeiss Jena intern selber der Meinung, dass durch den Beschluss der DWK vom 16. Juni 1948 das Stiftungsstatut außer Kraft gesetzt worden war, da die Organe der Stiftung durch den durch die DWK ernannten Stiftungskommissar abgelöst worden waren. Auch der Stiftungszweck, den Erhalt des industriellen Vermögens zu sichern, war durch die Enteignung aufgehoben worden.

Erst als beide Konfliktparteien sicher auf die juristische Auseinandersetzung zusteuerten, bemühte man sich aufseiten der DDR ernsthaft, der Stiftung den Anschein von Funktionsfähigkeit zu verleihen. Schrade hatte dies schon ab dem Jahr 1949 versucht, fand aber auf ministerialer Ebene erst ab Frühjahr 1951 Gehör.[127] Der Vorwurf aus Heidenheim, dass die Stiftungsarbeit zwischen 1948 und 1951 brachlag, war also durchaus berechtigt.[128]

---

[125] Heintzeler, S. 137 f. Auch Peterke, S. 102 ff.
[126] Heintzeler, S. 138.
[127] Ob der Vorwurf von Peterke zutreffend ist, dass die Dokumente, die eine Rechtsverbindung zwischen Werken und Stiftung wiederherstellten, im Januar 1952 auf den 1. Juli 1948 zurückdatiert worden sind, lässt sich nicht belegen, da der Autor keine Quellenangabe dazu angibt. Siehe: Peterke, S. 105.
[128] Peterke, S. 99 f.

Aber auch die Reaktivierung der Stiftungsorgane und die Wiederbelebung der Beziehung zwischen Werken und Stiftung führte nicht dazu, dass die Stiftung in Jena wieder eine statutengerechte Existenz führte. Dies ließen der Aufbau der Wirtschaft und Gesellschaft in der DDR einfach nicht zu, denn beides war dem Staatswillen unterworfen und nicht dem Stifterwillen, wie Walter David zu Recht kritisiert.[129]

Zudem lässt sich belegen, dass es sich bei der Jenaer Stiftung um eine Tarnkonstruktion handelte, die nur wiederbelebt wurde, um für den anstehenden Rechtsstreit gerüstet zu sein, wie sich der Korrespondenz zwischen dem thüringischen Ministerpräsidenten Eggerath und der mit der Reorganisation beauftragten Volksbildungsministerin Oschmann entnehmen lässt. In diesem Schriftverkehr verweist Eggerath ausdrücklich darauf, dass

> ... die Angelegenheit eilt, weil, wie der Herr Minister für Maschinenbau mir mitteilt, in nächster Zeit mit einer Klage aus Westdeutschland gerechnet werden muß.[130]

Dies ging so weit, dass die Stiftung zeitweilig wieder die Auszahlung der Pensionen übernahm,[131] selbstverständlich finanziert von den VEBs und verrechnet mit der staatlichen Rente.[132] Als vonseiten der Arbeiterschaft allerdings die Forderung laut wurde, die Pensionen wieder zu 100 % auszuzahlen, wehrte Werksdirektor Schrade dies mit dem Hinweis ab, der VEB hätte nichts mit der Stiftung zu tun.[133]

Die Stiftung selber hatte auch nach ihrer Reorganisation keinerlei Entscheidungsbefugnisse oder Zugriff auf ihr industrielles Vermögen, sondern hing vielmehr am Tropf von Zeiss und Schott, die wiederum von staatlichen Organen kontrolliert wurden. Man muss also zu dem Schluss kommen, dass in der DDR tatsächlich keine eigenständige und satzungsgerechte Zeiss-Stiftung mehr existierte.

Dass die Stiftung in der DDR nicht mehr existierte, bedeutete aber im Umkehrschluss nicht automatisch, dass auch die Sitzverlegung nach Westdeutschland und die Übernahme durch die alte Geschäftsführung legal gewesen waren, da sie eng mit der Frage des Rücktritts der alten Geschäftsleitung verknüpft waren.

---

[129] David: CZ-Stiftung, S. 18.
[130] Mühlfriedel: Carl Zeiss, Band 3, S. 263.
[131] Thüringisches Staatsarchiv Rudolstadt (im folgenden LATh-StA Rudolstadt): Grundorganisation der SED VEB Carl Zeiss Jena – Nr. 12, S. 7.
[132] LATh-StA Rudolstadt Nr. 12, S. 19 f. Zwischen 1951 und 1953 wurden jährlich zwischen 1,0 und 1,5 Millionen Ost-Mark an Pensionen bezahlt. Insgesamt beliefen sich die Zuschüsse der VEBs an die Stiftung in den drei Jahren auf etwa 5,5 Millionen Ostmark.
[133] Karlsch in Plumpe, S. 216.

Diesbezüglich ist es sinnvoll, zunächst die Ereignisse in der unmittelbaren Nachkriegszeit zu betrachten. Die alte Geschäftsleitung wollte ihre Nachfolger kurz vor der Deportation nach Westdeutschland zunächst nur mit Prokura ausstatten. Erst auf Initiative des Arbeiter- und Angestellten-Ausschusses im Verbund mit Stiftungskommissar Arno Barth einigte man sich auf einen Kompromiss: Die neue Geschäftsleitung wurde mit allen Rechten eingesetzt. Im Gegenzug behielten die Mitglieder der alten Geschäftsleitung die Möglichkeit, bei einer Rückkehr nach Jena wieder ihre ursprünglichen Positionen zu bekleiden.[134] Eine Rückkehr stellte sich zwar bald als illusorisch heraus, jedoch war mit diesem Kompromiss auch nicht der Rücktritt beschlossen worden. Dieser erfolgte de facto erst mit dem Schreiben der alten Geschäftsleitung an Jena vom 28. Januar 1946 als Antwort auf die von Arno Barth insistierte und von politischen Stellen in der SBZ unterstützte entsprechende Forderung. Dass der Rücktritt de jure fragwürdig blieb, lag an der Formulierung des Briefes:

> Wir wünschen Ihnen klar und zweifelsfrei zu bestätigen, dass wir Sie seit unserem Abtransport aus Jena als die nunmehr allein und voll verantwortlichen Geschäftsleitungen der Stiftungsbetriebe nach innen und außen betrachtet haben und weiter betrachten. [...] So werden Sie auch mit uns den anempfohlenen Rücktritt für gegenstandslos halten. Die durch diese Empfehlung erstrebte Lage ist zu Ihren Gunsten bereits hergestellt.[135]

Die westdeutsche Rechtsprechung bewies ein ausgeprägtes politisches Lagerdenken, als sie aufgrund des zweiten Absatzes dieses Briefes einen Rücktritt der alten Geschäftsleitung für ausgeschlossen hielt. Die gesamte Korrespondenz in dieser Sache zwischen Ost und West lässt hingegen keinen Zweifel daran, dass Jena in der Beziehung mit Oberkochen weisungsbefugt war.[136] Auch, wenn die westdeutsche Seite intern bereits in der zweiten Hälfte des Jahres 1946 Emanzipationsbestrebungen erkennen ließ, war die ehemalige Geschäftsleitung doch im Gesamtkonzern in das zweite Glied verdrängt worden und zumindest de facto zurückgetreten. Die Sitzverlegung der Stiftung hätte folglich von der alten Geschäftsleitung aufgrund der Berufung auf Paragraf 114 des Statuts nicht getätigt werden dürfen.

In der Nachschau war das westdeutsche Vorgehen, sich auf den Paragraf 114 zu berufen, unverständlich, da dies vor einem neutralen Gericht

---

[134] Mühlfriedel: Carl Zeiss, Band 3, S. 22.
[135] Abgedruckt in Peterke, S. 63.
[136] Siehe z. B. die ausgegebene Vollmacht für die Westgruppe. Abgedruckt in ebenda, S. 59.

leicht anzufechten gewesen wäre. Zum Glück der Heidenheimer gab es innerhalb der beiden Blöcke kaum ein wirklich neutrales Gericht.

Dabei hatte die westdeutsche Zeiss-Gruppe doch ein ganz anderes Mittel zur Hand, das aber im Rahmen des Rechtsstreits nicht eingesetzt worden war. Es handelte sich um die von Jena ausgegebene Vollmacht vom 4. Juni 1946, die namentlich auf Walter Bauersfeld und Paul Henrichs ausgestellt worden war und den beiden genannten das Recht zugestand, für die Stiftung in Westdeutschland zu handeln, wenn dies von Jena aus nicht mehr möglich gewesen wäre.[137] Wenigstens im Zeitraum zwischen der Enteignung der Stiftung und der Pseudo-Reaktivierung war dies ein Freifahrtschein, der unverständlicherweise vonseiten der DDR nie widerrufen worden war.[138]

Zudem kam erschwerend hinzu, dass die Sitzverlegung auch noch gegen die ausdrücklichen Bestimmungen des Statuts durchgeführt wurde. Ein wesentlicher Punkt der Stiftungssatzung besagte nämlich, dass der Rechtssitz Jena unter gar keinen Umständen aufgehoben oder verlegt werden durfte.[139] Um diese Bestimmung zu umgehen, bediente sich die westdeutsche Seite der Hypothese, dass die Ereignisse in der SBZ/DDR nicht im Sinne des Stifterwillens gewesen waren und auch nicht vorhergesehen werden konnten, ansonsten hätte Abbe von dieser Klausel abgesehen.[140] Dies mag ja eventuell eine zutreffende Einschätzung gewesen sein, bleibt aber eine nicht überprüfbare These.

Im Ergebnis muss man leider beiden Parteien bescheinigen, dass sie sich nicht auf dem Boden des Rechts bewegten. Weder existierte die Stiftung in Jena nach der Enteignung satzungsgerecht, noch hatte die westdeutsche Seite das Recht gehabt, den Stiftungssitz zu verlegen.

Nun stellt sich die Frage, wie es trotzdem zur Sitzverlegung kommen konnte. Die Antwort ist so bedauerlich wie simpel: weil man es konnte ...

Hierbei muss auch die Rolle des Landes Württemberg-Baden kritisch hinterfragt werden. Aufseiten Jenas hielt sich hartnäckig die Behauptung, die Taktik, den Paragraf 114 zu nutzen, sei erst durch das württemberg-badische Justizministerium ins Spiel gebracht worden.[141] Auch, wenn diese Behauptung nicht nach Quellen belegt werden kann, ist dennoch eindeutig, dass das Land einen wesentlichen Anteil an der Sitzverlegung – und auch eigene Interessen – gehabt hatte. Ziegler ergänzt den bisherigen Forschungsstand

---

[137] Peterke, S. 59.
[138] Ebenda, S. 193.
[139] Vgl. § 3 und § 121 des Statuts. Abgedruckt bei David: CZ-Stiftung, S. 33 und S. 79. Siehe dazu auch die Rechtsauffassung der ostdeutschen Seite bei Schrade in: Wissenschaftliche Zeitschrift, S. 56.
[140] David: CZ-Stiftung, S. 19.
[141] Schrade in: Wissenschaftliche Zeitschrift, S. 57.

hier um einen wichtigen Aspekt: Alleine im Zeitraum 1950/51 hatte Württemberg-Baden Bürgschaften in Höhe von 30 Millionen DM für Zeiss-Opton bereitgestellt, um den Betriebsaufbau zu sichern. Zudem lag die Firma in einer strukturschwachen Region und sicherte wertvolle Arbeitsplätze.[142] Es war also im ureigenen Interesse des Landes, dass das Unternehmen bestehen blieb oder sogar noch prosperierte. Die Berufung auf die Zeiss-Tradition gegenüber Öffentlichkeit und Kunden – und in letzter Instanz eben die Sitzverlegung – war dafür die wesentliche Voraussetzung. Die zuständigen Stellen im Land Württemberg-Baden hatten also nicht zuletzt im eigenen Interesse, Hand in Hand mit der alten Geschäftsleitung, einen höchst fragwürdigen Verwaltungsakt durchgeführt, der erst im Nachhinein durch die bundesdeutsche Rechtsprechung und Gesetzgebung legitimiert wurde.

Auch die Argumentation, wonach die zuständige Aufsichtsbehörde über eine Stiftung immer diejenige sein muss, in deren Hoheitsgebiet die Stiftung faktisch tätig ist, konnte ja nur herangezogen werden, wenn die vorausgegangene Sitzverlegung legal gewesen wäre.[143] Rechtlich bestätigte erst das Bundesverwaltungsgericht in letzter Instanz die Rechtmäßigkeit der Sitzverlegung.[144]

Der Gesetzgeber selber verlieh dem Vorgehen rückwirkend mit dem „Bundesgesetz zur Ergänzung des Gesetzes zur Änderung von Vorschriften des Fideikomiß- und Stiftungsrechts" vom 3. August 1967 Legalität.[145] Es hat den Anschein, als sei es eigens für den Fall Zeiss konzipiert worden.[146]

So bleibt die Erkenntnis, dass es sich bei der Auseinandersetzung um den Sitz der Carl-Zeiss-Stiftung im Prinzip um einen Erbfolgestreit gehandelt hatte, da beide Seiten wohl kaum legitimiert waren, die Rechtsnachfolge statuten- und gesetzeskonform anzutreten. Konsequenterweise

---

[142] Ziegler in Plumpe, S. 247 f.
[143] Werkszeitschrift Carl Zeiss Oberkochen, Heft 14, S. 103.
[144] Hermann: Name, S. 187.
[145] In Teilen abgedruckt bei Heintzeler, S. 122 f. Ansonsten siehe BGBl. 1967, I, S. 839.
[146] Der Wortlaut der wesentlichen Paragrafen:
Artikel 1 § 2a: „Hat eine nach deutschen Rechtsvorschriften gebildete Stiftung des bürgerlichen Rechts am 8. Mai 1945 ihren Sitz außerhalb des Geltungsgebietes dieses Gesetzes gehabt und hat sie im Geltungsgebietes dieses Gesetzes Vermögensgegenstände, so kann die sachlich zuständige oberste Landesbehörde des Landes, in dem sich Vermögensgegenstände befinden, die Aufsichtsbefugnisse ausüben. Sie kann hierbei alle Maßnahmen treffen, die sie für notwendig hält, um die Stiftung aufrechtzuerhalten oder fortzusetzen. Insbesondere kann sie den Sitz der Stiftung verlegen, ohne an Bestimmungen der Satzung gebunden zu sein. [...]"
Artikel 2: „Hat eine Behörde vor dem Inkrafttreten dieses Gesetzes Maßnahmen getroffen [...,] so sind diese wirksam."

hätte es in der Bundesrepublik einer Neugründung bedurft,[147] durch die man wenigstens teilweise in die Tradition von Zeiss und Abbe getreten wäre. Schließlich darf auch nicht übersehen werden, dass es auch in Westdeutschland zehn Jahre dauerte, bis endlich eine satzungsgerechte Stiftungsverwaltung ins Leben gerufen und das Provisorium um den Notstandsparagrafen abgelöst wurde.[148]

---

[147] Dieser Auffassung war übrigens auch das Schweizerische Bundesgericht. Siehe: Heintzeler, S. 65.
[148] Ziegler in Plumpe, S. 254 f.

Exkurs III: Stiftungsvermögen West: ein Überblick

Nach der Enteignung der Stiftung und der Verstaatlichung der Stiftungsbetriebe hatte die Carl-Zeiss-Stiftung einen Vermögensverlust von etwa 500 Millionen DM hinnehmen müssen.[1] Sie verfügte in der DDR lediglich noch über die bereits genannten kostenintensiven sozialen Einrichtungen sowie über einige nichtproduktive Immobilien, wie Siedlungs- und Mietshäuser, etwas Waldbesitz und ein Landgut.[2]

Demgegenüber befanden sich in Westdeutschland noch etwa 10 % des Gesamtvermögens in ungeklärter Besitzlage.[3] Dazu zählten Firmen und Beteiligungen, der Firmenname selbst und weitere Markenrechte und Patente, Urheberrechte, Eigentum an Grundstücken und beweglichen und unbeweglichen Gütern sowie Forderungen gegenüber Dritten und nicht zuletzt die globale Vertriebs- und Einkaufsorganisation.[4] Verloren war nach dem Krieg hingegen das Auslandsvermögen der Stiftung. Die Westseite bemühte sich zwar, dortige Vermögenswerte zurückzuerlangen, offenbar jedoch ohne Erfolg.[5]

Das Herzstück der westdeutschen Stiftungsbetriebe war sicherlich die aus der Opton GmbH hervorgegangene Firma Carl Zeiss Oberkochen. Opton war bekanntlich, komplett durch die Jenaer Stiftung finanziert, am 31. Oktober 1946 gegründet worden. Es handelte sich demzufolge zunächst rechtlich um einen Betrieb der ostdeutschen Stiftung. Die Übernahme durch die Anfang 1951 gegründete Firma Carl Zeiss Oberkochen erfolgte erst am 28. Juli 1953 über die westdeutsche Stiftung.[6] Dies veranschaulicht die Problematik, der sich der westdeutsche Konzern ausgesetzt sah: Wäre die Existenz der ostdeutschen Stiftung von westdeutschen Gerichten bestätigt worden, wäre die Firma, 1952 immerhin schon wieder mit 3.000 Beschäftigten bei steigender Tendenz, an die Jenaer Stiftung zurückgefallen. Die Stiftungsniederlassung in Heidenheim wäre laut Stiftungsstatut, sofern ihre einseitige Gründung überhaupt legal gewesen wäre, gegenüber der Mutterstiftung nachrangig.

Dies hätte selbstverständlich ebenso alle übrigen Betriebe, an denen die Jenaer oder Heidenheimer Stiftung direkt oder indirekt über ihre Firmen beteiligt gewesen waren, betroffen. Neben Zeiss Oberkochen und

---

[1] Werkzeitschrift Heft 40, S. 27. Sowie: BACZ 08289 und VA 1261.
[2] Werkzeitschrift Heft 14 vom 15.10.54, S. 100.
[3] Werkzeitschrift Heft 40, S. 27.
[4] Werkzeitschrift Heft 14, S. 103.
[5] Siehe: BACZ 07952 und CZO 282: Geschäftsleitung Oberkochen. Aktivitäten zur Rückgabe von Firmen- bzw. Stiftungsvermögen in Dänemark, Österreich, den USA, Schweden, Finnland und Norwegen. Erbangelegenheit Heinrich Beck.
[6] Mühlfriedel: Carl Zeiss, Band 3, S. 261.

den Glasmachern von Schott ist an dieser Stelle vor allem auch Zeiss Ikon zu nennen. Beide letztgenannten Unternehmen werden noch an anderer Stelle genauer untersucht.

Abbildung 28: Unternehmensbeteiligungen der Carl-Zeiss-Stiftung in Westdeutschland und dem westlichen Ausland über Carl Zeiss Oberkochen[7]

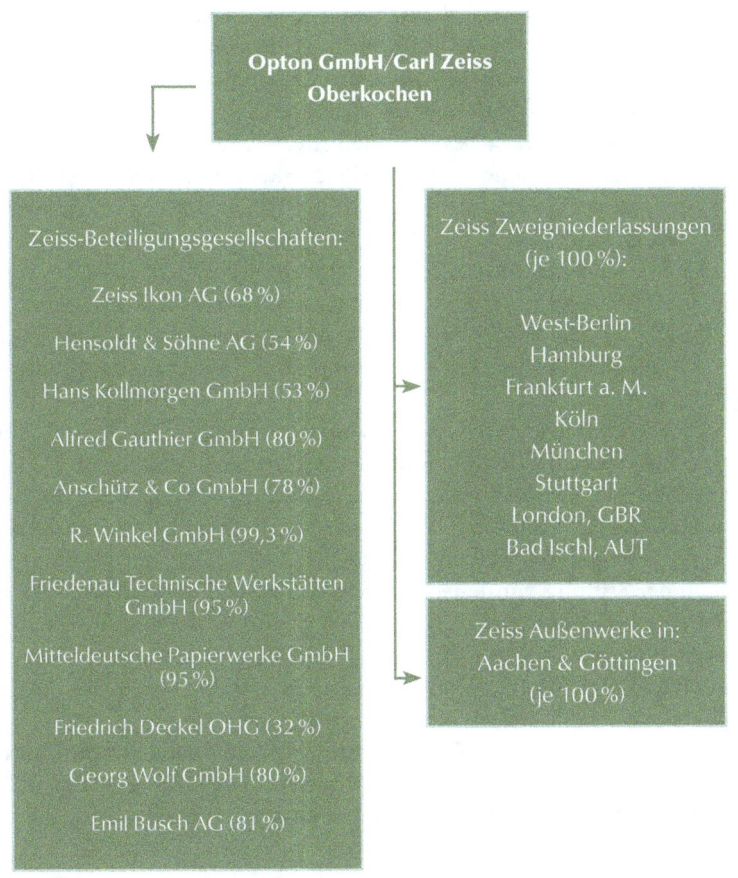

---

[7] Organigramm erstellt nach: Werkszeitschrift Heft 14 vom 15. Oktober 1954, S. 102. Sowie: Autorenkollektiv, S. 773 ff.; und: CZO 2371: Ergänzung 1954/55 zum Bericht vom 15. September 1955 über die Nachkriegsentwicklung der Carl-Zeiss-Stiftung, Heidenheim/Brenz.

Neben den beiden Außenwerken in Göttingen und Aachen, in denen man auch produzieren ließ, verfügte Zeiss Oberkochen auch über die nach dem Krieg verbliebenen Zweigniederlassungen in den westlichen Besatzungszonen und West-Berlin.

Ab 1955 kamen die ausländischen Zweigniederlassungen in London und Bad Ischl hinzu. Als zusätzliche Betriebsstätten waren sie zwar keine juristischen Personen wie ein Tochterunternehmen, konnten aber selbstständig am Geschäftsverkehr teilnehmen. Produziert wurde in den Zweigniederlassungen nicht. Sie dienten eher dem Vertrieb und waren zudem regionale Ansprechpartner der Kunden in Sachen Verkauf, Reklamation und Wartung etc.[8] Wertvoll waren sie demnach aufgrund ihrer direkten Kundenkontakte und als Teil des Vertriebsnetzes, was nicht zu unterschätzen war. Möglicherweise bestand auch ein gewisser Immobilienwert, falls es sich um Eigentum und nicht um Mietobjekte gehandelt haben sollte. Im Vergleich zu den Beteiligungen an Tochterfirmen war der rein materielle Wert jedoch marginal.

Nicht alle diese Tochterfirmen waren unbeschädigt aus den Kriegs- und Nachkriegswirren hervorgegangen. Einige, wie die im weiteren Verlauf noch zu untersuchende Zeiss Ikon AG, waren wesentliche Stützen beim Wiederaufbau. Andere wiederum hatten die Ereignisse praktisch geschäftsunfähig gemacht.

Die Firma Hensoldt & Söhne AG, die 1928 von der Carl-Zeiss-Stiftung zu 54 % übernommen wurde, weil das Unternehmen stark unter der Weltwirtschaftskrise gelitten hatte, war z. B. nach dem Krieg zunächst handlungsunfähig. Die Familie Hensoldt war augenscheinlich tief in den Nazi-Sumpf verstrickt gewesen und wurde dementsprechend sanktioniert. Der Anteil der Stiftung wurde jedoch freigegeben, und diese übernahm auch die Leitung des Betriebs. Ende der 1940er Jahre bildeten zwei ehemalige Angestellte von Zeiss Jena die Geschäftsleitung und brachten mit der Herstellung von Feldstechern und Mikroskopen wieder etwa 900 Beschäftigte in Lohn und Brot.[9]

Demgegenüber war die Hans Kollmorgen GmbH, mit 53 % Stiftungsbeteiligung, als eine kleine Spezialfirma zu betrachten. Die ca. 50 Beschäftigten in Coburg stellten Zystoskop-Optik, also Medizintechnik für die Urologie, her.[10] Im gleichen Produktsegment war auch die Georg Wolf GmbH tätig. Die kleine Firma war aufgrund der Sequestrierung schon frühzeitig von Berlin nach Heidenheim verlegt worden.[11] Ebenfalls Spezialisten auf

---

[8] Autorenkollektiv, S. 775.
[9] VEB 1948–64: BACZ 15135.
[10] Ebenda.
[11] Ebenda.

ihrem Gebiet waren die ca. 70 Mitarbeiter der Mitteldeutschen Papierwerke GmbH. Hier wurde ausschließlich Kartonage zu Verpackungszwecken hergestellt.[12] Die Stiftungsbeteiligung von 95 % verdeutlicht die Größe, den die Konzernstruktur im Krieg erreicht hatte – arbeiteten die Papierwerke doch ausschließlich für den Bedarf der Stiftungsbetriebe.

Die Alfred Gauthier GmbH in Calmbach war zunächst von den französischen Besatzungsbehörden teildemontiert worden. Verfügte sie im Kriegsjahr 1943 noch über 1.600 Beschäftigte, stellten die nun noch etwa 800 Mitarbeiter im Jahr 1949 Schraubenautomaten und Verschlüsse für photographische Objektive her.[13]

Auch die Firma Anschütz & Co. GmbH, an der die Stiftung mit 78 % beteiligt war und die 1943 immerhin etwa 1.700 Mitarbeitern eine Anstellung bot, wurde zunächst demontiert. Zudem wurde ein totales Fertigungsverbot für alle Produktionsbereiche von den britischen Besatzungsbehörden erlassen. Auch hier war ein ehemaliger Mitarbeiter von Zeiss Jena der Geschäftsleiter, der in den ersten Nachkriegsjahren aufgrund der Restriktionen jedoch kaum aktiv gestalten konnte.[14]

Ebenfalls vollständig demontiert wurde die Friedenauer Technische Werkstätten GmbH. Bis zum Jahr 1949 war die Produktion dort nicht wieder aufgenommen worden.[15]

Besser erging es der R. Winkel GmbH in Göttingen. Bereits im Jahr 1911 wurde das Werk zu 99,3 % von der Zeiss-Stiftung übernommen. Ende 1949 fertigten die 700 Mitarbeiter bevorzugt Mikroskope sowie Spezialgeräte und Linsen für die Ophthalmologie. Als Geschäftsführer hatten die Geschäftsleiter von Zeiss Oberkochen den ehemaligen Jenaer Prokuristen Dr. Gerhard Kühn eingesetzt. Im Jahr 1957 wurde die R. Winkel GmbH schließlich in ein Stiftungsunternehmen verwandelt.[16] Anders als die Angestellten der übrigen Beteiligungsgesellschaften, profitierten die Mitarbeiter nun von den Vorteilen, die dieser Status mit sich brachte.

Bei der Friedrich Deckel OHG war die Stiftung seit 1911 mit einer stillen Beteiligung von 32 % involviert. Die Firma hatte den Compur-Verschluss für Kamerablenden entwickelt, der als technische Meisterleistung galt. Im Verbund mit Zeiss wurden die Geschäfte offenbar auch nach dem Krieg erfolgreich weitergeführt. Zwischen 1949 und 1953 stieg die Zahl der Mitarbeiter von 1.600 auf 3.000 an, und in der Kameraverschlusstechnik

---

[12] VEB 1948–64: BACZ 15135.
[13] Ebenda und: Walter, Rolf: Carl Zeiss, Band 2, S. 261.
[14] VEB 1948–64: BACZ 15135.
[15] Ebenda.
[16] Ebenda.

verfügte man zur damaligen Zeit über das Monopol.[17]

Den umgekehrten Weg musste die Emil Busch AG gehen. Im Jahr 1928 hatte sich die Stiftung die Aktienmehrheit an dem Unternehmen gesichert. Während des Zweiten Weltkrieges produzierte der ursprünglich in Rathenow angesiedelte Betrieb mit seinen 4.500 Mitarbeitern ausschließlich für die Rüstungsindustrie im Bereich Optik. Dementsprechend erfolgte nach Kriegsende die vollständige Demontage durch die sowjetischen Besatzungsbehörden. Erst im Jahr 1949 gelang die Wiederbelebung der Firma. In ihrer Eigenschaft als provisorische Stiftungsverwaltung in Westdeutschland und als vormalige Mitglieder des Aufsichtsrates der Busch AG bestellten Küppenbender, Henrichs und Bauersfeld den alten Vorstand wieder ein und verlegten den Firmensitz von Rathenow nach Göttingen. Zum Geschäftsführer wurde wiederum der Zeissianer Dr. Kühn ernannt. Ein Jahr nach der Produktionsaufnahme verfügte das einstmals große Unternehmen 1951 nur noch über 49 Mitarbeiter.[18]

Der Vollständigkeit halber seien in diesem Zusammenhang auch noch diejenigen Unternehmen erwähnt, in die sich die Heidenheimer Stiftung in der zweiten Hälfte der 1950er Jahre eingekauft hatte: Im Jahr 1956 wurde der Kamera-Hersteller Voigtländer vom Vorbesitzer Schering AG erworben.[19] Ab 1958 erwarb man Anteile an der Firma Marwitz & Hauser, die über die damals größte Brillenfassungsfabrik in der Bundesrepublik verfügte. Nach dem Tode des Inhabers im Jahr 1965 verfügte die Stiftung über die Aktienmehrheit.[20] Ebenfalls in diesen Zeitraum fiel der Erwerb der Fritz Leitz GmbH. Dies geschah allerdings alles in einer Phase, in der bereits abzusehen war, dass das Stiftungsvermögen vonseiten der westdeutschen Gerichtsbarkeit nicht an die Jenaer Stiftung zurückgegeben werden würde. Die übrigen Unternehmen, Zweigniederlassungen und Werke aber mussten zuvor befürchten, im Falle einer juristischen Niederlage der ostdeutschen Stiftung zurückgegeben zu werden.

Dies galt auch für die Glasmacher von Schott. Zusammen mit ihren Kollegen von Zeiss waren bei Kriegsende etwa 40 führende Angestellte zusammen mit der Geschäftsleitung von den Amerikanern in die Westzone deportiert worden. Sie bekamen meist zeitnah neue Arbeitsmöglichkeiten in den Beteiligungsgesellschaften von Schott, den Vereinigten Farbenwerken und der Deutschen Spiegelglas AG sowie in der firmeneigenen Glashütte in Landshut.[21]

---

[17] VEB 1948–64: BACZ 15135 und: Autorenkollektiv, S. 773 f.
[18] Schumacher, Pit: Die Zeiss-Punktal-Story. Norderstedt 2012, S. 107.
[19] Autorenkollektiv, S. 774.
[20] Ebenda, S. 775 und Schumacher, S. 113.
[21] David: CZ-Stiftung, S. 16.

In Oberkochen war man schon Mitte 1946 bestrebt, ein Westpendant zu Schott Jena in die Firmenstruktur einzugliedern, um ohne den Umweg über die Zonengrenze Waren für die eigene Produktion beziehen zu können. Bei Zeiss Jena stand man dem zunächst ablehnend gegenüber, war sich aber der Problematik bewusst, dass man im Falle einer sich vertiefenden deutschlandpolitischen oder konzerninternen Spaltung sowieso Gefahr lief, den Zugriff auf die westdeutschen Konzernableger zu verlieren.[22] Schließlich entschied man in Jena genau wie im Falle Zeiss, dass es letztlich von Vorteil wäre, Produktionsstätten in Westdeutschland aufzubauen, sollte die Zonenspaltung beibehalten werden. Falls es auf absehbare Zeit wieder zu einer wirtschaftlichen Einheit kommen sollte, hätte man wiederum bereits einen Vorteil gegenüber der Konkurrenz.[23]

So schloss Schott Jena am 26. November 1947 mit den Vereinigten Farbenglaswerken in Zwiesel ein Lizenzabkommen, infolgedessen alle Lizenz-, Schutz- und Urheberrechte sowie alle Konstruktionspläne, Verfahren und Erfahrungen ausgetauscht werden konnten. Lediglich der Firmenname Schott durfte von den Farbenglaswerken nicht geführt werden.[24]

Das westdeutsche Unternehmen war bereits im Jahr 1927 zu nahezu 100 % in Stiftungsbesitz übergegangen und verfügte zum Zeitpunkt des Lizenzvertrages über etwa 500 Mitarbeiter.[25] Nach dem Krieg hatte Zwiesel zwei Werke durch Enteignungen verloren: eines in der Tschechoslowakei und eines im sächsischen Pirna.[26]

Parallel zu der Emanzipation des westdeutschen Zeiss-Ablegers – und auf dessen Bestreben – machte sich auch Schott mehr und mehr von dem Mutterhaus in der DDR frei. Als man am 1. November 1952 eine neue Glashütte in Mainz eröffnete, verlegte man nicht nur den Firmensitz dorthin, sondern nannte sich auch in Schott AG Mainz um.[27]

Zum Westkonzern gehörten nun die Firmen Schott, die Mitte 1954 bereits wieder über 2.500 Mitarbeiter verfügte, und die Vereinigten Farbenglaswerke, die nun wieder nach außen eigenständig auftraten. Hinzu kamen die Sendlinger Optischen Glaswerke in Berlin-Zehlendorf, die ursprünglich zur Zeiss-Ikon-Struktur gehörten, aufgrund von Kriegszerstörung aber ein Totalverlust gewesen waren.[28]

---

[22] CZO 1471.
[23] Ebenda.
[24] Ebenda.
[25] BACZ 15135.
[26] CZO 2371.
[27] David: CZ-Stiftung, S. 16.
[28] Laufer, Johannes: Deutsche Spiegelglas AG 1871–1975. Die Geschichte eines Unternehmens zwischen Industrialisierung und sozialer Marktwirtschaft. Göttingen 1994, S. 327.

Ein weiterer Zulieferbetrieb waren die Bremthaler Quarzitwerke GmbH im Taunus.[29] Etwa 30 Mitarbeiter bauten den Rohstoff ab, der bei Zeiss und Schott als Grundstoff für optische Spezialgläser benötigt wurde.

Die wichtigste Schott-Tochter war aber die Deutsche Spiegelglas AG (DESAG) nebst ihren drei Außenwerken und etwa 1.500 Beschäftigten Anfang der 1950er Jahre.[30] Sie lieferte Zeiss und Schott Brillenglas, Schutzgläser und weitere technische und medizinische Spezialgläser zur Weiterverarbeitung[31] und kontrollierte die Deutsche Uhrenglasfabrik, ein kleines Unternehmen mit etwa 120 Mitarbeitern, das aber aufgrund der Sperrung der Zonengrenze bis zum Ende der 1940er Jahre einen Marktanteil von bis zu 90 % in ihrem Produktionssegment in Westdeutschland erzielen konnte.[32]

Wie eng die Verflechtungen innerhalb der Konzernstruktur waren, belegt die Tatsache, dass Dr. Erich Schott[33] als Vorsitzender des Aufsichtsrates und Paul Henrichs als Mitglied desselben bei der Deutschen Spiegelglas AG die Fäden zogen.[34] International expandierte Schott nach Südamerika. Die erste Produktionsstätte außerhalb Deutschlands wurde in Rio de Janeiro im Jahre 1954 gegründet,[35] und damit drei Jahre früher als die Clarlux Optik GmbH Berlin, die innerhalb der Konzernstruktur Brillengläser herstellte.[36]

---

[29] VEB 1948–64: BACZ 15135.
[30] Das Werk in Holzminden konnte erst wieder im Jahr 1950 aufgrund des wirtschaftlichen Aufschwungs infolge des Korea-Krieges eröffnet werden. Vgl. Laufer, S. 346.
Zur Mitarbeiterentwicklung siehe: ebenda, S. 375.
[31] Ebenda, S. 343.
[32] Ebenda, S. 355.
[33] Ebenda, S. 326.
[34] Ebenda, S. 331.
[35] Siehe Homepage der Schott AG: http://www.schott.com/jena/german/historie.html.
[36] Schumacher, S. 110.

Abbildung 29: Unternehmensbeteiligungen der Carl-Zeiss-Stiftung in Westdeutschland und dem westlichen Ausland über Schott Mainz (1949–1959)[37]

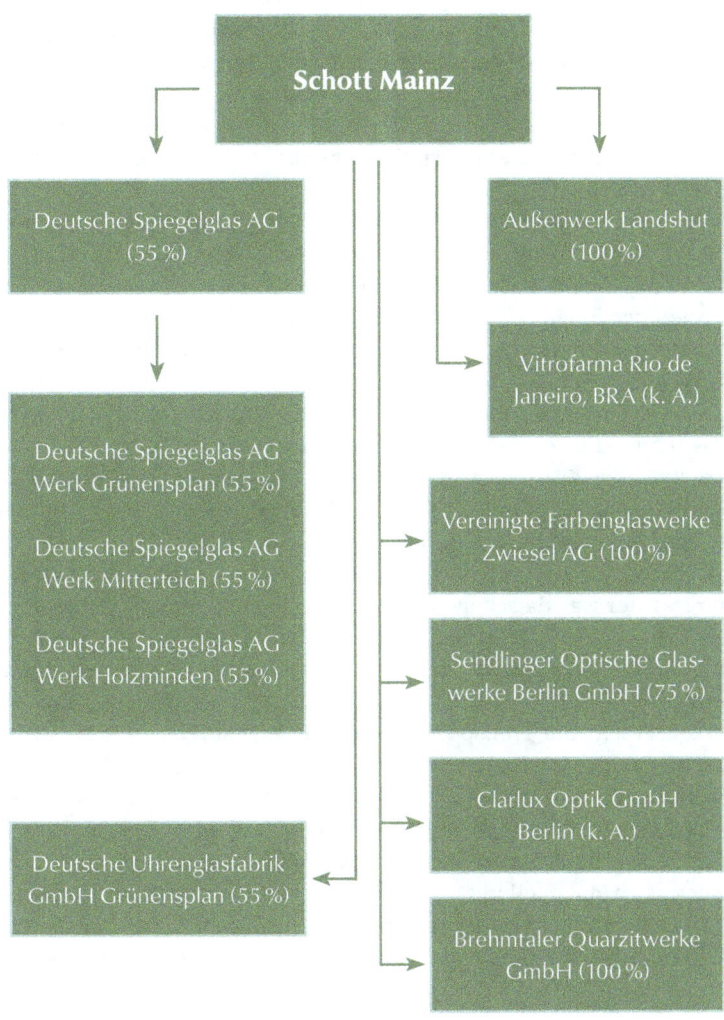

---

[37] Organigramm erstellt nach: Werkszeitschrift Heft 14 vom 15. Oktober 1954, S. 102. Sowie: Autorenkollektiv, S. 773 ff.; und: CZO 2371.

Von großer Bedeutung für den Aufbau der westdeutschen Konzernstruktur war die Zeiss-Ikon AG. Gerade in der Frühphase der Teilung war die Leistungsfähigkeit des Unternehmens ungeheuer wichtig für Zeiss Oberkochen, da die Tochterfirma im Gegensatz zu Zeiss und Schott im nahezu unzerstörten Zweitwerk, der Contessa-Nettel AG in Stuttgart, in den Westzonen ihre Geschäftstätigkeit zügig wiederaufnehmen konnte. Dank der Aufträge der US-Armee war die Auftragslage gut, und das Unternehmen konnte prosperieren.[38] Der Absatz an Kameras und Sicherheitsschlössern sicherte über die stetig fließende Dividende auch den Aufbau Zeiss Oberkochen.[39]

Ikon selbst wurde seit 1926 von der Stiftung kontrolliert. Damals kam es, auf Bestreben von Zeiss, zu einem Zusammenschluss von vier Unternehmen aus dem Bereich Kamerabau.

Nach der Enteignung der Stiftung verlegte das Unternehmen seinen Sitz von Dresden nach Stuttgart. Hinzu kamen Außenwerke in Berlin und ab 1950 auch in Kiel.

Von geringerer Bedeutung waren die Tochterunternehmen von Zeiss-Ikon. Die Zeiss-Ikon Büromaschinen GmbH war eine kleine Werkstatt, die 1950 eigens gegründet wurde, um Buchungsmaschinen zu entwickeln. Auch die Kinotechnische Vertriebs GmbH und die Geraert-Technik-Vertriebs GmbH hatten nur einen marginalen Wert. Dies galt ebenso für die 1959 gegründete Vertriebsgesellschaft in Zürich.[40] Interessanter war da schon eher der Exot im Portfolio: die Zehlendorfer Eisenbahn- und Hafen GmbH. Die Gesellschaft befand sich bereits mit der Gründung 1926 im Besitz des Unternehmens und diente mit seiner Eisenbahntrasse in Berlin als Rohstofflogistiker zwischen den einzelnen Werken. Auch zum Transport von Betriebsangehörigen wurde die Bahn benutzt, bis der Personentransport aufgrund der Berlin-Blockade eingestellt werden musste.[41]

Im Jahr 1954 verfügte dieses von Ikon geführte Konglomerat aus Einzelfirmen bereits wieder über 4.700 Beschäftigte. Zwei Jahre später änderte sich die Stellung, und man wurde vom Tochterunternehmen zum vollwertigen Stiftungsunternehmen hochgestuft. Im Gegensatz zu den Tochterfirmen, die in GmbHs oder Aktiengesellschaften organisiert

---

[38] Ziegler in Plumpe, S. 244 f.
[39] Ebenda, S. 245.
[40] Staatsarchiv des Kantons Zürich – Z 2.2959 Zeiss Ikon und Voigtländer AG, Zürich – Vertrieb feinmechanischer Erzeugnisse, besonders für Fotografie, 1959–1973. Online-Ressource: http://suche.staatsarchiv.djiktzh.ch/detail.aspx?ID=22404.
[41] Zur Geschichte der Zehlendorfer Eisenbahn- und Hafen GmbH siehe: Meer, Martin van der/Hellwig, Markus: Die Goerzbahn – zur hundertjährigen Geschichte der Zehlendorfer Eisenbahn- und Hafen AG. Berlin 2005.

waren, galt nun auch für Zeiss-Ikon das Stiftungsstatut in voller Gänze.⁴²

Insgesamt beschäftigten die zur Stiftung gehörenden Unternehmen in Westdeutschland im Jahr 1954 bereits wieder 20.000 Personen. Die Mehrheit der Betriebsangehörigen arbeitete dabei in den Tochterunternehmen.

Abbildung 30: Unternehmensbeteiligungen der Carl-Zeiss-Stiftung in Westdeutschland und dem westlichen Ausland über Zeiss-Ikon-Beteiligungen (1949–1959)⁴³

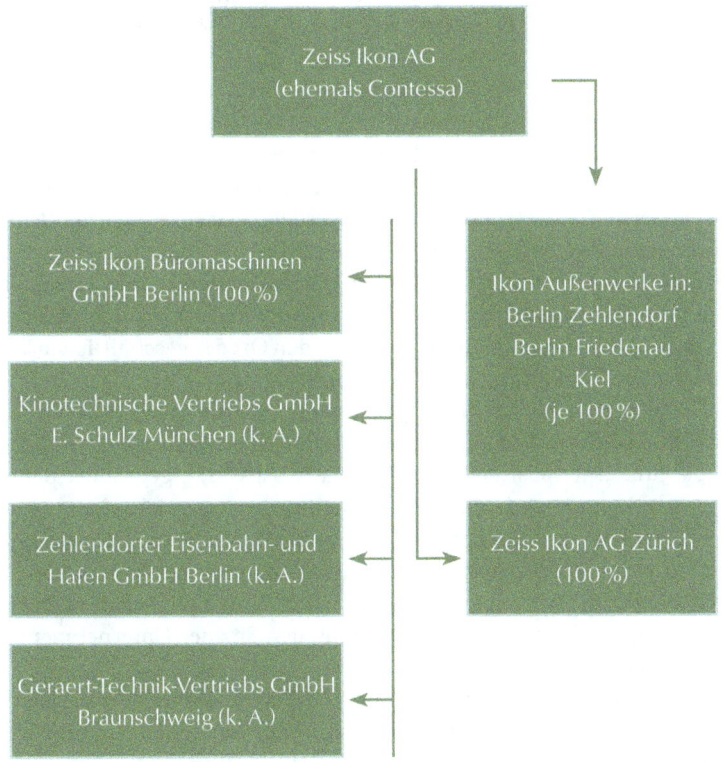

---

⁴² Ziegler in Plumpe, S. 256.
⁴³ Organigramm erstellt nach: Werkszeitschrift Heft 14 vom 15.10.54, S. 102. Sowie: Autorenkollektiv, S. 773 ff.; und: CZO 2371.

Exkurs IV: Scheidungskinder: die schwierige Beziehung zwischen Müttern und Töchtern

Interessant ist die Frage der Rechtsstellung zwischen den westdeutschen Tochterunternehmen Jena und Oberkochen. Man sollte meinen, bis zur Enteignung der Stiftung in der Ostzone dürfte das Rechtsverhältnis eindeutig gewesen sein. Die Stiftung in der SBZ kontrollierte die in der Westzone verbliebenen Unternehmen über ihre Anteile. Selbst Zeiss Oberkochen hatte sich ja bekanntlich in dieser Phase offiziell dem Jenaer Mutterkonzern, und somit der Stiftung, untergeordnet. Tatsächlich wurde diese Ausgangslage aber schon viel früher von Teilen der Tochterunternehmen infrage gestellt.

Mit der Sequestrierung ab Ende 1945 sahen die Manager der westdeutschen Werke von Zeiss-Ikon (Contessa) die Notwendigkeit, die Zweigniederlassungen auch juristisch an die neue Situation anzupassen. Ihrer Meinung nach führten die rechtlichen Veränderungen in der SBZ zu einer Ausgliederung des Hauptwerkes in Dresden. Zeiss-Ikon würde dementsprechend nur noch durch die Werke in Berlin und Stuttgart gebildet.[1]

Unter der Ausnutzung des Aktiengesetzes hätten sie die Abkopplung auch formal vollziehen können: Da man den Vorschriften einer AG unterlag, müsste der Sitz des Unternehmens an den Ort der geschäftlichen Tätigkeit bzw. der Verwaltung überführt werden.[2]

Diese – erstaunlich frühzeitige – Planung wurde später exakt in dieser Form durchgeführt. Schon nach den Industrieenteignungen in Sachsen, am 30. Juni 1946, positionierten sich die West-Werke gegenüber der Stiftung bzw. Zeiss Jena deutlich: Schriftlich verbat man sich, als Zweitwerk von Zeiss-Ikon Dresden bezeichnet zu werden. Nach der Verstaatlichung würden nur noch die beiden in der US-Zone liegenden Werke die Zeiss Ikon AG bilden.[3] Ein halbes Jahr nach der Enteignung der Stiftung verlegte man dann, wie lange im Vorfeld geplant, den Sitz des Unternehmens von Dresden nach Stuttgart.[4]

Unabhängig von den Vorgängen um die vermeintliche Ausgliederung des Dresdner Stammhauses bestand aber weiterhin, wenigstens bis zur Enteignung, ein Rechtsverhältnis gegenüber der Stiftung. Zeiss-Ikon konnte sich nicht einfach von dieser Kontrolle lossagen, da die Stiftung schließlich die Aktienmehrheit an dem Konzern hielt. Dies wurde augenscheinlich

---

[1] BACZ 15135.
[2] Ebenda.
[3] BACZ 07953: Büro des Werkleiters: Schriftwechsel mit ehemaligen Konzernbetrieben: Zeiss-Ikon AG – Contessawerk Stuttgart. Brief vom 20. November 1947.
[4] Ebenda.

auch von den Zeiss-Ikon-Managern anerkannt. Die regelmäßigen Dividendenausschüttungen an Zeiss Oberkochen bewiesen dies.

Juristisch wurde diese neue Abhängigkeit durch zwei Umstände gedeckt: einmal – und sicherlich unbeabsichtigt – von Jena selber, die der Oberkochener Gruppe im September 1946 die Vollmacht gegeben hatten, die Angelegenheiten der Stiftung in den Westzonen zu vertreten, und die dort nun als legitimierte Ansprechpartner für Ikon fungieren konnten. Zum anderen hatten Paul Henrichs und ein weiterer Zeiss-Mitarbeiter, Dr. Hemscheidt, bei ihrer Deportation Zeiss-Ikon Aktien im Wert von über 20 Millionen Reichsmark mitgenommen. Nur ein Bruchteil des Gesamtwertes war in Ostdeutschland verblieben.[5] Mit Inkrafttreten des Wertpapierbereinigungsgesetzes[6] am 1. Oktober 1949 konnte die gerade gegründete Heidenheimer-Stiftung dank der Vorlage der Aktien nach westdeutscher Gesetzeslage somit die alleinige Kontrolle über den Stiftungsanteil an Zeiss-Ikon übernehmen.[7]

Begünstigt wurde der Zuschlag für Heidenheim auch durch ostdeutsche Fehler. Der Versuch der Jenaer Stiftung, die westdeutschen Wertpapiere zu ihren Gunsten im Rahmen des Wertpapierbereinigungsgesetzes umschreiben zu lassen, scheiterte daran, dass es die ostdeutsche Notenbank ablehnte, für die von den westdeutschen Banken geforderte Bearbeitungsgebühr die notwendigen Devisen in Westmark bereitzustellen.[8] Insgesamt verlor die ostdeutsche Stiftung in diesem Verfahren Firmenanteile in Form von Aktien im Nennwert von 25.552.100 Reichsmark sowie sonstige Wertpapiere im Nennwert von 3.652.300 Reichsmark an die westdeutsche Stiftung.[9]

Die zeitliche Abfolge der Ereignisse, die Bemühungen der Heidenheimer Gruppe um Stiftungsvollmacht für die Westzonen und die spätere Stiftungsgründung im Westen im Vorfeld des Wertpapierbereinigungsgesetzes lassen vor dem Hintergrund der aggressiven und früh einsetzenden Abspaltungspolitik der westdeutschen Zeiss-Ikon-Werke vermuten, dass die handelnden Personen in Westdeutschland, sowohl bei Zeiss als auch bei Ikon, ihr Vorgehen von langer Hand geplant und abgestimmt hatten. Diese Maßnahmen waren weitere wichtige Mosaiksteine

---

[5] VA 1261.
[6] Vgl. Büro des Wirtschaftsrates (Hrsg.): Gesetzblatt der Verwaltung des Vereinigten Wirtschaftsgebietes 1949, S. 295. Mit dem Wertpapierbereinigungsgesetz im Zuge der Währungsreform wurden alle Wertpapiere westdeutscher Firmen für kraftlos erklärt. Nach Vorlage entsprechender Nachweise wurden die Aktien in DM neu bewertet und dem Antragsteller ausgehändigt.
[7] Vgl. VA 1261: Brief Henrichs an Jena.
[8] VA 1261.
[9] VA 1261, Verzeichnis No. 1.

gewesen, um die westdeutsche Gruppe bereits im Vorfeld des juristischen Prozesses in eine gute Ausgangsposition zu bringen.

Nicht alle Tochterunternehmen gebärdeten sich derart aggressiv gegenüber dem Stammhaus in Jena, wie Ikon dies tat. Die meisten standen bis zum Zeitraum 1948/49, als zunächst die Währungsreform und Berlin-Blockade und später die Staatsgründung die Abkopplung beschleunigten,[10] in wirtschaftlichem Kontakt mit Jena.[11]

Aber auch über diese Zäsur hinaus kam es zu freundschaftlichen Kontakten zwischen beiden Seiten, wie Geburtstagsgratulationen oder Kondolenzschreiben bezeugen.[12] Doch in dem Maße, in dem der Zwist vorangetrieben wurde, wurden auch die Tochterunternehmen involviert.

Der Vergleich der beiden – neben Zeiss größten Konzern- bzw. Stiftungsunternehmen Ikon und Schott – zeigt den unterschiedlichen Umgang mit der Situation.

Die Unternehmensführung von Ikon fuhr schon – wie beschrieben – sehr frühzeitig einen Konfrontationskurs mit dem ehemaligen Stammhaus und kann auch im weiteren Verlauf der Auseinandersetzung als Hardliner bezeichnet werden. Schon im Jahr 1951 nahm man den späteren „Hauptprozess" vorweg und zog wegen der Verletzung von Namens- und Warenzeichen gegen den VEB Zeiss Ikon Dresden vor Gericht. Parallel dazu wurden Klagen im In- und Ausland geführt, Handelsvertretungen wegen Markenrechtsverletzungen abgemahnt und einstweilige Verfügungen gegen Messeaussteller vorgenommen.[13] Bis weit in die 1960er Jahre hinein verfolgte Ikon diesen kompromisslosen Kurs, der eng mit dem Vorgehen von Zeiss-Heidenheim verzahnt war.

Auch Schott ging diesen Weg. Die Glasmacher befanden sich ebenfalls zwischen 1954 und 1961 im Rechtstreit mit ihrem ostdeutschen Pendant, der mit einem ähnlichen Ergebnis wie der Zeiss-Prozess in einem Vergleich endete.[14] Was Schott von Ikon unterschied, war der deutlich pragmatischere Kurs gegenüber Ostdeutschland, wenn es um wirtschaftliche Fragen ging. Dies aber führte zu Spannungen innerhalb der westdeutschen Konzernbetriebe.

---

[10] Laufer, S. 332.
[11] BACZ 15135.
[12] BACZ 08156: Büro des Werkleiters: Schriftwechsel mit ehemaligen Konzernbetrieben. Ebenfalls CZO 192.
[13] Die Akten zu diesen Prozessen befinden sich im sächsischen Hauptstaatsarchiv Dresden.
[14] Vgl. Heintzeler, S. 41 und Karlsch in Plumpe, S. 224. Nach mehrjähriger Unterbrechung verhandelten beide Parteien zwischen September 1978 und November 1980 einen Kompromiss, der die Unverwechselbarkeit beider Unternehmen auf dem Weltmarkt garantierte. Siehe dazu: Karlsch in Plumpe, S. 227.

So wollte Schott Anfang 1956 über seine Tochterfirma, der Deutschen Spiegelglas AG, den Geschäftsverkehr mit der DDR wieder aufnehmen.[15] Vertragsgegenstand war die Lieferung von Fernsehkolben. Da es das DDR-Justizministerium aufgrund der laufenden Rechtsstreitigkeiten ablehnte, Waren von Schott Mainz zu beziehen, wurde die DESAG zwischengeschaltet, und die Kolben wurden ohne Warenzeichen und in neutraler Verpackung geliefert.[16] Verhandlungspartner auf ostdeutscher Seite war ausgerechnet der DIA, das rote Tuch der westdeutschen Falken, Henrichs und David, die das Geschäft entschieden ablehnten. In ihren Augen war der kommerzielle Vorteil nicht mit den Nachteilen aufzuwiegen, die das Geschäft für den laufenden Rechtsstreit hatte.

In der Tat war das Risiko groß, dass ein wichtiger Teil der Verhandlungstaktik – die Verwerflichkeit der ostdeutschen Handelsmethoden vor den westdeutschen Gerichten aufzudecken – durch dieses Verhalten geschädigt wurde. Auch die moralische Frage zum Handel mit dem Regime wurde aufgeworfen.[17] Letztlich konnten sich aber die Pragmatiker im Konzern, allen voran Bauersfeld, durchsetzen, und das Geschäft wurde getätigt.[18] Negative Auswirkungen vor den westdeutschen Gerichtshöfen blieben aus.

Es kam in diesem Zeitraum noch zu weiteren Kontroversen zwischen wirtschaftlich orientierten Kräften und den Hardlinern innerhalb der westdeutschen Firmengruppe. Besonders Ikon versuchte wiederholt, den eigenen Anspruch im Wirtschaftsverkehr mit DDR-Unternehmen durchzusetzen. So erfuhren die Lieferungen von Kameraverschlüssen seitens der Gauthier GmbH und der Firma Deckel an den VEB Zeiss Ikon – im Zeitraum 1954/55 etwa 100.000 Stück – heftigen Widerspruch.[19] Auch Henrichs wollte dieses Geschäft im Jahr 1956 stoppen.[20] Doch auch dieses Mal setzten sich die wirtschaftlichen Interessen durch.

---

[15] CZO 1046.
[16] Ebenda.
[17] Ebenda.
[18] Ebenda.
[19] CZO 1001: Korrespondenz über diverse Angelegenheiten.
[20] CZO 1046.

4.6 Heimatfront: Der VEB Zeiss im System DDR

4.6.1 Das Ringen um Einfluss – Schrade im Blickpunkt

Tendierte die westdeutsche Zeiss-Gruppe im Einzelfall also mehrheitlich zu einem pragmatischen, größtenteils wirtschaftlich orientierten Umgang, musste sich die Jenaer Seite dagegen auch noch mit den Spezifika des DDR-Systems auseinandersetzen – dem überbordenden Einfluss der Staatspartei.

Ein gemeinsamer Gegner – die westdeutsche Zeiss-Gruppe – bedeutete nämlich nicht, dass nun alle Verantwortlichen im und um das Jenaer Werk an einem Strang zogen. Vielmehr mussten sich Schrade und seine Kollegen mit den unterschiedlichen Interessen der verschiedenen Organisationseinheiten der SED auseinandersetzen. In erster Linie ist hier die Betriebsparteiorganisation (BPO) im Werk zu nennen, aber auch aus der Parteizentrale in Berlin direkt und mithilfe vom Schwert und Schild der SED, der Staatssicherheit, wurde ebenso Druck gegenüber Zeiss aufgebaut wie seitens der SED-Kreisleitung in Jena.

Aufgeschreckt, aber auch ermutigt durch das unruhige erste Halbjahr 1953, versuchten Teile der systemloyalen Kräfte im und um das Haus Zeiss, nun die Gunst der Stunde zu nutzen und den VEB in die ihnen genehme Richtung zu lenken. Die „Operation Lupe", erst recht aber der Volksaufstand vom 17. Juni, verdeutlichten in ihren Augen die Notwendigkeit der Veränderung bei Zeiss.

Eine Schlüsselrolle spielte hier die Betriebsparteiorganisation im Werk. Die BPO stellten die unterste Organisationseinheit innerhalb des Parteiapparates dar und fungierten als ideologischer und politischer Arm der SED in den Betrieben. Überall dort, wo innerhalb eines Betriebes oder einer Verwaltungseinrichtung mindestens drei SED-Mitglieder arbeiteten, wurden die Parteiorganisationen gegründet, um alle Parteiangehörigen zu sammeln und zu organisieren. Die Aufgabe der BPO war klar umrissen: Sie sollte die führende Rolle der Partei in Betrieben, Institutionen und Verwaltungen durchsetzen.[1]

Dabei hatte man zum einen die ideologische Schulung der Werktätigen und die Kaderbildung für die Partei im Blick, zum anderen aber auch

---

[1] Schumann, Silke: Die Parteiorganisation der SED im MfS (MfS Handbuch), S. 3. Hrsg. BStU, Berlin 2002. Online-Publikation abrufbar unter: http://www.nbn-resolving.org/urn:nbn:de:0292-97839421302339.

das Recht, die Betriebsleitungen in diesen Bereichen zu kontrollieren.[2] Als Mittel, den Einfluss der Partei im Werk zu gewährleisten, führte sie politische Schulungen durch, beteiligte sich an der Kultur- und Sportarbeit, kümmerte sich um soziale Belange der Arbeitnehmer, leitete die im Werk vertretenen Massenorganisationen an und förderte die Übernahme von gesellschaftlichen Funktionen der Arbeiter außerhalb des Werkes.[3] Um diesen Aufgaben den nötigen Nachdruck zu verleihen, war die BPO aber auch befugt, Mitglieder bei abweichendem Verhalten von der politischen Linie oder Fehlverhalten im privaten und dienstlichen Raum zu disziplinieren[4] – und dies schloss auch die Werkleitung und andere leitende Angestellte mit ein.

Dabei scheute sich die BPO im Jenaer Werk auch nicht, mithilfe von Informanten und Spitzeln politisch unkonformes Verhalten der Werktätigen aufzuspüren und zu ahnden. Im Falle von Zeiss arbeitete sich die BPO vor allem an verbalen „Entgleisungen" gegen den Sozialismus oder an Hakenkreuzschmierereien auf den Werktoiletten ab. Übereifrig wurde versucht, das Werk gegen „Sabotage" und „kapitalistische Agenten" zu schützen. Die Verhaftungen und Verurteilungen im Rahmen der „Operation Lupe" wurden in diesem Zusammenhang deutlich befürwortet.[5] Die Parteimitglieder im Werk wurden er- und abgemahnt, sorgfältig mit ihren Parteidokumenten umzugehen, um feindlichen Kräften keine Gelegenheit zu geben, diese zu entwenden und zu missbrauchen.[6] „Unmoralischer Lebenswandel" – übermäßiger Alkoholmissbrauch und „hemmungsloses und schmutziges Verhalten gegenüber dem anderen Geschlecht" – der Genossen wurden öffentlich angeprangert und mit Parteistrafen geahndet, da dies das Ansehen der Partei in der Bevölkerung schädigen würde und – besonders empörenswert – die moralisch Verrohten gegenüber dem Klassenfeind angreifbar waren, was in den Augen dieser Hundertprozentigen wiederum eine ständige Gefahr für die Partei darstellte.[7]

Im Zuge der Parteisäuberungen nach dem Volksaufstand machte man vor allem Jagd auf ehemalige Mitglieder der NSDAP,[8] wobei auch Vorgesetzte für die Vergangenheit ihrer Angestellten in Haftung genommen wurden.[9] Die BPO sah sich außerdem in der Pflicht, leitende Angestellte

---

[2] Schumann, S. 3.
[3] Ebenda, S. 4.
[4] Ebenda.
[5] LATh-StA Rudolstadt: Grundorganisation der SED VEB Carl Zeiss Jena – Nr. 12, S. 37.
[6] Ebenda, S. 38.
[7] Ebenda, S. 39.
[8] Ebenda, S. 41 f.
[9] Ebenda, S. 43.

für die Republikflucht ihrer Angehörigen zur Verantwortung zu ziehen.[10] Kurzum, die BPO trug den jeweiligen Kurs der SED kritiklos in das Jenaer Zeiss-Werk hinein.

Die Anzahl der SED-Mitglieder unter den Zeiss-Angestellten lässt dabei vermuten, dass die Partei zwar innerhalb des Werkes Fuß fassen konnte, es jedoch im Verhältnis zu anderen Volkseigenen Betrieben etwas schwerer hatte, sich durchzusetzen. Ende des Jahres 1959 waren 1.423 Werktätige von insgesamt 14.539 Angestellten bei Zeiss Mitglied oder Kandidat der Partei.[11] Dies entsprach einer Quote von 9,78 %. Demgegenüber waren bereits im Jahr 1955 durchschnittlich 15,6 % aller Angestellten der volkseigenen Wirtschaft SED-Mitglieder oder befanden sich im Kandidatenstatus.[12]

Berücksichtigt man den – nach den Parteisäuberungen der Jahre 1948 bis 1953 – wieder einsetzenden Mitgliederzuwachs zwischen 1955 und 1959,[13] ist davon auszugehen, dass die Quote bei Zeiss im Verhältnis zur Restwirtschaft sogar noch deutlicher unter dem Durchschnitt lag.

Nach außen bzw. in die Bundesrepublik hinein wirkte die BPO ebenfalls, wenn auch indirekt. Besuche aus Westdeutschland wurden auf Wunsch der BPO ausgebaut und vertieft. Alleine im ersten Halbjahr 1955 besuchten 227 Westdeutsche, als Teil von Gewerkschafts- oder KPD-nahen Delegationen, das Jenaer Werk.[14]

In regelmäßigen Abständen berichtete die BPO außerdem der SED-Kreisleitung Jena-Stadt, der Bezirksleitung der SED in Gera, aber auch dem Sekretariat des ZKs über die eigene Arbeit und politische Stimmung zu wichtigen Fragen der Innen- und Außenpolitik im Werk.[15]

Bis zur „Operation Lupe" konnte sich Schrade zumeist innerhalb und gegen die BPO, deren Leitungsmitglied er seit Dezember 1948 war,[16] durchsetzen.[17] Danach aber bekam er starken Gegenwind von höchster Stelle. Noch im Juli 1953 musste er sich auf einer erweiterten Parteiaktivtagung im Werk der harten Kritik des SED-Politbüromitglieds Fred Oelßner stellen.[18] Dieser warf ihm vor, an den jüngsten Ereignissen eine Mitschuld zu tragen. Zudem warf er ihm mangelnde Loyalität gegenüber der Partei vor.[19] Schrade reagierte auf die Kritik der zu hohen Betriebsverbundenheit, die

---

[10] LATh-StA Rudolstadt: Grundorganisation der SED VEB Carl Zeiss Jena – Nr. 12, S. 43.
[11] LATh-StA Rudolstadt: Kreisleitung der SED Jena Stadt – Nr. 170, S. 76.
[12] Anatomie der Staatssicherheit, S. 36.
[13] DDR-Handbuch, S. 1185.
[14] LATh-StA Rudolstadt: Grundorganisation der SED VEB Carl Zeiss Jena – Nr. 14 und 61.
[15] LATh-StA Rudolstadt: Grundorganisation der SED VEB Carl Zeiss Jena – Nr. 22.
[16] Mühlfriedel: Carl Zeiss, Band 3, S. 41.
[17] Müller: Institutionelle Brüche, S. 202 f.
[18] Ebenda, S. 204.
[19] Ebenda.

konträr zu seiner Parteiverbundenheit stehe, selbstkritisch und versprach, seine Beziehung zur Partei enger zu gestalten.[20] Schrade beugte sich in dieser Phase dem Druck der Partei. Offenbar wurde ihm nach „Operation Lupe" klar, wie schnell man in der Gunst zurückfallen und welche ernsthaften Konsequenzen dies haben konnte.

In einer Presseerklärung nannte er die Verhafteten eine Gruppe von „gekauften und beauftragten Schädlingen",[21] obwohl er innerlich wohl anderer Überzeugung war. Um das Jahr 1956 herum, als die Bedingungen für ihn günstiger schienen, erklärte er nämlich öffentlich, dass er die Verurteilten der „Operation Lupe" für unschuldig halte.[22] Nun aber geriet er massiv unter Druck und wurde von der Staatssicherheit überwacht. Unter anderem seine neue Sekretärin sammelte das Material über ihn, wobei sich das MfS vor allem für die Kontakte nach Oberkochen interessierte.[23]

In dieser Phase wunderte es nicht, dass seine Gegner Morgenluft witterten. BPO-Parteisekretär Fritz Wolf, von Schrade bis dato eher als lästiges Übel wahrgenommen, forderte am 3. Juni 1953 in einem Bericht zur BPO-Sitzung die Abschaffung des Stiftungskonstrukts bei Zeiss. Er prangerte vor allem die Verflechtung der Stiftung mit dem westdeutschen Zeiss-Ableger an.[24] Dieser Vorwurf war unsinnig. Die westdeutsche Gruppe hatte sich zu diesem Zeitpunkt längst von der Jenaer Stiftung emanzipiert. Eine Verflechtung hätte höchstens im Interesse der ostdeutschen Seite gelegen, die ja so den Zugriff auf das westdeutsche Stiftungsvermögen aufrechterhalten wollte. Diese Realität konnte oder wollte Fritz Wolf jedoch nicht sehen. Zudem sah er in der Stiftung bzw. ihren Mitarbeitern einen reaktionären Hort des Kapitalismus. Dies machte er daran fest, dass lediglich ein Mitglied der Stiftungsverwaltung Mitglied der SED war, während demgegenüber vor 1945 immerhin sechs Angestellte über ein Parteibuch der NSDAP verfügten. Vor allem aber die Parteilosen hätten

> sich noch sehr wenig von der alten kapitalistischen Idee entfernt ...[25]

All diese Vorwürfe gingen zulasten Schrades, der Werkleiter und Stiftungsbevollmächtigter in Personalunion war und den Wolf als angeblichen Verantwortlichen für die Missstände ausmachte.[26]

---

[20] Müller: Institutionelle Brüche, S. 204.
[21] Karlsch in Plumpe, S. 218.
[22] Hermann: Brüder, S. 205.
[23] Ebenda, S. 208.
[24] Karlsch in Plumpe, S. 218. Auch Müller: Institutionelle Brüche, S. 205. Original abgedruckt in: LATh-StA Rudolstadt: Grundorganisation der SED VEB Carl Zeiss Jena – Nr. 12, S. 19 ff.
[25] LATh-StA Rudolstadt: Grundorganisation der SED VEB Carl Zeiss Jena – Nr. 12, S. 22.
[26] Ebenda.

Eine Woche später erweiterte Wolf den Adressatenkreis seiner Angriffe. Diesmal ging es um die ehemaligen NSDAP-Mitglieder im Werk. In einem Bericht zur Verbesserung der Arbeit der BPO, der im Regelfall auch an das ZK der SED weitergeleitet wurde, machte er über Getreue den Direktor für Arbeit im VEB, SED-Kreisleitungsmitglied Fritz Röhrdanz, und Helmut Schmidt, ein Mitglied der BPO, für diese Personalien verantwortlich und griff sie scharf an. Seine eigene Person ließ er demgegenüber in höchsten Tönen loben.[27]

Dieser Vorstoß war allerdings kontraproduktiv für seine Ziele, hatte er sich nun noch weitere Gegner in Jena gemacht. Auf der Kreisleitersitzung der SED am 9. Oktober gingen gerade Röhrdanz und Schmidt in Opposition zu ihm und sorgten dafür, dass das bestehende Stiftungskonstrukt in Jena zu diesem Zeitpunkt nicht angetastet werden sollte.[28]

Es stellt sich hier die Frage, ob es sich bei diesen Kontroversen um den – von Wolf losgetretenen – Kampf innerhalb der Nomenklatur um das persönliche Fortkommen innerhalb des SED-Systems handelte oder ob es den Beteiligten tatsächlich um Inhalte ging. Den Zeitpunkt für seinen Vorstoß gegen die Stiftung hatte Wolf jedenfalls schlecht gewählt. Knapp zwei Jahre zuvor war die Stiftung unter Zustimmung von höchsten Regierungskreisen wieder pro forma reaktiviert worden, um in den zu erwartenden Auseinandersetzungen mit der Heidenheimer Gruppe den Anschein der Legitimität zu wahren. Dieses Band jetzt wieder zu kappen hätte katastrophale Auswirkungen für den sich anbahnenden Rechtsstreit gehabt. Dies musste eigentlich allen Beteiligten klar gewesen sein. Der systemloyale Röhrdanz, erst 1952 mit der Aufgabe zu Zeiss abkommandiert, die alten Strukturen im Sinne der Partei aufzubrechen, schien sich dessen bewusst gewesen zu sein.[29] Auch hielt er es nach dem 17. Juni nicht für opportun, zu sehr in die bestehenden Strukturen bei den Zeiss-Traditionalisten einzugreifen.[30] Dass gerade Wolf es war, der ihn Monate zuvor im ZK angeschwärzt hatte, wird seine Entscheidung, für die Stiftung einzutreten, nur noch begünstigt haben.

So wirkt Wolfs Vorstoß zu diesem Zeitpunkt reichlich merkwürdig. Er war entweder unüberlegt oder aus der Unwissenheit um die Bedeutung der Stiftung für den Rechtsstreit heraus geboren. Man möchte zumindest ihm unterstellen, dass nicht die Inhalte, sondern primär Karrieregründe die Triebfeder für seine Angriffe waren, verknüpfte er doch Sachfragen mit scharfer Kritik an Personen.

---

[27] LATh-StA Rudolstadt: Grundorganisation der SED VEB Carl Zeiss Jena – Nr. 12, S. 36 ff.
[28] Müller: Institutionelle Brüche, S. 205.
[29] Ebenda.
[30] Ebenda, S. 205 f.

Schrade selber war zu diesem Zeitpunkt mehr oder weniger kaltgestellt und konnte in diese Auseinandersetzung kaum eingreifen. So wurde er noch im Rahmen der Aufstellung der Vorschlagsliste zur Wahl der Parteileitung der BPO im selben Jahr als noch nicht fest zur SED stehend charakterisiert.[31] Während des 17. Juni war er zwar loyal gewesen,[32] jedoch liegt die Vermutung nahe, dass dies dem Druck geschuldet war, dem er selber vonseiten seiner Gegner ausgesetzt war. Unter anderen Umständen hätte er – seinem ausgleichenden Charakter entsprechend – vermutlich eher versucht, eine Art Mittlerrolle zwischen Partei und Bevölkerung einzunehmen.

Auch in den Folgejahren wurde Schrades Verhalten kritisch begleitet. So bescheinigte das Kollegium des Ministeriums für Maschinebau ihm im Herbst 1954, noch nicht die richtige Einstellung zum Arbeiter- und Bauernstaat gefunden zu haben.[33] Generell störte man sich an dem sogenannten „Zeiss-Egoismus", in dem man wohl die Reste eines elitären, selbstbewussten Bürgertums sah, dessen Eingliederung in das DDR-System nur stotternd vonstattenging.

Zu allem Überfluss befand sich der VEB in den Jahren 1954/55 in ökonomischen und finanziellen Schwierigkeiten, die – ob verschuldet oder nicht – der Werkleitung zur Last gelegt wurden.[34] Die alten Vorwürfe des Kollegiums des Ministeriums für Maschinenbau gegen Schrade wurden am 3. Juni 1955 gleichlautend wiederholt und gipfelten in einer Rüge als Parteistrafe wegen ungenügender Leitungstätigkeit im Werk.[35]

Dies war mehr als ein Warnschuss an Schrade, denn nun wurde offen seine Ablösung betrieben. Vor allem die Opposition in der Betriebsparteiorganisation unter Fritz Wolf witterte wieder Morgenluft und setzte alles daran, Schrade loszuwerden. Noch aber stellte sich die SED-Kreisleitung gegen eine Absetzung Schrades. Zuletzt am 29. Juni bescheinigte sie ihm eine zunehmend engere Bindung an die Partei und sprach sich deutlich gegen seine Ablösung aus. Man wollte Unruhen unter der Belegschaft vermeiden und stattdessen eher die Popularität von Schrade bei den Werktätigen im eigenen Sinne nutzen.[36] Hier stellte sich die Kreisleitung auch

---

[31] LATh-StA Rudolstadt: Grundorganisation der SED VEB Carl Zeiss Jena – Nr. 12, S. 173.
[32] Müller: Institutionelle Brüche, S. 204.
[33] Mühlfriedel/Hellmuth in: Stutz, S. 333.
[34] Müller: Institutionelle Brüche, S. 206.
[35] Mühlfriedel/Hellmuth in: Stutz, S. 335. Rügen konnten nur im Parteiverfahren verhängt werden. Sie waren die mildeste Form der höheren Parteistrafen. Der Maßnahmenkatalog der Disziplinierung reichte von „Kritik", „Missbilligung" und „Verwarnung" als niedere Strafen, über die höheren Strafen „Rüge" und „strenge Rüge" bis hin zum Parteiausschluss. Vgl. DDR-Handbuch, S. 583 f.
[36] LATh-StA Rudolstadt: Grundorganisation der SED VEB Carl Zeiss Jena – Nr. 72.

gegen die Hauptverwaltung für Maschinenbau im ZK, der man vorwarf, in Personalfragen unqualifiziert zu sein.[37]

Doch offenbar war der Druck auf die Kreisleitung zu groß. Mit Karl Schirdewan, der sich ja schon in seinem Bericht aus dem Jahr 1953 zur Situation beim VEB äußerst kritisch geäußert hatte, war zudem plötzlich ein Gegner aus dem höchsten Machtzirkel des Staates aufgetaucht. Am 5. Juli gaben die Vertreter der Kreisleitung während einer Aussprache mit der Betriebsparteiorganisation klein bei und stimmten nun ebenfalls für die Ablösung Schrades.[38]

Die Abteilung Maschinenbau im ZK trat daraufhin am 4. August 1955 an den zuständigen ZK-Wirtschaftssekretär, Gerhart Ziller, heran und forderte die Ablösung Schrades von seinem Posten als Werkleiter.[39]

Die Suche nach einem potenziellen Nachfolger gestaltete sich allerdings schwieriger als erwartet, da die Kandidaten nicht über die nötige fachliche oder aber politische Reputation verfügten, um die Nachfolge Schrades anzutreten.[40]

Letztlich nahm das Politbüro von einer Demission Schrades Abstand und behalf sich stattdessen mit einem Kompromiss: Herbert Weiz wurde in die eigens für den VEB Zeiss eingerichtete Position des ersten stellvertretenden Werkleiters eingesetzt.[41] Seine Aufgabe war klar umrissen: Er sollte als parteiloyaler Aufpasser für Schrade fungieren und mittelfristig als sein Nachfolger aufgebaut werden.[42]

Weiz wurde im Werk zunächst mit starken Ressentiments empfangen, schaffte es aber im Laufe der Jahre, durch seine sachliche Art und die Bereitschaft, sich auch in schwierige Fachfragen einzuarbeiten, Vertrauen im Werk aufzubauen. Da er auch bei der SED-Spitze und im zuständigen Ministerium die nötige politische und fachliche Reputation genoss, überließ Schrade ihm zunehmend die Beziehungspflege des Werkes zur Partei.[43] So war es Weiz in ökonomischen Fragen möglich, einige Konflikte zugunsten des VEBs zu entschärfen.[44]

Diese Personalentscheidung sollte jedoch nichts an den grundlegenden

---

[37] LATh-StA Rudolstadt: Grundorganisation der SED VEB Carl Zeiss Jena – Nr. 72.
[38] Ebenda.
[39] Müller: Institutionelle Brüche, S. 206.
[40] Ebenda, S. 207.
[41] Weiz, zu diesem Zeitpunkt erst 31 Jahre alt, sollte in späteren Jahren noch Karriere im Regierungsapparat der DDR machen. Von 1962 bis 1967 war er Staatssekretär für Forschung und Technik, ab 1974 Minister für Wissenschaft und Technik und ab 1982 Vorsitzender des Forschungsrats der DDR. Vgl. Müller: Institutionelle Brüche, S. 207.
[42] Müller: Institutionelle Brüche, S. 207.
[43] Mühlfriedel: Schrade, S. 46.
[44] Mühlfriedel: Carl Zeiss, Band 3, S. 97.

Problemen ändern, die sich vor allem an der Person Schrades festmachten.

Die Staatssicherheit hatte Schrade, und vor allem die Kontakte des VEBs nach Oberkochen, weiterhin eifersüchtig im Visier. Auch auf Kongressen und Tagungen, wie z. B. in München 1956, waren auch immer Stasi-Mitarbeiter anwesend, um den Kontakt zwischen Mitgliedern beider Unternehmen auf ein Minimum zu beschränken.[45]

Im Jahr 1957 vermutete das MfS, Schrade sei als Gewährsmann für die Interessen der westdeutschen Zeiss-Gruppe tätig, woraufhin das Ministerium im Januar 1958 einen Überprüfungsvorgang gegen ihn einleitete, um Beweise für seine angebliche Tätigkeit als Agent Oberkochens zu finden.[46] Erst nach eineinhalb Jahren, am 18. Juli 1959, schloss das MfS seine Akte wieder. Ein Beweis für die Vorwürfe konnte nicht gefunden werden.[47]

Der Vorgang des Ministeriums für Staatssicherheit war aber nur ein Baustein in dem neuerlichen Versuch, Schrade abzulösen. Im ZK der SED war der Plan gereift, den unliebsamen Werkleiter im Rahmen der im weiteren Verlauf beschriebenen Kampagne gegen den „Jenaer-Geist" und die „Zeiss-Legende" loszuwerden.

4.6.2 Das Abbe-Bild in der SBZ/DDR und der Kampf gegen „Jenaer Geist" und „Zeiss-Legende"

Auch im ideologischen Bereich wurde das Jenaer Selbstverständnis bedrängt. Der Staat begann, sich am Stiftungsgründer, Ernst Abbe, abzuarbeiten. Dieser war – gerade für die traditionsbewussten Zeissianer – ein Fixstern ihres Milieus. Nun wurde sein Wirken und damit sein Andenken – die Stiftung – kritisch beleuchtet.

Bis zum Beginn der 1950er Jahre war Abbe in der SBZ/DDR als Techniker, Wissenschaftler, Sozialreformer und allgemeiner Wohltäter höchst angesehen. Er war vor allem für die Stadt Jena, für die Universität und für die Stiftungsbetriebe eine Ikone, die national und international ausstrahlte. Einen ersten Riss bekam dieses Bild, als sich Walter Ulbricht im Januar 1947 im Zuge der Diskussion um die Verstaatlichung der Werke gegen einen Bezug der Stiftung zu Abbe aussprach. Die damalige Ulbricht-Aussage muss jedoch zunächst noch im Kontext der sozialistischen Wirtschaftsumformung verstanden werden, die Ausnahmen in der Wirtschaftsordnung naturgemäß kaum zuließ. Im Frühsommer 1948 würdigten nämlich zwei weitere hohe SED-Funktionäre, der Vorsitzende der

---

[45] Hermann: Brüder, S. 318.
[46] Ebenda, S. 211 f.
[47] Ebenda, S. 217.

Deutschen Wirtschaftskommission, Heinrich Rau, und sein Stellvertreter, Fritz Selbmann, das Lebenswerk Abbes, sodass man zu diesem Zeitpunkt noch nicht von einer Kampagne gegen das Vermächtnis des Sozialreformers sprechen konnte.[48]

Der Auftakt für die Umdeutung des Abbe'schen Lebenswerkes sollte ausgerechnet von der Friedrich-Schiller-Universität Jena ausgehen, einer Institution, die bis dato im überdurchschnittlichen Maße von den Zuwendungen durch Abbe und der Stiftung profitiert hatte. Der Gegenentwurf des jungen Historikers Wolfgang Schumann zum bis dato geltenden Diskurs der Abbe-Forschung führte 1952 zu einer Zweiteilung des Abbe-Bildes. Einerseits wurden weiterhin seine herausragenden wissenschaftlichen Leistungen hervorgehoben, andererseits wurde sein Wirken als Sozialreformer äußerst kritisch beleuchtet.[49]

Man muss dieses Aufbegehren gegen das traditionelle Abbe-Bild im Kontext der Zeit betrachten. Schumann, als Vertreter einer neuen marxistischen Generation des wissenschaftlichen Nachwuchses, attackierte ein – aus seiner Sicht – bürgerlich reaktionäres Geschichtsbild der alten Ordinarien.[50] Seine Bewertung stand im Kontext der marxistischen Theorie zur Thematik der bürgerlichen Sozialphilantropie der Zwischenkriegszeit und war keineswegs neu. Aus historisch-marxistischer Sicht waren die Sozialreformer mit die größten Hindernisse zur vollständigen Überwindung des Kapitalismus.[51] Sie galten als besonders raffinierte Spielart des kapitalistischen Systems und wirkten wie ein Trojanisches Pferd gegen den Klassenkampf. Die neue DDR-Machtelite, politisch zumeist sozialisiert in der radikalen KPD der Weimarer Republik, fand sich in diesen Theorien wieder und förderte sie dementsprechend in der DDR.[52] So wurde dieses zweigeteilte Abbe-Bild alsbald offizielle Lesart in der DDR, wie z. B. im biografischen Lexikonbeitrag von 1953 zu seiner Person.[53]

Die neue kritische Sichtweise auf das gesellschaftliche Wirken Abbes hatte aber nicht nur theoretisch-ideologische, sondern auch handfeste realpolitische Gründe. Die Abschaffung des Stiftungsmodells und der damit einhergehenden Privilegien war einer der Hauptkritikpunkte der Werksangehörigen am 17. Juni 1953 gewesen.[54] Die Entmystifizierung Abbes diente der SED nun auch dazu, die sozialen Errungenschaften der Stiftung für die Arbeiter infrage zu stellen.

---

[48] Gibas, S. 531.
[49] Ebenda, S. 535 f.
[50] Ebenda.
[51] Ebenda, S. 531.
[52] Ebenda.
[53] Ebenda, S. 536.
[54] Ebenda, S. 537.

Der Versuch der Umtradierung des Abbe-Bildes war in Jena allerdings nahezu erfolglos. Die Person Abbe blieb innerhalb der ehemaligen Stiftungsunternehmen und dem Jenaer Umfeld eine über jede Kritik erhobene Lichtgestalt, sodass selbst die Mehrheit der SED-Mitglieder im Werk daran festhielt.[55]

Josef Hämel, der Rektor der Universität, würdigte ihn beispielsweise weiterhin in öffentlichen Reden als Wohltäter und Sozialreformer.[56] Aber auch er konnte nicht verhindern, dass die im Jahr 1946 von der Stiftung finanzierte Ernst-Abbe-Professur an der Universität ab 1954 vakant blieb.[57]

Schrade selbst ging sogar so weit, ihn zum „Beinahe-Marxisten" zu verklären.[58] Dies entbehrte jeglicher Grundlage und stand zudem im deutlichen Gegensatz zur nun offiziellen Lesart. Das konnte und wollte Ost-Berlin nicht akzeptieren.

Trotzdem wurde Abbe zum Anlass des 110-jährigen Bestehens der Firma Carl Zeiss im Jahr 1956 noch einmal von offizieller Seite mit einer Sonderbriefmarke geehrt. Die Marke, mit einem Wert von 10 Pfennig, wurde in einer Auflagenstärke von fünf Millionen Exemplaren gedruckt.[59]

Im Jahr 1958 aber wurde vom ZK der SED und der Bezirksleitung in Gera eine Kampagne initiiert, die das Ziel hatte, das traditionelle Abbe-Bild in Jena endgültig zu revidieren. In den Medien und auf Versammlungen wurde gegen das in Jena vorherrschende revisionistische Geschichtsbild polemisiert.[60] Die SED-Kreisleitung in Jena erklärte die Zerschlagung der sogenannten Zeiss-Legende gar zur wichtigsten Aufgabe der nächsten Monate.[61]

Der Leiter der Abteilung Agitation und Propaganda beim ZK der SED, Horst Sindermann, gab den aus Berlin ausgesandten sogenannten Komplexbrigaden, die den Stand der Dinge in Jena prüfen sollten, am 8. April 1958 folgenden Auftrag mit auf den Weg:

> In Jena wird im Wesentlichen das geistig kulturelle Leben durch die Großbetriebe Zeiss und Schott sowie die Universität bestimmt. Aufgabe der Brigade ist es, mit Hilfe der ganzen Kreisparteiorganisation den Kampf gegen alle Erscheinungsformen des Sozialdemokratismus, besonders aber

---

[55] Gibas. S. 537.
[56] Ebenda.
[57] Matthes, Christoph: Finanzier, Förderer, Vertragspartner. Die Universität Jena und die optische Industrie 1886–1971. Köln/Weimar/Wien 2014, S. 304.
[58] Gibas, S. 537.
[59] Abbildungen der Marke finden sich unter: http://www.dresdnerkameras.de/briefmarken/briefmarken.html.
[60] Gibas, S. 537.
[61] Ebenda, S. 538.

gegen die „Zeiss-Ideologie" offensiv zu entfalten und seine Weiterführung durch die Kreisleitung und Grundorganisation zu sichern.[62]

Die neue Lesart lautete nun, dass die Firma Zeiss das faschistische Regime unterstützt hatte und auch Abbe ein Kapitalist gewesen sei und es in einem kapitalistischen System keine sozialistischen Betriebe geben konnte. Dies stand konträr zum Ansatz Schrades, der Abbe ja sogar in die Nähe des Marxismus gerückt hatte, und sollte von Peter Pries, dem neuen Sekretär der BPO bei Zeiss, propagandistisch durchgesetzt werden.[63]

Flankiert wurde diese Maßnahme auch durch Beiträge aus dem akademischen Umfeld der Universität. Wolfgang Schumann verfasste unter Herausgeberschaft der Abteilung Propaganda und Agitation des ZK der SED und der SED-Bezirksleitung Gera einen Aufsatz, der den eindeutigen Titel „Mit klarer Sicht. Das Ende der Zeiss-Legende." trug.[64] Wissenschaftliche Ansätze wurden diesmal deutlich von einer schrillen Propagandasprache überdeckt.[65]

Nun sah sich die Werkleitung ihrerseits genötigt, ihre Gegenpropaganda zu verstärken. In Publikationen wurde die SED-Kampagne angegriffen und an der Bedeutung Abbes für die Arbeiterklasse festgehalten.[66] Aber Schrade geriet nun wieder verstärkt ins Kreuzfeuer, und die Bestrebungen, ihn abzulösen, brandeten erneut auf. Seine Reden und Beiträge, in denen er Abbe weiterhin als Sozialreformer würdigte, stießen auf wenig Gegenliebe bei Kreisleitung und BPO, woraufhin Schrade wiederum zur öffentlichen Selbstkritik genötigt wurde.[67] Der Versuch, ihn abzulösen, scheiterte aber ein weiteres Mal, da sein Stellvertreter Weiz, der ja 1955 dazu auserkoren worden war, ihm mittelfristig nachzufolgen, sich weigerte, unter solchen Umständen die Nachfolge anzutreten. Offenbar hatten seine vier Jahre bei Zeiss ihn so weit geprägt, dass er eine unehrenhafte Entlassung für Schrade nicht mehr mittragen wollte.[68]

Die SED gab sich aber trotz der gescheiterten Ablösung entschlossen, den Kampf um die Deutungshoheit über Abbe zu ihren Gunsten abzuschließen. Im Frühjahr 1959 rief sie ein wissenschaftliches Kollektiv zur Ausarbeitung der Zeiss-Geschichte ins Leben. Hauptziel war die Offenlegung

---

[62] Gibas, S. 538.
[63] Ebenda.
[64] Zentralkomitee der SED (Abteilung Propaganda und Agitation) und Bezirksleitung Gera (Hrsg.): VEB Carl Zeiss Jena – Mit klarer Sicht. Das Ende der Zeiss Legende. Berlin (Ost) 1958.
[65] Gibas, S. 539.
[66] Ebenda, S. 540.
[67] Müller: Institutionelle Brüche, S. 210.
[68] Ebenda.

der im Werk angewandten „Ausbeutermethoden" und damit der entscheidende Schlag gegen das tradierte Abbe-Bild und die sogenannte Zeiss-Legende.[69] Unter der Führung von Schumann fanden sich sieben Wissenschaftler der Universität und drei Angestellte von Zeiss zusammen, um in einem mehr als tausendseitigen Propagandawerk die Oberhand im Diskurs um Zeiss und Abbe zu gewinnen.[70]

Bemerkenswert war die vorausschauende, auf Langfristigkeit angelegte Taktik, um dieses Ziel zu erreichen. Teilergebnisse der Arbeit sollten regelmäßig in Zeitschriften, Tageszeitungen und Werkzeitung veröffentlicht werden, um die Auseinandersetzung mit der Thematik im Sinne der SED zu gewährleisten. Außerdem wurde jedem der an der Ausarbeitung beteiligten Genossen eine akademische Weiterqualifikation – Promotion und Habilitation – zum Thema ermöglicht.[71] Dadurch sollten das Abbe-Bild und die Zeiss-Legende langfristig auch auf der akademischen Ebene von der Parteimeinung dominiert werden.

In Fachzeitschriften erschienen weitere meinungsschwere Aufsätze. In der ersten Ausgabe der „Zeitschrift für Geschichtswissenschaft" vom Januar 1960 wurde die Haltung der DDR zu Abbe nun wie folgt beschrieben:

> Dass er seine großbürgerlichen und imperialistischen Ziele mit kleinbürgerlichen und utopistischen Zielen verbrämte, ändert am Grundsätzlichen nichts. Im Gegenteil, es macht die Rolle, die Abbe spielte, und die Ausnutzung seiner Ideen durch die heutigen Klopffechter der Bourgeoisie noch gefährlicher, weil viele einfache werktätige Menschen es schwer haben, hinter kleinbürgerlichensozialen Phrasen die imperialistische Politik zu erkennen.[72]

Diese deutlichen Worte richteten sich vor allem gegen die Teile des Jenaer Milieus, die weiter an der Lebensleistung Abbes festhielten und seine Taten mit dem Sozialismus in Einklang bringen wollten.

Umso erstaunlicher war es, dass die Attacken noch im selben Jahr von höchster Ebene aus eingestellt wurden. Anlässlich der Feierlichkeiten zum 15. Jahrestag der Wiedereröffnung der Jenaer Universität war es Walter Ulbricht höchst selbst, der einen versöhnlichen Ton anschlug und die Leistungen Abbes in Wissenschaft und Technik von denen des Unternehmers Abbe trennte:

---

[69] Gibas, S. 541. Die Arbeit selber wurde weiter oben bereits zitiert: Autorenkollektiv unter der Leitung von Wolfgang Schumann: Carl Zeiss Jena. Einst und Jetzt. Ost-Berlin 1962.
[70] Gibas, S. 541.
[71] Ebenda.
[72] Abgedruckt in ebenda, S. 542.

> Für die Gesamtbeurteilung von Abbe und Schott ist ihr Dasein als Kapitalist die historisch vergängliche Seite, während ihre wissenschaftlichen Leistungen unvergänglich sind.[73]

Im Ergebnis wurde nun der Abbe-Diskurs in der DDR wieder auf den Stand von 1952 zurückgesetzt und der Ton der Diskussion deutlich milder. Auch die Wissenschaft übernahm postwendend die vorgegebene Richtung. In der bereits zitierten Werksgeschichte des Autorenkollektivs unter der Leitung Schumanns von 1962 wurde dies im Vorwort dahingehend umgesetzt, dass man

> ... seine Verdienste als Wissenschaftler und Techniker [...] herausarbeiten [...] und sie wohl abgewogen dem Vergänglichen seiner Tätigkeit als Kapitalist und Unternehmer [...] gegenüberstellen wolle.[74]

Die Interpretationsversuche aus dem Jenaer Umfeld, Abbe in die Nähe des Sozialismus zu rücken, waren so – sicherlich zu Recht – abgewiesen worden. Durch die Würdigung seiner wissenschaftlichen Tätigkeit in den folgenden Jahren – die im Laufe der Zeit immer mehr in den Fokus rückte – konnten sich die Abbe-Anhänger diesbezüglich mit dem Regime aussöhnen. Dass nach und nach ein naturgegebener Generationswechsel bei Zeiss eintrat, dürfte die Situation zusätzlich entspannt haben.[75]

Schrade selbst wurde 1965 der Nationalpreis der DDR verliehen.[76] Er blieb tatsächlich bis zu seinem Ruhestand 1966 Werkleiter bzw. Generaldirektor des VEB und war bis zu seinem Tod, am 18. August 1974, Bevollmächtigter der Carl-Zeiss-Stiftung in Jena.[77]

Rückblickend fällt eine Wertung über seine zwei Jahrzehnte an der Spitze von Zeiss zwiespältig aus. Seine Leistung, das Unternehmen durch die schwierigen ersten Wiederaufbaujahre nach dem Krieg – mit Deportation, Demontage und Verstaatlichung – am Leben zu erhalten,

---

[73] Abgedruckt in Gibas, S. 543.
[74] Ebenda.
[75] 1963 erschein die erste populärwissenschaftliche Abbe-Biografie in der Reihe „Biografien hervorragender Physiker". In Jena wurde 1965 das „Abbe-Jahr" zum 125. Geburtstag mit großem Aufwand gefeiert und seit demselben Jahr verlieh die Kammer der Technik der DDR die Ernst-Abbe-Medaille als höchste Auszeichnung für Ingenieure und Techniker. Ab den 1980er Jahren wurde auch die Sicht auf Abbe als Sozialreformer zunehmend moderater und in den Endzügen der DDR, ab Oktober 1989, wurde die Figur Abbe in dem Historiendrama „Die gläserne Fackel", das die Geschichte des Hauses Zeiss präsentierte, sonntäglich zur besten Sendezeit sogar noch zum Fernsehstar. Siehe ebenda, S. 545 ff.
[76] Sobeslavsky, S. 22.
[77] Müller: Institutionelle Brüche, S. 312.

ist unbestritten. Das Festhalten an der Traditionslinie des Unternehmens wirkt erstaunlich angesichts der gesellschaftlichen und politischen Umstände, unter denen er wirken musste. Auch seine wiederkehrende öffentliche Kritik an Kurs und Entscheidungen der Staatsspitze muss unter diesen Bedingungen hervorgehoben werden. Dennoch schwenkte er jedes Mal, kurz bevor sich die Schlinge um seinen Hals zuziehen konnte, letztlich doch immer auf den Kurs der Partei ein. Möchte man ihm das vorwerfen? Auch hier ist die Wertung ambivalent. Er lavierte sich als regelrechter Überlebenskünstler durch ein System, von dem er sicherlich nicht restlos überzeugt war. Mit Glück und Geschick – aber auch mit dem nötigen Opportunismus – schaffte er es, sich zu behaupten.

4.7 Mitarbeiterfluktuation über die Zonengrenze

Es bietet sich nun an, innerhalb dieses Dissertationsprojektes den Bogen zum ersten Teil der Arbeit, der sich ausführlich mit der innerdeutschen Wanderungsbewegung befasst hat, zurückzuschlagen. Lassen sich die allgemeingültigen demografischen Erkenntnisse aus dem ersten Kapitel auf den Mikrokosmos Zeiss übertragen? Welche Besonderheiten lassen sich erkennen? Gab es überhaupt Zeiss-Spezifika im Rahmen der Migrationsbewegung?

4.7.1 Die quantitative Abwanderung

Eine jahresgenaue Aufstellung zur Ost-West-Migration beim VEB Zeiss bis zum Mauerbau existiert leider nicht.

Im Wesentlichen setzen sich die Zahlen aus zwei Quellen zusammen. Edith Hellmuth und Wolfgang Mühlfriedel berufen sich bei ihren Berechnungen auf Akten aus dem ostdeutschen Zeiss-Werksarchiv.[1] Die Abwanderungswerte sind jedoch nicht nach einzelnen Jahren gegliedert, sondern orientieren sich an der Gesamtzahl und einzelnen Zeitabschnitten. Demnach migrierten zwischen 1949 und Mai 1961 insgesamt 3.557 Belegschaftsmitglieder nach Westdeutschland und West-Berlin. 2.236 Personen davon alleine ab Januar 1955.

Hellmuth und Mühlfriedel bieten darüber hinaus für den Zeitraum 1955 bis zum Mauerbau eine detailliertere Aufstellung an.[2] Ergänzend dazu liegen zudem von beiden Autoren im Rahmen einer weiteren Untersuchung die genauen Zahlen für die Jahre 1953, 1954 und 1955 vor.[3] Für den Zeitraum 1949 bis 1952 sind dagegen keine expliziten Zahlen angegeben. Anhand der vorhandenen Werte, der Gesamtzahl und der vorhandenen Daten der Jahre 1953 bis Mai 1961 kann man aber demnach für die Jahre 1949 bis 1952 insgesamt 822 Personen ermitteln, die in die Bundesrepublik und nach West-Berlin abgewandert sind.

Nach dieser Aufstellung ist für den Zeitraum 1955 bis 1957 die größte Abwanderungsquote zu verzeichnen. Knapp 41 % aller Abwanderer verließen den VEB alleine in diesen drei Jahren, ein großer Teil davon nur im Jahr 1955. Demgegenüber lässt der Zeitraum 1958 bis 1960 mit einem etwa

---

[1] Mühlfriedel in Stutz, S. 364 f.
[2] Ebenda, S. 365.
[3] Mühlfriedel: Carl Zeiss, Band 3, S. 123.

dreizehnprozentigen Anteil die niedrigste Abwanderungsrate erkennen. Für die ersten fünf Monate des Jahres 1961 wird hingegen wieder ein kräftiger Aufschwung festgestellt.

Abbildung 31: Wanderungsverluste des VEB Zeiss in die BRD und West-Berlin im Zeitraum 1949 bis zum Mai 1961 nach Hellmuth/Mühlfriedel[4]

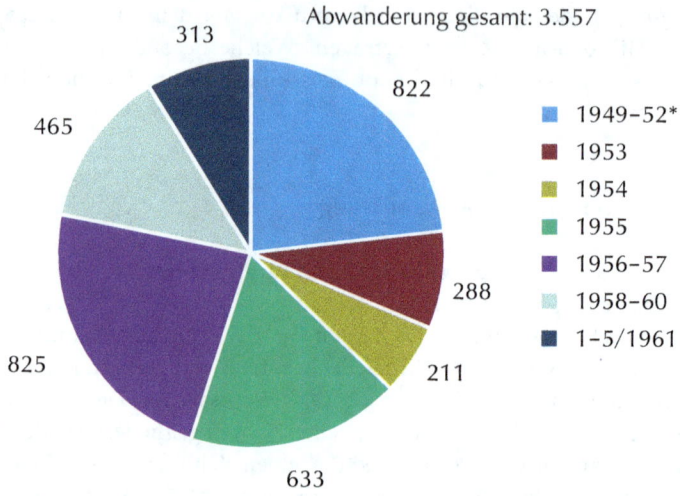

* Werte 1949 bis 1952 errechnet nach Gesamtzahl minus vorhandene Werte des Zeitraums 1953 bis Mai 1961

Eine weitere Primärquelle stützt diese Aufstellung grob. Jedoch sind die Angaben leider unvollständig. In den Akten der Industriekreisleitung findet sich eine Aufstellung für den Zeitraum 1948 bis 1957 (mit einer Auslassung für das Jahr 1949).

Auffallend ist zunächst einmal die geringe Anzahl von 20 abgewanderten Belegschaftsmitgliedern für das Jahr 1950. Dies scheint im Verhältnis zu den bekannten Zahlen deutlich zu niedrig. Hier ist anzunehmen, dass im fraglichen Jahr die Abwanderung nicht voll erfasst worden ist.

Auch für den Zeitraum 1949 bis 1952 erscheint die Abwanderung im Verhältnis zu den Angaben bei Hellmuth/Mühlfriedel recht niedrig. Nach den genannten Autoren verließen im fraglichen Zeitraum insgesamt 822

---

[4] Werte 1956 bis Mai 1961, sowie Gesamtzahl entnommen aus: Mühlfriedel in Stutz, S. 364 f. Werte 1949 bis 1952: eigene Berechnungen. Werte der Jahre 1953 bis 1955 nach Mühlfriedel: Carl Zeiss, Band 3, S. 123.

Personen das Werk mit Ziel Westen. Sicher erfasst sind für denselben Zeitraum in den Akten der Industriekreisleitung hingegen nur 279 Personen. Folgt man aber der Vermutung, dass das Jahr 1950 nur unzureichend erfasst wurde und für das Jahr 1949 definitiv keine Angaben vorhanden sind, so erscheint die Differenz von 543 Abgewanderten nicht mehr so beträchtlich. Auch der Zeitraum 1953 bis 1955 weist lediglich eine Differenz von 31 Personen auf, wobei die Angaben für das Jahr 1955 exakt gleich sind. Erst in den Jahren 1956/57 wurden in den Akten der IKL deutlich mehr Abgänge aufgezeichnet. Hier beträgt die Differenz 125 Personen. Danach bricht die Überlieferung leider ab.

Abbildung 32: Wanderungsverluste des VEB Zeiss in die BRD in den Jahren 1948 bis 1957 nach Angaben der Industriekreisleitung[5]

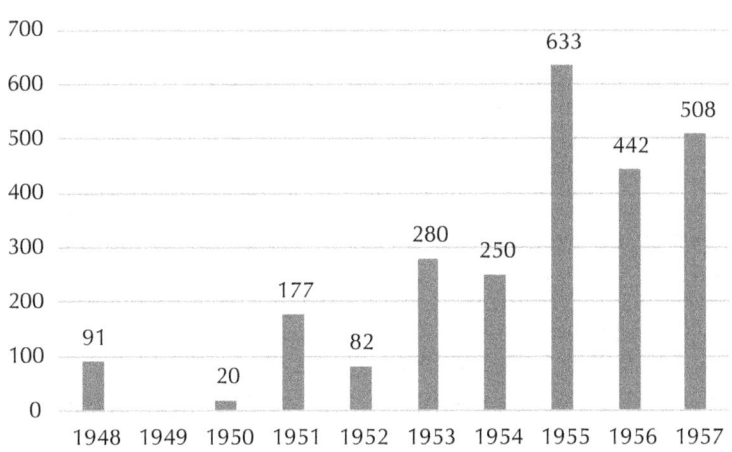

Auch wenn die Grundtendenz zwischen den Ergebnissen von Hellmuth und Mühlfriedel, die sich auf die Angaben der Personalleitung des VEB berufen, und den Angaben der Industriekreisleitung der SED weitestgehend stimmig ist, erstaunt es doch, dass zwei Grundorganisationen des SED-Staates teilweise zu solch unterschiedlichen Teilergebnissen kommen.

Zusätzlich zu diesen Angaben liegen noch weitere Werte vor. So ist bei Hermann zu lesen, dass im Jahr 1960 insgesamt 246 Personen den VEB verließen und im Folgejahr bis zum Mauerbau 188 Belegschaftsmitglieder.[6] Leider gibt er zu diesen Daten keine Quelle an. Seine Angaben

---

[5] Werte entnommen aus: LATh-StA Rudolstadt: Industriekreisleitung SED IKL 205.
[6] Hermann: Brüder, S. 236.

korrespondieren nicht gut mit denen von Hellmuth und Mühlfriedel, die alleine für den Zeitraum Januar bis Mai 1961– also noch zweieinhalb Monate vor dem Mauerbau – auf eine Anzahl von 313 Personen kommen.[7]

Es wäre interessant zu wissen, wie viele dieser Personen die besonderen Bedingungen nutzten, die die Zeiss-Werke beiderseits der Grenze ihnen boten. Besonders Facharbeiter und besser Qualifizierte konnten sich schließlich Hoffnung machen, relativ problemlos wieder im expandierenden westdeutschen Unternehmen unterzukommen. Da mit dem Arbeitsplatz auch ein erster Schritt in ein normalisiertes Alltagsleben getan werden konnte, bot es sich wahrscheinlich für viele Abgewanderte an, in Oberkochen wieder Fuß zu fassen. Zudem konnten sie damit rechnen, in ein Arbeitsumfeld zu gelangen, das ihnen von der Mentalität und den Arbeitsabläufen her vertraut war. Auch das Gefühl, ein Außenseiter oder Zugereister zu sein, durfte aufgrund des Jenaer Ursprungs des Unternehmens wohl höchstens marginal gewesen sein.

Und tatsächlich lassen sich einige Quellen finden, die diesen Zustrom belegen und mit einer Größenordnung versehen. Die erste verwertbare Quelle bezieht sich auf den Januar 1947. Demnach tauchten am 21. Januar plötzlich etwa 100 Angestellte aus Jena vor den Werkstoren in Oberkochen auf.[8] Da sich die Unternehmensleitung der erst wenige Monate zuvor gegründeten Firma Opton von dem plötzlichen Zuzug überraschen ließ, war dies aber offenbar ein – in dieser Höhe – erstmalig auftretendes Phänomen.

Im weiteren Verlauf gibt es leider keine nach Jahren sortierte Aufstellung des direkten Zuzugs, jedoch bieten westdeutsche Quellen Informationen zur Gesamtzahl. Zeiss Oberkochen ermittelte für den Zeitraum Kriegsende bis April 1961 einen Zuzug von ca. 1.600 Personen.[9] Diese Anzahl ist durchaus glaubwürdig, obwohl sie auf den hausinternen Oberkochener Statistiken beruht. Eine künstliche Erhöhung der Zahlen, um die Verhältnisse in Jena zu diskreditieren, kann in diesem Fall als unwahrscheinlich gelten, da die Abwanderung aus dem Osten nach jetzigem Stand des Wissens nie propagandistisch offensiv seitens Oberkochen im Schlagabtausch mit Jena benutzt wurde.

Peterke stützt diese Daten zudem, indem er auf eine weitere interne Aufstellung mit Stand 1. Oktober 1970 verweist, die zu diesem Zeitpunkt genau 1.967 Personen zählt, die direkt vom VEB nach Oberkochen abgewandert

---

[7] Mühlfriedel in Stutz, S. 365.
[8] Hermann: Brüder, S. 81.
[9] Werkzeitschrift Heft 40, S. 30.

waren.[10] Leider vermisst man auch bei ihm diesbezüglich eine genaue Quellenangabe. Dennoch scheint es durchaus im Rahmen des Möglichen, dass in den gut neun Jahren zwischen beiden Aufstellungen ein Zuzug von 350 bis 400 Personen stattgefunden haben könnte. Zwar sank die Zuwanderung in die Bundesrepublik in den Jahren nach dem Mauerbau erheblich auf etwa 10 % des Vormauerbauniveaus, im Jahr 1961 aber kam es noch einmal zu erhöhten Abwanderungszahlen. Da die erste angesprochene Statistik im April 1961 endete, könnten zwischen Mai und Dezember 1961 durchaus noch mehr als 200 Personen die letzte Gelegenheit zur Abwanderung genutzt haben. Die restlichen 150 bis 200 Abwanderer werden dann aller Voraussicht nach in den verbleibenden neun Jahren nach Oberkochen gekommen sein.

Die hier genannten Zahlen umfassen nur die Belegschaftsmitglieder des VEB Zeiss. Es ist aber davon auszugehen, dass ein Teil dieser Personen zusammen mit Familienmitgliedern, Verwandten oder Freunden abgewandert ist. Die tatsächliche Abwanderung aus Jena musste im Untersuchungszeitraum also erheblich höher gewesen sein.

Auch hier hilft die Aufstellung von Peterke weiter. Demnach migrierten mit den 1.967 Personen, die direkt vom VEB nach Oberkochen gingen, 3.336 Familienmitglieder;[11] insgesamt also 5.303 DDR-Bürger. Im Schnitt brachte so jeder Angestellte 1,696 Familienmitglieder mit nach Oberkochen. Auf die 3.557 Personen hochgerechnet, die nach Hellmuth und Mühlfriedel zwischen Kriegsende und Mai 1961 insgesamt aus dem VEB in die Bundesrepublik und West-Berlin gingen, ergibt sich so ein zusätzlicher Familienzuzug von 6.033 Personen. Insgesamt also 9.590 Personen. Dies ist ein ungeheurer Wert, bedenkt man, dass die Einwohnerzahl Jenas in den 1950er Jahren relativ stabil bei etwa 80.000 gelegen hatte. Dabei muss man zusätzlich noch berücksichtigen, dass es sich hier nur um die Abwanderung aus dem VEB handelte und nicht etwa die gesamte Abwanderung Jenas erfasst.

In anderem Zusammenhang interessant ist eine Zusatzinformation Hermanns. Er erwähnt 347 Rentner, die für Zeiss in Jena gearbeitet haben und später nach Oberkochen kamen, wo sie, obwohl nie am Standort tätig, Stiftungspensionen bezogen hätten.[12] Dies war für ein Unternehmen aus ökonomischer Sicht sicherlich ein ungewöhnlicher Vorgang. Allerdings

---

[10] Peterke, S. 194.
Hermann hingegen spricht von knapp 2.000 Direktzuwanderern bis zum Mauerbau. Auch er versagt dem Leser eine genaue Quellenangabe und gibt nur allgemein die Oberkochener Personalabteilung an. Vgl. Hermann: Brüder, S. 245.
[11] Peterke, S. 194.
[12] Hermann: Brüder, S. 245.

könnte man dies auch als Kalkül werten, die eigene Stiftungsnachfolge zu legitimieren, denn wie ließe sich besser eine Rechtsnachfolge konstruieren als mit der Zahlung dieser Pensionen.

4.7.2 Die Zeiss-spezifischen Motive für die Abwanderung und Umgang mit derselben

Ein Großteil der Abwanderung von Angestellten des VEB Zeiss wurde sicherlich auch aus allgemeingültigen Motiven – die, wie weiter oben besprochen, ihre Ursachen in den Besonderheiten des DDR-Systems hatten – vollzogen. In diesem Kapitel liegt der Focus aber auf den Zeiss-spezifischen Motiven.

Unzweifelhaft gab es in der Geschichte der Firma einige einschneidende Ereignisse, die den Entschluss zur Abwanderung begünstigt haben. Nun stellt sich die Frage, inwieweit dieses Verhalten anhand der Zahlen und Quellen überprüfbar ist.

Die wohl einschneidensten Ereignisse nach dem Krieg – Demontage, Deportation und Verstaatlichung – führten zu erheblichen Umwälzungen bei Zeiss Jena. Leider gibt es gerade für diesen Zeitraum keine quantitative Abwanderungserhebung. Diese Erlebnisse konnten aber für die Abwanderungsbewegung nicht ohne Konsequenzen geblieben sein.

Mit der Demontage, die sich vom 22. Oktober 1946 bis in den Juni 1947 hinzog, verloren immerhin plötzlich 8.000 von 13.000 Angestellten ihre Arbeitsplätze. Nach der Schockstarre hatte sich Perspektivlosigkeit in Jena ausgebreitet, und Mitarbeiter verließen Jena Richtung Westen.[13] Auch die Deportation von Spezialisten musste Auswirkungen auf die – und in diesem Kontext kann man den Begriff anbringen – Fluchtbewegung gehabt haben. So kamen unter der Belegschaft nach den Deportationen immer wieder Gerüchte auf, dass weitere solcher Maßnahmen bevorstehen würden. Dies führte bei einigen Spezialisten zum Fernbleiben vom Arbeitsplatz, woraufhin die Geschäftsleitung annahm, diese seien in die Westzonen ausgereist, um einer möglichen Deportation zu entgehen.[14] Erschwerend kam hinzu, dass in diesem Zeitraum offenbar Fachkräfte durch den NKWD verhört worden waren, wobei es auch zu Misshandlungen gekommen war.[15]

In der Fachliteratur werden Demontage und Deportation als Ereignisse bewertet, die zu einer vermehrten Abwanderung oder Flucht geführt

---

[13] Ziegler in Plumpe, S. 242.
[14] Mühlfriedel: Carl Zeiss, Band 3, S. 42. Auch Hermann berichtet von Fluchtbewegungen nach der Deportation aus diesem Grund. Hermann: Name, S. 45.
[15] BACZ 14912: Büro des Werkleiters: Schriftwechsel mit...ehemaligen Konzernbetrieben.

haben. Erstaunlicherweise wird aber auch das dritte Ereignis im Bunde, die Verstaatlichung, als die Ursache für eine deutlich erhöhte Abwanderungsquote angesehen.

Vorausgegangen waren der Verstaatlichung im Frühjahr 1947 Privilegienbeschränkungen, wie die Absenkung der Stiftungspensionen auf 60 % der ursprünglichen Höhe und die Auflösung der Betriebskrankenkasse.[16] Zudem wurden Löhne und Gehälter für die verbliebenen Angestellten seitens der sowjetischen Administration zumindest ab dem Jahresende 1946 mehrere Monate lang gar nicht oder nur teilweise ausbezahlt.[17] Obwohl es auch in Jena ab Ende 1947 wieder Neueinstellungen gab, führte die Summe der negativen Erfahrungen der letzten beiden Jahre wohl dazu, dass es im Sommer nach der Verstaatlichung erneut zu einer Abwanderungswelle kam.[18]

Begünstigt wurde diese Wanderungs- und Fluchtbewegung durch den Umstand, dass am 31. Oktober 1946 in den Westzonen die Opton GmbH mit 200 Mitarbeitern gegründet worden war. Bis zum August 1948, also in nicht einmal zwei Jahren, gleichzeitig mit der Demontage, Verstaatlichung und Deportation in der SBZ, konnte Opton seine Mitarbeiterzahl auf 1.000 Belegschaftsmitglieder verfünffachen! Bereits Ende 1949 verfügte das Unternehmen über 1.500 Angestellte.[19]

Diese Art des Zuzugs qualifizierter Arbeiter war für die westdeutsche Neugründung sicherlich ein Geschenk, wenn auch in dieser Größenordnung und Unregulierbarkeit eine Herausforderung. So lässt sich jedenfalls ein von Küppenbender überliefertes Zitat interpretieren, wonach Oberkochen

> ... eine Fabrik für einige hundert Leute habe[n]und plötzlich stehen dreimal so viele vor der Tür.[20]

Im Jahr 1947 beschwerte sich die Führung von Opton sogar gegenüber der amerikanischen Militärregierung in Stuttgart darüber, dass diese den Zuzug von Arbeitskräften aus Jena behindern würde. Demnach

> ... kämen laufend Arbeiter aus Jena über die Grenze, die in Oberkochen dringend gebraucht würden.

---

[16] Neumann: Enteignet, S. 63.
[17] Peterke, S. 70.
[18] Ebenda, S. 64.
[19] http://www.berliner-zeitung.de/archiv/wie-der-schwaebische-optikkonzern-zeiss-oberkochen-auf-kosten-des-mutterhauses-in-jena-von-der-deutschen-teilung-profitierte--immer-mal-wieder-fehlte-jemand-,10810590,9926710.html (Zitierweise im Folgenden: Online-Quelle Berliner Zeitung).
[20] Hermann: Brüder, S. 100.

Diese wurden aber, wenn man sie dabei ertappte, von den Amerikanern inhaftiert oder zurückgeschickt.[21] Die politische Entscheidung der Rückschickung hatte in dieser Phase demnach Vorrang vor den Bedürfnissen der Wirtschaft.

Dass Oberkochen dennoch massiv vom Zuzug Jenaer Facharbeiter profitieren konnte, stand außer Frage.

Seriöse Schätzungen gehen davon aus, dass Anfang des Jahres 1950 insgesamt ein Drittel der Stammbelegschaft aus Jenaer Migranten bestand.[22] Hinzu kamen weitere sogenannte Ostflüchtlinge, die sich aus Bürgern der SBZ/DDR und aus Vertriebenen aus der Sudetendeutschen Glasindustrie zusammensetzten.[23] Bis in das Jahr 1961 hinein, als Zeiss Oberkochen ca. 6.000 Mitarbeiter beschäftigte, machte der Anteil der Jenaer ein knappes Drittel der Belegschaft aus.[24]

Auch in Jena wurde diese Entwicklung erkannt und beobachtet. Entsprechend dem in dieser Phase vorherrschenden Verständnis vom Schwesterbetrieb jenseits der Zonengrenze versuchte man, das Phänomen zunächst im Verbund mit Oberkochen zu bewältigen.

Noch im Januar 1947 übergab Küppenbender dem damals noch für Zeiss Jena tätigen Victor Sandmann eine Liste mit den Namen der in Oberkochen eingetroffenen Personen. Auch zukünftig sollte Jena über jeden Neuankömmling unterrichtet werden.[25] Um Repressalien seitens der Behörden der Sowjetzone zu vermeiden, sollte dies in verschlüsselter Form geschehen. So etwa in Form von privaten Briefen, die Textpassagen enthielten, in denen die Betroffenen namentlich benannt wurden.[26]

Auf gemeinsamen Sitzungen der Betriebsräte beider Unternehmen einigte man sich darauf, dass abgewanderte Mitarbeiter nur dann eingestellt werden sollten, wenn beide Betriebsvertretungen zustimmten.[27]

In Oberkochen interpretierte man die geplante Vorgehensweise allerdings vergleichsweise eigennützig. Dies zeigte nicht nur die erwähnte Beschwerde gegenüber der amerikanischen Militärregierung. Man teilte die Ankömmlinge in drei Gruppen ein: Da waren zunächst einmal diejenigen, die auf Anordnung aus Jena nach Oberkochen kamen. Weil Jena die Westdeutschen als Schwesterbetrieb und Entwicklungszentrum für

---

[21] CZO 233: Verhandlungen mit der Militärregierung in der US-besetzten Zone zum Aufbau der Zeiss-Produktionsstätte.
[22] CZO 234: Aufbau der Zeiss Produktionsstätte in Westdeutschland. Verhandlungen mit der Militärregierung in der US-besetzten Zone.
[23] CZO 202.
[24] Online-Quelle Berliner Zeitung.
[25] Hermann: Brüder, S. 89f.
[26] Ebenda.
[27] BACZ 8363.

den Osten ansah, zudem durch die Demontage erhebliche Kapazitätseinbußen hinnehmen musste, verfügte man über genügend Fachpersonal, das Opton vorübergehend – auf Abruf – überlassen werden konnte. Eine weitere Gruppe stellte sich aus den Arbeitskräften zusammen, die keine konkreten Anweisungen seitens Jena erhalten hatten. Eben diejenigen, die jetzt zuhauf vor den Werkstoren auftauchten. Die letzte Gruppe schließlich bestand aus denjenigen, die gegen den ausdrücklichen Wunsch von Jena in den Westen gingen. Hier wird es sich um hochspezialisierte Fachkräfte gehandelt haben. Die ersten beiden Personengruppen sollten aufgenommen und versorgt werden, soweit dies möglich war. Lediglich der dritten Gruppe sollte dies versagt bleiben.[28]

Was die Kontrolle der Abwanderungsbewegung anging, kann man davon ausgehen, dass Jena in Bezug auf die zweite – und größte – Gruppe sicherlich andere Vorstellungen im Sinne der gemeinsamen Vereinbarung hatte.

Ab Januar 1948 schaffte Oberkochen zudem noch einen zusätzlichen Anreiz für Abwanderungswillige. Gestaffelt nach dem Einkommen, zahlte man Trennungsentschädigungen für die in der SBZ verbliebenden Angehörigen.[29] Auch Angehörigen derer, die nach der demontagebedingten Ausleihe nach Jena zurückbeordert wurden, durften am westdeutschen Standort bleiben.[30] Wenngleich die wenigsten dieser „Leiharbeiter" tatsächlich auch nach Thüringen zurückkehrten.[31]

Oberkochen versuchte, nicht mit der Angestellten-Fluktuation in Jena in Verbindung gebracht zu werden. So gab es von offizieller Seite aus keine Anwerbeversuche.[32] Dennoch gab es deutliche Hinweise, dass solche Versuche von der Unternehmensleitung gebilligt, wenn nicht sogar gefördert wurden. So veranstalteten 30 Opton-Angehörige in Jena zu Ostern 1950 ein Treffen, bei dem versucht wurde, Fachkräfte abzuwerben.[33] Auch weitere Mitarbeiter aus Oberkochen kontaktierten während ihrer Urlaube in Jena Fachkräfte, die für die westdeutsche Firma interessant waren. Im Rahmen dieser Treffen sollen auch Fragebogen und Werbeschreiben verteilt worden sein.[34] Die Werber mussten dabei nicht nur aufpassen, dass ihre Aktionen nicht im VEB aufgedeckt wurden; auch vor den Staatsorganen der DDR hätte dies ernsthafte Konsequenzen gehabt.[35] Dies wäre wohl wenigstens

---

[28] CZO 208.
[29] Ebenda.
[30] Ebenda.
[31] Online-Quelle Berliner Zeitung.
[32] Hermann: Name, S. 66.
[33] CZO 1002.
[34] Mühlfriedel: Carl Zeiss, Band 3, S. 124.
[35] CZO 1002.

als Sabotageakt sowie Aufforderung und Unterstützung zur Republikflucht gewertet worden.

Dass solche konspirativen Treffen ohne das Wissen oder die Billigung der westdeutschen Geschäftsleitung initiiert worden waren, erscheint unglaubwürdig. Vielmehr ist davon auszugehen, dass sie sogar die Weisung dazu ausgab und besagtes Werbematerial bereitstellen ließ. Eine koordinierte Aktion dieser Art, die zudem auf finanzielle Mittel angewiesen war, musste zentral gesteuert worden sein. Es ist unwahrscheinlich, dass Betriebsangehörige dies in Eigenregie und auf eigene Kosten geplant und durchgeführt hatten.

Werbung erfolgte auch subtiler. In vielen Abteilungen bei Zeiss Jena wurden an Schwarzen Brettern Briefe und Postkarten ehemaliger Kollegen ausgestellt, die in den Westen gegangen waren.[36]

Vor allem in den Folgejahren, als die Staatsorgane für das Problem sensibilisiert waren und konspirative Treffen sicherlich ein zu großes Risiko dargestellt hätten, erfolgte die Anwerbung über solche privaten Kanäle.

Für die Folgejahre lässt sich sehr schön skizzieren, dass auch die Wanderungsbewegung beim VEB Zeiss eher ökonomisch geprägt war. Sicherlich waren hier ebenso zunächst überwiegend Gründe vorherrschend, die in den Unwägbarkeiten des gesellschaftlichen Systems der DDR zu suchen sind. Man bekommt aber den Eindruck, dass zumindest der letzte Schritt zur Abwanderungsentscheidung zumeist aufgrund der ökonomischen Vorteile, die die Bundesrepublik im Allgemeinen und Zeiss Opton im Speziellen boten, getroffen wurde.

So bewegen sich die Abwanderungszahlen für den Zeitraum 1952/53, d. h. während der „Operation Lupe" und der politischen Säuberungen im Werk, auf einem deutlich niedrigeren Level, als dies ab dem Jahr 1955 der Fall war. Auch die Ereignisse des 17. Juni, die ja gerade auch für die Jenaer Arbeiterschaft eine Zäsur gewesen sein mussten, wirken sich nicht in besonderem Maße auf die Abwanderungsquote aus.

Das nachfolgende Diagramm verdeutlicht die Spitzen der Abwanderung beim VEB. Der dunklere Balken zeigt den prozentualen Anteil der abgewanderten Zeiss-Mitarbeiter im Verhältnis zur Gesamtabwanderung nach der DDR-Wanderungsstatistik. Der hellere Balken stellt den Anteil aller Mitarbeiter an der Gesamtbevölkerung dar.[37] Der Anteil der

---

[36] Mühlfriedel: Carl Zeiss, Band 3, S. 124.
[37] Der hellere Balken dient in der Grafik als Referenzwert. Theoretisch wäre es möglich, dass die Mitarbeiterzahl sich in einem Jahr so vergrößert oder verkleinert hätte, dass die Schwankungen sich auch auf das Ergebnis des dunkleren Balkens ausgewirkt haben könnten. So aber ist ersichtlich, dass die Spitze des Jahres 1955 nicht auf einer exorbitanten Vergrößerung der Mitarbeiteranzahl beruht.

Mitarbeiter, die sich im Abbildungszeitraum in einer Größenordnung zwischen 15.000 und 17.000 bewegten, bleibt im Verhältnis zur Gesamtbevölkerung annähernd konstant. Anders verhält es sich jedoch mit dem Anteil an der Wanderungsbewegung: Im Jahr 1955 erfolgt eine Verdopplung der Abgänge – sowohl gegenüber den Vorjahren als auch gegenüber dem Anteil, der den Zeiss-Mitarbeitern anhand ihres Verhältnisses im Vergleich zur Gesamtbevölkerung zustehen sollte.

Abbildung 33: Gegenüberstellung der Abwanderung beim VEB Zeiss im Verhältnis zum Anteil an der Gesamtbevölkerung in ausgewählten Jahren in Prozent[38]

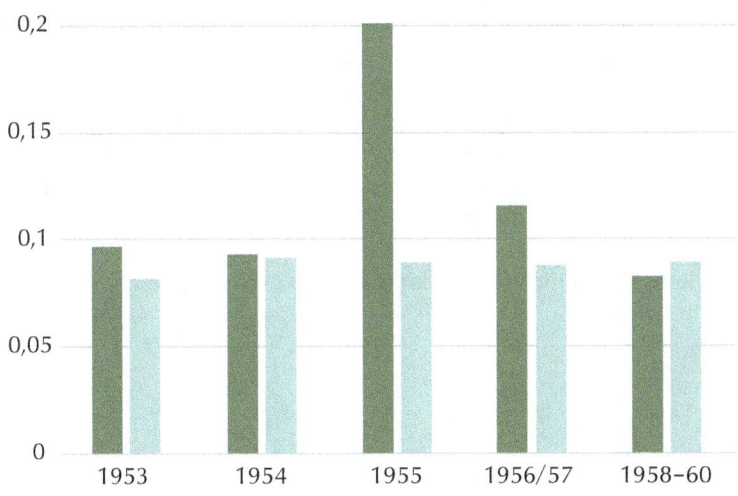

- Abwanderung Mitarbeiter VEB in Prozent der Wanderungsstatistik
- Anteil Mitarbeiter an Gesamtbevölkerung in Prozent

Der Grund für die Abwanderungsspitze 1955 war eindeutig materiell-ökonomisch bedingt. In dieser Phase kamen mehrere auslösende Moment zusammen, die sich schlussendlich in der hohen Abwanderung äußerten.

---

[38] Prozentualer Abwanderung beim VEB Zeiss errechnet nach der DDR-Wanderungsstatistik. Anteil der Mitarbeiter an der Gesamtbevölkerung errechnet nach Mühlfriedel: Carl Zeiss, Band 3, S. 360 und DDR-Bevölkerungsstatistik.

Der stellvertretende Werkleiter, Herbert Weiz, erinnerte sich diesbezüglich an die Stimmung im Werk um das Jahr 1955 herum:

> Als ich [...] meine Tätigkeit in unserem Betrieb begann, hatte ich eine längere Diskussion mit einigen Arbeitern, die der Auffassung waren, daß unser Betrieb zum Sterben verurteilt sei. Ihre Auffassung krönte in einer Perspektivlosigkeit, Unsicherheit in der Produktion und allgemein in der Anschauung, der Betrieb wäre völlig verschuldet und würde wahrscheinlich über kurz oder lang bedeutend verkleinert sein.[39]

Gründe für diese Stimmungslage gab es viele. Zunächst führten die verlorenen ersten Zeiss-Prozesse in der Bundesrepublik zu großen Sorgen bei den Mitarbeitern. Es erschien ihnen, als sei Zeiss an seinem Gründungsort zum Sterben verurteilt.[40] Zudem wurde bekannt, dass am Standort Jena 1.500 Arbeitsplätze mehr vorhanden waren, als die Produktionspläne vorsahen, und dass die Hauptverwaltung diese Überkapazitäten abbauen wollte.[41] Zwar hätte Schrade gerne die Produktion erhöht, um für Auslastung zu sorgen, aber er konnte sich gegenüber der Hauptverwaltung nicht durchsetzen.[42] So kam es ab dem Jahr 1955 erstmals seit der Demontage wieder zu Entlassungen beim VEB.

Abbildung 34: Jährliche Veränderung der Belegschaftsstärke beim VEB Zeiss in Prozent[43]

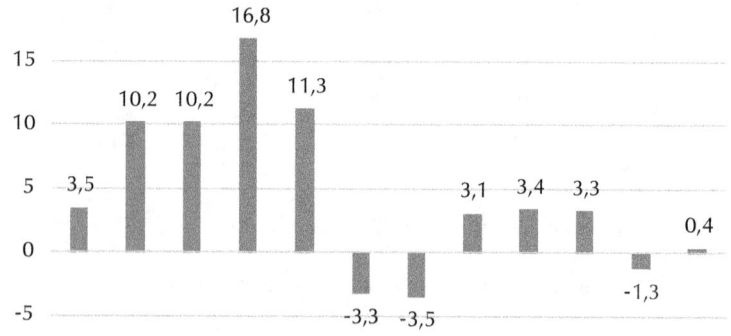

---

[39] Abgedruckt in: Liebe, Hans: Die Rolle des VEB Carl Zeiss Jena im Kampf für den Frieden und bei der Festigung der ökonomischen Grundlagen der Deutschen Demokratischen Republik. Diss., Berlin 1962, S. 34.
[40] Stutz: Feindagenten, S. 141.
[41] LATh-StA Rudolstadt: Grundorganisation der SED VEB Carl Zeiss Jena – Nr. 15.
[42] Ebenda, S. 154.
[43] Daten basierend auf Mühlfriedel: Carl Zeiss, Band 3, S. 360.

Zum gleichen Zeitpunkt stagnierte auch die Lohnentwicklung im Werk. Erhöhte sich der Arbeitslohn zwischen 1950 und 1954 um insgesamt ca. 50 % des Ausgangswertes, stiegen die Löhne von 1955 bis 1960 nur noch um knapp 15 %.[44] Nach heutigen Maßstäben sicherlich eine akzeptable Entwicklung. Für die damalige Zeit musste es den Mitarbeitern angesichts des niedrigen Ausgangsniveaus aber wie ein Stillstand vorgekommen sein.

Hinzu kamen die in der DDR üblichen Probleme, die auch die Zeiss-Mitarbeiter nicht unberührt ließen. So suchten Ende 1954 noch insgesamt 1.019 Werksangehörige angemessenen Wohnraum für sich und ihre Familien.[45] Auch die Lebensmittelversorgung blieb ein Problem. Waren in der Bundesrepublik die Lebensmittelmarken bereits 1950 abgeschafft worden, blieben sie in der DDR bis in das Jahr 1958 fester Bestandteil der Grundversorgung – und an eine geregelte Konsumgüterversorgung war gar nicht zu denken.

Gleichzeitig wurde in Oberkochen, im Sommer 1955, ein neuer Produktionszweig aufgestellt. Im Werk wurden dafür 1.200 neue Mitarbeiter benötigt.[46]

Schon 1951 hatte ein Werksneubau der westdeutschen Glasmacher von Schott in Bonn zu erheblichen Abgängen bei ihrem ostdeutschen Pendant geführt.[47] Ähnliches, wenn auch in deutlich größerem Maßstab, zeichnete sich nun auch beim VEB ab.

Die Mitarbeitersuche in Oberkochen wurde über die verschiedenen persönlichen Kontakte beiderseits der Grenze umgehend nach Jena getragen, und die verdeckten Anwerbungsversuche der ehemaligen, nun in Oberkochen tätigen Kollegen – ob nun von der dortigen Firmenleitung initiiert oder nicht – fielen in Jena auf fruchtbaren Boden. Postkarten, in denen berichtet wurde, dass man im Westen sofort eine Wohnung beziehen konnte, lediglich eine Fünf-Tage-Woche abzuleisten hatte und mit dem neuen Motorrad schnell über das Wochenende in die Schweiz und nach Italien fahren könne, verfehlten, vor allem angesichts der vermeintlich tristen Zukunftsaussichten in Jena, ihre Wirkung nicht.[48] Hinzu kam die Tatsache, dass in Oberkochen auch die in Jena erworbenen Stiftungsrechte der Mitarbeiter anerkannt wurden.[49]

Aus dieser Gemengelage heraus stellte das Volkspolizeikreisamt Jena fest, dass im August 1955 etwa 1.000 Angestellte des VEB ihren Sommerurlaub in der Bundesrepublik verbracht hatten. Die überwiegende

---

[44] Daten basierend auf Mühlfriedel: Carl Zeiss, Band 3, S. 361.
[45] Ebenda, S. 129.
[46] LATh-StA Rudolstadt: Grundorganisation der SED VEB Carl Zeiss Jena – Nr. 14.
[47] BArch Berlin DC 1/1222, S. 59 und 70.
[48] Sobeslavsky, S. 23.
[49] Mühlfriedel: Carl Zeiss, Band 3, S. 123.

Mehrheit von ihnen in Oberkochen.⁵⁰ Dieser Andrang war sicherlich nicht den touristischen Reizen der Region geschuldet, sondern zeigte vielmehr den Erfolg, den das westdeutsche Unternehmen mit der Werbungspraxis in Jena erzielt hatte.

Für Jena bedeutete dies, dass man Mitarbeiter, die man gerne behalten hätte, verlor, während man andere, die man im Zuge der Entlassungen gerne losgeworden wäre, behalten musste. Letztlich führte dies zu Qualitätsverlusten in der eigenen Produktion.⁵¹

In Oberkochen sah man diese Entwicklung schon im Juli 1953 voraus und bezog sie sogar in die eigene Planung ein. Als Ausgangspunkt für die negative Entwicklung in Jena erkannte Sandmann, der ja aus Jena geflohen und nun in Oberkochen tätig war, ausgerechnet den verstärkten Einfluss der politischen Kräfte im Werk. Aufgrund deren sachlichen Unvermögens erwartete er eine erhebliche betriebswirtschaftliche Verschlechterung der Werksergebnisse und daraus resultierend eine Zunahme der Wanderungsbewegung.⁵² Tatsächlich trat im Zeitraum 1954/55 genau diese Entwicklung ein.

Man kann sich vorstellen, dass die Stadt Oberkochen – auch wenn dort und in der näheren Umgebung aufgrund des ländlichen Charakters kriegsbedingte Wohnraumzerstörung kaum vorhanden gewesen sein konnte – erhebliche Schwierigkeiten mit der Unterbringung der Zugezogenen haben musste. Im Jahr 1950 waren dort knapp 3.700 Einwohner gemeldet. Mit der Etablierung der optischen Industrie waren es im Jahr 1961 schon knapp 8.000. Deshalb wurde auch die Firma Opton in die Pflicht genommen.

Im Zeitraum 1947/48 schaffte das Unternehmen als Erstlösung zunächst 100 Feldbetten an, die direkt im Werk aufgestellt wurden. Auch sechs Holzbauten für die Neulinge wurden direkt auf dem Werksgelände errichtet.⁵³ Des Weiteren wurden 15 Baracken eines ehemaligen Reichsarbeitsdienstlagers von Opton gekauft und hergerichtet. Später entstand auf diesem Gelände die „Waldsiedlung", eine Arbeitersiedlung für die Angehörigen des Unternehmens.⁵⁴ Bis Ende 1953 beteiligte sich die Firma am Bau von insgesamt 1.035 Wohnungen, die sie zu 25 % mitfinanzierte.⁵⁵

Für den von Victor Sandmann erwarteten Ansturm zur Mitte der 1950er Jahre plante die Firma ein Auffangheim zu schaffen, in dem gleich nach dem Lagerdurchgang Jenaer mit ihren Angehörigen aufgenommen

---

⁵⁰ Mühlfriedel: Carl Zeiss, Band 3, S. 123.
⁵¹ LATh-StA Rudolstadt: Grundorganisation der SED VEB Carl Zeiss Jena – Nr. 15, S. 154.
⁵² CZO 69.
⁵³ Hermann: Name, S. 59 f.
⁵⁴ Ebenda.
⁵⁵ Ebenda, S. 60.

werden könnten.[56] Neben Unterkunft und Verpflegung sollte den Heimbewohnern auch etwas Taschengeld zur Verfügung gestellt werden, bis sich ein adäquater Arbeitsplatz gefunden hätte.[57] Zur Finanzierung dieser Übergangmaßnahmen sollte auch die Unterstützung der Bundesregierung und des Flüchtlingskommissars eingeholt werden. Ziel war es, den Neuankömmlingen den Eindruck zu vermitteln, dass ihnen als Zeiss-Angehörige in einer Notlage die bestmögliche Hilfe zuteilwerde.[58] Ob diese Pläne verwirklicht wurden, lässt sich heute leider nicht mehr überprüfen.

Diese Maßnahmen bedeuteten jedoch nicht, dass in Oberkochen wahllos jeder Zuwanderer aus Jena mit einem Arbeitsplatz versorgt werden konnte. Auch in dieser Situation behielt die Geschäftsleitung immer die Wirtschaftlichkeit einer Maßnahme im Auge.[59] Da die Versorgung mit geeigneten Arbeitsplätzen aber die wichtigste Maßnahme der Eingliederung darstellte, trat Oberkochen diesbezüglich an die übrigen westdeutschen Stiftungsbetriebe heran. Anfragen, die in Oberkochen Angekommenen bevorzugt einzustellen, gingen an die wesentlichen Stiftungsunternehmen und diverse Tochtergesellschaften.[60]

Auch in der DDR zurückgebliebene Familienmitglieder wurden über dieses Netzwerk – das auch befreundete Unternehmen außerhalb der Stiftungsstruktur beinhaltete – vermittelt, damit sie möglichst bald nach Westdeutschland nachziehen konnten.[61] Den Familien drohten nämlich Repressalien, sobald die Staatsorgane die Abwanderung ihrer Angehörigen registriert hatten. In Form von Sippenhaftung wurden sie angeblich aus dem Kreis Jena ausgesiedelt.[62] In Einzelfällen wird dies von den Behörden auch praktiziert worden sein. Es ist aber unwahrscheinlich, dass diese Maßnahme tatsächlich umfassend durchgeführt wurde. Dafür hatte der Umfang der Abwanderung bereits eine zu kritische Größe angenommen.

---

[56] CZO 69.
[57] Ebenda.
[58] Ebenda.
[59] CZO 980: Geschäftsleitung Oberkochen: Schriftwechsel mit der Zeiss Ikon AG, Stuttgart.
[60] CZO 69.
[61] CZO 1415.
[62] Hermann: Jena, S. 70. Hermann suggeriert, dass jeder Angehörige zwangsausgesiedelt wurde. Dies ist unwahrscheinlich. Im Zuge solch einer Praxis wäre der Wunsch nach „Heimaturlaub" oder gar Rückkehr der Abgewanderten unverständlich. Es ist also davon auszugehen, dass diese Praxis zwar angewandt worden ist, jedoch in eher beschränktem Ausmaß.

Sicher ist hingegen, dass ein abgewanderter Angehöriger für den Daheimgebliebenen oftmals das Karriereaus bedeutete.[63] Die Industriekreisleitung erfasste zudem jeden republikflüchtigen Betriebsangehörigen auf das Genaueste: Neben persönlichen und beruflichen Daten wurden auch die gesellschaftliche Stellung, der angenommene Abwanderungs- oder Fluchtgrund sowie die neue westdeutsche Postadresse erfasst. Außerdem wurde ermittelt, ob der Betreffende ggf. betriebliche Unterlagen mitgenommen hatte oder sogar in „Agententätigkeiten" verstrickt war. Für die zurückgebliebenen Kollegen konnte der Weggang insofern unangenehme Folgen haben, als dass auch das Verhältnis des Abgewanderten zu ihnen penibel überprüft wurde.[64]

Trotz vermeintlich drohender Repressalien war der Wunsch nach einem Heimatbesuch oder sogar nach einer endgültigen Rückkehr nach Jena unter den Exilanten offenbar weit verbreitet.

So gingen alleine für die Weihnachtstage 1955 etwa 200 Anträge auf Urlaubseinreise bei den zuständigen ostdeutschen Behörden ein. Die BPO besuchte die Heimaturlauber in Zweiergruppen, um sie zur Rückkehr zu bewegen.[65] Inwieweit dieses Vorgehen erfolgreich war, lässt sich leider nicht ermitteln. Insgesamt, ob nun endgültig oder nur zwischenzeitlich, entschlossen sich aber im Jahr 1955 immerhin 43 Personen zur Rückkehr und im darauffolgenden Jahr schon 60 weitere.[66] Zwischen 1957 und 1961 sollten so durchschnittlich 71 Betriebsangehörige ihren Weg zurückfinden.[67] Hinzu kam eine unbekannte Anzahl an Familienangehörigen.

Bestrafungen mussten die Rückkehrer offenbar nicht befürchten. Vielmehr versuchten die Behörden und SED-nahen Organisationen, diese Menschen in ihre Propagandaarbeit einzubringen. So sollten sie beispielsweise in den Werksmedien von ihren „negativen" Erfahrungen in Westdeutschland berichten.[68] Jugendliche Rückkehrer wurden innerhalb des Werkes von Paten betreut,[69] um sie wieder einzugliedern und auch um sie unter Kontrolle zu halten.

Andere mussten in Versammlungen über ihre Erfahrungen berichten.[70] Auch, wenn es keine offensichtlichen Bestrafungen gab, führte dieses

---

[63] LATh-StA Rudolstadt: Grundorganisation der SED VEB Carl Zeiss Jena – Nr. 12, S. 43.
[64] LATh-StA Rudolstadt: Industriekreisleitung SED IKL 00004.
[65] LATh-StA Rudolstadt: Grundorganisation der SED VEB Carl Zeiss Jena – Nr. 15, S. 202.
[66] LATh-StA Rudolstadt: Kreisleitung der SED Jena Stadt – Nr. 86.
[67] Kasten, Birgit: Krisen, Kinder, Wirtschaftsmacht. Carl Zeiss Jena in der DDR, S. 174 f. In: Markowski, Frank (Hrsg.): Der letzte Schliff. 150 Jahre Arbeit und Alltag bei Carl Zeiss. Berlin 1997, S. 170–189.
[68] LATh-StA Rudolstadt: Kreisleitung der SED Jena Stadt – Nr. 86.
[69] Ebenda.
[70] LATh-StA Rudolstadt: Grundorganisation der SED VEB Carl Zeiss Jena – Nr. 15.

System der erzwungenen öffentlichen Läuterung dazu, dass viele potenzielle Rückkehrer sich scheuten, tatsächlich nach Jena zurückzukehren.[71] Die Heimkehr derjenigen propagandistisch auszunutzen, die tatsächlich zurückkamen, war den Verantwortlichen offenbar wichtiger, als möglichst viele Rückkehrer stillschweigend wiedereinzugliedern. Dieses Vorgehen erscheint aus Sicht der BPO als abschreckende Wirkung in Hinblick auf die Belegschaft auch durchaus nachvollziehbar. Es ermöglichte zum einen die gewünschte Propagandawirkung und zeigte zum anderen, dass die geläuterten Abtrünnigen nicht folgenlos zwischen den Systemen wechseln konnten, sanktionierte die Rückkehrer aber auch nicht in so drastischer Weise, dass dadurch weitere Abwanderung provoziert worden wäre. Angesichts des kontinuierlichen Abgangs von Belegschaftsmitgliedern muss der Erfolg dieser Methode jedoch in Zweifel gezogen werden.

Bei den Rückkehrern des Jahres 1956 handelte es sich durchweg um Jugendliche. Dies liefert einen Hinweis darauf, dass die Praxis der Zwangsaussiedlung von Angehörigen – jedenfalls zu diesem Zeitpunkt – nicht umfassend durchgeführt wurde, da wir aus anderen Studien[72] wissen, dass als Hauptgrund für die Rückkehr Minderjähriger in die DDR zumeist Heimweh angeführt wurde. Dieser Grund wäre bei der Ausweisung der Familie aus dem Kreis Jena als obsolet anzusehen.

Die große Anzahl an jugendlichen Rückkehrern beruhte auch auf entsprechend hohen Abgangsquoten innerhalb dieser Bevölkerungsgruppe. So waren insgesamt 9,7 % der Ausbildungsjahrgänge 1952 bis 1955 in die Bundesrepublik gegangen. Insgesamt 238 Personen, von denen 70 % Jena alleine im Jahr 1955 verließen.[73] Im Wesentlichen führten zwei Gründe zum Weggang der jungen Leute. Vielfach wurden sie nach ihrer Ausbildung nicht in ihren erlernten Berufen eingesetzt, sondern mussten anderweitigen Tätigkeiten nachgehen.[74]

Neben diesem Zeiss-spezifischen Problem führte aber auch das bekannte Anwerben durch kasernierte Volkspolizei und ab 1956 durch die Nationale Volksarmee zu massenhaften Abgängen. Die Werkleitung des VEB war dazu verpflichtet, dafür Sorge zu tragen, dass ein gewisser Anteil der jungen Männer „freiwillig" in die Armee oder in die Bereitschaftspolizei

---

[71] LATh-StA Rudolstadt: Grundorganisation der SED VEB Carl Zeiss Jena – Nr. 15.
[72] Vgl. etwa: Roesler: Abgehauen, S. 567.
Hardach, Gerd: Der Generationenvertrag: Lebenslauf und Lebenseinkommen in Deutschland in zwei Jahrhunderten. Berlin 2006, S. 306. Schmelz, Andrea: Migration und Politik im geteilten Deutschland während des Kalten Krieges: die West-Ost-Migration in die DDR in den 1950er und 1960er Jahren. Opladen 2002, S. 123 f.
[73] Mühlfriedel: Carl Zeiss, Band 3, S. 123.
[74] Ebenda.

eintrat.[75] Dementsprechend wurde gegenüber den Auszubildenden oder jungen Facharbeitern ein enormer Druck aufgebaut. Eine Weigerung hatte zudem zur Folge, dass der Besuch einer Fachschule verwehrt wurde.[76] Dies bedeutete bereits in jungen Jahren eine erhebliche Einschränkung der Karrieremöglichkeiten und veranlasste auch bei Zeiss viele Jugendliche dazu, ihrem Land den Rücken zu kehren.

Zeiss-spezifische Abwanderungsmotive waren sicherlich gegeben. Statistisch untermauern lassen sich diese jedoch nur für das Jahr 1955 und in abgeschwächter Form für die beiden Folgejahre. Die restliche Abwanderung beim VEB war zumeist durch Probleme bestimmt, die auch die meisten anderen großen VEBs betrafen. Zeiss bildete hier in der Großindustrie der SBZ/DDR keine Ausnahme, die sich statistisch untermauern ließe. Die Politisierung des Berufsumfeldes fand hier – mit allen negativen Auswirkungen – ebenso statt wie anderswo auch. Ausnahmen, wie die Fluchtbewegung einzelner Belegschaftsmitglieder im Zusammenhang mit der „Operation Lupe", waren zwar gegeben. Sie stellten aber in der Gesamtbetrachtung nur eine – wenn auch erschreckende – Marginalie dar.

Was den VEB Zeiss von den meisten anderen Großbetrieben der SBZ/DDR unterschied, war sein westdeutscher Antagonist. Die Abwanderungszahlen waren immer dann am höchsten, wenn es dem VEB wirtschaftlich schlecht ging und Arbeitsplätze in Gefahr waren. So lag die Quote in den Jahren 1955 bis 1957, als auch die Migrationsrate der gesamten DDR überdurchschnittlich hoch war, noch einmal deutlich über dieser.

Schlussendlich muss man zugestehen, dass sich die überwiegende Mehrheit innerhalb dieser Migrationsbewegung aufgrund ökonomischer Motive dazu entschloss, in die Bundesrepublik abzuwandern – und dass Opton bzw. Zeiss Oberkochen in erheblichem Ausmaß von dieser Zuwanderung profitierte. Ohne den westdeutschen Zwilling hätte eine Abwanderung in dieser Größenordnung nicht stattgefunden.

---

[75] Mühlfriedel: Carl Zeiss, Band 3, S. 123.
[76] LATh-StA Rudolstadt: Grundorganisation der SED VEB Carl Zeiss Jena – Nr. 15.

Exkurs V: Goethe-Gesellschaft und EKD – gesamtdeutsche Alternativen?

Die Analyse der beiden vorausgegangenen Themenfelder suggeriert, dass die politische Teilung Deutschlands auch für die Betroffenen eine Entscheidung für die eine oder andere Seite nach sich ziehen musste.

So entschied sich die Geschäftsführung von Carl Zeiss Oberkochen schon früh dafür, die Teilung des Unternehmens zu forcieren und sich einseitig nach Westdeutschland auszurichten. Auch die Migranten aus der SBZ/DDR hatten mit ihrer Übersiedlung eine Entscheidung getroffen, die in der Regel eine deutliche Zäsur in ihrem Leben bedeutete, und sich somit eindeutig positioniert.

Nun gab es aber auch zivilgesellschaftliche Institutionen, die zumindest versuchten, ihre gesamtdeutsche Struktur und Identität auch unter den vorgegebenen politischen Rahmenbedingungen zu erhalten und weiter zu pflegen. Dass diese Einheits-Kultur nur schwer erhalten werden konnte, liegt dabei auf der Hand. Die aggressive Gleichschaltungspolitik in der SBZ/DDR und die konträre Stellung beider gesellschaftlichen und politischen Systeme, die erst mit der neuen Ostpolitik in ihrer Schärfe einen Kumulationspunkt fand, waren Faktoren, mit denen jede gesamtdeutsche Organisation zu kämpfen hatte.

Es ist auch nicht verwunderlich, dass gesamtdeutsche Einrichtungen sich eines immensen Drucks von außen ausgesetzt sahen und sich darüber hinaus auch immer wieder mit Phasen der inneren Zerrissenheit auseinandersetzen mussten.

Am Beispiel der Goethe-Gesellschaft wird deutlich, dass es vor allem einzelne Protagonisten waren, die versuchten, die gesamtdeutsche Struktur zu gewährleisten. So konnte der Präsident Anton Kippenberg eine Spaltung der Gesellschaft, die Ende der 1940er Jahre von der SED vorangetrieben wurde, verhindern. Entscheidend begünstigt wurde dies allerdings durch eine Abkehr der restriktiven DDR-Haltung. Nun wurde versucht, propagandistisch über die gesamtdeutsche Gesellschaft Einfluss bzgl. deutschlandpolitischer Fragen in der Bundesrepublik zu nehmen.[1]

Auch Kippenbergs Nachfolger, Andreas Bruno Wachsmuth, gelang es Anfang der 1950er Jahre, die nun von westdeutschen Mitgliedern forcierte Spaltung zu verhindern.[2]

---

[1] Ehrlich, Lothar: Die Goethe-Gesellschaft im Spannungsfeld der Deutschland- und Kulturpolitik der SED, S. 260. In: Ehrlich, Lothar/Mai, Gunther (Hrsg.): Weimarer Klassik in der Ära Ulbricht. Köln/Weimar/Wien 2000, S. 251–282.
[2] Ehrlich, S. 251 f.

Die Ursache der von den westdeutschen Mitgliedern ausgehenden Spaltungstendenz lag in der Vereinnahmungspolitik der SED begründet. Durch die Festlegung auf einen paritätisch besetzten Vorstand gelang es 1954, die Einflussversuche des Staates kurzzeitig auszusetzen. Aber ohne Rücksprache mit dem Kulturbund war es dem Vorstand praktisch nicht möglich, Entscheidungen organisatorischer, personalpolitischer oder finanzieller Art eigenständig zu treffen.[3]

Ab 1958 forcierte die SED ihre Bemühungen wieder, über den Kulturbund verstärkten Einfluss auf inhaltliche und personelle Aspekte der Goethe Gesellschaft zu nehmen. Die Leitung des Ministeriums für Kultur tendiert „aufgrund der fortgeschrittenen politischen Entwicklung" dazu, eine eigenständige Goethe-Gesellschaft für die DDR zu präferieren.[4] Vorstandsvorschläge der Partei, die redaktionelle Kontrolle der wichtigen Jahrbücher und das partielle Einreiseverbot für westdeutsche Studenten zu den Hauptversammlungen in Weimar waren die Folge.

Um ihren gesamtdeutschen Status zu behalten, war die Gesellschaft also immer wieder gezwungen, teils schmerzhafte Kompromisse mit den staatlichen Organen der DDR einzugehen. Teilweise führte dies zu vorauseilendem Gehorsam gegenüber Regierungsstellen in der DDR, um die gesamtdeutsche Organisationsstruktur nicht zu gefährden.[5] Diese wiederum nutzte den gesamtdeutschen Status propagandistisch aus, um ihre Position zu bestimmten deutschlandpolitischen Fragen – wie beispielsweise der atomaren Bewaffnung der Bundeswehr – in den Westen zu tragen.[6]

Die Vereinnahmungspolitik der SED war in der Goethe-Gesellschaft allgegenwärtig. Durch die flächendeckende Einrichtung von sogenannten Goethe-Kreisen in der DDR zu Beginn der 1950er Jahre, in denen sich Goethe-interessierte Werktätige versammelten, wurde sie zudem wissenschaftlich-ideologisch unter Druck gesetzt. In diesen Kreisen wurde das Werk Goethes politisch-systemkonform interpretiert und stand damit im Gegensatz zu der literaturwissenschaftlichen Arbeit der Goethe-Gesellschaft.[7]

Die immer wieder drohende Spaltung der Gesellschaft konnte letztlich lediglich formal verhindert werden, indem sie sich 1967 einen internationalen Status gab. In der Realität bedeutete dies aber für ihre Mitglieder in

---

[3] BArch Berlin (SAPMO) DY 27/2989.
[4] BArch Berlin (SAPMO) DY 27/3309.
[5] So wurde der (westdeutsche) Präsident Wachsmuth von Vertretern des Kulturbundes für seine „loyale Art" gelobt, da er der DDR kritisch gegenüberstehende westdeutsche Teilnehmer der Hauptversammlungen im Vorfeld bei den Behörden bekannt machte. BArch Berlin (SAPMO) DY 27/3309.
[6] Ehrlich, S. 251 f.
[7] BArch Berlin (SAPMO) DY 27/2991.

der DDR, dass sie wie jede andere dortige Organisation dem Gutdünken der SED ausgeliefert waren und unter der Kontrolle des Staates standen.

Mit dem Slogan „Zonengrenzen sind keine Kirchengrenzen" versuchten sich die evangelischen Landeskirchen zunächst über die politische Realität hinwegzusetzen. Doch auch sie mussten bald feststellen, dass man innerhalb des Staatsgebietes der SBZ/DDR nicht unabhängig vom System agieren konnte. Auch hier übte der Staat zunächst Druck auf die ostdeutschen Mitglieder aus, damit diese die Deutschlandpolitik der SED gegenüber der Bundesrepublik mittrugen. Im Gegensatz zur Goethe-Gesellschaft verfügte die EKD allerdings über das Selbstverständnis und den Einfluss, die Verhältnisse in der SBZ immer wieder kritisch zu hinterfragen – und dies nicht zuletzt auf Betreiben der östlichen Landeskirchen.[8]

Die Unabhängigkeit in der Meinungsbildung musste das SED-Regime herausfordern. Erschwerend kam hinzu, dass die Partei nur sehr eingeschränkt Einfluss auf die Personalpolitik der evangelischen Kirche nehmen konnte. Instrumentalisierungsversuche der SED, wie beispielsweise im Kampf gegen die Westbindung der Bundesrepublik, hatten deshalb aufgrund der o. a. Gründe wenig Erfolg.

Ab 1950 forcierte der Staat deswegen die Loslösung der Ostkirche aus der gesamtdeutschen Organisation. Die SED-Politik gegenüber der evangelischen Kirche und ihren Mitgliedern wurde ab diesem Zeitpunkt immer repressiver.[9] Mit dem Abschluss des Bundeswehr-Militärseelsorgevertrags im Jahr 1957, dem auch fast alle Ostkirchen zustimmten, verfügte die SED dann über einen Hebel, um die gewünschte Spaltung voranzutreiben und den Kontakt zur EKD einzustellen. Damit konnte die gesamtdeutsche evangelische Kirchenvereinigung nicht mehr als Ansprechpartner dienen, und die Ostkirchen standen in der DDR gegenüber dem Regime alleine.[10]

Es sollte noch bis 1969 dauern, ehe sich die Ostkirchen auch formal aus der EKD lösten. Aufgrund der Repressionspolitik des Staates und der politischen Realitäten, die eine gemeinsame deutschlandübergreifende Organisationstruktur nahezu unmöglich machten, sahen sich die Ostkirchen gezwungen, sich mit der Gründung des Bundes der evangelischen Kirchen in der DDR (BEK) organisatorisch neu aufzustellen. Was folgte, war ein oberflächlicher Frieden der BEK mit dem Staat; die BEK versuchte, sich unter dem Konzept „Kirche im Sozialismus" neu zu positionieren, entfernte sich damit aber im Verlauf der 1970er und 1980er Jahre

---

[8] Lepp, Claudia: Tabu der Einheit? Die Ost-West-Gemeinschaft der evangelischen Christen und die deutsche Teilung 1945–1969. Göttingen 2005, S. 206.
[9] Ebenda, S. 209 ff.
[10] Ebenda, S. 370 ff.

immer weiter von der Basis ihrer eigenen Mitglieder.[11]

Im Umgang des Staates mit beiden gesamtdeutschen Organisationen lassen sich deutliche Muster erkennen. Vor allem im Verlauf der 1950er Jahre hing das Vorgehen der SED mit dem Grad des Einflusses zusammen, den die Partei innerhalb der Organisationen erzielen konnte. Gelang dies im Sinne der SED zufriedenstellend, etwa durch eine ihr konforme Personalpolitik, war die Spaltung nicht die oberste Prämisse. Dies gelang im Fall der kleinen Goethe-Gesellschaft besser, als dies bei der selbstbewussten evangelischen Kirche durchsetzbar war.

Hinzu sah das Regime die gesamtdeutschen Institutionen bis zur Mitte der 1950er Jahre als nützliche – wenn auch erfolglose – Vehikel an, um ihre auf ein neutrales wiedervereinigtes Deutschland ausgerichtete Politik auch in den Westen zu tragen.

Mit der Aufgabe der Wiedervereinigungspolitik erhöhte sich gegen Ende der 1950er Jahre auch der Druck auf die gesamtdeutschen Organisationen wieder – die Abkehr von der Einstaatlichkeit wurde forciert. Dies geschah auch zu einem Zeitpunkt, in der innerhalb der DDR noch einmal eine Phase der Repression gegen staatsabweichendes Verhalten eingeleitet wurde.[12]

Letztlich konnten sich weder die Goethe-Gesellschaft noch die evangelische Kirche in Deutschland der Vereinnahmungspolitik des DDR-Regimes entziehen. Die Internationalisierung der Goethe-Gesellschaft konnte ebenso wenig darüber hinwegtäuschen, dass sie sich in Ostdeutschland im Grunde dem Staatswillen unterworfen hatte, wie dies im gleichen Zeitraum auch die Ostkirchen mit der Gründung der BEK taten.

Beide genannten Beispiele zeigen, dass mittelfristig eine zivilgesellschaftliche, vom Staat autarke Organisationsarbeit in der DDR nicht zu verwirklichen war. Dies beeinflusste selbstverständlich auch gesamtdeutsche Institutionen in hohem Maße, sodass der Druck des SED-Staates dazu führte, dass eine unabhängige deutschlandweit umfassende Arbeit nicht möglich war. Das gesamtdeutsche Attribut konnte bestenfalls dazu dienen, den Gesprächsfaden zwischen beiden Staaten nicht abreißen zu lassen. Inwieweit dabei auch die SED mitsprach, hing vom Einflussgrad ab, den sie auf die jeweilige Institution ausüben konnte.

Ein Vergleich zu den beiden exemplarischen Hauptstudien dieser Arbeit ist dabei nur bedingt zulässig, da es sich bei den Protagonisten der

---

[11] Maser, Peter: Kirchen, S. 492 f. In: Weidenfeld, Werner/Korte, Karl Rudolf (Hrsg.): Handbuch zur deutschen Einheit 1949–1989–1999. Aktualisierte und erweiterte Neuausgabe. Bonn 1999, S. 486–501.

[12] Beispielhaft sei diesbezüglich noch einmal auf den Kampf um die ideologische Deutungshoheit bzgl. Abbe im VEB Zeiss erinnert.

Ost-West-Wanderungsbewegung um Individuen handelte, die im Rahmen ihrer Handlungsspielräume frei entscheiden konnten. Ihre Entscheidung zur Abwanderung vollzog sich zumeist individuell und illegal unter dem Radar des Staates, und sie waren somit von diesem organisatorisch nicht greifbar. Juristische Personen aber, wie auch das Beispiel Carl Zeiss zeigte, waren den Gesetzen des Staates unterworfen, sofern sie sich in dessen Einflussbereich befanden.

Von daher war die Entscheidung zur formalen Trennung vom Mutterhaus für Zeiss-West die richtige Entscheidung. Da diese aber bereits ab 1946 angestrebt wurde, ist es unwahrscheinlich, dass dieser Entschluss auf der Analyse der zukünftigen gesellschaftlichen und politischen Entwicklung der SBZ/DDR beruhte, sondern vielmehr die angesprochenen Egoismen ausschlaggebend waren.

5. Zusammenfassung und Resümee

Zu den wichtigsten Forschungserkenntnissen dieser Arbeit zählen zweifelsfrei die Ergebnisse der Analyse der einschlägigen Statistiken und Erhebungen im Zusammenhang mit der Migrationsbewegung aus der SBZ/DDR nach Westdeutschland. Die festgestellte Diskrepanz dieser Ergebnisse zu den offiziellen Zahlen ist so relevant, dass diese Problematik zwingend einen größeren Raum in diesem Themenkomplex einnehmen musste.

Im Ergebnis lässt sich konstatieren, dass nahezu alle erfassten 1.021.074 Personen der 1946er-Zählung fälschlicherweise in der Statistik als systembedingt motivierte Abwanderer aus der SBZ klassifiziert wurden. Der Anteil derer, die vor politischer Verfolgung aus der sowjetischen Besatzungszone geflohen oder aufgrund der vorherrschenden Verhältnisse abgewandert waren, muss dementsprechend in diesem Zeitraum als marginal eingeschätzt werden.

Auch für den Zeitraum zwischen 1946 und der 1950er-Zählung muss dieser Zuzug mit einer Anzahl von etwa 300.000 Personen deutlich nach unten korrigiert werden. Bis in das Jahr 1957 hinein summieren sich diese Fehlberechnungen auf über eine Millionen Personen.

Kriegs- und kriegsfolgebedingte Bevölkerungsbewegungen, die in keinem Zusammenhang mit der deutschen Teilungsentwicklung stehen, wurden demnach von bundesdeutscher Seite in großem Umfang in die innerdeutsche Migrationsbewegung einbezogen. Diese anfänglichen methodischen Fehler wurden bei späteren Zählungen willentlich übernommen und wider besseres Wissen nicht korrigiert. Gegenüber den bundesdeutschen Erhebungen bieten die Wanderungsstatistik und die Bevölkerungsfortschreibung der DDR weitaus seriösere Ergebnisse.

Die westdeutschen Fehlberechnungen in der Anfangsphase belegen dabei in doppelter Hinsicht, wie unklar und ergebnisoffen sich der Prozess der Teilung vollzog.

Das von den Statistikern erhobene Material bezog sich zu großen Teilen bis in die 1950er Jahre hinein auf eine Bevölkerungsgruppe, die in keiner Übereinstimmung zu der Zielgruppe stand, die im weiteren Verlauf der 1950er Jahre – und danach – als DDR-Flüchtling klassifiziert und instrumentalisiert wurde. Hier wird deutlich, dass die zukünftige Problematik der massenhaften Abwanderung aus der DDR zum Zeitpunkt der Erhebungen weder von den Fachleuten noch von den auftraggebenden Behörden erkannt worden war. Die Übernahme dieser Ergebnisse auf die – nun spezifischen – Flüchtlingserhebungen späterer Jahre erscheint vor diesem Hintergrund als hochgradig unseriös.

5. Zusammenfassung und Resümee

Andererseits belegen die erhobenen Zahlen auch, dass es unter der Bevölkerung in den ersten Nachkriegsjahren zu einer hohen Fluktuation beiderseits der Grenze gekommen war. Gerade die in die SBZ/DDR zurückkehrenden Evakuierten, Rückwanderer und Mehrfachwanderer sind ein deutliches Anzeichen dafür, dass sich die Endgültigkeit der Teilung erst nach und nach im Bewusstsein der Bevölkerung etablierte und in den ersten Nachkriegsjahren kaum jemand von einer dauerhaften Spaltung des Landes ausging.

Dies verdeutlicht auch der Definitions- und Sprachwandel innerhalb der westdeutschen Politik und Verwaltung, die den Status der Zuwanderer zunächst unabhängig von den politischen und gesellschaftlichen Entwicklungen in der SBZ/DDR festlegten. Vielmehr orientierte man sich an der eigenen wirtschaftlichen Leistungsfähigkeit und der demnach angenommenen Aufnahmekapazität, ähnlich wie es auf der anderen Seite auch KPD/SED und sowjetische Besatzungsmacht taten, die die Abgänge zunächst positiv sahen.

Trotz der zu diesem Zeitpunkt bereits erfolgten doppelten Staatsgründung, die formal den Prozess der Auseinanderentwicklung hin zur Zweistaatlichkeit abschloss, kam es in Bezug auf die Migrationsbewegung erst ab dem Jahr 1952 zu einer Bewusstseinsänderung auf beiden Seiten. Auch dafür waren aber weniger ideologische Gründe als vielmehr ökonomische Gesichtspunkte ausschlaggebend.

Die Politik dieser ersten Nachkriegsjahre aber konterkariert das spätere Polemisieren westdeutscher Politiker von der „Abstimmung mit den Füßen", da die Entscheidungsfreiheit des Einzelnen gegenüber nationalen wirtschaftlichen Erwägungen deutlich zurückstand. In der Bundesrepublik diente dieser Slogan der Politik nicht auch zuletzt der Selbstdarstellung gegenüber den eigenen Bürgern und dem Ausland.[1]

Paradoxerweise war es zudem die DDR, die die Adenauer-Regierung auch faktisch dazu zwang, ihre Einwanderungspolitik nachhaltig zu korrigieren. Nachdem sich die Wanderungsströme aufgrund der Sperrmaßnahmen an der Zonengrenze ab 1952 auf Berlin konzentrierten, mussten die DDR-Bürger in die Bundesrepublik ausgeflogen und aufgenommen werden, um die westlichen Sektoren der Stadt zu entlasten und vor dem Kollabieren zu bewahren.

Ab der Mitte der 1950er Jahre hatte sich die Einstellung in der Bundesrepublik zu den ankommenden DDR-Bürgern zum bis heute gängigen

---

[1] Vgl. zur Selbstdarstellung als propagandistisches Element: Wolff, Frank: Deutschdeutsche Migrationsverhältnisse: Strategien staatlicher Regulierung 1945–1989, S. 779. In: Oltmer, Jochen (Hrsg.): Handbuch Staat und Migration in Deutschland seit dem 17. Jahrhundert. Berlin/Boston 2016, S. 773–814.

positiven Bild gewandelt. Für die Öffentlichkeit stand – gerade nach dem Juni-Aufstand – der Gedanke der Freiheit im Vordergrund, die Politik nutzte den psychologischen Effekt gegenüber dem ostdeutschen Antagonisten, und die Wirtschaft profitierte von gut ausgebildeten, leicht integrierbaren deutschsprachigen Arbeitnehmern.

Die große Mehrheit der Abwanderungswilligen war durch eine ökonomisch-konsumorientierte Motivation geprägt. Dies lag zum einen an der verfehlten Wirtschaftspolitik des SED-Staates, weit mehr jedoch an den Verlockungen des kapitalistischen Gegenentwurfs in der Bundesrepublik.

Seit der Währungsreform, über das „Wirtschaftswunder", versprach Westdeutschland die vermeintlich flächendeckendere Befriedigung der Konsumwünsche. Für den Verlauf der Migrationsbewegung aus Ostdeutschland war somit vor allem die ökonomische Entwicklung in beiden deutschen Staaten ausschlaggebend. Waren es in den ersten Nachkriegsjahren, als das Ausgangsniveau des Lebensstandards in allen Zonen annähernd als gleichwertig zu betrachten war, vor allem Kriegsfolgewanderungen, setzten die Wirtschaftswanderungen erst mit dem zunehmenden Aufklaffen der Konsumschere ein. Trotz des eklatanten Mangels an Rechtsstaatlichkeit in der DDR hätte eine mit der Bundesrepublik gleichwertige Versorgung von Konsumgütern in Ostdeutschland die Abwanderung im erheblichen Umfang, wenn nicht gar zum größten Teil, abgeschwächt. Im Umkehrschluss bedeutet dies, dass eine wirtschaftlich prosperierende DDR gegenüber einer darbenden westdeutschen Bevölkerung sicherlich eine ähnlich große Anziehungskraft gehabt hätte.

Die Abwanderung aus der DDR hatte folglich selbstverständlich systemisch bedingte Gründe, darf aber nicht grundsätzlich mit einer oppositionellen Einstellung zum politischen System in der DDR gleichgesetzt werden.

Die tatsächliche Fluchtbewegung, also Absetzbewegungen aufgrund von politischer Gegnerschaft oder in der Mehrzahl als Opfer der gesellschaftlichen Umgestaltung, machte hingegen nur einen marginalen Teil dieser Migrationsbewegung vor dem Mauerbau aus.

Anders als man annehmen sollte, wurde diese kleine Gruppe in der Bundesrepublik gegenüber den konsumorientierten Zuwanderern nicht bevorteilt. Dem politischen Kalkül entsprechend, die Abwanderung aus der DDR generell in den Kontext der Flucht vor einem Unrechtsregime zu setzen, hätte eine Sonderstellung der tatsächlich an Leib und Leben Bedrohten auch nicht gedient.

Die Gegenüberstellung der monatlichen Aufnahmezahlen des Notaufnahmeverfahrens zu wichtigen nationalen und internationalen Ereignissen stützt die These von der primär konsumorientierten Migrationsbewegung.

Auch wenn das Ergebnis nicht rundherum eindeutig ausfällt, lassen sich einige wiederkehrende Muster erkennen: Im Bereich der internationalen Politik waren besonders solche Ereignisse für eine erhöhte Bevölkerungsbewegung ausschlaggebend, die einen direkten Bezug zur Wiedervereinigungswahrscheinlichkeit hatten. Immer dann, wenn die Wiedervereinigung aufgrund der internationalen Lage unwahrscheinlicher wurde, lassen sich Antragsspitzen erkennen. Dabei war nicht die Teilung an sich ausschlaggebend für den Abwanderungsentschluss, sondern vielmehr die Festigung des sowjetisch dominierten Wirtschafts- und Gesellschaftsmodells der DDR im Innern. Dadurch sank in den Augen vieler Bürger die Wahrscheinlichkeit, in absehbarer Zeit einen ähnlich hohen Lebensstandard zu entwickeln, wie dies in der Bundesrepublik möglich gewesen wäre.

Auch auf nationaler Ebene lassen sich diese Muster erkennen. In Zeiträumen, in denen die SED ihre Gesellschaftspolitik zur Umformung des Staatswesens im sozialistischen-kommunistischen Sinne auf breiter Ebene forcierte, führte dies währenddessen oder in unmittelbarer Folge zu erhöhten Anträgen im NAV-Verfahren. Dies ist extrem im ersten Halbjahr 1953 zu erkennen, mit dem Volksaufstand als Kumulationspunkt.

Ein ähnliches Muster deutete sich auch im ersten Halbjahr 1961 an, bis diese Entwicklung durch den Mauerbau beendet wurde. Auffallend ist jedoch, dass sich das Land in beiden Phasen mitten in einer Versorgungskrise befand. So kommt man zu dem Ergebnis, dass vermehrte oder sprunghafte Abwanderungen aufgrund nationaler Ereignisse immer dann auftraten, wenn eine breite Gruppe der Bevölkerung seitens der Partei unter Druck geriet und sich die allgemeinen Lebensbedingungen, die Versorgung mit Grund- und Konsumgütern, zur gleichen Zeit verschlechterte.

Im Gegenzug lässt sich beobachten, dass Phasen der wirtschaftlichen Konsolidierung mit gleichzeitiger Erhöhung des Lebensstandards, wie in den Jahren 1958/59, trotz unpopulärer und restriktiver Maßnahmen seitens des Regimes zur Abnahme der Abwanderung führten.

Es waren zumeist Wechselwirkungen und unterschiedliche Faktoren, die zusammenkammen, um einen so folgenreichen Entschluss, wie das Verlassen des eigenen Staates, zu treffen. Dennoch, so scheint es, war die Masse der späteren Abwanderer zunächst bereit, dem System DDR eine Chance einzuräumen, es besser zu machen als der kapitalistische Gegenpart. Schließlich hat die obige Analyse gezeigt, dass die Bürger bereit waren, ein gewisses Maß an Unfreiheit zu akzeptieren, solange die Versorgungslage gut war und noch Aussicht auf eine Steigerung bestand. Repressalien gegen einzelne Volks- oder Berufsgruppen wurden in weiten Teilen hingenommen, solange man nicht selbst betroffen war.

Die permanente Bevormundung der Menschen, einhergehend mit dem

Versuch der Kontrolle aller Lebensbereiche, war aber ein Störfaktor, der auch den Alltag des Normalbürgers in erheblichem Maße beeinträchtigte. Da die Staatsführung – in Hörigkeit gegenüber der Sowjetunion und in völliger Verkennung der Realität – den Bürgern im Gegenzug in den Bereichen Lebensstandard und Konsum auf Dauer nichts anbieten konnte, das diese negativen Faktoren ausglich, verlor sie nach und nach die Menschen.

So war die Ausrichtung auf den Aufbau der Schwerindustrie zu Ungunsten der Konsumgüterindustrie in den Anfangsjahren der DDR der wohl folgenschwerste Fehler, den das Regime machen konnte. Er steht in einer Reihe mit den drei Phasen der Zwangskollektivierung der Landwirtschaft, wodurch das Land sehenden Auges in Nahrungsmittelkrisen geführt wurde.

Letztlich war es in der Phase zwischen Kriegsende und Mauerbau also der dilettantische Umgang der Staatsführung mit den Bedürfnissen des eigenen Volks, der so vielen den Verbleib in ihrer Heimat verleidete. Die DDR-Führung handelte oftmals nach der ideologisch motivierten Maxime, Fakten zu schaffen und die potenziell negativen Konsequenzen auszublenden. Der Drang, den Staat im eigenen Sinne um jeden Preis umzuformen, war kontraproduktiv für seine Existenzberechtigung, da sich ein Staatswesen dauerhaft nur über die Akzeptanz seiner Staatsbürger legitimieren kann.

Der Teilungsprozess als solcher war nur das Symptom einer Entwicklung, die durch die Siegermächte initiiert und durch die nationalen Machteliten in ihren jeweiligen Einflusssphären mitgetragen wurde. Die Vorstellung von einem Land und zwei Systemen konnte nicht funktionieren. Diese Entwicklung in den ersten Nachkriegsjahren als zielgerichteten Prozess zu verstehen, ist aber sicherlich verfehlt.

Auf westdeutscher Seite gab es gute Gründe, den Weg der Westintegration auf Kosten der Einheit zu verfolgen. Die latente über Jahrzehnte aufgebaute Angst, vom Kommunismus ideologisch und von der Roten Armee militärisch überrollt zu werden, dürfte dabei eine wesentliche Rolle gespielt haben. Die Sozialisation der ostdeutschen Verantwortlichen, antikapitalistisch und antiwestlich in Moskau geschult und mit ihren Erfahrungen aus der Weimarer Republik und unter der Nazi-Herrschaft, dürfte dementsprechend auf der anderen Seite zu vergleichbaren vereinigungshemmenden Reflexen geführt haben.

Genauso wie die Teilung des Landes sich in einem Prozess vollzog, dessen Ergebnis vor jedem weiteren Schritt dorthin nicht abzusehen war, genauso reagierten die Bürger der SBZ/DDR auf Maßnahmen und Ereignisse, die sie in der letzten Konsequenz zur Abwanderung veranlassten. Nur in sehr wenigen Fällen erfolgte die Abwanderung aufgrund von konkreten Aktionen seitens des SED-Regimes. Zumeist war es eine Vielzahl von aufeinanderfolgenden Prozessen, die für die Abwanderungsentscheidung verantwortlich waren. Dieser Prozess war insofern ergebnissoffen, als dass für die Mehrheit der Abwanderungswilligen die ökonomische Strahlkraft, die von Westdeutschland ausging, im Vergleich zur eigenen Existenz in der DDR der ausschlaggebende Faktor war. Hätte es die DDR vermocht, während der entscheidenden Weichenstellungen in der Wirtschaftspolitik die Bedürfnisse der eigenen Bevölkerung zu befriedigen, hätte das gesamte gesellschaftspolitische System als solches auch mehr Akzeptanz erfahren, und eine konsumorientierte Massenabwanderung wäre vermieden worden.

Für die meisten Bürger hieß die Wahl also nicht Demokratie oder Sozialismus, sondern funktionierender Kapitalismus gegenüber verfehlter Planwirtschaft.

Resümierend muss man zudem immer auch die besonderen Bedingungen hervorheben, die die deutsch-deutsche Wanderungsbewegung aus der SBZ/DDR in die Bundesrepublik von anderen Migrationsbewegungen unterschied. Der gemeinsame kulturelle Hintergrund, die gleiche Sprache sowie grenzübergreifende freundschaftliche und familiäre Bindungen begünstigten – unabhängig von der Einzelmotivation – den Wanderungsentschluss entscheidend.

Dies galt ebenso auf der Mikroebene für die Ost-West-Migrationsbewegung im Hause Zeiss. Die Ausgangsbedingungen für diese spezifische Abwanderung waren für die Belegschaftsmitglieder des VEB noch günstiger, als es bei der allgemeinen SBZ/DDR-Abwanderung der Fall war. Die Aufnahme in ein bekanntes Netzwerk und eine gewisse Kontinuität an einem sicheren Arbeitsplatz begünstigten den Abwanderungsentschluss zusätzlich.

Oberkochen erkannte früh die Möglichkeiten, die ihnen die politische Entwicklung in der SBZ/DDR für ihre Interessen bot, förderte sie nach Kräften und profitierte in außergewöhnlicher Weise von dieser Zuwanderung. Damit war das Unternehmen der westdeutschen Politik und Öffentlichkeit um mindestens fünf Jahre voraus.

Auch hier waren es bei der überwiegenden Mehrheit der Migranten wirtschaftliche Erwägungen, die zur Abwanderung aus der DDR führten. Dies ist ebenfalls als Folge einer Entwicklung von wirtschafts- und ordnungspolitischen Fehlentscheidungen der SBZ/DDR-Führung zu sehen, die ihren Rückhalt in der Bevölkerung über die Jahre Schritt für Schritt verlor und den Verlockungen des Westens wenig entgegenzusetzen hatte.

Dieser Entwicklung gingen aber beim Unternehmen Zeiss beiderseits der Grenzen entscheidende Veränderungen voraus. Bereits in der unmittelbaren Nachkriegszeit zeigt sich, wie ungeregelt und ergebnissoffen der Prozess der Teilung zunächst vonstattenging. Dabei ist die Deportation der

5. Zusammenfassung und Resümee

Führungskräfte zum einen ein exemplarisches Beispiel dafür, wie sehr die besiegten Deutschen den Entscheidungen der Siegermächte unterworfen waren, zum anderen aber auch ein Hinweis darauf, dass längst nicht alle Prozesse in dieser Zeit von den Siegermächten zu Ende gedacht worden waren.

Auch wenn es im persönlichen vitalen Interesse der Führungsfiguren des Zeiss-Werks war, aus dem Einflussbereich der sowjetischen Besatzungsmacht zu gelangen, hatten sie doch auf die amerikanische Entscheidung zur Deportation keinerlei Einfluss. Ebenso wenig kann man das Handeln der amerikanischen Besatzungsmacht in Bezug auf die Entwicklung in der Westzone im weiteren Verlauf als zielgerichtet beschreiben.

Erst als absehbar war, dass die wirtschaftliche Einheit Deutschlands aufgrund der unterschiedlichen Wirtschaftsmodelle der beiden bestimmenden Blöcke nicht aufrechtzuerhalten war, war der Aufbau eines West-Werkes eine Option für die USA. Dies geschah noch 1946 und nahm insofern eine Entwicklung vorweg, die im Folgejahr mit der Gründung der Bizone konkrete Formen annahm.

Während die westdeutschen Geschäftsführer sich unter amerikanischer Besatzungshoheit bald mit der neuen Situation arrangierten, waren es die Verantwortlichen in Jena, die an eine gemeinsame Zukunft beider Unternehmen und an die wirtschaftliche Einheit Deutschlands glaubten. Dies wird zum einen durch die massive Aufbauhilfe für den West-Konzern belegt, zum anderen mit dem Aufbau eines Vertriebsnetzes in den westlichen Besatzungszonen untermauert.

Die Jenaer Firmenphilosophie lag damit auch auf der Linie der offiziellen sowjetischen Besatzungspolitik, die weit länger als die westlichen Besatzungsmächte an der wirtschaftlichen Einheit Deutschlands festhalten und davon profitieren wollte, paradoxerweise mit der Umformungspolitik in der eigenen Besatzungszone aber alles dafür tat, dass dies nicht gelingen konnte.

Insofern waren jedwede Versuche, die Einheit des Unternehmens über die Zonengrenze hinweg zu erhalten, zum Scheitern verurteilt. Unter den gegebenen Umständen war das Modell, ein Unternehmen – zwei Systeme, schlicht nicht darstellbar.

Diese Unternehmensentwicklung wurde aber nicht von Dritten initiiert, sondern lediglich flankiert. Weit vor der formalen Teilung Deutschlands durch die doppelte Staatsgründung waren es die westdeutschen Exilanten, die konsequent die Teilung des Konzerns vorantrieben. Emanzipationsbestrebungen waren hier – wenn auch zunächst in aller Heimlichkeit – schon viel früher zu erkennen, als es die politische Situation nötig gemacht hätte.

Unmittelbar nach der Demontage 1946, zu einem Zeitpunkt, als die weitere auf die Teilung hinauslaufende Entwicklung in der Deutschlandpolitik noch gar nicht abzusehen war, stand für die karriereorientierten westdeutschen Geschäftsleiter fest, dass es für sie keine Zukunft in einem gemeinsamen, von der sowjetischen Zone dominierten Unternehmen geben konnte. Demgegenüber tendierten ihre Kollegen in der SBZ weiterhin zu der Annahme, dass auch zukünftig eine gemeinsame zonenübergreifende Unternehmenskultur in einem mittelfristig vereinten Deutschland möglich sei. Ausgerechnet die ostdeutsche Unternehmensleitung, die ja dem Systemumformungsprozess in der SBZ/DDR direkt unterworfen war, erwartete bezüglich der zukünftigen Deutschlandpolitik eine Übereinkunft zwischen der UdSSR und den USA. Die nur wenig später vollzogene formale Teilung des Landes sahen sie nicht voraus.

Diese Entwicklung konnte auch die westdeutsche Seite nicht mit Bestimmtheit voraussehen. Da die Karrieren der westdeutschen Geschäftsleiter unter sowjetischer Herrschaft aber mit Sicherheit vorbei waren, nutzten sie nun die Gelegenheit, die ihnen das Vakuum der alliierten Nachkriegspolitik bot, und setzten alles daran, sich vom Mutterkonzern unabhängig zu machen.

In der Folgezeit forcierte die westdeutsche Gruppe diese Bemühungen – auch unter fragwürdiger Mithilfe des Landes Württemberg-Badens. Dazu zählte insbesondere die Registrierung eines zusätzlichen Stiftungssitzes in Westdeutschland und die Übertragung der Namens-, Marken- und Patentrechte auf die westdeutsche Stiftung sowie die Kontrollübernahme bei Zeiss Ikon unter Ausnutzung des Wertpapierbereinigungsgesetzes. Die weiteren Schritte, die Sitzverlegung der Stiftung nach Heidenheim und die Aktivierung eines westdeutschen Unternehmens mit dem Namen Carl Zeiss, dienten letztlich dazu, eine Traditions- und Rechtsnachfolge zum namensgleichen historischen Konzern zu konstruieren, um dessen Bekanntheit für das westdeutsche Unternehmen im Weltmarkt nutzen zu können. Denn für den wirtschaftlichen Erfolg war die über die Stiftung kontrollierte Traditionslinie des Unternehmens von entscheidender Bedeutung.

Die Dissonanzen unter den Alliierten bis hin zur doppelten Staatsgründung, aber im Vorfeld vor allem auch Demontage und Verstaatlichung in der SBZ, spielten den Westdeutschen dabei bei ihrem Vorgehen in die Hände.

Durch die aus der Wirtschaftsumformung resultierende selbstverursachte Schwächung des Weltkonzerns Carl Zeiss Jena, bei gleichzeitiger Abschottung des westdeutschen Marktes durch die Zonengrenze, konnte ein zweiter Konzern entstehen, der unter anderen Voraussetzungen keine Chance gehabt hätte, sich gegenüber dem Riesen aus Jena zu behaupten.

Der verbreitete Mythos von den Unternehmen als Brüder beiderseits der Grenze entpuppt sich nach den Erkenntnissen dieser Arbeit demnach als schlichtweg falsch.

Die Einheit des Unternehmens war vonseiten der westdeutschen Firmenlenker nicht gewollt und die kurzfristige Machtübernahme des DIA im VEB ein Geschenk, um die Brücken zum ostdeutschen Pendant endgültig zu zerschlagen. Die politischen Rahmenbedingungen waren also für die Abspaltung günstig, sogar die Voraussetzung für den Erfolg des Vorgehens, das somit das Ergebnis von politisch bedingtem Zufall und kaufmännischer Anpassung war.

Den Verantwortlichen beim VEB konnte man diesbezüglich wenige Vorwürfe machen. Zwar erkannten sie diese Entwicklung zu spät, aber aufgrund der auf eine Teilung hinauslaufenden Deutschlandpolitik waren ihnen die Hände gebunden, um dieser Entwicklung effektiv entgegenzusteuern.

In erster Linie litten sie aber darunter, dass die politisch Verantwortlichen im System DDR – wie auch in anderen Bereichen – im Fall Zeiss konsequent auf die innere Entwicklung fixiert waren. Die Systemumformung hatte oberste Priorität und wurde auch bei Zeiss mit allen Mitteln durchgesetzt. Die Konsequenzen daraus waren für die SED nur von sekundärer Bedeutung. So musste die ostdeutsche Unternehmensführung, die sich ja personell noch überwiegend aus der vorsozialistische Zeit zusammensetzte, über Jahre eine permanente Abwehrschlacht nach innen schlagen, die ihr von der eigenen Regierung aufgezwungen wurde.

Der Versuch der Selbstbehauptung in der SBZ/DDR aber war von vornherein zum Scheitern verurteilt und bündelte zudem nötige Ressourcen an falscher Stelle.

Bis zum Beginn der 1950er Jahre hinein war man dennoch der irrigen Annahme erlegen, Jena könne zukünftig noch irgendeinen Einfluss auf den westdeutschen Konzern ausüben, von dessen wirtschaftlicher Entwicklung in der Bundesrepublik profitieren und sich Zugriff auf das westdeutsche Firmenvermögen sichern, obwohl sich beide Seiten zu diesem Zeitpunkt längst in einem Wirtschaftskampf befanden und die politische Realität den propagierten Ruf nach Einheit unter Deutschen überholt hatte. Die Teilung des Landes auch in den Köpfen zu akzeptieren gelang demnach am Beispiel Zeiss in Westdeutschland viel früher, als man sie in Ostdeutschland wahrnehmen wollte.

Die folgenden rechtlichen Auseinandersetzungen um die Stiftungsnachfolge, mit ihren von Blockdenken beherrschten Entscheidungen durch die verschiedenen Gerichtshöfe, verdeutlichen lediglich die politische Entwicklung der Zeit, nicht jedoch die Legitimität eines der beiden Unternehmen, die Rechtsnachfolge von Carl Zeiss anzutreten.

Den Einfluss von auf der politischen Ebene getroffenen Entscheidungen und nachträglich verorteten Zäsuren muss man in Bezug auf die beiden exemplarischen Studien sehr heterogen bewerten.

Die Geschäftsführung von Carl Zeiss Oberkochen nahm diesen Prozess gänzlich anders wahr, als es die abwanderungswillige Bevölkerung oder die EKD und die Goethe-Gesellschaft taten.

So bewerteten die beiden letztgenannten Organisationen die politischen Rahmenbedingungen bis weit in die 1960er Jahre hinein offenbar dahingehend, dass die gesamtdeutsche Arbeit und Organisationsstruktur bei allen Hindernissen lohnenswert und möglich sei. Letztlich scheiterten beide Organisationen mit dieser Einschätzung, die aber bei alternativen Entwicklungsverläufen durchaus hätte umgesetzt werden können.

Im Falle von Zeiss und der Migrationsbewegung zeigt sich im Vergleich, dass sich die Bedeutung von politischen Entscheidungen daran messen lassen muss, inwieweit sie die Wahrnehmung der einzelnen Gruppe bestimmte. Was für den einen eine Zäsur darstellte, hatte unter Umständen für den anderen keine oder nur geringe Bedeutung. Die Bewertung solcher Einschnitte ist also immer auch subjektiver Natur.

Für die gesamtdeutsche Geschichte des Hauses Zeiss waren zwei Zäsuren in der Nachkriegszeit, die auf politischen Entscheidungen beruhten, von wesentlicher Bedeutung. Dies waren zum einen die Deportierungen, die mit dem Abzug der Amerikaner aus Thüringen einhergingen, und zum anderen die Demontage des Werkes ab Herbst 1946 in der SBZ. Ersteres stellte den Ausgangspunkt für den Aufbau eines Werkes in Westdeutschland dar, Letzteres bildete den Schlusspunkt der gesamtdeutschen kooperativen Beziehung zwischen Ost und West. Ab diesem Zeitpunkt folgte Oberkochen dem Primat der Eigeninteressen. Im Gegensatz zu dem von ordnungs-, gesellschafts- und wirtschaftspolitischen Umwälzungen betroffenen ostdeutschen Stammwerk gelang es Oberkochen so, aus einer passiven Rolle heraus wieder aktiv die eigenen Geschicke in die Hand zu nehmen.

Zwar wurde diese Entscheidung zur Eigenständigkeit in zeitlicher Nähe zu der Erkenntnis der USA getroffen, dass die gemeinsame Deutschlandpolitik mit der Sowjetunion gescheitert war, doch doppelte Staatsgründung und West- bzw. Ostbindung lagen noch in ungeklärter Zukunft.[2] Die Abkehr von der gesamtdeutschen Konzernstruktur war demzufolge in ihrer Endgültigkeit in dieser Phase der politischen Entwicklung um einige Jahre voraus.

Die eingeschlagene Firmenpolitik barg für die westdeutsche

---

[2] Es ist unklar, inwieweit die Führung von Zeiss-West im Vorfeld über die britisch-amerikanischen Planungen zur Gründung der Bizone am 1. Januar 1947 informiert war. Da sich in den Firmenakten keinerlei Hinweise darauf finden lassen, muss man bis auf weiteres davon ausgehen, dass die Trennungsentscheidung unabhängig von diesem Vorgang getroffen wurde.

5. Zusammenfassung und Resümee

Geschäftsleitung somit auch das Risiko, sich im Falle einer Übereinkunft der Siegermächte existenziell verkalkuliert zu haben. Diese Problematik wird, neben den Aufbauhilfen aus Jena, auch der Grund gewesen sein, warum die Abspaltung zunächst in aller Heimlichkeit vorangetrieben wurde.

Die Entwicklung in der Deutschlandpolitik und die Umwälzungspolitik in Ostdeutschland waren in der Folgezeit nur noch insofern von Bedeutung für das Westwerk, als dass sie den einmal eingeschlagenen Weg ungewollt protegierte, sogar die Voraussetzung für die angestrebte Autarkie war. Jeder Schritt in Richtung deutscher Teilung nutzte diesem Vorhaben.

Veränderungen in der Deutschlandpolitik hätten die westdeutsche Gruppe dementsprechend nur noch tangiert, wenn sich eine Entwicklung in Richtung Einstaatlichkeit abgezeichnet hätte. Da dies bis 1989 nicht mehr ernsthaft der Fall war, ging es nach der Staatsgründung nur noch darum, die Pfründe auch formaljuristisch abzusichern.

Im Gegensatz zur Geschäftsführung der westdeutschen Zeiss-Gruppe, die in ihrer Zielsetzung homogen auftrat, handelte es sich bei den Ost-West-Migranten um eine heterogene Gruppe, die lediglich die Gemeinsamkeit verband, unter den gegebenen Umständen nicht mehr in der SBZ/DDR leben zu wollen.

Auch hier war die Wahrnehmung von entscheidenden Ereignissen für jede spezifische Untergruppe unterschiedlich. Für die Landwirtschaft war die Kollektivierungspolitik bedeutsam, für SPD-Mitglieder die Zwangsvereinigung mit der KPD, um nur zwei Beispiele zu nennen.

Es gab nur wenige Zäsuren, die für die Ost-West-Wanderungsbewegung als Ganzes von gruppenübergreifender Bedeutung waren. Hier ist sicherlich der Mauerbau an erster Stelle zu nennen, da er den Abschluss der bis dato praktizierten Abwanderungspraxis bedeutete.

Zeithistorisch bedeutende Meilensteine hatten hingegen auf die Wanderungsbewegung nicht den herausgehobenen Einfluss. War die Teilung anfangs überhaupt nicht vorstellbar, manifestierte sie sich im Bewusstsein der Bevölkerung zwar ab dem Jahr 1947 in dem Maße, in dem sich die westlichen Alliierten von der Sowjetunion entfremdeten, aber diese Entwicklung verlief prozessartig. Die doppelte Staatsgründung und die jeweilige Blockbindung wurden dementsprechend von der Bevölkerung als das aufgenommen, was sie waren: die logische Konsequenz einer über Jahre andauernden Entwicklung.

Von herausragender Bedeutung für den Verlauf der Ost-West-Wanderungsbewegung hingegen war die Zeitphase zwischen Mai 1952 und Juni 1953. Den Ausgangspunkt bildete die Errichtung des Grenzregimes im Mai 1952. Danach folgten in wenigen Monaten weitere Entscheidungen, die die Abwanderung anfachten. Im Inneren verstärkte die SED mit dem proklamierten Aufbau des Sozialismus auf der 2. Parteikonferenz im Juli die Unzufriedenheit mit den Lebensbedingungen breiter Bevölkerungsteile. Gleichzeitig liberalisierte die Bundesrepublik aufgrund des eigenen Wirtschaftsaufschwungs ihre Einwanderungspolitik, was mit der vom Bundesverfassungsgericht am 7. Mai 1953 verkündeten Freizügigkeit für Bürger der DDR auf dem Gebiet der Bundesrepublik Deutschland auch formal bestätigt wurde. Die Lebensumstände in der DDR wurden nun noch kritischer gesehen, der Glaube an eine positive Entwicklung im eigenen Land nahm ab und eine Abwanderungsspirale entwickelte sich über das Schlupfloch Berlin.

Zum Abschluss dieser vierzehnmonatigen Phase demaskierte die blutige Niederschlagung des Volksaufstands vom 17. Juni 1953 in letzter Instanz das Regime, wodurch die Beziehung zwischen Bürgern und Partei – aber auch die generelle und grenzübergreifende Bewertung des SED-Staates – auf Jahrzehnte hinaus geprägt werden sollte.

Schlussendlich muss man zu der Erkenntnis kommen, dass die Migrationsbewegung aus der Deutschen Demokratischen Republik in die Bundesrepublik Deutschland nicht durch einzelne bestimmte Zäsuren geprägt wurde, man aber – sowohl aufgrund der psychologischen Bedeutung als auch aufgrund der tatsächlichen Auswirkungen der politischen Entscheidungen – in diesem Zusammenhang durchaus von einem doppelten Epochenjahr 1952/53 sprechen kann.

A. Abkürzungsverzeichnis

AKW	Amt für die Kontrolle des Warenverkehrs
BEK	Bund der Evangelischen Kirchen in der DDR
BGH	Bundesgerichtshof
BPO	Betriebsparteiorganisation
BVFG	Gesetz über die Angelegenheiten der Vertriebenen und Flüchtlinge
CIOS	Combined Intelligence Objectives Sub-Commitee
COMECON	Council for Mutual Economic Assistance (siehe RGW)
DESAG	Deutsche Spiegelglas AG
DHG	Deutsche Handelsgesellschaft
DHZ	Deutsche Handelszentrale
DIA	Deutscher Innen- und Außenhandelsbetrieb
DWK	Deutsche Wirtschaftskommission
DZVAS	Deutsche Zentralverwaltung für Arbeit und Sozialfürsorge
EKD	Evangelische Kirche in Deutschland
FDGB	Freier Deutscher Gewerkschaftsbund
FDJ	Freie Deutsche Jugend
GG	Grundgesetz
GST	Gesellschaft für Sport und Technik
KLV	Kinderlandverschickung
KPD	Kommunistische Partei Deutschlands
KPdSU	Kommunistische Partei der Sowjetunion
LAG	Lastenausgleichsgesetzgebung
LDP/LDPD	Liberal-Demokratische Partei Deutschlands
LG	Landgericht
LPG	Landwirtschaftlichen Produktionsgenossenschaften
MfS	Ministerium für Staatssicherheit
NAG	Gesetz über die Notaufnahme von Deutschen in das Bundesgebiet
NAV	Notaufnahmeverfahren
NKWD	Innenministerium der UdSSR
NSDAP	Nationalsozialistische Deutsche Arbeiterpartei
NVA	Nationale Volksarmee
NWDR	Nordwestdeutscher Rundfunk
OG	Oberstes Gericht der DDR
OLG	Oberlandesgericht
RGW	Rat für gegenseitige Wirtschaftshilfe (siehe COMECON)

SAG	Sowjetische Aktiengesellschaft
SBZ	Sowjetische Besatzungszone
SED	Sozialistische Einheitspartei Deutschlands
SMAD	Sowjetischen Militäradministration Deutschland
TIIC	Technical Industrial Intelligence Committee
UdSSR	Union der Sozialistischen Sowjetrepubliken
UN/UNO	United Nations Organization/Organisation der Vereinten Nationen
USPD	Unabhängige Sozialdemokratische Partei Deutschlands
VDI	Verein Deutscher Ingenieure
VEB	Volkseigener Betrieb
VVB	Vereinigung Volkseigener Betriebe
VZ	Volkszählung
ZK	Zentralkomitee

B. Verzeichnis der Abbildungen

Abbildung 1:	Flüchtlingseigenschaften der Kriegsgeschädigten nach den jeweiligen Ländergesetzgebungen (Stand 1948).	50
Abbildung 2:	Personenverkehr über die Zonengrenze vom 1. Januar 1951 bis zum 31. März 1952.	65
Abbildung 3:	Westdeutsche und Berliner in der SBZ/Berlin nach dem Wohnsitz am 01.9.39 zum Zeitpunkt der Volkszählung vom 29.10.1946.	76
Abbildung 4:	Ostdeutsche und Berliner in Westdeutschland nach dem Wohnsitz am 01.09.39 zum Zeitpunkt der Volkszählung vom 29.10.1946	77
Abbildung 5:	Personen mit Wohnort am 01.09.1939 in der SBZ/Berlin in den Westzonen zum Zeitpunkt der Volkszählung vom 29.10.1946	82
Abbildung 6:	Personen, wohnhaft am 01.09.1939 auf dem Gebiet der DDR/Berlin, zum Zeitpunkt der Volkszählung vom 13.09.1950 in der BRD.	85
Abbildung 7:	Nachgeborene Kinder von Zugewanderten aus der SBZ/DDR/Berlin in der BRD.	87
Abbildung 8:	Abgänge aus der US-Zone nach SBZ/Berlin.	89

Abbildung 9:	Abgänge aus der britischen Zone nach SBZ/Berlin.	90
Abbildung 10:	Abgänge aus US- und britischer Besatzungszone nach SBZ/DDR/Berlin	92
Abbildung 11:	Zusammensetzung der Personen aus der DDR und Berlin in der BRD zum Zeitpunkt der Volkszählung vom 13.09.1950.	95
Abbildung 12:	Antragsteller, Aufgenommene und Abgelehnte im Bundesnotaufnahmeverfahren.	99
Abbildung 13:	Jahresdaten der Arbeitsstatistik 1950 bis 1961.	100
Abbildung 14:	Aufgenommene im Bundesnotaufnahmeverfahren nach Gründen in Prozent.	101
Abbildung 15:	Bevölkerung nach dem Wohnsitz am 01.9.1939 und dem Besitz eines Bundesvertriebenen- oder Bundesflüchtlingsausweises im Oktober 1957 in 1.000.	109
Abbildung 16:	Zusammensetzung der Personen aus der DDR und Ost-Berlin in der BRD zum Zeitpunkt des Mikrozensus vom Oktober 1957.	112
Abbildung 17:	Deutsche aus der DDR in der Bundesrepublik laut Fortschreibungsergebnissen in 1.000.	115
Abbildung 18:	Die Wanderungen zwischen dem Bundesgebiet einerseits und der DDR und Berlin laut bundesdeutscher Wanderungsstatistik.	117
Abbildung 19:	Die Wanderungen zwischen dem Bundesgebiet einschließlich West-Berlin und der DDR und Ost-Berlin nach der Berechnung des Statistischen Bundesamtes in 1.000.	118
Abbildung 20:	Die Wanderungen über die Grenze der DDR in die Bundesrepublik und West-Berlin laut DDR-Wanderungsstatistik.	121
Abbildung 21:	Abwanderung in die BRD und West-Berlin nach der DDR-Bevölkerungsstatistik.	122
Abbildung 22:	Gegenüberstellung der jährlichen Wanderungsgewinne anhand der unterschiedlichen Statistiken.	123
Abbildung 23:	Vertriebene und Deutsche aus der SBZ/DDR im Bundesgebiet zum Zeitpunkt der Volkszählung vom 6. Juni 1961 nach Zuzugsjahren in 1.000.	126
Abbildung 24:	Jährliche Wanderungsgewinne der BRD anhand ausgewählter Statistiken in 1.000.	131
Abbildung 25:	Jährliche Wanderungsgewinne der BRD anhand ausgewählter Statistiken in 1.000.	133

Abbildung 26:	Die Zuwanderung der Vertriebenen (Ausweis A und B) aus der DDR 1944/1945–1961 nach Jahren.	141
Abbildung 27:	Gegenüberstellung der Anträge im NAV mit den nationalen und internationalen Rahmenbedingungen.	161
Abbildung 28:	Unternehmensbeteiligungen der Carl-Zeiss-Stiftung in Westdeutschland und dem westlichen Ausland über Carl Zeiss Oberkochen.	287
Abbildung 29:	Unternehmensbeteiligungen der Carl-Zeiss-Stiftung in Westdeutschland und dem westlichen Ausland über Schott Mainz (1949–1959).	293
Abbildung 30:	Unternehmensbeteiligungen der Carl-Zeiss-Stiftung in Westdeutschland und dem westlichen Ausland über Zeiss Ikon Beteiligungen (1949–1959).	295
Abbildung 31:	Wanderungsverluste des VEB Zeiss in die BRD in den Jahren 1949 bis zum Mauerbau nach Hellmuth/Mühlfriedel.	316
Abbildung 32:	Wanderungsverluste des VEB Zeiss in die BRD in den Jahren 1948 bis 1957 nach Angaben der Industriekreisleitung.	317
Abbildung 33:	Gegenüberstellung der Abwanderung beim VEB Zeiss im Verhältnis zum Anteil an der Gesamtbevölkerung in ausgewählten Jahren in Prozent.	325
Abbildung 34:	Jährliche/r Zuwachs/Abnahme der Belegschaftsstärke beim VEB Zeiss in Prozent.	326

C. Quellen und Literaturverzeichnis

C.1 Monografien und Sammelbände

ACKERMANN, Volker: Der „echte" Flüchtling. Deutsche Vertriebene und Flüchtlinge aus der DDR 1945–1961. Osnabrück 1995.

AUTORENKOLLEKTIV unter der Leitung von Wolfgang Schumann: Carl Zeiss Jena. Einst und Jetzt. Ost-Berlin 1962.

BEER, Mathias: Flüchtlinge – Ausgewiesene – Heimatvertriebene. Flüchtlingspolitik und Flüchtlingsintegration in Deutschland nach 1945, begriffsgeschichtlich betrachtet. In: Beer, Mathias/Kintzinger, Martin/Krauss, Marita (Hrsg.): Migration und Integration. Aufnahme und Eingliederung im historischen Wandel. Stuttgart 1997, S. 145–167.

BESSIER, Gerhard: Der SED-Staat und die Kirche. Der Weg in die Anpassung. München 1993.

BETHLEHEM, Siegfried: Heimatvertreibung, DDR-Flucht, Gastarbeiterzuwanderung. Wanderungsströme und Wanderungspolitik in der Bundesrepublik Deutschland. Stuttgart 1982.

BISPINCK, Henrik: „Republikflucht": Flucht und Ausreise als Problem für die DDR-Führung. In: Hoffmann, Dierk/Schwartz, Michael/Wentker, Hermann (Hrsg.): Vor dem Mauerbau. Politik und Gesellschaft in der DDR der fünfziger Jahre. München 2003, S. 285–309.

BISPINCK, Henrik: Flucht- und Ausreisebewegung als Krisenphänomene: 1953 und 1989 im Vergleich. In: Bispinck, Henrik/Danyel, Jürgen/Hertle, Hans-Hermann/Wentker, Hermann (Hrsg.): Aufstände im Ostblock. Zur Krisengeschichte des realen Sozialismus. Berlin 2004, S. 145–162.

BÖKE, Karin: Flüchtlinge und Vertriebene zwischen dem Recht auf alte Heimat und der Eingliederung in die neue Heimat. Leitvokabeln der Flüchtlingspolitik. In: Böke, Karin/Liedtke, Frank/Wengeler, Martin (Hrsg.): Politische Leitvorhaben in der Adenauer-Ära. Berlin/New York 1996, S. 131–210.

BROSIUS, Dieter/Hohenstein, Angelika: Flüchtlinge im nordöstlichen Niedersachsen 1945–1948. Hildesheim 1985.

BUNDESMINISTERIUM des Inneren (Hrsg.): Betrifft: Eingliederung der Vertriebenen, Flüchtlinge und Kriegsgeschädigten in der Bundesrepublik Deutschland. Bonn 1982.

BUNDESMINISTERIUM für Bildung und Forschung (Hrsg.): Die wirtschaftliche und soziale Lage der Studierenden in der Bundesrepublik Deutschland 2009. 19. Sozialerhebung des Deutschen Studentenwerks – ausgewählte Ergebnisse.

BUNDESMINISTERIUM für innerdeutsche Beziehungen (Hrsg.): DDR-Handbuch. 3. überarbeitete und erweiterte Auflage. Köln 1985.

BUNDESMINISTERIUM für Gesamtdeutsche Fragen: Jeder fünfte verließ die Sowjetzone. Ohne Ortsangabe 1961.

BUNDESMINISTERIUM für Gesamtdeutsche Fragen (Hrsg.): Die Flucht aus der Sowjetzone und die Sperrmaßnahmen des kommunistischen Regimes vom 13. August 1961 in Berlin. Bonn/Berlin 1961.

BUNDESMINISTERIUM für Vertriebene: Vertriebene, Flüchtlinge, Kriegsgefangene, heimatlose Ausländer 1949–1952. Bonn 1953.

BUNDESMINISTERIUM für Vertriebene, Flüchtlinge und Kriegsgeschädigte (Hrsg.): Die Betreuung der Vertriebenen, der Flüchtlinge, der Kriegssachgeschädigten, der Evakuierten, der Kriegs- und Zivilgefangenen, der Heimkehrer, der nichtdeutschen Flüchtlinge. Bonn 1962.

BUNDESMINISTERIUM für Vertriebene, Flüchtlinge und Kriegsgeschädigte (Hrsg.): Flucht aus der Sowjetzone. Ursachen und Verlauf. 6. Aufl., Bonn 1964.

BUTHMANN, Reinhard: Die Objektdienststellen des MfS. In: Suckut, Siegfried/Neubert, Ehrhart/Süß, Walter/Engelmann, Roger/Giseke, Jens/Knabe, Hubertus (Hrsg.): MfS-Handbuch, Teil II/3, Abschnitt OD. Anatomie der Staatssicherheit. Geschichte, Struktur, Methode. Berlin 1999.

CIESLA, Burghard: „Intellektuelle Reparationen" der SBZ an die alliierten Siegermächte? Begriffsgeschichte, Diskussionsaspekte und ein Fallbeispiel – Die deutsche Flugzeugindustrie 1945–1946. In: Buchheim, Christoph (Hrsg.): Wirtschaftliche Folgelasten des Krieges in der SBZ/DDR. Baden-Baden 1995, S. 79–110.

DAVID, Walter: Die Carl-Zeiss-Stiftung, ihre Vergangenheit und ihre gegenwärtige rechtliche Lage. Heidenheim 1954.

DÜVELL, Franck: Soziologische Aspekte: Zur Lage der Flüchtlinge, S. 36. In: Ottersbach, Markus/Prölß, Claus-Ulrich (Hrsg.): Flüchtlingsschutz als globale und lokale Herausforderung. Wiesbaden 2011, S. 29–50.

EFFNER, Bettina/Heidemeyer, Helge (Hrsg.): Flucht im geteilten Deutschland. Erinnerungsstätte Notaufnahmelager Marienfelde. Berlin 2005.

EHRLICH, Lothar: Die Goethe-Gesellschaft im Spannungsfeld der
Deutschland- und Kulturpolitik der SED, S. 251 f. In: Ehrlich, Lothar/
Mai, Gunther (Hrsg.): Weimarer Klassik in der Ära Ulbricht. Köln/
Weimar/Wien 2000, S. 251–282.

EISENFELD, Bernd/Kowalczuk, Ilko-Sacha/Neubert, Erhart (Hrsg.): Die
verdrängte Revolution. Der Platz des 17. Juni 1953 in der deutschen
Geschichte. Bremen 2004.

ERNST, Anna-Sabine: Von der bürgerlichen zur sozialistischen Profession?
Ärzte in der DDR 1945–1961. In: Bessel, Richard/Jessen, Ralph
(Hrsg.): Die Grenzen der Diktatur. Staat und Gesellschaft in der
DDR. Göttingen 1996, S. 25–48.

FLORATH, Bernd: Immer wenn Krieg war. Die Bedeutung der
Rüstungsproduktion für die wirtschaftliche Entwicklung der Carl-
Zeiss-Werke. In: Markowski, Frank (Hrsg.): Der letzte Schliff. 150
Jahre Arbeit und Alltag bei Carl Zeiss. Berlin 1997, S. 34–53.

FÜGENER, Jens: Von Alliierten und anderen Widrigkeiten. Carl Zeiss Jena
zwischen Kriegsende und Verstaatlichung. In: Markowski, Frank
(Hrsg.): Der letzte Schliff. 150 Jahre Arbeit und Alltag bei Carl Zeiss.
Berlin 1997, S. 148–169.

FÜGENER, Jens: Amerikanisches Intermezzo. Jena zwischen Drittem Reich
und Sowjetischer Besatzungszone (April bis Juli 1945). In: Stutz,
Rüdiger (Hrsg.): Macht und Milieu. Jena zwischen Kriegsende und
Mauerbau. Bausteine zur Jenaer Stadtgeschichte, Band 4. Rudolstadt/
Jena 2000, S. 25–52.

GIBAS, Monika: Das Abbe-Bild in der DDR. Deutungskonkurrenzen und
Deutungsvarianten in einer reglementierten Geschichtskultur.
In: John, Jürgen/Ulbricht, Justus H. (Hrsg.): Jena. Ein nationaler
Erinnerungsort? Köln/Weimar/Wien 2007, S. 517–550.

GIESE, Daniel: Die SED und ihre Armee. Die NVA zwischen Politisierung
und Professionalismus 1956–1965. München 2002.

GRANICKY, Günther. In: Koenigswald, Harald von (Hrsg.): Die Flucht in
die Freiheit. Gedanken zur inneren und äußeren Not der Flüchtlinge
aus der Sowjetzone. Troisdorf 1953.

GRANICKY, Günther: Die Zuwanderung aus der sowjetischen
Besatzungszone als konkurrierendes Problem. In: Lemberg, Eugen/
Edding, Friedrich (Hrsg.): Die Vertriebenen in Westdeutschland. Ihre
Eingliederung und ihr Einfluss auf Gesellschaft, Wirtschaft, Politik
und Geistesleben, Band III. Kiel 1959, S. 475–510.

GROSSER, Thomas/Schraut, Sylvia: Vertriebene. In: Weidenfeld, Werner/
Korte, Karl Rudolf (Hrsg.): Handbuch zur deutschen Einheit
1949–1989–1999. Aktualisierte und erweiterte Neuausgabe.
Bonn 1999, S. 829–838.

HARDACH, Gerd: Der Generationenvertrag: Lebenslauf und Lebenseinkommen in Deutschland in zwei Jahrhunderten. Berlin 2006.

HARDIN, William Russel: Emigration, Occupational Mobility and Institutionalization. The German Democratic Republic. PhD. Dissertation, Cambridge, Mass., MIT 1971.

HEIDEMEYER, Helge: Flucht und Zuwanderung aus der SBZ/DDR 1945/1949–1961. Die Flüchtlingspolitik der Bundesrepublik Deutschland bis zum Bau der Berliner Mauer. Düsseldorf 1994.

HEIDEMEYER, Helge: The Number of Infiltrees is Substantial. Die Politik der amerikanischen Besatzungsmacht gegenüber den Zuwanderern aus der SBZ 1945–1949. In: Grosser, Thomas/Schraut, Sylvia (Hrsg.): Die Flüchtlingsfrage in der deutschen Nachkriegsgesellschaft. Mannheim 1996, S. 215–240.

HEIDEMEYER, Helge: Vertriebene als Sowjetzonenflüchtlinge. In: Hoffmann, Dierk/Kraus, Marita/Schwartz, Michael (Hrsg.): Vertriebene in Deutschland. Interdisziplinäre Ergebnisse und Forschungsperspektiven. München 2000, S. 237–249.

HEIDEMEYER, Helge: Das Notaufnahmeverfahren für die Zuwanderer aus der SBZ/DDR 1945/1949–1961. In: Oltmer, Jochen (Hrsg.): Migration steuern und verwalten. Göttingen 2003, S. 323–343.

HEINEMANN-GRÜDER, Andreas/Wellmann, Arend: Grenzgebiete und Wirkung des Know-how-Transfers. In: Albrecht, Ulrich/Heinemann-Grüder, Andreas/Wellmann, Arend (Hrsg.): Die Spezialisten. Deutsche Naturwissenschaftler und Techniker in der Sowjetunion nach 1945. Berlin 1992, S. 154–187.

HEINEMANN-GRÜDER, Andreas: Reparationsdienste durch Spezialisten. In: Albrecht, Ulrich/Heinemann-Grüder, Andreas/Wellmann, Arend (Hrsg.): Die Spezialisten. Deutsche Naturwissenschaftler und Techniker in der Sowjetunion nach 1945. Berlin 1992, S. 25–47.

HEINTZELER, Frank: Der Fall „Zeiss". Die in- und ausländische Rechtsprechung und das Problem der stiftungsrechtlichen Identität. Baden-Baden 1972.

HENKE, Klaus-Dietmar: Die amerikanische Besetzung Deutschlands. München 1995.

HENKEL, Rüdiger: Im Dienst der Staatspartei. Über Parteien und Organisationen der DDR. Baden-Baden 1994.

HERMANN, Armin: Nur der Name war geblieben. Die abenteuerliche Geschichte der Firma Zeiss. Stuttgart 1989.

HERMANN, Armin: Jena und die Jenoptik. Vom Kombinat zum Global Player. Düsseldorf 1998.

HERMANN, Armin: Und trotzdem Brüder. Die deutsch-deutsche Geschichte der Firma Carl Zeiss. München 2002.

HOFFMANN, Frank: Junge Zuwanderer in Westdeutschland. Struktur, Aufnahme und Integration junger Flüchtlinge aus der SBZ und der DDR in Westdeutschland (1945–1961). Frankfurt a. M. u. a 1999.

HOFFMANN, Frank: Aus Illegalen werden Freiheitssucher. In: Wahl, Stefanie/Wagner, Paul Werner (Hrsg.): Der Bitterfelder Aufstand. Der 17. Juni 1953 und die Deutschlandpolitik: Ereignisse – Zeitzeugen – Analysen. Leipzig 2003, S. 128–147.

JUDT, Matthias: Die sowjetische Nutzung des Produktions- und Wissenschaftspotentials der ostdeutschen elektrotechnischen und feinmechanisch-optischen Industrie 1945–1955. In: Buchheim, Christoph (Hrsg.): Wirtschaftliche Folgelasten des Krieges in der SBZ/DDR. Baden-Baden 1995, S. 111–130.

KARLSCH, Rainer: Allein bezahlt? Die Reparationsleistungen der SBZ/DDR 1945–53. Berlin 1993.

KARLSCH, Rainer: Umfang und Struktur der Reparationsentnahmen aus der SBZ/DDR 1945–1953. Stand und Probleme der Forschung. In: Buchheim, Christoph (Hrsg.): Wirtschaftliche Folgelasten des Krieges in der SBZ/DDR. Baden-Baden 1995, S. 45–78.

KARLSCH, Rainer: Uran für Moskau. Die Wismut – Eine populäre Geschichte. Bonn 2007.

KARLSCH, Rainer: Die Carl Zeiss Stiftung in Jena 1945–1989. In: Plumpe, Werner (Hrsg.): Eine Vision – zwei Unternehmen: 125 Jahre Carl-Zeiss-Stiftung. München 2014, S. 195–238.

KASTEN, Birgit: Krisen, Kinder, Wirtschaftsmacht. Carl Zeiss Jena in der DDR. In: Markowski, Frank (Hrsg.): Der letzte Schliff. 150 Jahre Arbeit und Alltag bei Carl Zeiss. Berlin 1997, S. 170–189.

KÖLLMANN, Wolfgang: Versuch des Entwurfs einer historisch-soziologischen Wanderungstheorie. In: Engelhardt, Ulrich/Sellin, Volker/Stuke, Horst (Hrsg.): Soziale Bewegung und politische Verfassung. Beiträge zur Geschichte der modernen Welt. Stuttgart 1976, S. 260–269.

KÖLLMANN, Wolfgang: Die Bevölkerungsstruktur der Bundesrepublik. In: Conze, Werner/Lepsius, Rainer (Hrsg.): Sozialgeschichte der Bundesrepublik Deutschland. Stuttgart 1983, S. 66–114.

KOWALCZUK, Ilko-Sascha: Volkserhebung ohne „Geistesarbeiter"? Die Intelligenz in der DDR. In: Kowalczuk, Ilko-Sacha/Mitter, Armin/Wolle, Stefan (Hrsg.): Der Tag X – 17. Juni 1953. Die „Innere Staatsgründung" der DDR als Ergebnis der Krise 1952/54. 2. Aufl., Berlin 1996, S. 129–170.

KOWALCZUK, Ilko-Sacha: Das bewegte Jahrzehnt. Geschichte der DDR von 1949 bis 1961. Bonn 2003.

KOWALCZUK, Ilko-Sacha: 17.06.1953: Volksaufstand in der DDR. Ursachen – Abläufe – Folgen. Bremen 2003.

KRATZER, Joseph: Zustrom von Deutschen aus der SBZ in das Bundesgebiet. In: Der Fachberater für Vertriebene, Flüchtlinge, Kriegsgeschädigte. Herausgegeben vom Bundesminister für Vertriebene. Bad Godesberg, Heft 19/1966, S. 285–294.

KRAUSE, Michael: Flucht vor dem Bombenkrieg. Umquartierung im Zweiten Weltkrieg und die Wiedereingliederung der Evakuierten in Deutschland 1943–1963. Düsseldorf 1997.

KRAUSE, Michael: Evakuierung im Bombenkrieg. Staatliche Interventionen zur Steuerung der Flucht aus deutschen Städten 1943–1963. In: Oltmer, Jochen (Hrsg.): Migration steuern und verwalten. Göttingen 2003, S. 207–226.

KRÖNIG, Waldemar/Müller, Klaus-Dieter: Anpassung – Wiederstand – Verfolgung. Hochschule und Studenten in der SBZ und DDR 1945–1961. Köln 1994.

KÜLZ, Helmut: Die Flüchtlinge aus der sowjetischen Besatzungszone. Frankfurt a.M. 1950.

LAUFER, Johannes: Deutsche Spiegelglas AG 1871–1975. Die Geschichte eines Unternehmens zwischen Industrialisierung und sozialer Marktwirtschaft. Göttingen 1994.

LEHMANN, Hans-Georg: Der Oder-Neiße-Konflikt. München 1979.

LEPP, Claudia: Tabu der Einheit? Die Ost-West-Gemeinschaft der evangelischen Christen und die deutsche Teilung 1945–1969. Göttingen 2005.

LIEBE, Hans: Die Rolle des VEB Carl Zeiss Jena im Kampf für den Frieden und bei der Festigung der ökonomischen Grundlagen der Deutschen Demokratischen Republik. Diss., Berlin 1962.

LINDENBERGER, Thomas: Grenzregime und Gesellschaftskonstruktion im SED-Staat. In: Henke, Klaus-Dietmar (Hrsg.): Die Mauer. Errichtung, Überwindung, Erinnerung. München 2011, S. 111–121.

LINGELBACH, Gerhard: Juristische Aspekte zur Gründung. In: Stolz, Rüdiger/Wittig, Joachim (Hrsg.): Carl Zeiss und Ernst Abbe: Leben, Wirken und Bedeutung . Wissenschaftshistorische Abhandlung. Jena 1993, S. 51–60.

LUKASCHEK, Hans: Die deutschen Heimatvertriebenen als zentrales deutsches Problem. Bonn 1951.

MAJOR, Patrick: Torschlußpanik und Mauerbau. „Republikflucht" als Symptom der zweiten Berlinkrise. In: Ciesla, Burghard/Lemke, Michael/Lindenberger, Thomas (Hrsg.): Sterben für Berlin? Die Berliner Krisen 1948:1958. Berlin 2000, S. 221–243.

MARKUS, Uwe: Waffenschmiede DDR. Ein Überblick. Berlin 2010.

MASCHKE, Erich (Hrsg.): Die deutschen Kriegsgefangenen des Zweiten Weltkrieges. Eine Zusammenfassung. München 1974.

MASER, Peter: Kirchen, S. 492 f. In: Weidenfeld, Werner/Korte, Karl Rudolf (Hrsg.): Handbuch zur deutschen Einheit 1949–1989–1999. Aktualisierte und erweiterte Neuausgabe. Bonn 1999, S. 486–501.

MATTHES, Christoph: Finanzier, Förderer, Vertragspartner. Die Universität Jena und die optische Industrie 1886–1971. Köln/Weimar/Wien 2014.

MEER, Martin van der/Hellwig, Markus: Die Goerzbahn - zur hundertjährigen Geschichte der Zehlendorfer Eisenbahn- und Hafen AG.Berlin 2005.

MELIS, Damian van: „Republikflucht". Flucht und Auswanderung aus der SBZ/DDR 1945 bis 1961. München 2006.

MITTER, Armin: Der „Tag X" und die „Innere Staatsgründung der DDR". In: Kowalczuk, Ilko-Sacha/Mitter, Armin/Wolle, Stefan (Hrsg.): Der Tag X – 17. Juni 1953. Die „Innere Staatsgründung" der DDR als Ergebniss der Krise 1952/54. 2. Aufl., Berlin 1996, S. 9–30.

MÜHLFRIEDEL, Wolfgang/Hellmuth, Edith: Carl Zeiss. Die Geschichte eines Unternehmens, Band 1. Carl Zeiss 1846–1905. Vom Atelier für Mechanik zum führenden Unternehmen des optischen Gerätebaus. Weimar u. a. 1996.

MÜHLFRIEDEL, Wolfgang/Hellmuth, Edith: Carl Zeiss Jena – widerspruchsvoller Weg in die Planwirtschaft. In: Stutz, Rüdiger (Hrsg.): Macht und Milieu. Jena zwischen Kriegsende und Mauerbau. Bausteine zur Jenaer Stadtgeschichte, Band 4. Rudolstadt/Jena 2000, S. 327–370.

MÜHLFRIEDEL, Wolfgang/Hellmuth, Edith: Carl Zeiss. Die Geschichte eines Unternehmens, Band 3. Carl Zeiss in Jena 1945–1990. Köln/Weimar/Wien 2004.

MÜLLER, Armin: Institutionelle Brüche und personelle Brücken. Werkleiter in Volkseigenen Betrieben der DDR in der Ära Ulbricht. Köln 2006.

NELLNER, Werner: Grundlagen und Hauptergebnisse der Statistik. In: Lemberg, Eugen/Edding, Friedrich (Hrsg.): Die Vertriebenen in Westdeutschland. Ihre Eingliederung und ihr Einfluss auf Gesellschaft, Wirtschaft, Politik und Geistesleben. 3 Bände, Kiel 1959, S. 61–144, Band 1.

NEUBERT, Ehrhart: Geschichte der Opposition in der DDR. 2. Aufl., Bonn 2000.

NEUMANN, Philipp: Enteignet, reaktiviert und instrumentalisiert: Zur Jenaer Carl-Zeiss-Stiftung in der SBZ und frühen DDR. In: Gibas, Monika/John, Jürgen (Hrsg.): Couragierte Wissenschaft: eine Festschrift für Jürgen John zum 65. Geburtstag. Jena 2007, S. 60–76.

OSMOND, Jonathan: Kontinuität und Konflikt in der Landwirtschaft der SBZ/DDR zur Zeit der Bodenreform und der Vergenossenschaftlichung. In: Bessel, Richard/Jessen, Ralph (Hrsg.): Die Grenzen der Diktatur. Staat und Gesellschaft in der DDR. Göttingen 1996, S. 137–169.

PETERKE, Joachim: Der Londoner Zeiss-Prozess. Vorgeschichte und Dilemma eines deutsch-deutschen Rechtsstreites in Großbritannien (1955–1971). Diss, Stuttgart 2002.

PIEGSA, Bernhard: Die Binnenwanderung der Heimatvertriebenen und Flüchtlinge in Deutschland von 1945 bis 1969. Forschungsprojekt des Bundesministeriums des Inneren. Abschlußbericht. Bayreuth, 15.02.2001.

REICHLING, Gerhard: Flucht und Vertreibung der Deutschen – statistische Grundlage und terminologische Probleme. In: Schulze, Rainer/von der Brelie-Lewien, Doris/Grebing, Helga (Hrsg.): Flüchtlinge und Vertriebene in der westdeutschen Nachkriegsgeschichte. Bilanzierung der Forschung und Perspektiven für die künftige Forschungsarbeit. Hildesheim 1987, S. 46–56.

SATTLER, Friederieke: Wirtschaftsordnung im Übergang. Politik, Organisation und Funktion der KPD/SED im Land Brandenburg bei der Etablierung der zentralen Planwirtschaft in der SBZ/DDR 1945–52. Teilband 2. (Diktatur und Widerstand/5). Münster 2002.

SCHILLINGER, Reinhold: Der Lastenausgleich. In: Benz, Wolfgang (Hrsg.): Die Vertreibung der Deutschen aus dem Osten. Ursachen, Ereignisse, Folgen. Frankfurt a.M. 1985, S. 231–243.

SCHMELZ, Andrea: Migration und Politik im geteilten Deutschland während des Kalten Krieges: die West-Ost-Migration in die DDR in den 1950er und 1960er Jahren. Opladen 2002.

SCHUMACHER, Pit: Die Zeiss-Punktal-Story. Norderstedt 2012.

SCHWARTZ, Michael: Kriegsfolgelasten und „Aufbaugesellschaft": Vertriebenen, Bombengeschädigte und Kriegsbeschädigte in den langen fünfziger Jahren der DDR. In: Hoffmann, Dierk/Schwartz, Michael/Wentker, Hermann (Hrsg.): Vor dem Mauerbau. Politik und Gesellschaft in der DDR der fünfziger Jahre. München 2003, S. 165–189.

SOBESLAVSKY, Erich: Der schwierige Weg von der traditionellen Büromaschine zum Computer. In: Sobeslavsky, Erich/Lehmann, Nikolaus Joachim (Hrsg.): Zur Geschichte von Rechentechnik und Datenverarbeitung in der DDR 1946–1968. Dresden 1996, S. 7–122.

SPRINGER, Ralf: Biographische Studien zum Sozialreformer und Politiker Friedrich Schomerus (1876–1963). Oldenburg 2003.

STEINBERG, Heinz Günter: Die Bevölkerungsentwicklung in Deutschland im Zweiten Weltkrieg. Mit einem Überblick über die Entwicklung von 1945 bis 1990. Bonn 1991.

STEINER, André: Von Plan zu Plan. Eine Wirtschaftsgeschichte der DDR. München 2004.

SUCKUT, Siegfried: Parteien in der SBZ/DDR 1945–1952. Bonn 2000.

THOMAS, Fritz: Das Recht der Vertriebenen. Von den Flüchtlingsgesetzen der Länder zum Bundes-Vertriebenengesetz. Dortmund 1950.

UHL, Matthias: Das Ministerium für Bewaffnung der UdSSR und die Demontage der Carl-Zeiss Werke in Jena – eine Fallstudie. In: Karlsch, Rainer/Laufer, Jochen (Hrsg.): Sowjetische Demontagen in Deutschland 1944–1949: Hintergründe, Ziele und Wirkungen. Berlin 2002, S. 113–145.

VOLLNHALS, Clemens (Hrsg.): Entnazifizierung. Politische Säuberung und Rehabilitierung in den vier Besatzungszonen 1945–1949. München 1991.

WAGNER, Armin: Walter Ulbricht und die geheime Sicherheitspolitik der SED: der Nationale Verteidigungsrat der DDR und seine Vorgeschichte (1953 bis 1971). Berlin 2002.

WALTER, Rolf: Carl Zeiss. Die Geschichte eines Unternehmens, Band 2. Zeiss 1905–1945. Köln 2000.

WEBER, Hermann: Die DDR 1945–1990. 4. Aufl., München 2006.

WEIHER, Uwe: Die Eingliederung der Flüchtlinge und Vertriebenen in Bremerhaven 1945–1960. Bremerhaven 1992.

WENNEMANN, Adolf: Zwischen Emanzipation und Konformitätsdruck: Zuwanderer aus SBZ und DDR in Niedersachsen. In: Bade, Klaus J. (Hrsg.): Fremde im Land. Zuwanderung und Eingliederung im Raum Niedersachsen seit dem Zweiten Weltkrieg. Osnabrück 1997.

WENZKE, Rüdiger: Die Fahnenflucht in den Streitkräften der DDR. In: Bröckling, Ulrich/Sikora, Michael (Hrsg.): Armeen und ihre Deserteure. Vernachlässigte Kapitel einer Militärgeschichte der Neuzeit. Göttingen 1998, S. 252–287.

WIESEMANN, Falk: Flüchtlingspolitik in Nordrhein-Westfalen. In: Benz, Wolfgang (Hrsg.): Die Vertreibung der Deutschen aus dem Osten. Ursachen, Ereignisse, Folgen. Frankfurt a.M. 1985, S. 218–230.

WILLE, Manfred (Hrsg.): 50 Jahre Flucht und Vertreibung. Gemeinsamkeiten und Unterschiede bei der Aufnahme und Integration in die Gesellschaft der Westzone/Bundesrepublik und der SBZ/DDR. Magdeburg 1997.

WILLE, Manfred: Der Weg zur Mauer. Stationen der Teilungsgeschichte. 2. Aufl., Berlin 2011.

WINKLER, Heinrich August: Der lange Weg nach Westen II. Deutsche Geschichte 1933–1990. Lizenzausgabe für die Bundeszentrale für die politische Bildung. Bonn 2005.

WITTIG, Joachim: Ernst Abbe. Leipzig 1989.

WOLFF, Frank: Deutsch-deutsche Migrationsverhältnisse: Strategien staatlicher Regulierung 1945–1989. In: Oltmer, Jochen (Hrsg.): Handbuch Staat und Migration in Deutschland seit dem 17. Jahrhundert. Berlin/Boston 2016, S. 773–814.

WUNSCHIK, Tobias: Knastware für den Klassenfeind: Häftlingsarbeit in der DDR, der Ost-West-Handel und die Staatssicherheit (1970–1989). Göttingen 2014.

ZENKE, Wilhelm: Die Flüchtlingsgesetzgebung in Nordrhein-Westfalen mit Erläuterungen zum Flüchtlingsgesetz, den Durchführungsverordnungen, Nebengesetzen und Erlassen. Stuttgart/Köln 1949.

ZENTRALKOMITEE der SED (Abteilung Propaganda und Agitation) und Bezirksleitung Gera (Hrsg.): VEB Carl Zeiss Jena - Mit klarer Sicht. Das Ende der Zeiss Legende. Berlin (Ost) 1958.

ZIEGLER, Dieter: Die Carl-Zeiss-Stiftung Heidenheim 1948 bis 1989. In: Plumpe, Werner (Hrsg.): Eine Vision – zwei Unternehmen: 125 Jahre Carl-Zeiss-Stiftung. München 2014, S. 239–292.

100 JAHRE Carl-Zeiss-Stiftung Jena. 1889–1989. Jena 1989. Ohne Autorenangabe.

C.2 Zeitschriften und Aufsätze

BERTRAM, Kurt: Der Flüchtlingsbegriff in Schleswig-Holstein und den Ländern der Bizone. In: Der Flüchtlingsberater: Zeitschrift für das Flüchtlingswesen. Bad Godesberg u. a. 1948, S. 8–17.

BEYERMANN, Andre: Zwangsarbeit in Thüringen 1939–1945. In: Landeszentrale für politische Bildung Thüringen (Hrsg.): Thüringen – Blätter zur Landeskunde. Sömmerda 2009.

BOLDORF, Marcel: Austausch der wirtschaftlichen Führungskräfte in der SBZ/DDR nach dem Zweiten Weltkrieg. In: Jahrbuch für Wirtschaftsgeschichte, Band 51, 2/2010, S. 47–70.

BONWETSCH, Bernd: Die Stalin-Note 1952 – kein Ende der Debatte. In: Jahrbuch für Historische Kommunismusforschung 2008, S. 106–113.

DAS DEUTSCHE FLÜCHTLINGSPROBLEM. Sonderheft der Zeitschrift für Raumforschung. Bielefeld 1950. Ohne weitere Angaben.

DER GLASMACHER. Betriebszeitung der Jenaer Glaswerke: Deportation – Demontage – Wiederaufbau. Ein schmerzhaftes Kapitel unserer Firmengeschichte. Sonderausgabe 10/1996.

DOMS, Julius: Die Vertriebenen in der neuen Gesetzgebung. Einführung in das Bundesvertriebenengesetz. In: Der Wegweiser 1953, S. 12–27.

EISENFELD, Bernd: Gründe und Motive von Flüchtlingen und Ausreiseantragstellern aus der DDR. In: Deutschland Archiv 37/2004, S. 89–105.

ENGEL, Fritz: Nachweis der Vertriebenen und aus der DDR zugezogenen Deutschen in der amtlichen Statistik. In: Zeitschrift des bayerischen statistischen Landesamtes 112 (1980), S. 25–38.

GRANICKY, Günther: Verpflichtung des Westens. In: Der Wegweiser: Flucht in die Freiheit. Troisdorf 1953, S. 14–25.

GRENZER, Rudolf: Die Flucht aus der sowjetischen Besatzungszone. Ergebnisse des Notaufnahmeverfahrens. In: Institut für Raumordnung (Hrsg.): Raumforschung und Raumordnung. Berlin/Heidelberg 1953, Heft 3/4, S. 172–178.

HEIDEMEYER, Helge: „Abgehauen" – zugeschlagen. Anmerkungen zum Beitrag von Jörg Roesler (DA 4/20013). In: Deutschland Archiv 6/2003, S. 1011–1013.

HOHMANN, Joachim S.: "Wenn Sie dies lesen, bin ich schon auf dem Weg in den Westen": „Republikflüchtige" DDR-Lehrer in den Jahren 1949–1961. In: Zeitschrift für Geschichtswissenschaft (ZfG) 45 (1997), S. 311–330.

HOHMANN, Joachim S.: „Wie viel lieber würde ich mich richtig verabschieden...": „Republikflüchtige" DDR-Lehrer in den Jahren 1949–1961. In: Historical Social Research 22 (1997) 1, S. 107–131.

KARLSCH, Rainer: Zwischen Partnerschaft und Konkurrenz. Das Spannungsfeld in den Beziehungen zwischen den VEB Filmfabrik Wolfen und der AGFA AG Leverkusen. In: Zeitschrift für Unternehmensgeschichte, Band 36/1991, S. 245–281.

KARLSCH, Rainer: „Ein Staat im Staate". Der Uranbergbau der Wismut AG in Sachsen und Thüringen. In: Aus Politik und Zeitgeschichte (APuZG) B49–50/1993, S. 14–39.

KLEIN, Johannes Kurt: Ursachen und Motive der Abwanderung aus der Sowjetzone Deutschlands. In: Aus Politik und Zeitgeschichte. B XXIV/1955, S. 361–383.

Koch, H. Reinhard: Flucht und Ausreise aus der DDR. Ein Beitrag zum „Wohlbekannten". In: Deutschland Archiv 19 (1986) 1, S. 47–52.

Köllner, Lutz: Umfang und Gründe der Flucht der akademischen Jugend aus Mitteldeutschland. In: Ostbrief. Monatsschrift der ostdeutschen Akademie 7 (1961), S. 428–436.

Landeszentrale für politische Bildung Baden-Württemberg (Hrsg.): Carl Zeiss – von Jena nach Oberkochen. Die deutsche Frage im Unterricht, Heft 8. 1986.

Landeszentrale für politische Bildung Baden-Württemberg (Hrsg.): Carl Zeiss – geteiltes Deutschland. Die deutsche Frage im Unterricht, Heft 9. 1986.

Landsberg, Ludwig: Das Problem der SBZ-Flüchtlinge. Ein Beitrag zur Lösung sozialer Probleme in unserer Zeit. In: Der Wegweiser 1953, S. 28–40.

Major, Patrick: Vor und nach dem 13. August 1961: Reaktionen der DDR-Bevölkerung auf den Bau der Berliner Mauer. In: Archiv für Sozialgeschichte 39, 1999, S. 325–354.

Meyer, Bernhard: Ärzte von Deutschland nach Deutschland. Zur „Republikflucht" der Mediziner 1949–1961. In: Berlinische Monatsschrift 10 (2001) 3, S. 62–68.

Mühlfriedel, Wolfgang/Hellmuth, Edith: Das Tagebuch des Betriebsrates der Firma Carl Zeiss in Jena. In: Jahrbuch für historische Kommunismusforschung. 1994, S. 189–206.

Mühlfriedel, Wolfgang: Hugo Schrade und das Zeisswerk nach 1945 – Biographische Notizen. In: Jenaer Jahrbuch zur Technik- und Industriegeschichte, Band 3/2001, S. 27–58.

Müller, Armin: Die erste Generation der Werkleiter in der SBZ/DDR: Drei Volkseigene Betriebe im Vergleich. In: Zeitschrift für Unternehmensgeschichte/Journal of Business History, 2008, Band 49/2, S. 198–221.

Roesler, Jörg: „Abgehauen". Innerdeutsche Wanderungen in den fünfziger und neunziger Jahre und deren Motive. In: Deutschland Archiv 4/2003, S. 562–573.

Ross, Corey: „… sonst sehe ich mich veranlasst, auch nach dem Westen zu ziehen". „Republikflucht", SED-Herrschaft und Bevölkerung vor dem Mauerbau. In: Deutschland Archiv 34 (2001), S. 613–627.

Schrade, Hugo: Der internationale Schutz der Zeiss Namens- und Warenzeichenrechte. In: Wissenschaftliche Zeitschrift der Friedrich-Schiller-Universität Jena. Gesellschafts- und Sprachwissenschaftliche Reihe. Heft 1, Jahrgang 15 (1966), S. 55–61.

Shapiro, Isaac: Zeiss versus Zeiss – The Cold War in a Microcosm. In: The International Lawyer. Vol.7 (1973), S. 235–251.

SIEBKE, Otto: Bedenkliche Ost-West-Wanderung. In: Der Flüchtlingsberater (Lübeck) 2/1949, S. 41–46.
SOLLBACH, Gerhard E.: Die Erweiterte Kinderlandverschickung im Zweiten Weltkrieg. In: Soester Zeitschrift, Heft 112 (2000), S. 118–122.
STEINER, Andre: Steigende Preise, Mangel an Konsumwaren. Wie die schlechte wirtschaftliche Situation in der DDR 1952/53 die Unzufriedenheit in der Bevölkerung schürte. In: Berliner Zeitung, 14./15. Juni 2003, S. 32.
STORBECK, Dietrich: Flucht oder Wanderung? Eine Rückschau auf Motive, Folgen und Beurteilung der Bevölkerungsabwanderung aus Mitteldeutschland seit dem Kriege. In: Soziale Welt 14 (1963), S. 153–171.
STUTZ, Rüdiger: Vom „Feindagenten" zum Vorzeigemanager. Der erste Kombinatsdirektor des VEB Carl Zeiss Jena in der Wahrnehmung von SED und Staatssicherheit (1946–1966). In: Historical Social Research 2005/Vol.30, S. 130–159.
WERKZEITSCHRIFT Carl Zeiss Oberkochen, Heft 14 vom 15.10.54.
WERKZEITSCHRIFT Carl Zeiss Oberkochen, Heft 40 vom 15.04.1961.

C.3 Quellen

AMTSBLATT des Kontrollrats in Deutschland Nr.9 vom 31.07.1946: Kontrollratsbefehl Nr.33 vom 20.07.1946.
AUSSCHUSS der deutschen Statistiker für die Volks- und Berufszählung 1946 (Hrsg.): Volks und Berufszählung vom 29. Oktober 1946 in den vier Besatzungszonen und Groß-Berlin – Volkszählung Tabellenteil. Berlin (West) 1951.
AUSSCHUSS der deutschen Statistiker für die Volks- und Berufszählung 1946 (Hrsg.): Volks und Berufszählung vom 29. Oktober 1946 in den vier Besatzungszonen und Groß-Berlin – Volkszählung Textteil. Berlin (West) 1951.
BUNDESGESETZ zur Ergänzung des Gesetzes zur Änderung von Vorschriften des Fideikomiß- und Stiftungsrechts vom 3. August 1967 (BGBl. I S. 839)
BÜRO DES WIRTSCHAFTSRATES (Hrsg.): Gesetzblatt der Verwaltung des Vereinigten Wirtschaftsgebietes 1947–49.
GESETZBLATT der Deutschen Demokratischen Republik: Verordnung über Maßnahmen an der Demarkationslinie zwischen der Deutschen Demokratischen Republik und den westlichen Besatzungszonen Deutschlands vom 26. Mai 1952.

GESETZBLATT der Deutschen Demokratischen Republik: Verordnung über weitere Maßnahmen zum Schutz der Deutschen Demokratischen Republik vom 9. Juni 1952.

GESETZ über die Angelegenheiten der Vertriebenen und Flüchtlinge. Bundesvertriebenengesetz vom 19. Mai 1953 (BGBl. I S. 201). Erläutert von Leitreiter, Herbert. Neubearbeitete 2. Aufl., Köln/Berlin 1953.

GESETZ über eine Statistik der Wohn- und Mietverhältnisse und des Wohnungsbedarfs (Wohnungsstatistik 1956/57) vom 17. Mai 1956 (BGBl. I, S. 427).

GESETZ über eine Zählung der Bevölkerung, Gebäude, Wohnungen, nichtlandwirtschaftlichen Arbeitsstätten und landwirtschaftlichen Kleinbetrieben im Jahre 1950 vom 27. Juli 1950 (BGBl., S. 335).

GESETZ über eine Zählung der Bevölkerung und der nichtlandwirtschaftlichen Arbeitsstätten und Unternehmen im Jahr 1961 vom 13. April 1961. In: Bundesgesetzblatt I, Nr.25 vom 13.04.1961, S. 437.

GESETZ zur Änderung und Ergänzung des Einkommensteuergesetzes vom 19. Mai 1953 (BGBl. I S. 222). Erläutert von Leitreiter, Herbert. Neubearbeitete 2. Aufl., Köln/Berlin 1953.

HEMKEN, Ruth (Hrsg.): Deutschland - Gebiet unter Alliierter Besatzung - Kontrollrat: Sammlung der vom Alliierten Kontrollrat und der Amerikanischen Militärregierung erlassenen Proklamationen, Gesetze, Verordnungen, Befehle. 3. Aufl., Stuttgart 1946–1948.

MINISTERIALBLATT der Deutschen Demokratischen Republik Nr. 47/1952 vom 14. November 1952.

MONTHLY STATISTICAL BULLETIN of the Control Commission for Germany (British Element). Berlin, Vol. IV No.1., Januar 1949.

STATISTISCHES AMT DES SAARLANDS (Hrsg.): Statistisches Handbuch für das Saarland. Saarbrücken 1952.

STATISTISCHES AMT DES SAARLANDS (Hrsg.): Statistisches Handbuch für das Saarland. Saarbrücken 1955.

STATISTISCHES AMT DES SAARLANDS (Hrsg.): Statistisches Handbuch für das Saarland. Saarbrücken 1958.

STATISTISCHES BUNDESAMT (Hrsg.): Statistik der Bundesrepublik Deutschland, Band 73. Die Wanderungen im Jahr 1951. Stuttgart/Köln 1953.

STATISTISCHES BUNDESAMT (Hrsg.): Statistik der Bundesrepublik Deutschland, Band 114. Die Vertriebenen und Flüchtlinge in der Bundesrepublik Deutschland in den Jahren 1946 bis 1953. Stuttgart u. a. 1955.

STATISTISCHES BUNDESAMT (Hrsg.): Statistik der Bundesrepublik Deutschland, Band 171. Die Wanderungen im Jahr 1955. Stuttgart/Köln 1957.

STATISTISCHES BUNDESAMT (Hrsg.): Statistik der Bundesrepublik Deutschland, Band 218. Die Wanderungen im Jahr 1957. Stuttgart/Köln 1958.

STATISTISCHES BUNDESAMT (Hrsg.): Statistik der Bundesrepublik Deutschland, Band 201. Wohnungsstatistik 1956/57. Heft 1: Wohnungen und Wohnparteien nach der allgemeinen Erhebung vom 25.9.1956.

STATISTISCHES BUNDESAMT (Hrsg.): Statistik der Bundesrepublik Deutschland, Band 239. Die Wanderungen im Jahr 1958. Stuttgart/Köln 1960.

STATISTISCHES BUNDESAMT (Hrsg.): Bevölkerung und Kultur. Reihe 3 – Wanderungen: Wanderungen innerhalb und über die Grenzen des Bundesgebietes. 4. Vierteljahr 1961. Stuttgart/Mainz, Jg. 1961/4.

STATISTISCHES BUNDESAMT WIESBADEN (Hrsg.): Fachserie A: Bevölkerung und Kultur. Volks- und Berufszählung vom 6. Juni 1961, Heft 6. Vertriebene und Deutsche aus der SBZ – Verteilung und Struktur. Stuttgart/Mainz 1961.

STATISTISCHES BUNDESAMT (Hrsg.): Fachserie A – Bevölkerung und Kultur – Reihe 4. Vertriebene und Flüchtlinge. Bevölkerungs-, kultur- und wirtschaftsstatistische Ergebnisse 1954 bis 1966. Ohne Orts- und Jahresangabe.

STATISTISCHES BUNDESAMT (Hrsg.): Wirtschaft und Statistik. Jg.1954/Heft 4.
STATISTISCHES BUNDESAMT (Hrsg.): Wirtschaft und Statistik. Jg.1957/Heft 9.
STATISTISCHES BUNDESAMT (Hrsg.): Wirtschaft und Statistik. Jg.1960/Heft 7.
STATISTISCHES BUNDESAMT (Hrsg.): Wirtschaft und Statistik. Jg.1963/Heft 9.
STATISTISCHES BUNDESAMT (Hrsg.): Wirtschaft und Statistik. Jg.1966/Heft 1.
STATISTISCHES JAHRBUCH für das Deutsche Reich – Zeitschriftenteil 59. Jahrgang. Berlin 1942.

STATISTISCHES LANDESAMT BERLIN (Hrsg.): Statistisches Jahrbuch. Berlin 1950–1956.

STATISTISCHES MONATSHEFT für die Britische Zone. Hamburg 1947–1949. Heft 2, August 1947.

STATISTISCHES MONATSHEFT für die Britische Zone. Hamburg 1947–1949. Heft 3, November 1947.

VOGEL, Walter, Bundesarchiv Koblenz: Akten zur Vorgeschichte der Bundesrepublik Deutschland, Band III. München/Wien 1982.

C.4 Archivalien

C.4.1 Bundesarchiv Standorte Koblenz/Berlin

BArch Berlin B 106 (Bundesministerium des Innern)/22268.
BArch Berlin B 106 (Bundesministerium des Innern)/22320.
BArch Berlin DC 1/1222: Zentrale Kommission für Staatliche Kontrolle. Außenhandel und Innerdeutscher Handel.
BArch Berlin DE 1/14219: Staatliche Plankommission: Vorgehen im Warenzeichenstreit ab 1958.
BArch Berlin DE 1/14220: Staatliche Plankommission: Vorgehen im Warenzeichenstreit ab 1958.
BArch Berlin DE 1/11662: Staatliche Plankommission (1949–1961/1963), Teil: Querschnittsbereiche -Informationen an und von W. Ulbricht über Warenzeichenstreit mit der Pseudo-Carl-Zeiss-Stiftung in Heidenheim, BRD und Einbeziehung der RGW-Mitgliedsländer in Gegenmaßnahmen.
BArch Berlin DE2 (Staatliche Zentralverwaltung für Statistik) /1727.
BArch Berlin DE2 (Staatliche Zentralverwaltung für Statistik) /22422.
BArch Berlin DP 2/890: Oberstes Gericht der DDR – Organisation und Arbeitsweise.
BArch Berlin (SAPMO) DY 27/2989– Kulturbund, Büro des Bundessekretärs Gysi – Zusammenarbeit mit der Goethe Gesellschaft.
BArch Berlin (SAPMO) DY 27/2991– Kulturbund, Büro des Bundessekretärs Kneschke – Zusammenarbeit mit der Goethe Gesellschaft.
BArch Berlin (SAPMO) DY 27/3309– Kulturbund, Büro des ersten Bundessekretärs – Zusammenarbeit mit der Goethe Gesellschaft in Weimar.
BArch Koblenz Z33/13 (Chefinspektion des Zollgrenzschutzes britische Zone/Zollgrenzdirektion Nord und Zollgrenzdirektion Süd/Sonderbeauftragter für die Zonengrenze (Südteil) und Sonderbeauftragter für die Zonengrenze (Nordteil) ZGD Nord/Süd.

C.4.2 Betriebsarchiv Carl Zeiss Ost

BACZ 07953: Büro des Werkleiters: Schriftwechsel mit ehemaligen Konzernbetrieben: Zeiss-Ikon AG – Contessawerk Stuttgart. Brief vom 20. November 1947.
BACZ 08139: Büro des Werkleiters: Schriftwechsel mit ehemaligen Konzernbetrieben.
BACZ 08156: Büro des Werkleiters: Schriftwechsel mit ehemaligen Konzernbetrieben.
BACZ 08158: Büro des Werkleiters: Schriftwechsel mit ... ehemaligen Konzernbetrieben.
BACZ 08289: Büro des Werkleiters: Schriftwechsel mit ... ehemaligen Konzernbetrieben.
BACZ 14912: Büro des Werkleiters: Schriftwechsel mit ... ehemaligen Konzernbetrieben.
BACZ 07952: Schriftwechsel mit ehemaligen Konzernbetrieben – R.Winkel GmbH, Göttingen.
BACZ 13209: Büro des Werkleiters: Schriftwechsel mit ... ehemaligen Konzernbetrieben: Deckel, München.
BACZ 8363: Büro der Werkleitung: Schriftwechsel mit übergeordneten Behörden etc.
BACZ 06475: Büro des Werkleiters: Sowjetische Besatzungsorgane – Allgemeines.
BACZ 06476: Büro des Werkleiters: Sowjetische Besatzungsorgane – Allgemeines.
BACZ 15135: Büro des Werkleiters: Sowjetische Besatzungsorgane – Allgemeines.
BACZ 23281: Büro des Werkleiters: Sowjetische Besatzungsorgane – Demontage und Wiederaufbau.
BACZ 19153: Büro der Werksleitung – Schriftwechsel mit ... übergeordneten Behörden etc.
VA 1261: Katalog der Wertpapiere der Carl-Zeiss-Stiftung.

C.4.3 Betriebsarchiv Carl Zeiss West

CZO 69: Stiftungsangelegenheiten aus den Jahren 1954–1964.
CZO 192: Vermerke, Notizen und Informationen zum VEB Jena.
CZO 202: Neugründung Zeiss Opton Optische Werke Oberkochen.
CZO 208: Besprechungen der Geschäftsleitung CZO und des Betriebsrates.

CZO 233: Verhandlungen mit der Militärregierung in der US-besetzten Zone zum Aufbau der Zeiss-Produktionsstätte.
CZO 234: Aufbau der Zeiss Produktionsstätte in Westdeutschland. Verhandlungen mit der Militärregierung in der US-besetzten Zone.
CZO 282: Geschäftsleitung Oberkochen. Aktivitäten zur Rückgabe von Firmen- bzw. Stiftungsvermögen in Dänemark, Österreich, den USA, Schweden, Finnland und Norwegen. Erbangelegenheit Heinrich Beck.
CZO 531: Korrespondenz über Stiftungsangelegenheiten, Prozesse, Auseinandersetzungen mit Carl Zeiss Jena.
CZO 978: CZ Filialen Berlin, Hamburg, Köln, Frankfurt, München, Stuttgart.
CZO 980: Geschäftsleitung Oberkochen: Schriftwechsel mit der Zeiss Ikon AG, Stuttgart.
CZO 1001: Korrespondenz über diverse Angelegenheiten.
CZO 1002 (Anwerbungen): Unterlagen zu Veröffentlichungen zu Konkurrenzunternehmen und zu innerbetrieblichen Angelegenheiten.
CZO 1046: Schriftverkehr der Geschäftsleitung mit Schott & Gen., Mainz.
CZO 1232: Alphabetisch geordneter Schriftverkehr zum Sonderkonto bei der Merkur Bank in Göttingen zum Ausgleich von Rechnungen Zeiss Ost und Zeiss West.
CZO 1234: Alphabetisch geordneter Schriftverkehr Hr. Kühn, von J-P, Qu.
CZO 1252: Schriftverkehr Kühn mit Dr. Oncken persönlich und dem Wirtschaftsverband Feinmechanik und Optik, einschließlich Arbeitsgemeinschaft und Verband der Deutschen Feinmechanischen Industrie alphabetisch geordnet.
CZO 1253: Alphabetisch geordneter Schriftverkehr Hr. Kühn, A-H.
CZO 1409: Korrespondenz mit der Nordwestbank Filiale Göttingen.
CZO 1414: Schriftverkehr Dr. Kühn mit Carl Zeiss Oberkochen.
CZO 1415: Schriftwechsel Dr. Kühn mit Carl-Zeiss-Oberkochen.
CZO 1471: Niederschriften Hr. Henrichs über Schott Jena.
CZO 2371: Ergänzung 1954/55 zum Bericht vom 15.9.55 über die Nachkriegsentwicklung der Carl-Zeiss-Stiftung, Heidenheim/Brenz.

C.4.4 Landesarchiv Thüringen-Staatsarchiv Rudolstadt

LATh-StA Rudolstadt: Grundorganisation der SED VEB Carl Zeiss Jena – Nr. 12.
LATh-StA Rudolstadt: Grundorganisation der SED VEB Carl Zeiss Jena – Nr. 14.
LATh-StA Rudolstadt: Grundorganisation der SED VEB Carl Zeiss Jena – Nr. 15.
LATh-StA Rudolstadt: Grundorganisation der SED VEB Carl Zeiss Jena – Nr. 22.
LATh-StA Rudolstadt: Grundorganisation der SED VEB Carl Zeiss Jena – Nr. 61.
LATh-StA Rudolstadt: Grundorganisation der SED VEB Carl Zeiss Jena – Nr. 72.
LATh-StA Rudolstadt: Kreisleitung der SED Jena Stadt – Nr. 86.
LATh-StA Rudolstadt: Kreisleitung der SED Jena Stadt – Nr. 170.
LATh-StA Rudolstadt: Industriekreisleitung SED IKL 00004.
LATh-StA Rudolstadt: Industriekreisleitung SED IKL 205.

C.4.5 Internetquellen
(Stand vom 5. Mai 2017)

Biografische Angaben aus dem Handbuch „Wer war wer in der DDR?"
Schirdewan, Karl:
http://www.bundesstiftung-aufarbeitung.de/wer-war-wer-in-der-ddr-%2363%3B-1424.html?ID=3044.

Briefmarken DDR: Ernst Abbe und Carl Zeiss:
http://www.dresdner-kameras.de/briefmarken/briefmarken.html.

Homepage der Schott AG:
http://www.schott.com/jena/german/historie.html.

Schröder, Rainer: Justiz in den deutschen Staaten seit 1933
(vom 25. Oktober 1999). In forum historiae iuris:
http://www.forhistiur.de/1999-10-schroder/.

Schumann, Silke: Die Parteiorganisation der SED im MfS
(MfS Handbuch). Hrsg. BStU, Berlin 2002, S. 3.
Online-Publikation abrufbar unter:
http://www.nbn-resolving.org/urn:nbn:de:0292-97839421302339.

Staatsarchiv des Kantons Zürich – Z 2.2959 Zeiss Ikon und Voigtländer AG, Zürich – Vertrieb feinmechanischer Erzeugnisse, besonders für Fotografie, 1959–1973. Online-Ressource: http://suche.staatsarchiv.djiktzh.ch/detail.aspx?ID=22404.

Zeitungsartikel Berliner Zeitung zur Abwanderung bei Zeiss Jena: http://www.berliner-zeitung.de/archiv/wie-der-schwaebische-optikkonzern-zeiss-oberkochen-auf-kosten-des-mutterhauses-in-jena-von-der-deutschen-teilung-profitierte-immer-mal-wieder-fehlte-jemand-,10810590,9926710.html.

www.ingramcontent.com/pod-product-compliance
Lightning Source LLC
Chambersburg PA
CBHW070259240426
43661CB00057B/2587